本书编委会

主　编　邓　崧

副主编　樊　博　马　桑　木永跃　黄天慧　罗红霞

创新公共管理教学的理论与实践

主　编　邓崧
副主编　樊　博　马　桑　木永跃
　　　　黄天慧　罗红霞

云南大学出版社
YUNNAN UNIVERSITY PRESS

图书在版编目（CIP）数据

创新公共管理教学的理论与实践/邓崧主编. -- 昆明：云南大学出版社，2022
　ISBN 978-7-5482-4636-7

Ⅰ.①创… Ⅱ.①邓… Ⅲ.①公共管理—教学研究—高等学校 Ⅳ.①D035-0

中国版本图书馆CIP数据核字(2022)第066053号

创新公共管理教学的理论与实践
CHUANGXIN GONGGONG GUANLI JIAOXUE DE LILUN YU SHIJIAN

主　编　邓　崧
副主编　樊　博　马　骉　木永跃　黄天慧　罗红霞

策划编辑：段　然
责任编辑：严永欢
装帧设计：陈　骥

出版发行：云南大学出版社
印　装：昆明滇纶印刷有限公司
开　本：787mm×1092mm 1/16
印　张：19.5
字　数：423千
版　次：2023年1月第1版
印　次：2023年1月第1次印刷
书　号：ISBN 978-7-5482-4636-7
定　价：64.00元

地　址：昆明市一二一大街182号（云南大学东陆校区英华园内）
邮　编：650091
电　话：（0871）65033307/65033244
网　址：http://www.ynup.com
E-mail：market@yuup.com

若发现本书有印装质量问题，请与印厂联系调换，联系电话：0871-65639661

序

自1997年国家教委（现教育部）学科目录调整后，"公共管理"成为管理学门类下的一级学科。公共管理学科经过20多年的发展，取得了很好的成绩。但我们应该清醒地认识到，在公共管理教学中，普遍存在着理论与实践脱节的问题。这个问题在我国大学教育的各个学科中都有不同程度的表现。因此，我国在《国家中长期教育改革和发展规划纲要（2010—2020年）》中提出：高等教育要重点扩大应用型、复合型、技能型人才培养规模，加强实验室、校内外实习基地、课程教材等基本建设。强化实践教学环节，更新人才培养观念，创新人才培养模式，建立科学、多样的评价标准。2012年，教育部又提出要加大高等院校人文社科类专业学生的实践学分比例（从5%加大到25%），从国家层面更加重视大学生实践能力的培养。

长期以来，云南大学以"立足边疆，服务地方，实践育人，辐射兄弟院校"为定位，遵照专业人才培养的基本规律，以"立德树人"和"培养服务国家重大发展战略人才"为目标，不断提升实践育人质量，构建协同体系，优化实践环境，整合实践资源，拓展实践平台，丰富实践内容，创新实践形式，教育引导师生在亲身参与中增强实践能力、树立家国情怀。

近20年来，云南大学公共管理系一直致力于公共管理人才培养模式的探索，经过多年的发展，已形成了完整的"本—硕—博—博士后"的公共管理人才培养体系，并且对地方区域的公共管理教育有很大的影响力和积极的辐射作用。这其中，有经验也有教训。基于此，云南大学公共管理学科组织来自全国多个高校的教师开展了多轮次的教学研讨，形成诸多关于公共管理教学的思考。作为云南大学公共管理学科负责人，笔者萌发了编写一本关于"创新公共管理教学的理论与实践"方面的图书的想法，来梳理相关教学理论和实践案例，以更好地把握公共管理教学的前沿脉动，提升公共管理人才培养质量，进而为中国特色的公共管理学科发展尽绵薄之力。

国家的需要就是育人的方向。云南大学公共管理系自1999年成立以来，坚持"综合培养+实践育人"的人才培养模式，高度重视综合能力和实践教学，先后与多种组织建立长期合作关系，建立高校、政府（省、市、县、镇）、社会（事业单位和非营利组织）、企业多方参与的"4+4"多元分层实习培训体系，力求为党政机关、事业单位、社会组织培育具有全球视野、家国情怀的跨学科、创新性、综合型卓越公共管理人才。

在多年的公共管理教学中,以云南大学为主,上海交通大学、云南师范大学、云南民族大学、云南财经大学、云南中医药大学、大理大学、昭通学院、保山学院等高校基于教研协同合作,成立"地区公共管理学科教研合作高校联盟"。该联盟力图打破学校壁垒,起到强有力的组织学习和总结提升的作用,为云南省的公共管理教育夯实基础。

国内多个高校在多年教研协作的基础上,总结教学经验,探索构建了公共管理创新型人才培养模式,云南大学公共管理学科在云南开展实践,形成一批国家和省部级教研成果,提升了专业和学科水平。同时,云南大学及各协作高校对创新型人才培养有了新的探索和总结,本书展示了其中的部分成果。通过案例教学、教学方法改革、信息技术与课程整合等多种方式,在讨论学习中训练学生的批判性思维、前瞻性视野、实践能力和分析决策能力,真正做到"以学生为中心""以学习成效为中心",突破传统"教授模式"的模式,从被动的个人单向学习转变为在教师指导下的互动、主动学习。

本书分为四个模块,分别是:案例与实践教学助力应用型人才培养;教学方法改革助力金课培育;信息技术应用助力教学质量提升;学生论文。其中,第一模块案例与实践教学助力应用型人才培养,收集了来自云南大学、保山学院等学校的教学论文,这些论文潜心探索和总结了各高校在案例教学、实践育人方面的改革实践经验。第二模块教学方法改革助力金课培育,收集了来自云南大学、云南民族大学、云南师范大学、大理大学、昭通学院的教学论文,呈现了各高校在公共管理学科教学中的教学创新和改革成果。第三模块信息技术应用助力教学质量提升,收集了来自云南大学、上海交通大学的教学论文,展现了两所高校在信息技术应用与课程整合方面的探索和思考。第四模块学生论文,展示了云南大学本科生在专业课程学习过程中的学术成果。

本书力图从实践育人的视角呈现云南大学及其协作高校教学改革的图景。囿于编著者的能力,本书存在着许多不尽人意的地方,需要在未来不断完善和拓展。希望本书的出版能够推动公共管理实践育人方面的研究,引起学者及社会各界对实践教学和教学方法改革的关注和思考。同时,也希望得到各位同行和专家的批评和指正,从而进一步促进公共管理实践育人和教学改革的建设与发展。

在本书出版之际,感谢云南大学本科生院对本书的关心和支持!感谢国内各兄弟院校!感谢各位长期致力于公共管理教学和研究的同仁!

邓 崧

2022. 2. 22

目 录

第一模块：案例与实践教学助力应用型人才培养

案例行动学习法的形成机理、教学设计与效果检验
　　——以公共管理学科课堂教学为例 ················· 陈　然（2）
公共管理本科实践教学模块融合与体系构建 ············· 谢和均（11）
云南大学公共管理实验提升本科生能力发展研究 ······ 邓　崧　邢随亮　字学凤（22）
论案例库建设在公共管理学科中的意义与实施策略优化 ······ 马　桑　鱼宁馨（29）
能力本位教育视角下的地方本科院校行政管理专业人才培养模式探索
　　——以保山学院为例 ································ 王旭明（34）
能力导向的公共管理专业本科社会实践平台建设探索 ·········· 谢和均（44）
应用型人才培养导向下地方高校行政管理专业实践教学体系的建构
　　——以保山学院行政管理专业为例 ···················· 彭靖宁（50）
助推与赋能："案例+"如何应用于研究生人才培养 ·············· 罗红霞（60）

第二模块：教学方法改革助力金课培育

公共管理学科社会科学研究方法教学的现状与趋势 ········ 谭立力　杨　凤（68）
课程思政：专业性与思政性的创新融合 ······················ 王燕玲（83）
"自学—引导"式教学法在社会学课程中的运用研究 ·············· 彭　艳（90）
精讲精练：行管专业社会学概论课学习目标达成路径 ······ 陈　玥　童　攀（96）
云南大学教师绩效评价体系研究 ····························· 邓　崧（106）
PBL教学法在公共政策学课堂教学中的实施与功效 ········ 周家明　赵云合（114）
大理大学教考分离实施现状与完善的思考
　　——以管理类专业为例 ······························· 张江江（119）

第三模块：信息技术应用助力教学质量提升

信息化平台对提高教学服务质量的实践与策略研究
　　——基于SERVQUAL模型 ······················· 奚俞勰　樊　博（126）

数智时代政府预算课程教学新模式探索与实践 …………………… 李　娟（140）
大学生在线学习经历及满意度研究 ……………………………… 黄天慧（147）
"公共经济学"课程线上线下互嵌教育模式的构造与实施研究 …… 马　桑（158）
利用 MOOCs 支持教师专业发展 ………………………………… 黄天慧（164）

第四模块：学生论文

"互联网+政务服务"背景下政务服务平台建设评估
　　——以云南省昆明市为例 ………………… 罗　晓　刘孟歌　张雪琼（176）
"互联网+政务服务"发展所面临的问题及对策
　　——以当前老年群体的"数字鸿沟"为例 ……… 卢　佳　王　瑶　朱芳梅（186）
医保流程再造试点实践研究
　　——以济南医保为例 …………… 努尔比耶·麦麦提　张　苏　刘大双（196）
数字政府转型背景下行政人员电子化素质面临的
　　现实困境与破解路径 …………… 于博然　洪　萱　李含婷　周莉娜（205）
电子政务助力政务流程再造
　　——以上海"一网通办"为例 …… 王佳欢　胡鑫影　许梦洋　衣　卓（219）
基于大数据的智能化行政审批研究 ……… 王亦明　陈　令　陈志强　吴建宏（227）
信访大数据推进"智慧信访"建设
　　——以昆明市官渡区信访局为例 ………… 鞠丹丹　李双银　刘龙布（238）
浅析大数据技术的实际应用与未来趋势
　　——以我国电子政务发展为例 …………………… 姚鑫豪　秦梓元（249）
市辖区政府门户网站平台层建设评估及建议
　　——以昆明市辖区为例 …………………… 赵明蕊　刘　毅　张文浩（259）
基于三圈理论的云南省政府数据开放研究 …………………………… 刘　毅（280）
中国"互联网+政府"在"无缘社会"危机中的
　　治理与服务 ………………………… 傅旖晨　李荣萍　陈　柳　黄秋维（293）

第一模块：案例与实践教学助力应用型人才培养

案例行动学习法的形成机理、教学设计与效果检验

——以公共管理学科课堂教学为例

陈 然

一、引言

中国特色社会主义进入新时代,开启了迈向建设社会主义现代化国家的新征程,也对与公共治理实践密切相关的公共管理学科教育提出了新要求。公共管理学科在处理现实问题时有其自身的优势,因此,该学科的教育者有必要对国家发展的现实需求做出回应,从提高国家治理能力、推动党和国家事业发展的战略高度着力加强高素质公共治理人才培养。

近年来,公共管理学科的教学方法已呈现出多元化的格局,基于建构主义理论的情境化教学体系,如案例教学、角色扮演、翻转课堂及行动学习等方法已日益得到国内诸多高校的广泛认可与应用[1],这不仅有助于解决传统教学模式中因强调以教师为中心而抑制了学生学习主观能动性和创造力的问题,还有效地克服了课堂教学理论与实践脱节的障碍,有益于培养学生的实践能力和创新能力。但在实际应用过程中,每种教学方法都反映出了各自的优缺点,整体操作规范性有待进一步提升。相对广泛的案例教学法与行动学习法在应用效果上也是瑕瑜互见。案例教学法以案例为教学载体,对于提升学生分析问题能力的有效性较强,但对于解决实际问题的功能较为薄弱且存在着课堂流程不规范等问题;行动学习法基于真实情境中的难题,是以提出解决问题方案为目标所开展的一种教学方式,但易受时间、空间或其他客观条件限制。基于此,有学者提出了案例行动学习法在工商管理教学中的运用[2]345,工商管理与公共管理都隶属于管理学范畴,其学科教育都涉及管理的基本理论与基本方法,包含组织、领导、决策、执行、监督等一系列管理学规律性问题,教学设计和组织实施具有高度的相似性。因此,本文尝试探讨案例行动学习法在公共管理学科教育中的运用,并通过详细介绍其形成机理、教学设计和教学效果检验,以期构建具有可操作性和推广性的教学方法,为推动我国公共管理学科教育良性发展及培养更多具备高水平公共管理技能的人才提供借鉴。

二、案例行动学习法的内涵与原理

(一) 案例教学法

案例教学是一种以案例为载体,在教师引导下,组织学生通过对案例进行调查、分析、讨论和交流等活动,旨在提高学生分析问题和解决问题能力的教学方法。其在管理教育领域的应用始于1920年,由美国哈佛商学院倡导并成立案例开发中心,1921年出版了第一本案例集,正式在管理教育领域推行案例教学。20世纪60年代后,案例教学法在美国各个学科专业教育领域均得到了广泛的应用。作为一种开放式、互动式的教学方式,案例教学法通常将真实的管理情境作为教学场景引入课程教学,通过案例中的问题呈现,引导学生探讨、比较、评判与决策,能够极大地激发学生的学习兴趣,并引导学生在主动思考、积极探究、研讨总结中提升应对问题、化解新矛盾的策略与技巧,从而提高其思考、分析和解决问题的能力。[3-4]总之,案例教学作为讲授理论知识、增强师生互动、创设情境体验的一种重要方法,能够很好地应对外部环境的急剧变化对于人才培养理念与模式所提出的要求。

(二) 行动学习法

行动学习由英国管理学家Revans于1940年提出,其理念来自"干中学",即最有效的学习方式是基于学习者自己工作环境的真实问题[5],是一种以"任务或问题"为学习媒介,在解决问题的同时促使组织中人员发展和组织变革的工具[6]。也就是说,参与者、问题以及团队是构成行动学习的三大要素,而解决实际问题和发展个人及团队能力则是行动学习的双重目标。其理念最初可表述为著名的行动学习方程"L(学习)=P(结构化知识)+Q(质疑性见解)"[7],而后被赋予了新的定义并增加了相应要素[8-9],即"AL(行动学习)=P(结构化知识)+Q(洞见性问题)+R(深刻反思)+I(执行应用)"。这种教学方式具有"以实践活动为重点,以学习团队为单位,以真实案例为对象,以角色扮演为手段,以团队决断为要求"等特点[10],通常在小组参与人共同解决真实存在的实际问题时,通过教练有针对性的程序性指引,来实现对学生头脑中原有知识的解构,进而让其生成新的创意。简言之,行动学习就是以小组形式带着组织存在的真实问题进行反思并获取经验,并在知识建构的过程中以分析且解决实际问题为最终目标来培养参与者的能力。[11]

(三) 案例教学法与行动学习法之结合

案例行动学习法(Case Action Learning, CAL)实质是案例教学法与行动学习法的有机结合和交叉融合运用,其中既包含案例教学的核心理念,即以案例事实分析为开展教学的基础,只加入了以参与者提出具有操作性的解决方案为结果的教学过程。因此,可以理解为"案例行动学习法=案例教学法+行动学习法"。换言之,案例行动学习法是以高水平的决策型案例为载体,以多层次形式组织学习为基础,以对案例所提供的实践活动进行深入分析为前提，以学生提出具有可操作性的解决问题方案为结果，以全面提升学生分析、决策和解决复杂问题的能力且完成知识与能力建构为目的的教学方法[2]355，其基本原理是对两种情境教学方法的多点融合[12]。

在实施过程中，以案例情境为主要教学场景，采用多种层次和类型的形式组织学习，在分享案例和补充关键信息的同时，引导学生通过个体和小组的行动学习，提升个人质疑、反思和团队协作及解决问题的能力，进而实现个人层面与群体层面的心智建构和能力培养。教师扮演案例内容分享、案例情境设置、引导思路、观摩讨论、阶梯式问题设计、适当随机提问和总结点评的角色。学生一方面通过对案例的个人深度学习与思考，深化对理论的理解与自身认知构建；另一方面通过组内讨论，进一步嵌入式学习，在迁移已有知识和经验的基础上进行创造性运用，并在与组员观点碰撞的同时实现能力强化与思维拓展，通过分享、质疑与反思动态完善解决方案，最终实现从静态的问题点出发到动态的决策链形成。此外，理论框架和学理性思维应嵌入全过程，以实现在分析问题和讨论解决方案后对所用理论的深度理解、灵活运用和创新扩展。

三、案例行动学习法在公共管理教学中的运用

（一）价值审视

在公共管理学科人才培养体系中，若要实现培养效果与社会需求之间的匹配，就需要学生在理解基本理论知识及分析工具的基础上，形成现实情境中的公共决策思维，掌握动态环境下的公共管理技术。案例行动学习法使课堂教学从单向传授走向"以学生为中心"的参与式学习，通过引入案例来激发学生的思考与分析，从而促进学生的自我学习，实现学习能力的提升。同时，案例行动学习法克服了传统案例学习中的形式参与，引导学生深度参与，成为学习的主动者、渴望者，知识的运用者、探索者和技能的掌握者，对案例进行更深层次的分析、质疑、评价和知识创造，使课堂教学从知识传递转化为知识生成。案例行动学习法在公共管理教学中的价值主要体现在以下几方面。

其一，案例行动学习法有利于培养学生理论联系实际的能力。公共管理实践者面对的是复杂的社会系统，需要学生掌握广博的理论知识和多学科交叉的综合知识。通过实施案例行动学习法，学生可以从主体多元、问题解构复杂、矛盾交叠、价值偏好冲突的案例中领悟多种理论融合运用的逻辑与机理，将学科内的核心理论与相关分支学科的专业应用理论共同运用到解释现实问题和规律中，更深刻地看到问题的本质，提升决策技术和实践能力。

其二，案例行动学习法有利于培养学生的主动学习观和探索欲望。心理学的内在激励理论认为，人的内在性需要的满足和激励动力来自当事者所从事的工作和学习本身，即当事者可从工作或学习活动本身，或者从完成任务时所呈现的某些因素中得到满足。当内在激励强时，工作或学习会变得有趣、有意义和有挑战性。[13]案例行动学习法能触及学习者的情绪和意志，鼓励学习者深度参与案例分析与问题解决过程，从中体验自主学习的乐趣

与成就感，从而构建主动探索、积极创新的学习观，更深刻地领悟和掌握知识。

其三，案例行动学习法有利于培养学生的创新能力和个人综合能力。在案例行动学习法的教学过程中，学生能够通过教师引导、组员观点碰撞等过程从独立思考的思维模式梯次进阶为以创新为目的的深度思考。同时，案例讨论中的互动性、激励性和学术性有利于培养学生的应变能力、书面表达与口头表达能力、推理判断与归纳总结能力、比较分析能力、团队合作能力等。

（二）教学设计与实施

案例行动学习法的课堂设计应兼顾教学效率与效果，形成内容规范、结构清晰、时间把控严谨、课堂氛围良好的教学系统（如图1所示）。

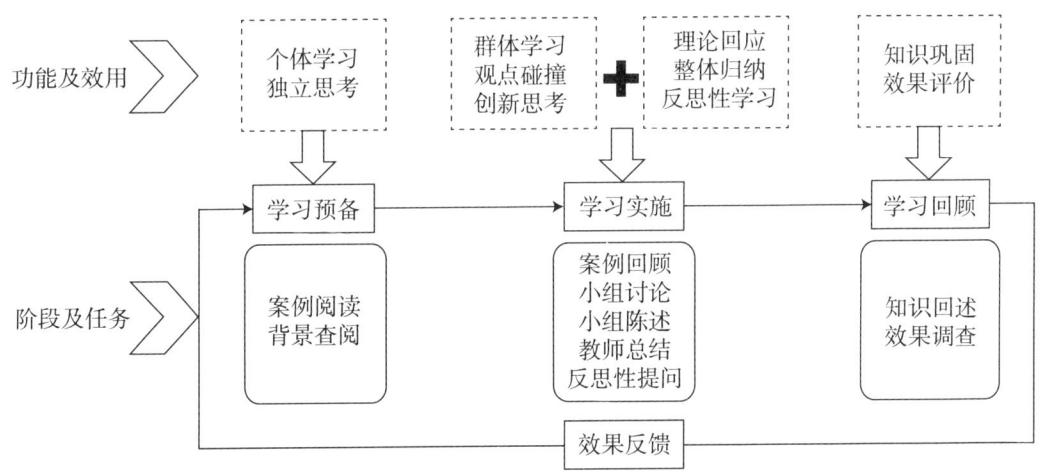

图1 案例行动学习法教学设计基本思路

教学环节应包括"学习预备—学习实施—学习回顾"三个阶段。其中，学习预备阶段是课堂教学前的准备阶段，学生通过独立阅读案例文本、查阅相关背景资料，培养独立思考能力，实现个体分析能力提升；学习实施阶段为课堂学习阶段，通过案例回顾、小组讨论、小组陈述、教师总结和反思性提问等步骤帮助学生在群体学习过程中将独立思考上升为创新思考，并与理论形成对话，培养批判性思维；学习回顾阶段为课堂学习结束后的总结阶段，促进学生对知识的不断回顾和理解，帮助教师识别学生的需求，改进教学设计和实施。通过以上流程，实现案例行动学习法在公共管理教学中的有效实施和良性循环。具体流程安排如下：

1. 学习预备（课前一周）

教师需提前将案例素材发放给学生，由学生进行自我学习，了解案例背景，并查阅准备必要的相关背景资料，为案例分析奠定基础。教师可从各类公共管理案例大赛作品、教育部公共管理案例库、各高校公共管理案例库等资源中获取案例素材，以保证案例的科学性和实效性。

2. 学习实施（90分钟）

此阶段为课堂学习阶段。教师应将学生分成不同的小组，一般以6—8人一组为宜。这一阶段主要采用教师设置引导性案例分析问题和学生小组讨论等形式进行。具体流程包括：

（1）案例回顾（10分钟）。教师以时间线或重点事件为主轴，带领学生梳理案例发展经过、关键矛盾和主要决策点，必要时可借助视频、音频等多媒体技术手段帮助学生加深印象，营造课堂氛围。在案例回顾的最后，教师提出3—5个需要学生讨论并决策的问题，并要求在讨论结束后由1—3个成员进行陈述汇报。

（2）小组讨论（30分钟）。要求各小组围绕教师所设置的问题展开讨论，充分表达各自的观点和看法，采用头脑风暴法提出问题解决方案，并对冲突观点和不同的备选方案进行比较分析，使每个学生的观点进行多次碰撞，寻求最优解决方案。期间教师可观摩小组讨论情况，如发现方向出现较大偏差或讨论受阻等情况，教师适时进行随机提问，对学生的讨论范围进行纠偏。

（3）小组陈述（20分钟）。各小组负责汇报的组员依次陈述讨论结果，每一个小组汇报结束时，教师应对其中不明确、有疑问或有矛盾的地方进行质疑性提问，小组所有成员皆可进行解答或补充汇报。同时，教师应鼓励其他小组进行质疑性提问，以此培养学生的批判性思维，深化学生对案例及相关理论的理解。

（4）教师总结（20分钟）。教师对各小组的决策方案、汇报内容和讨论过程进行点评反馈，主要包括案例问题解决方案的合理性所在、创新之处和不足之处，小组讨论过程中的亮点和缺憾，小组陈述中的优势和劣势，小组汇报成员的表达陈述能力、个人风采等。此后教师应结合相关理论，提出建议性解决方案，以此帮助学生联系理论知识与案例实践，加深对理论的理解，培养和现实情境下解决问题的能力。

（5）反思性提问（10分钟）。教师引导和鼓励学生进行整体性交互提问，学生根据教师对案例的理论解释和总结性分析，对之前组内讨论的决策思路和问题解决方案进行反思和对比，向教师或其他组的成员提出反思性问题，探究多重视角下的分析思路差异性和优化方案，从而加深对案例及相关理论与实践经验的多维理解。

3. 学习回顾

在课程结束后，教师应以问卷调查、单独访谈，或在之后的课堂中随机提问、要点回顾等方式了解和检验学生学习效果和学习体验，以此调节和控制下次学习活动的设计与开展，提高教学效率和教学质量。

四、案例行动学习法在公共管理教学中的应用效果检验

基于以上案例行动学习法的理念与模式，笔者在公共管理本科生和硕士研究生课堂中进行了三个学期的教学实施和效果检验，并对参与课堂学习的146位学生开展了案例行动

学习法效果评价问卷调查，收回有效问卷 144 份，回收有效率为 98.6%，并对问卷结果进行了数据分析。

（一）案例行动学习法综合评价

此部分调查主要包括学生对案例行动学习法的接受和喜爱程度、案例行动学习法对学生学习的帮助程度和学生对案例行动学习法的实施满意度。其中，有 68.35% 的学生认为与其他教学方法相比，更愿意接受和喜欢案例行动学习法；31.65% 的学生对案例行动学习法的接受和喜欢程度一般；77.22% 的学生认为案例行动学习法对自己的学习效果和过程帮助很大；22.78% 的学生认为有一点帮助；没有学生认为完全不能接受、不喜欢此教学法，也没有学生认为此教学法对学习没有一点帮助。

（二）案例行动学习法分类效果评价

1. 学生能力提升方面

参与问卷调查的学生中，超过半数的学生认为案例行动学习法对其学习帮助最大的方面在于了解实践经验、理解相关理论、活跃课堂气氛、增加课堂参与度、启发案例和论文选题、增强学习专心度；约 40% 的学生认为案例行动学习法可以帮助其提升案例写作和论文写作的能力；还有少部分学生认为此学习法提高了交流沟通能力和表达能力。具体数值如图 2 所示。

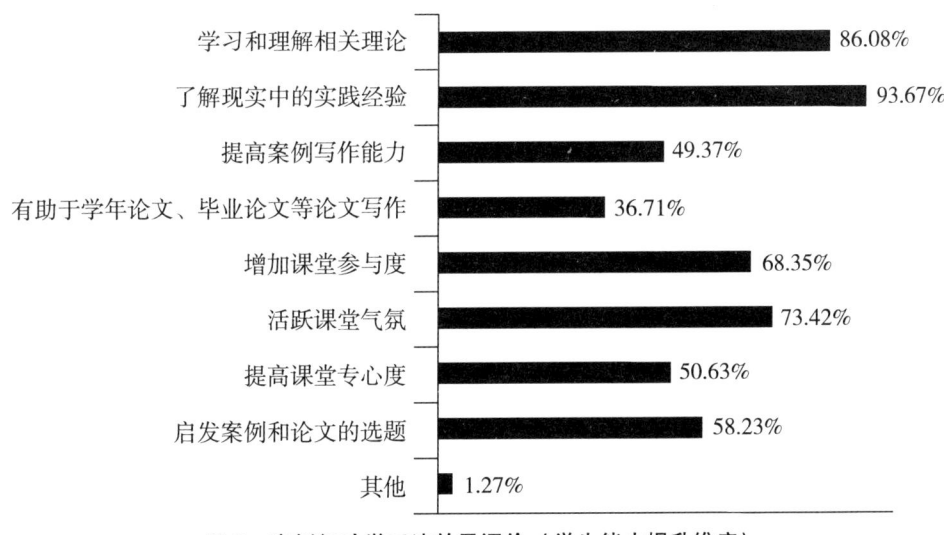

图 2　案例行动学习法效果评价（学生能力提升维度）

2. 教学设计与实施方面

参与问卷调查的学生中，约 80% 的学生认为教师对案例和相关理论的分析讲授有助于此学习法的实施；约一半的学生认为课堂小组讨论和展示、课堂情景模拟、课堂游戏、案例论文学习四种方式是教学实施中最受欢迎的方式；约 20% 的学生喜欢课后小组讨论、辩论赛、课堂独立思考和观点分享等教学模式。具体数值如图3所示。

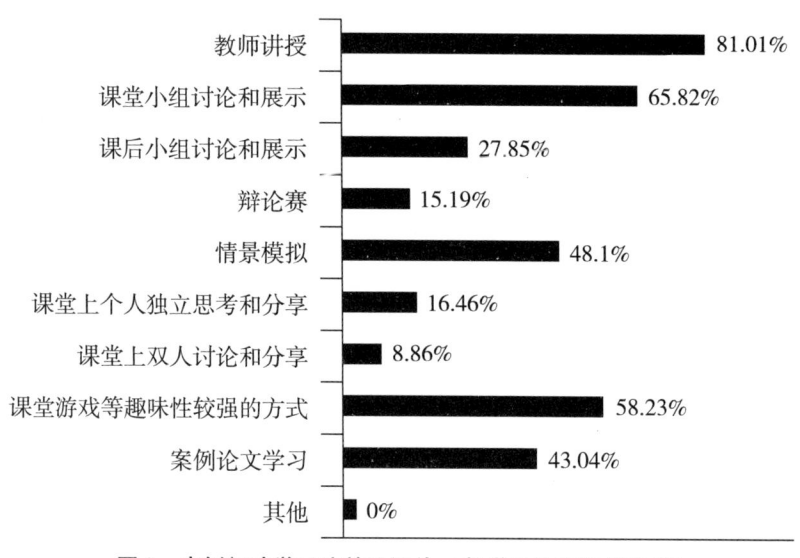

图3　案例行动学习法效果评价（教学设计和实施维度）

（三）案例行动学习法需改进和完善的方面

1. 案例选择

约40%的学生认为，案例选择应注重多样性，提出多样化的案例有助于提升趣味性，增强学习热情与动力，同时可以通过对比学习加深理解；约30%的学生认为，应选择时效性较强的案例，关注前沿问题，使课堂学习适应社会的发展与变化；约13%的学生认为，应提高案例的复杂性，原因主要在于公共问题本身具有随机性、复杂性和动态变化等特征，复杂度高的案例更贴近现实，有助于学生从多维视角、运用多重理论框架进行交互解构和分析，在课堂有限的时间里掌握更丰富的知识。

2. 教学过程

约20%的学生提出，教学过程中教师需注重对案例的分析讲解和对学生观点的评价反馈，启发学生思考维度，厘清分析思路，弥补学生学术敏感度和理论基础不足的问题。约10%的学生认为，教师对课堂的时间安排和掌控能力非常重要，一方面能提高课堂效率，保证知识的传授与渗入；另一方面能创造良好的学习环境，开放自由的互动氛围，激发学生表达观点的欲望，提升学习体验感。此外，少量学生认为，多媒体等教学设备是教学法实施的重要保障，灵活移动的课桌椅有助于小组讨论的氛围营造，也可加入沙盘模拟等教学工具提高课堂丰富度。具体数值如图4所示。

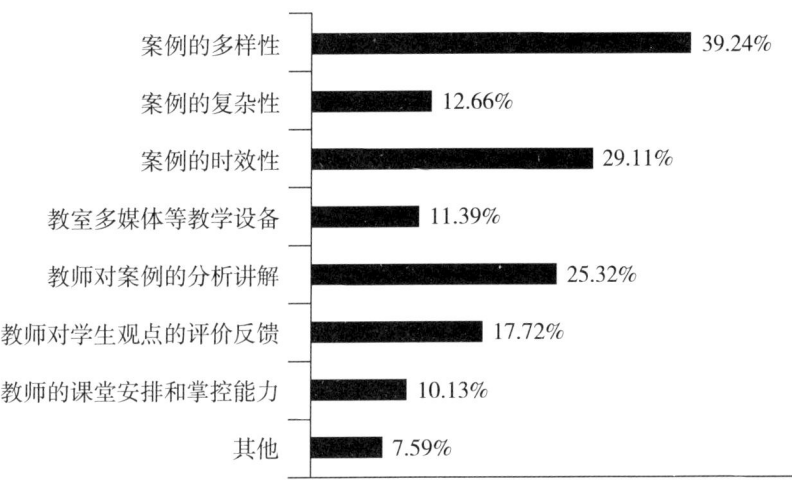

图 4 案例行动学习法效果评价（教学改进维度）

新时代，国家发展的新征程对我国公共管理教育来说既是挑战，也是机遇。经过实践检验，案例行动学习法基本具备了提升学生掌握理论、分析问题和解决问题能力的功能，学生接受度和欢迎程度较高，具有较强的可操作性和可推广性。但是，在教学设计和具体实施流程中依然存在不足，今后的教学实践应在案例筛选、课堂规范性、教师能力提升、教学环境改善等方面着力，完善案例行动学习法的教育理念和模式，提升其在公共管理教育中的应用效果。

参考文献：

［1］Willis J, Cifuentes L. Training Teachers to Integrate Technology in to the Classroom Curriculum: Online Versus Face-to-face Course Delivery［J］. Journal of Information Technology for Teacher Education, 2005, 13（1）: 43-54.

［2］苏敬勤, 贾依帛. 案例行动学习法: 案例教学与行动学习的结合［J］. 管理案例研究与评论, 2020, 13（03）: 345-355.

［3］谢晓专. 案例教学法的升华: 案例教学与情景模拟的融合［J］. 学位与研究生教育, 2017（1）: 32-36.

［4］冯永刚. 研究生案例教学不能遗失的三维向度［J］. 北京社会科学, 2015（6）: 18-23.

［5］Reynolds M, Vince R. Critical Management Education and Action-Based Leaning: Synergies and Contradictions［J］. Academy of Management Learning & Education, 2004, 3（4）:442-456.

［6］Pedler, M. Action Learning in Practice［M］. London: Gower, 1997.

［7］Revans, R. W. Action Learning: New Techniques for Management［M］. London:

Blond and Briggs Ltd, 1980.

[8] Marquardt, M. J. Action Learning in Action: Transforming Problems and People for World-class Organizational Learning [M]. Palo Alto: Davis-Black Publishing, 1999.

[9] Marquardt, M. J. Action Learning and Leadership [J]. The Learning Organization, 2000, 7 (5): 233-240.

[10] 谢雅萍, 梁素蓉. 行动学习: 研究现状与未来展望[J]. 技术经济, 2016, 35 (1): 61-70.

[11] Raelin J D. Seeking Conceptual Clarity in the Action Modalities [J]. Action Learning: Research and Practice, 2009, 6 (1): 17-24.

[12] 苏敬勤, 高昕. 案例行动学习法——效率与效果的兼顾[J]. 管理世界, 2020, 36 (03): 228-236.

[13] 吴健. 基于案例的参与式研讨教学法——结合"资源与环境经济学"教学的思考[J]. 中国大学教学, 2020 (09): 38-42.

作者简介: 陈然, 云南大学政府管理学院讲师, 硕士生导师, 管理学博士, 研究方向: 公共政策、边疆治理。

公共管理本科实践教学模块融合与体系构建

谢和均

一、公共管理本科实践教学模块化的重要性

公共管理学以公共事务管理和国家治理的实践作为研究对象，是一门实践性非常强的学科。随着我国社会的发展进步，我国公共管理领域需要大量的高级应用型人才。培养应用型人才是地方高校的必然选择，实践教学是实现目标的一种重要的教学手段。因此，公共管理专业本科生培养目标的实践指向性非常突出，其应用型人才的培养离不开实践环节，实践教学是应用型人才培养的关键环节和重要途径，更应该注重实践教学模块化的作用。由于长期受传统理论、教学方法与人才培养模式的影响，在实际的教学工作中，实践教学并未得到足够的重视，教学中普遍存在着重知识轻能力、重理论轻实践、重统一要求轻个性的倾向，从而导致部分学生的实践能力、适应能力以及创新能力与社会期望有较大的差距，不利于应用型人才的培养[①]。尤其是在当今大学生就业难的大背景下，个别学生甚至面临较大的就业或择业压力。

为了能够更好开展公共管理本科实践教学工作、更快培养大批社会所需要的应用型人才和更进一步实现教学成果的最大化，就要充分认识本科实践教学模块化的重要性，强化实践教学理念，构建实践教学模块体系，有效开展好实践教学模块的各项内容，以求更高质量地培养出符合社会主义公共管理事业需求的应用型人才。其重要性主要体现在以下三个方面。

（一）实践教学环节更加明确

由于公共管理专业以应用型人才为培养目标，强调以"能力本位"来组织学科教学。因此，实践教学体系的构建采取的是"分层一体化"模式，按照"分层培养、层层递进"的原则[②]，进行各阶段实践教学的模块化构建，并科学确定实践教学占总课时的比例，逐步培养学生的综合运用能力、创新能力和解决关键问题的能力。

---

① 刁利明. 公共管理类专业本科实践教学运行机制研究[J]. 成才之路，2015（34）：24－25.
② 刘宇鹏，赵慧峰. 农林经济管理专业实践教学模块体系构建研究[J]. 河北农业大学学报（农林教育版），2015，17（01）：114－117.

实践教学体系实施后,各门主干专业课程专门针对课程进度,有针对性地安排不同的实践课程,实践教学环节更加明确,公共管理本科实践教学模块由以下3个方面构成。

1. 基础实践教学是学习专业课程的基础,在公共管理本科教学的最初阶段,通过扎实掌握专业基础课后,才能为进一步顺利学习专业核心课程打下基础。因此,在原理性的基础课学习中,学生主要通过对实际案例进行分析,增强对课程内容的感性认识。

2. 专业实践教学是公共管理专业实践教学的核心内容,侧重于对学生公共管理专业核心课程相关实践能力的培养,开拓学生在专业领域看问题的角度和思路,让学生具备一定分析、解决问题的能力,使学生掌握与公共管理问题分析有关的使用方法和技术,是专业技能的充分体现。学生主要通过调研和完成分析报告来体现。

3. 综合实践教学是反映实践教学成果的教学模块,侧重于学生综合实践能力的培养,让学生掌握公共管理问题分析有关的综合实训能力。学生通过完成大量的实地调研和调研报告、实习报告、项目策划书以及公开发表学术论文等方面来体现。

(二) 有利于培养应用型人才

学生综合技能能够真正体现一个学生的综合素质。公共管理本科教学通过实施专业的实践教学模块体系教学,使学生的综合实践技能明显提升。主要体现在以下3个方面。

1. 实践能力得到提升

公共管理本科实践教学模块中的实践课程包括:基础实践、专业实践和综合实践以及个性实践教学环节。和传统理论教学相比,课程综合程度更高,教学更有针对性,能够取得良好的教学效果。通过这些课程安排的实践环节,学生自身的综合实践能力,如调查问卷设计能力、实地调研能力、案例分析能力与调研报告撰写能力等,都得到了提升。

2. 具有前瞻性

传统的公共管理学科理论教学,教学活动围绕着教材来开展,部分内容跟不上行业发展,造成了理论和实践脱节的现象。而实践教学模块化,一方面深深地根植于理论教学体系,另一方面以社会需求为引导,将理论与实践课程进行优化组合。这样,学生在扎实掌握公共管理学科理论的同时,自身的综合实践技能也得到了提升。通过进一步明确应用型人才的培养要求和培养定位,给学生提供了引导和选择。这样,公共管理本科学生毕业后,就业时更具有竞争优势,也能有效应对社会需求的变化。

3. 有利于学生个性化发展

实践教学模块由不同的教学内容和教学活动组合而成,公共管理本科实践教学过程中,学生个性化发展的程度取决于在人才培养方案中模块选择的自由度。工作岗位对能力的要求各不相同,学生兴趣也千差万别。各方应该加强互动交流,并为学生提供丰富的实践教学活动,供学生选择。学生结合自身兴趣,主动学习知识、独立思考,培养发现问题、分析问题和解决问题的能力。这样,对学生而言,模块化也为其个性化的塑造提供可能,进一步促进了学生的全面发展。

(三) 促进公共管理本科教学质量提升

1. 提高实践教学能力

公共管理本科实践教学教师队伍建设和实践教学工作可以采取"从实践中来，到实践中去的"的方法进行①，重视各方的配合和作用，达到教学相长的目的。首先，可以从企事业单位引进公共管理理论基础扎实、实践经验丰富的专业人士充实教师队伍，也可以聘请社会中的相关专业人士进行授课，为学生讲授公共管理专业的相关知识。其次，鼓励教师"走出去"到对口企业、部门参加实际工作，以积累教学所需要的职业技能、专业技术和实践经验，努力打造"双师型"教师队伍。再次，建立产学研合作平台，完善实践教学条件。组织教师和学生结合企事业单位的实际需要开展实践教学工作，企事业单位则可为实践教学成果转化提供条件。实践教学过程中，与教学相关的这些具体做法，在充实学校师资，提升学校师资水平，营造良好的实践教学条件和氛围方面，都发挥着重要作用，从而有利于实践教学能力的培养。

2. 科学指导实践学习

当前，公共管理本科课程教学均包含了一定实践教学内容，但普遍存在着实践教育规范过于宽泛，实践教学的内容分散、形式单一、效果评价机械等问题，并没有做到以实践教学的模块化形式推进实践应用能力教学。实践教学模块化则通过对实践教学的相关构成要素进行确定，明确相互之间的关系和联系，并根据学校学科设置情况，将实践教学内容在不同学科、专业和课程间优化整合，引入成果机制、成效机制和认同机制等多种评价机制，对实践教学的成果进行科学评价。在实际教学实践中，从课内实践和课外实践两大模块入手，明确具体的教学内容、教学形式、教学时间节点、学时和教学效果。这样，对实践教学就能真正起到科学指导的作用，实践教学就真正落到了实处。

3. 科学考核，提高教学质量

考核方式能否更准确、更合理地评价学生的学习成绩，对促进教学质量的提高至关重要。实践教学模块化通过打破"一考定成绩"的惯性做法，创新考试制度，合理增加平时考核次数，考核的形式可以是小测验、小实验、课程综述、小论文甚至是口试，减少期末考试占总成绩的比重。由于过程重于结果的考核方式能够有效避免期末突击和"一考定成绩"带来的知识掌握不扎实和缺乏运用理论知识解决实际问题的能力的弊端，这就促使学生能够积极主动参与学习和思考。除此之外，在考核内容上理论与实践并重。为达到培养学生对公共管理理论知识的综合运用能力的目的，应适当减少知识记忆性的考核，通过增加综合案例分析和问题解答来考核学生对公共管理知识的掌握情况。

公共管理本科实践教学模块化是一项系统工程，只有合理设置公共管理本科实践教学模块，才能充分体现公共管理学科实践性强的特点。准确定位实践教学在应用型人才培养

---

① 陈莉，朱德开. 强化实践教学模块培养经管类学生的应用能力——以合肥学院为例[J]. 广西教育，2010 (6): 24-25.

方案中的角色，才能使公共管理本科实践教学整体水平取得质的飞跃，才能为我国社会主义公共管理事业培养高质量的公共管理应用型人才。

二、当前我国公共管理本科实践教学模块化反思

纵观我国公共管理本科生阶段的教学，目前都包含了一定的实践教学内容，但仍存在进一步改进的空间。公共管理类专业旨在培养掌握公共管理领域基础理论知识和专业技能，具备较强的管理、经营、策划、调研、沟通等能力，符合社会需求的宽口径、复合型、应用型人才[①]。目前，大部分公共管理专业的实践课程，大多以认知实践、寒暑假社会调查、课外学术活动、毕业实习和毕业论文的形式安排，但在实践教学模块的理论系统化上，仍然存在不足。

（一）实践设施和场地不足

目前，各高校公共管理专业培养计划中均会设置模拟仿真实验课、集体或分散的实习课程，以达到提高学生社会实践能力的目的。但模拟仿真实验课程的实验器材数量不多，且只有在上课期间才会对学生开放，课余时间处于限制使用状态，对学生进行进一步的探究产生了阻碍。大多数实习课程都是将学生带到相关企业或者政府部门进行实习，提供的实习岗位有限，且学校与实习单位的联系不够紧密，并没有充分利用实习基地的资源。实训基地建设不完善，导致实践设施和场地不足，无法准确捕捉人才需求的变化，进而无从调整教学体系以尽快适应市场需求。

（二）缺乏系统的实践教学体系

实践教学的提出时间较晚，国内首次提出实践教学模块化的概念是在2003年，再加上公共管理教育属文科教育，在中国教育的发展史上，文科教育更注重理论教学，对实践教学的重视度不够[②]。较短的研究时间和对实践教学的重视度不够，导致可参考的相关成功案例较少，能够借鉴的经验也不多。目前，全国本科院校的公共管理类教学计划中大多数相关课程都会涉及实践，但实践教学的内容分散，难以形成系统化的实践教学体系。再加上实践教学安排随意，实践内容设置随意，实践时间不足，使得实践教学难以形成系统化。

（三）缺乏标准化的教学体系

相较于发展历史悠久、体系完善的专业理论课程体系，实践教学体系无法达到清晰化、模块化的程度，也就是说实践教学体系在组织管理制度、相关配套制度方面存在缺陷。例如，在进行实践教学的过程中，无法在课程体系中寻找到合适的课程作为引导课程

---

① 饶常林，赵思姁．信息化条件下的公共管理类专业课程实践教学：机遇与挑战[J]．教师教育论坛，2018，31（09）：83－87．

② 蔡传里．应用型地方市科院校文科实践教学问题探析——以东莞理工学院为例[J]．东莞理工学院学报，2013，20（06）：93－97．

和后续的总结课程，相关配套制度不健全，也就不能够形成实践教学的标准化体系。再者，实践教学的设计多是由课程设计组自主完成，在实施的过程中涉及的主体较多，在管控上存在难度。在学生实习过程中，学校管理和实习单位的权责不清，管理难度很大，再加上组织管理制度不健全，进而使得实践教学的标准化发展受到制约。

（四）实践教学结果评价体系不完善

在传统教学方法的指导下，教师布置任务、学生完成任务、教师对学生完成情况进行评估三个步骤是理论教学惯用的评价步骤。基于此，实践教学在很大程度上也沿袭了理论教学方法，通过学生实习或实践结束之后进行的论文撰写对实践教学成果进行评价，从而忽视了学生在实践过程中的表现，也忽略了对学生发现问题、分析问题、解决问题的能力进行考核。学生进行实践的目的是完成老师布置的任务，这不利于在实习实践的过程中培养学生的兴趣，使实践教学无法充分发挥功能，无法在提升学生理论运用能力的同时提升实践能力和创新能力。

（五）师资力量不足

在传统培养方式的影响下，理论教学处于主导地位，而实践教学长期处于从属地位，但为了适应社会经济的发展，要求教师不仅需要在理论教学方面有所成就，在实践教学方面也要有足够的能力。目前我国本科院校的公共管理类教师在理论教学方面都有所建树，能力也经得起考验，但大多数教师在实践教学方面仍然存在一定的短板，缺乏理论和实践教学都擅长的教师。教师自身缺乏实践，对学生的实践教学也就无从谈起。当代实践教学的要求不仅是对学生要求的提高，更是对教师的考验，本科院校对实践教学的师资培养力度不够，缺乏"双师型"教师是实践教学亟待解决的问题。

首先，构建公共管理实践教学模块，不仅需要理论体系，还需要在基础设施，比如需要大力建设实践基地，增加实验器材的投入量，提升实验器材利用率，加大校政合作力度，坚持以就业为导向的原则进行课程设计，准确把握市场对人才的需求等方面发力，这是实践体系构建的基础。其次，要以课程设计为主导，注重实践、实验课程的连续性，使实践教学的内容在课程体系当中能够呈现出系统化的趋势，避免实践教学出现分散现象。再次，也要完善实践教学评价体系，不再单纯地以学生的实践结果作为评价的唯一指标，需要在公共管理实习实践的过程中，与实习单位密切联系，掌握学生的实习情况，结合实习单位的评价，综合性地对学生的学习成果进行评价。最后，学校要加大对师资的培养力度，定期对公共管理类实践教师进行技能培训，大力培养"双师型"教师，鼓励理论课教师在相关政府部门或企业挂职，增强教师的实践能力，提高业务能力水平，为公共管理类本科生提供更加优质的教学资源。基于此，公共管理类本科实践教学模块化才能够在原有的基础上充分发挥作用，为社会培养出能够掌握公共管理领域基础理论知识和专业技能，具备较强的管理、经营、策划、调研、沟通等能力，符合社会需求的宽口径、复合型、应用型人才。

三、公共管理本科实践教学模块融合路径

公共管理学是一门具有很强实践性的应用型学科,旨在培养应用型人才,在向社会提供高水准、学识渊博和具有强专业技能的公共管理类人才过程中发挥着重要作用。实践教学已经成为公共管理人才培养体系不可或缺的部分,与理论教学二者相辅相成。然而纵观公共管理实践教学在各个高校中的发展,不难发现,公共管理实践教学存在理论授课与实践环节本末倒置,"双师型"专业教师缺乏,实践教学管理体系欠完善[1],单向度的考核评定方式等问题。因此,应积极推进实践教学模块的融合,实现公共管理学高质量发展。刘洋等(2016)认为文科实践教学整合势在必行,提出从校内教学资源与校外政企实践资源、课堂理论教学资源与课外实践教学资源和教师教学经验与学生自我教学意识三个方面进行互动型资源整合[2]。刁晶辉等(2018)指出北京工商大学较早地提出了文科实践教学改革的新思路,经过不断探索,通过文科实践教学改革"五个对接"找到了突破口,全面提升实践教学质量[3]。本文基于公共管理实践教学当前存在的问题以及学者提出的实践教学模块整合的观点,从多维度对公共管理实践教学模块进行有机融合就有其重要意义。根据公共管理本身的特点,实践教学模块融合可以从以下四个路径进行。

(一)课内理论与课外实践双向促进模块融合

《公共管理类教学质量国家标准》提出,公共管理学科人才除了必备的基础能力外,还应有解决问题、信息处理和创新的能力。简而言之,公共管理实践教学的重要目的就是实现理论与实践相互转化,从而培养理论基础扎实、实践应用能力强的高质量人才。这就要求公共管理专业的学生走出校园、面向社会,这就要求与校内外实习基地对接,实施有效的实践活动,提升学生实际应用能力。但同时也必须认识到,公共管理学科人才培养方案是一套完整的系统,课堂理论与课外实践应是互动共生的关系。没有理论指导的实践就像灵魂离开了躯体一样,没有实在意义。实践需要教学理论的指导,同时,公共理论教学的科学性需要学生在实践教学过程中予以证明,这直观表现为学生通常会主动发现相关理论在实践环节中的体现,通过实践之后往往会对相关的理论记忆和理解有一定的加深[4]。因此,我们要有针对性地构建与理论教学相对应的实践教学模块,实践教学内容要符合学生的认知规律,学时安排要合理,方法要与理论教学方法区分开来,要有效地利用课内外教学资源,实现理论教学与实践教学效果的双向促进。

---

[1] 吕子欣,周新成,罗燕,等. 公共管理类专业大学生"学做合一"实践教学探索[J]. 产业与科技论坛,2021,20(11):239-241.

[2] 刘洋,薛剑符,冯知新. 基于互动思维的文科实践教学模块整合探索[J]. 黑龙江教育(高教研究与评估),2016(02):11-13.

[3] 刁晶辉,祝钧. 文科实践教学改革的"五个对接"[J]. 北京教育(高教版),2008(Z1):68-70.

[4] 同[2].

(二) 教师经验与学生意识双向发力模块融合

社会实践的主体是学生，但教师依然扮演着指挥官的重要角色。教师经验是教学实践顺利开展的前提。由于教师资历深，社会阅历丰富，往往对社会教学实践环节有通盘把握的能力，能够引导学生向着既定的实践目标奋进。但教师并不是万能的，教师的教学经验对每一位同学并非都适用。"师傅领进门，修行靠个人。"当教师的教学经验无法解决学生的个性化特征所带来的新问题、新情况、新挑战时，学生自我学习的意识显得尤为重要。思想意识决定行为方向，强化学生对公共管理实践教学的认同意识，培养学生自我学习意识，发挥其主观能动性，成为实践教学能顺利完成实践目标的重要观测指标。同时，公共管理教学实践中，更需要团队协作，因此学生不仅要有自我学习意识，更要有一种团体意识、人文关怀意识，这样才能真正解决好公共管理实践中遇到的诸多问题。同时还应提高学生在实践教学中的"主人翁"意识，让学生意识到自己不仅仅是实践活动的参与者，更是实践问题的提出者、任务协调的分配者、解决困难的领导者、完成任务的监控者等。教师的角色则有所降低，成为学生自我教学进程中遇到困难时的答疑解惑者。明晰教师与学生在实践活动中所扮演的角色，教师经验与学生意识模块互动融合，可促进实践教学取得良好的效果。

(三) 校内教学资源与校外实践资源双向贯通模块融合

公共管理学涉及一个错综复杂的综合性研究领域，它在我国的出现和发展来源于社会经济转型和政府职能改革的需求，因此，从需求层次来看，公共部门与私人部门都迫切需要公共管理专业人才[1]。从校外政企角度：校外政企应放宽实践范围，降低实习门槛，为高校公共管理学专业的在校学生提供更多实习机会、就业信息，通过实践提升能力，以就业需求为导向，培养出更适合新时代、本单位需要的专业型人才，从而解决用工荒和就业难并存问题。从学校自身角度：(1) 提供公共管理案例教学。学校也可以选择邀请公共管理相关领域的人士进行演讲和探讨，为学生提供相关案例教学机会，让学生可以从不同的视角看待问题、认识问题，学习解决问题的不同思路。(2) 聘请经验丰富的兼职教师。条件许可的情况下，聘请公共事业部门与企业高管担任公共管理兼职教师。(3) 培养"双师型"教师。在此基础之上，学校应该尽量为教师创造深入基层教学的机会，允许教师组织学生到社区、基层政府、其他相关部门，结合课程要求进行现场教学。与此同时，学校也应该鼓励教师去社区、党政机关担任顾问等，这样不仅丰富了教师的实践经验，更能在实践教学过程中，为学生提供更专业的指导。通过整合校内外资源，扩展实践教学平台，创新模拟实践情景。模拟实践机制变成了教学手段创新的最优选择[2]，而较多学校在教学

---

[1] 吕维霞, 李沛华. 新文科建设背景下高校公共管理学专业教学方式改革[J]. 公关世界, 2021 (13): 41-44.

[2] 占小林. 基于认知规律的公共管理实践教学整合策略[J]. 黑龙江教育 (高教研究与评估), 2015 (12): 28-29.

内容选择和教学环境设计中也通过选用视频、案例、录像等来模拟教学内容，将学生带入模拟情境中。模拟实践应尽可能与社会真实场景贴合，增强教学过的趣味性，从而增强实践效果。另外，根据公共管理学科的特点，在校内模拟组建各种准公共事业组织，如"电子政务实验室"、管理角色沙盘演练，为学生搭建一个开展模拟管理的专业平台，从而提高学生实际提供公共服务的能力。总之，校内外实践资源双向融会贯通，教学设计、教学内容、教学方法、教学手段才得以更进一步改革，给学生带来良好、有益的实践教学体验。

（四）教学监督与教学评价双轨并进模块融合

建立考核评价机制是确保实践教学质量的关键，考核评价机制具有较强的约束力和激励作用。以往的实践教学"重结果，轻过程"，而学生是发展中的人，教师应该用发展的眼光去看待学生。因此，教学评价应从结果检查向过程考查转变。而像暑期社会实践、创新创业训练这类实践项目耗时长，学校在评估其实践教学成效的时候集中于对结果（通常是撰写实践报告的形式）的检查，因而忽略了其中最为重要的社会调查过程，使得结果好坏皆有，且不乏鱼目混珠[①]。为避免学生实践流于形式、走马观花，应成立公共管理本科实践质量监控小组，由实习单位、同学、学院、学校多方联动对学生实践过程进行监督，并给予客观评价，同时也避免单一主体对学生在实践过程中的行为"主观性观测"，从而导致测评结果有失公平性。因此，形成在监督中评价、在评价中监督的良性循环，有利于保证实践效果的实现。

无论公共管理学科实践教学模块选择什么样的融合路径，万变不离其宗的是其对学生个性化与全面化共同发展的重视。有效融合实践教学模块，为公共管理专业人才的培养输送"氧气"，成为改变公共管理专业实践教学不良现状的直接有效的方式。只有结合专业的特色以及学生的个性特征，因材施教，才能为企业、为社会、为国家培养出更优秀的公共管理人才。

四、公共管理本科实践教学模块体系构建

学者吴杰华等（2021）曾提出拉动式教育体系结构以及模块化的实践教育体系的思路。拉动式教育体系结构指社会需求拉动人才需要，进而拉动实践教育体系的构建，最终拉动理论知识教育体系的构建。模块化实践教育体系基于社会需求，大致可以划分为课内实践、课外实践和支撑模块三大模块，每个模块中又包含着不同的子模块[②]。学者赵海涛和靳晓娜（2012）则将模块化实践性教学框架体系概括为实验教学模块、校内实践模块以

---

① 张桂蓉，杭南. 基于教学执行主体的行政管理专业实践教学模式创新研究[J]. 创新与创业教育，2016，7（04）：45-49.

② 吴杰华，洪咸友，艾云平，等. 应用型市科实践教育体系的重新思考和模块化构建研究[J]. 兴义民族师范学院学报，2021（01）：74-78.

及校外实践模块[①]。何静（2014）也曾将实践教学模块分为基础实践、专业实践和综合实践[②]。

新时代全国高等学校本科教育工作会议精神提出"四个回归"，把公共管理学科知识教学与实践相融合，主动对接经济社会发展需要，以创新人才培养机制为重点，形成培养与就业联动机制。构建公共管理本科实践教学模块体系，只有让知识融于实践，完善人才培养机制，遵循社会本位论，才能走出中国特色的公共管理人才培养道路。

（一）实践教学模块体系构建的基本原则

1. 系统性原则

实践教学并非一蹴而就，不能把实践与教学单独分离，它不仅需要将实践教学与学科专业知识相结合，还需要将实践教学的各个模块和体系相融合。坚持分类指导，发展学科实践特色，发挥专业优势，建设知识融于实践的教学模块体系，提高创新型、复合型、应用型人才培养质量，形成全局性改革成果。

2. 发展性原则

实践教学需要与时俱进，主动对接经济社会发展需求，与学生实践需求相适应，教学的内容、方法和进度要适合学生的发展水平。将实践教学模块体系加以完善，优化专业结构，完善实践课程体系，更新实践教学内容，改进教学方法，持续改进人才培养机制，以应用型人才培养为重点，完善专业动态调整机制，健全协同育人机制，优化实践育人机制，强化质量评价保障机制，形成人才培养质量持续改进机制，切实提高高校人才培养的目标达成度、社会适应度、条件保障度、质保有效度和结果满意度。

3. 模块性原则

本科教学在不同学期、不同学年教学任务和目标不同，需要把这些教学阶段相互串联，形成教学内容区别化、教学阶段联系化、教学效果实践化的模块性实践教学体系。实践教学体系遵循模块性原则，有利于学生在每个阶段掌握相应的知识和技能，把扎实的专业理论基础知识自如地运用于实践需要，提高学生的实践能力，提高实践教学的效率。

（二）公共管理本科实践教学模块体系构建

1. 专业基础教学模块

专业基础课程是公共管理本科学习的基础，以扎实掌握专业基础课程为前提，才能进一步拓展到专业实践教学模块。在确定课程目标之后，公共管理本科基础课程设置如行政管理学、组织行为学、管理学原理、公共经济学、行政伦理等，通过公共行政、公共经济等案例分析，建立起公共管理学科的基本学科理论框架，掌握基本的案例、文献收集方

[①] 赵海涛，靳晓娜. 地方本科院校管理类专业实践教学体系模块化研究[J]. 考试周刊，2012（88）：155–156.

[②] 何静. 地方本科高校广告学专业实践教学模块研究[J]. 新闻研究导刊，2014，5（05）：20–21+38.

法，让学生掌握与政府、社会、管理相关问题的专业理论基础和基础实用方法，这是在本科基础课程阶段应具备的实践能力。

2. 专业核心教学模块

专业核心教学模块是公共管理专业实践教学的重点，术业有专攻，这是公共管理学科专业性的体现。课程内容主要有社会保障学、电子政务、公共事业管理学、公共部门公共关系学等，主要侧重于学生公共管理专业课程相关实践能力的培养。在实践过程中，主要运用做问卷调查、写研究报告、分享研究心得等形式，这不仅能使学生专业知识掌握更加牢固，也有助于学生创新思维的发展。在具备相应的核心知识之后，通过实践巩固学科核心基础知识，增加学生利用专业知识解决专业领域的实践能力。

3. 综合实践教学模块

（1）校政——结合数字政府、数字治理、政府雇员制创新优化实践路径研究。随着大数据时代的到来，数字政府、数字治理方兴未艾。在政府管理内部，广泛运用数字技术提升管理效率已经达成共识，培养学生的数字思维、数字能力理应成为新时代公共管理本科教学的目标与追求。随着科学技术的发展，我国政府机关在效率提升的基础上，也需要创新政府用人机制、推进人事制度改革，在数字技术已经应用于公共管理的前提下，政府雇员制、合同制必将成为一些部门的新尝试，给政府机关工作带来注入新鲜活力、提高办公效率、节约行政开支等好处。该教学探索方向有助于公共管理学知识能够与时俱进、紧跟技术潮流和时代步伐，适应政府数字化变革的整体趋势。在教学实践层面，需要以相关课程为主导，强化数字实验室教学，以数字化运用实践为载体，优化提升学生在数字时代的观念与行为模式。

（2）校企——结合企业发展、内部管理运营等优化实践路径研究。不容置疑，我国经济社会的主体仍然是市场主体，解决各类人才出口的仍然主要是企业。公共管理本科内在的管理属性，不仅在政府、公共组织有应用可能，在参与企业内部管理方面也有用武之地。在公共管理本科实践教学当中，要以通用管理能力培养为目标，在管理学、组织学、人力资源管理、财力资源管理、公共关系、人事制度、知识产权、创新管理等领域强化相关资源配置。通过与企业建立实习通道，扩大公共管理本科学生的适应空间，为学生更好地适应就业形势提供可能的空间。尤其针对我国的国有企业，需要把行政化管理的优势与企业化运营发展的知识合二为一，为培养双领域适用人才，在教学体系、实践基地、人才评价等方面积极争取相关企业的支持与参与。与国有企业等广泛展开合作，也有助于公共管理相关知识与相关人才在企业管理实践中得到认知与认可，既有助于企业自身发展，也有助于加强学校和企业的深度合作。

（3）校社——结合基层治理、社区发展优化实践路径研究。随着政府权力逐步下放到基层，行政权力更直接地服务于社会，但基层政府职能部门的迅速膨胀导致管理混乱，为能理顺错综复杂的职权交叉，基层政府急需进行职能体系优化。这有助于公共管理学知识在社区职能管理实践中得到运用。将公共管理原理与社区职能管理进行本土化融合，合理分配社区的行政权力和义务，让社区充分发挥其基层管理职能。也需要广泛与社会组织进行合作，使学生有参与社会组织的知识储备和能力储备。

（4）校协——结合社会组织如各种专业协会职能的实践路径研究。当今世界，社会管理多样化趋势越来越明显，整个社会的组成也不可避免地发生了改变，政府必须重视社会组织的社会管理地位，对社会组织的作用有清晰的认识，将一部分行政权力逐步下放给社会组织承担，在政府和社会组织之间建立开放而准确的信息交流。该研究方向有助于公共管理学知识在社会组织管理实践中的应用，使社会组织职能走向行政化发展方向。

作者简介：谢和均，云南大学政府管理学院副教授，硕士生导师，管理学博士，研究方向：社会保障理论与政策。

云南大学公共管理实验提升本科生能力发展研究[*]

邓 崧 邢随亮 字学凤

公共管理实验作为一种新型的教学模式,越来越成为公共管理教学改革研究的焦点[1]。目前,学术界对公共管理实验的研究主要集中在实验室建设以及实验教学体系改革这两个方面,专门针对本科生能力发展的研究较少。鉴于此种情形,本文以云南大学为例,来对公共管理实验提升本科生能力发展进行研究。

一、公共管理实验提升本科生能力发展的现实路径

(一) 实验教学环境建设

1. 实验室建设

2006年,云南大学在政府财政投资基础之上,积极整合社会资源,率先在全国建立了文科综合实验中心,即"云南大学公共管理实验教学中心",下设"电子政务实验室""情报与档案实验室"以及"社会学与社会工作实验室"。云南大学公共管理实验中心面向全校开放,在为其他学院本科生提供服务的同时,主要为公共管理学院4个系和8个本科专业开展实验教学活动提供服务。

云南大学公共管理实验中心建成以后,学校不断推进实验中心的再建设工作。在实践过程中,逐步形成了以下两条独具特色的建设路径:一是整合学校、政府以及社会各方的力量,形成建设合力。云南大学通过与政府部门(如云南省政府、昆明市政府)合作、向标杆单位(如国家电子政务协会、清华大学公共管理学院)学习等方式,不断完善实验中心基础设施建设。二是坚持"学科、专业发展指导实验中心建设,科研、教学成果反哺实验中心建设"的原则,形成学科发展、实验室建设两者良性互动的格局。经过不断建设,云南大学公共管理实验中心被全国电子政务委员会列为高校唯一的常务理事单位,并且获

---

[*] 本文受云南省科技创新团队"云南省高校大数据下的云南公共管理发展研究科技创新团队"、国家社科基金"基于大数据的公共管理基础理论、研究方法与实践案例研究"(项目编号:19FGLB063)、云南大学本科优秀教学团队"基于方法论提升本科生综合能力的公共管理学科优秀教学团队"项目资助。

得了云南省省级实验教学示范中心的荣誉称号。

2. 实验管理制度建设

(1) 实验安全管理制度建设

云南大学公共管理实验中心实验安全管理制度主要由 6 大板块组成,详情如图 1 所示。

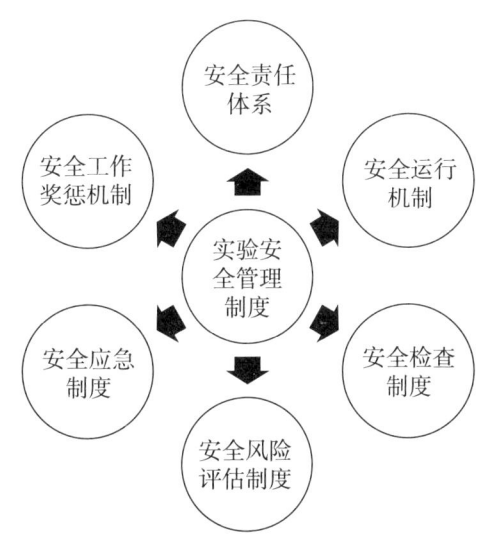

图 1　云南大学公共管理实验中心实验安全管理制度框架图①

①实验安全责任体系。目前,云南大学公共管理实验中心已经建立了分级联动的实验安全责任体系[2]。该体系主要由公共管理学院、实验中心、指导教师以及使用者四个层级构成。其中,公共管理学院作为实验中心安全责任的主体,学院党政负责人主要承担实验中心安全工作的领导责任;实验室作为实验中心安全责任的核心,相关负责人肩负实验中心安全工作的直接责任[3]。指导教师作为学生实验项目的负责人,具有督促学生安全完成相关实验的责任;学习者、工作人员作为公共管理实验室的直接使用者,是实验室实验安全的第一责任人。

②实验安全运行机制。目前,公共管理实验中心已经建立了安全验收制度、安全准入制度以及使用登记制度。首先,在新建、改建、扩建公共管理实验室的过程中,实验中心始终坚持建设方案评估与项目安全验收的原则,筑牢实验安全的第一条防线。其次,实验室实行安全准入制度,新生只有在云南大学实验室安全学习和考试平台进行相关培训和考试以后,才能获得实验室的准入资格。最后,实验中心明确规定使用者必须做好使用登记

---

① 《教育部关于加强高校实验室安全工作的意见》中指出,各高校要建立分级管理责任体系、安全定期检查制度、安全风险评估制度、安全应急制度和安全工作奖惩机制。

工作，以筑牢实验安全的第三条防线。

③实验安全检查制度。目前，云南大学公共管理实验中心实行定期和不定期检查制度，对实验中心安全责任落实情况、危险源全周期管控情况、应急装置配备情况等方面进行专项检查。

④实验安全风险评估制度。对于具体项目的实验申请，实验中心会组织相关专家对实验项目潜在的风险进行评估，并根据评估结果，做出是否同意该申请的决定。

⑤实验安全应急制度。实验安全事故像其他事故一样具有突发性和破坏性，因此做好应急工作十分重要。实验中心"未雨绸缪"，在结合公共管理学科特点的基础上，制定并完善应急预案。

⑥实验安全工作奖惩机制。公共管理学院实行实验室安全工作年度考核制，将责任落实情况与管理人员的晋升相挂钩。对于责任落实到位的管理人员，予以正向激励；对于失职失察的工作人员，不予评奖和评优，并且一旦出现实验安全事故，根据"谁管理，谁负责"的原则，逐级追究相关负责人的安全责任。

（2）实验教学管理制度建设

云南大学公共管理实验中心从无到有，作为全国最早建立的文科实验中心之一，当时可供参考和借鉴的实验教学管理制度并不多，经过几年探索研究，实验中心实验教学管理制度初具成效。该制度的应用，大大提高了实验室的使用效率，并在一定程度上保证了实验室的安全运行。截至目前，管理效果良好。

①建立了集中、统一的实验室管理模式。

②对支撑实验教学活动的经费开支、硬件设备（如教学仪器、实验用房）、软件资源（如师资队伍）进行统一调配和管理。

③实验中心工作人员各司其职：教师负责开展实验教学活动；管理员在实验室主任的领导下，负责将实验教学辅助工作落实到位。

④建立了相应的数据库和中心网络管理平台，使学生不仅可以通过实验室，还可以通过校园网对中心数据进行访问，对课程中的实验问题进行课前预习操作和课后复习操作，极大提高了中心资源的利用率。

（二）实验教学团队建设

按照实验课程体系，云南大学一直注重公共管理实验教学团队的培养与建设。主要方式如下：一是安排教师外出考察，学习外省高校相关做法，提升实验教学团队综合实力；二是资助教师在职提高学历学位。

通过近10年的努力，从无到有，云南大学初步建立了一支公共管理实验教学的师资队伍。该队伍由云南大学公共管理学院近20名具有研究生以上学历的教师组成，其中，博士后3人，博士12人。目前，云南大学公共管理学院已有省级高校科技创新团队1个（云南省高校大数据下的云南公共管理发展研究科技创新团队）、校级本科优秀教学团队1个（基于方法论提升本科生综合能力的公共管理学科优秀教学团队）。总的来说，云南大学公共管理实验教学团队具有以下两个方面的特征：一是结构合理；二是实力较强。截至2019年11月，有国家"万人计划"教学名师1人，云南省"万人计划"云岭学者2人，云南省"万人计划"教学名师1人①，云南省中青年学术带头人2人。

（三）实验课程体系建设

目前，云南大学已经规划和构建了一套符合时代发展且具有自身特色的公共管理实验课程体系，详情如图2所示。

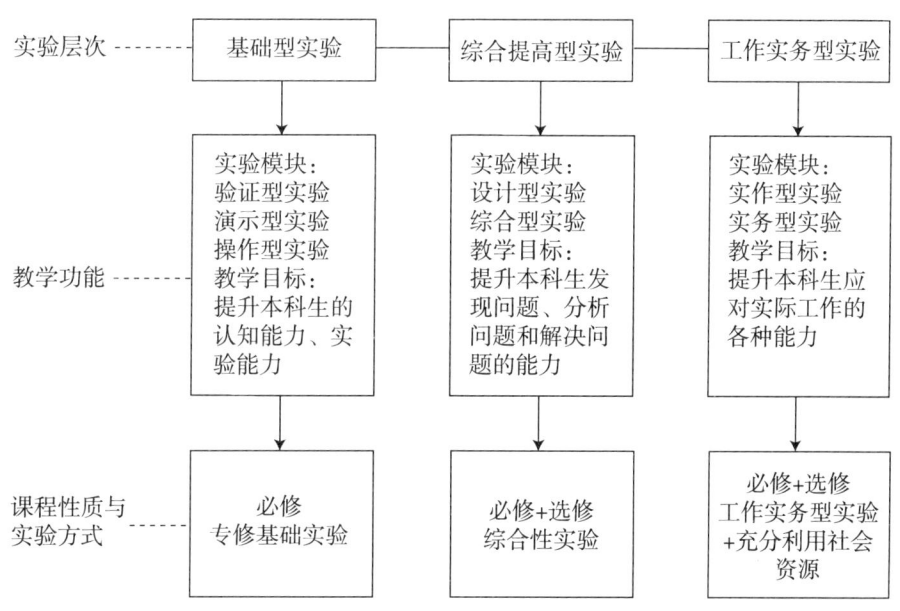

图2　公共管理实验课程体系逻辑图

1. 基础型实验教学

基础型实验是云南大学公共管理实验中的基础部分，其主要由以下三个模块组成：①演示型实验；②验证型实验；③操作型实验。与之相对应，基础型实验教学旨在培养、提升本科生以下三个方面的能力：①认知能力；②验证能力；③信息技术操作能力。目前设置的课程有：电子政务系统安全实验、计算机网络技术实验等。

2. 综合提高型实验教学

在云南大学公共管理实验中，综合提高型实验属于中间层次的实验类别。其主要由以下两个模块组成：①设计型实验；②综合型实验。与之相对应，综合提高型实验教学旨在培养、提升本科生下列三个层面的能力：①发现问题的能力；②分析问题的能力；③解决问题的能力。目前设置的课程有：电子政务实验、信息技术基础实验、网页设计实验等。

---

① 数据来源：根据国家"万人计划"入选人员名单和云南省"万人计划"入选人才名单整理。

3. 工作实务型实验教学

在云南大学公共管理实验中,工作实务型实验属于最高层次的实验类别。其主要由以下两个模块组成:①实作型实验;②实务型实验。与之相对应,工作实务型实验教学旨在培养、提升本科生应对实际工作的各种能力。目前设置的课程有:当代公共管理方法与技术、公共组织财务核算流程实务等。

依据这样的关系,公共管理、政治学等各学科根据自身的实际情况,结合国内外的进展,确定并引入相应的公共管理实验课程。

二、公共管理实验提升本科生能力发展的效果评价

公共管理具有"顶天立地"(即理论联系实践)的属性,对公共管理实验提升本科生能力发展的现实效果进行评价,既是对理论层面公共管理实验与本科生能力发展之间关系的现实验证。公共管理实验作为公共管理学科与本科生之间的桥梁和纽带[4],在一定程度上解决了本科生"顶天立地"中的"顶天"和"立地"问题。

(一)提升了本科生理论层面的能力

与传统教学方式相比,公共管理实验教学模式进一步提升了本科生理论层面的能力,详情如表1所示。

表1 两种教学模式下本科生理论层面能力提升幅度对比情况表

教学模式	教学主体	教学客体	自主学习	教师传授	教学实践	教学成效
传统教学	主导	被动	积极性不高	接收效果不理想	实践机会少	理论知识掌握情况不理想
实验教学	引导指导	主动参与	积极性较高	接收效果比较理想	理论教学+实践教学	理论层面的能力大幅提升

由表1可知,本科生理论层面能力的提升幅度与教学主体、教学客体以及教学手段这三个要素密切相关。其中,教学手段主要包括以下三种:一是自主学习,二是教师传授[5],三是实践巩固。在传统教学模式中,教师处于主导地位,学生处于被动地位[6],传统意义上的学习是一种"被动式""灌输式""背诵式"的学习,学生学习积极性和主动性受到了抑制,接收、理解、掌握知识的效果也不理想,加之传统教学存在"轻实践"的问题,导致本科生公共管理理论知识的掌握情况不尽人意。与传统教学模式相比,实验教学模式中教师角色和学生角色都发生了转变:学生在老师的引导和指导下,变成了学习的主动者。学生学习积极性显著增强,接收、理解、掌握知识的效果也比较明显,加之该模式将理论教学与实践环节相结合,使学生能进一步巩固和深化认识[7],从而全面提升本科生理论层面的能力发展。

（二）提升了本科生实践层面的能力

目前，云南大学已经构建了一套公共管理实验教学体系，并且该体系已经通过云南大学教务处的认定，在云南大学行政管理、公共事业管理、政治学、信息管理等多个学科中的本科生教学中使用。按照实验教学要求，教务处给学校相关专业的本科生开设了诸多课程。据统计，公共管理学院每年实验课程时数已经超过了300课时，学生学习人数也已经超过了200人。在演示型、验证型、技术操作型公共管理实验中，学生的验证能力、信息技术操作能力明显增强；在设计型、综合型公共管理实验中，学生解决实际问题的能力得到了有效锻炼；在实作型、实务型公共管理实验中，本科生应对实际工作的各种能力也得到了大幅提升。

三、云南大学公共管理实验提升本科生能力发展的未来方向

理论和实践表明，公共管理实验对本科生能力发展具有促进作用。本科生能力提升是一个动态发展的过程，这决定了公共管理实验改革也是一个不断发展完善的过程。在未来，为了进一步提高本科生能力，我们需要从以下几个方面进行努力。

1. 公共管理实验教学体系仍需要进一步完善。云南大学公共管理学科的起步在全国范围内是较早的，因此很多东西也在探索中前进。这样，也就存在着一些不成熟的地方。近几年来公共管理实验教学让我们积累了一些经验和教训，有必要在此基础上，进一步完善云南大学公共管理实验教学体系。

2. 为进一步突出公共管理的科学决策属性，加强学生的应用能力，结合时代的发展，下一步拟建设"行为科学实验室"[8]"三方模拟实验室""公共危机模拟实验室"以及"仿真实验室"等重点实验室，并且设立"政务大数据资源库""科学决策实验""人工智能辅助公共决策"等方面的模块。

3. 教师人才问题。公共管理实验人才在全国范围内都是奇缺的，这个问题虽然具有普适性，但是这个问题的解决对于云南大学相关教学研究的下一步发展意义深远。

4. 在公共管理具体实践过程中，存在着地方差异，因此，云南大学公共管理实验教学下一步也会将地方公共治理特色考虑在内。

四、结论

1. 公共管理实验作为一种新型的教学模式，对本科生理论层面和实践层面的能力发展具有提升作用。

2. 公共管理实验与本科生能力发展之间存在着"链式"逻辑：公共管理实验提升本科生能力发展过程是一个闭合式的"链条"，公共管理实验室、实验管理制度、公共管理实验教学团队、实验课程体系、各专业本科生是"链条"中环环相扣的五个"环节"。公共管理实验室、实验管理制度作为"链条"中的前两环，为公共管理实验教学活动的开展提供了环境支撑；公共管理实验教学团队作为实验教学的主体，在上述环境条件下，依托

实验课程体系，对本科生能力发展产生作用。

3. "链条"原理表明，公共管理实验能在多大程度上提升本科生能力发展，是由"链条"中其他环节所决定的。只有各环节齐头并进、协同发展，才能最大程度提升本科生理论层面和实践层面的能力。

4. 公共管理实验提升本科生能力发展是一个循环往复的过程，"链式"逻辑、"链条"原理在为公共管理实验提升本科生能力发展奠定逻辑基础的同时，也为公共管理实验提升本科生能力发展指明了前进方向，对于高校公共管理教学改革具有借鉴意义。

参考文献：

[1] 王思琦. 公共管理与政策研究中的实地实验：因果推断与影响评估的视角[J]. 公共行政评论, 2018, 11（01）：87-107+221.

[2] 教育部. 加强高校教学实验室安全检查工作[J]. 汽车维护与修理, 2019（04）：13.

[3] 教育部部署加强高校教学实验室安全工作[J]. 中国应急管理, 2017（03）：36-37.

[4] 孟天广. 专栏导语：利用实验方法理解公共治理之道[J]. 公共行政评论, 2019, 12（04）：1-4.

[5] 周叶中. 新时代我国高等学校本科人才培养思想——武汉大学的思考与探索[J]. 中国高等教育, 2019（12）：16-18.

[6] 周奔波, 菊梦, 高海妮, 等. 高校奋力人才培养的背景、内涵与有效路径[J]. 中国高等教育, 2018（17）：13-15.

[7] 于海峰. 以能力培养为核心 深化实验实践教学改革[J]. 中国高等教育, 2011（22）：29-31.

[8] 谭立力. 行为实验平台及其在公共管理教学中的应用价值[J]. 云南大学学报（自然科学版）, 2017（8）.

作者简介：邓崧，云南大学政府管理学院教授，博士生导师，研究方向：公共管理方法、数字政府。邢随亮，云南大学公共管理学院2020级硕士，研究方向：行政管理。字学凤，云南大学公共管理学院2020级硕士，研究方向：行政管理。

论案例库建设在公共管理学科中的意义与实施策略优化[*]

马 桑 鱼宁馨

一、引言

案例库建设是基于案例教学的需要而开展的。案例教学始于发达国家,发轫于法学界,其后被引入医学界。在看到法学和医学采取案例教学的成功实践之后,1921年,哈佛大学商学院大力倡导在培养学生过程中使用案例教学法,从此案例教学正式进入管理学领域。其后,案例教学逐渐成为全球高等教育中公认的能力导向和实践导向的成功教育手段。美国卡内基小组的报告《准备就绪的国家:二十一世纪的教师》明确指出,案例研究和案例教学法是专业研究生最为有效的教学模式。在北美和欧洲,一个MPA在整个培养过程中至少分析和讨论过上百个案例。世界一流大学如哈佛大学、斯坦福大学、伯明翰大学、剑桥大学等均建有公共管理案例库,其中最著名的是哈佛大学肯尼迪政府管理学院(KSG)的案例库。KSG现在拥有一个80余人的案例编写团队,由研究生、一线教师、公共管理实践专家等组成。这些专家和教师大多为"大腕级"的教授,具有丰富的实践经验,有些甚至担任过政府相关部门的高级顾问。目前,KSG的公共管理案例有1 800多个,每年约更新30%。

二、公共管理案例库建设的意义和作用

案例教学作为培养应用型人才的有效方法,已经在公共管理学科中得到普遍应用。开展案例教学,首先需要将高质量的案例库作为强大的支持系统。没有案例资源的有效支撑,案例和实践教学均成为无源之水和无本之木。正是因为案例库建设的重要实践价值,我国国家层面,从21世纪起逐渐加强了对案例库建设和案例教学的研讨和培训活动。

---

[*] 本文受云南省高校本科教育教学改革研究项目"互联网+背景下的'公共经济学'课程的慕课、翻转课堂与案例研发互嵌模式研究"(项目负责人:马桑,项目编号:JG2018009)、云南省专业学位研究生教学案例库项目"基于实践能力培养的公共管理案例库建设研究"(项目负责人:马桑)的资助,系云南大学本科优秀教学团队"基于方法论提升本科生综合能力的公共管理学科优秀教学团队"的成果之一。

2014年，全国公共管理教育指导委员会举办第一届教学案例入库评选活动，首批入库案例400多个。2017年，全国公共管理案例大赛拉开了帷幕，参赛队伍数量年年创下新高，2021年的参赛队伍达到1 800多支。清华大学、中国人民大学、中山大学等一流高校相继成立了公共管理案例中心。可以说，案例教学已经成为当今中国公共管理教育的显著特色，而案例库建设也是各个公共管理培养单位的首要任务之一。对于云南省而言，建设具有时效性、本土性和典型性的公共管理案例库既是时代的呼唤，也是提升公共管理学生素质和能力的重要抓手。

公共管理教学案例库建设旨在通过案例采编、案例分析、案例归类三大流程汇集起一个适合公共管理专业的教学案例库，进而通过案例库的资源来进行公共管理核心课程的案例教学，目的是激发学生的学习兴趣，提高学生分析、归纳、思考、表达和解决公共管理实践问题的能力，最终优化公共管理专业的课程教学，持续提升学生的培养质量。具体来看，公共管理教学案例库建设能够起到以下三个方面的作用。

（一）有助于培养学生的高阶思维能力

从建构主义教育论的观点来看，高校学生，特别是专业学位研究生需要借助讨论活动来充分理解并建构自己的知识体系。"讨论"和"模拟"是培养学生高阶思维能力的重要策略，也是深度学习的重要媒介。学生在讨论过程中需要提出问题、进行解释、辩论和争论，找出答案。通过这类质疑和思辨等活动，学生就容易记住并且准确地把握要点，然后逐步提升自己的高阶思维能力，如分析、综合、权衡和评价等。

（二）有助于增强学生的公共管理实际技能

在信息化社会，学生获取知识的途径更广、速度更快、效率更高。借助现代化信息技术使书面知识的获取变得更加容易的同时，实践应用知识和技能的获得能力却是在下降的。案例收集正好可以培养学生观察实践的敏锐感，而案例教学则可以将学生置于具体的公共管理场景中，以案说理（理论）、以案说规（规程和政策）、以案启思（思考）、以案启效（效果），将管理学中的原理、方法、操作规则、管理效率和管理效果用案例演示和讨论的方法生动地反映出来，通过师生互动、生生互动，加深学生对于管理学知识的领会，增强学生公共管理的实际技能。

（三）有助于提高教师的教学能力

公共管理本质上是一个学以致用、实践性很强的课程体系，它要求教师既要有扎实的理论功底，又要有公共管理的实操经验。但是，鉴于公共管理学科起步较晚，教师成长路径局限等原因，师资队伍中有公共管理实践经验的教师比重较低，而案例研发、案例库建设和案例教学能够起到很好的弥补作用。一个观察敏锐且具备扎实理论基础的教师能够通过案例采编和案例分析，观察公共管理的典型实例，深入公共管理实践，从而迅速提升自身理论与实践相结合的能力。

三、公共管理案例库建设的具体内容

如果用系统论的视角加以分解，案例库建设必然包含案例主题筛选、案例采编方式、案例建设类型、案例文本格式和案例课程设计五个方面。

(一) 案例主题筛选

公共管理案例要能够体现专业的特点，满足专业学位学生课程教学的需求，能够加深学生对基本原理和概念的理解。参选案例的主题包括：政府治理与领导、电子政务与数字政府、公共政策、公共财政与税收管理、组织与人力资源管理、社会保障、非营利组织管理、公共卫生政策与管理、公共安全与应急管理、区域发展与城市管理、教育政策与管理等方面。

(二) 案例采编方式

无论是通过实地调研取得的案例素材，还是二手资料的加工案例，均需要树立两个基本线索：一是情节线，即真实管理情境中发生的管理事件，其中要有起、承、转、合；二是知识线，即所撰写的案例需要反映以教学目标为导向的公共管理知识点。在撰写公共管理案例时，如果不根据公共管理学的知识点的线索进行采编，那么采编出来的案例将会是一堆零散的材料，相互之间缺乏逻辑关系，案例流于市井谈资，无法体现案例所反映出来的深层次东西。因此，在采编案例时，首先需要思考这个案例可以和公共管理学的哪个知识点契合，并结合在一起进行编辑，通过不断的"双向交流"最终让情节线与知识线水乳交融。

(三) 案例建设类型

专业学位案例库建设的案例一般有三种类型，即公共管理综合课程案例、单一课程案例和知识点案例。综合课程案例是指涉及公共管理多门课程知识的案例，它通常是大型案例，一个案例不少于 5 000 字。单一课程案例是指只涉及某一门课程多方面教学内容的案例，不少于 3 000 字。知识点案例是指只涉及某一门课程某一特定知识内容或具体知识点的案例。知识点案例是小案例，一般不少于 1 000 字。

(四) 案例文本格式

案例应由案例主体（正文）和案例教学手册两个部分组成。案例主体一般包括：标题、摘要、正文、结束语、思考题、附录、脚注和图表等 8 个部分。教学手册一般包括：课前准备、适用课程、教学目标、要点分析、课堂安排、其他教学支持等 6 个部分。案例撰写的原则包括真实性、典型性、客观性、时效性和创新性。

(五) 案例课程设计

案例课程设计就是按照一定的原则或标准，将要学习的知识、形成的技能或培养的创新思维通过案例材料和分析进行展示的过程。与普通教学课程不同，案例在教学中一般不

使用概念讲解、原理推论和举例说明的方式，而是从案例入手，所有的教学活动都以案例为中心，发现问题、分析问题和解决问题也以案例为依据。因此，在执行案例教学前，一些相关理论和知识点的梳理还是必要的。在案例教学完成后，教师还应该对该次案例教学进行回顾和评价，以优化教学手册，保持案例教学环境的有利因素，消除案例教学环境中的不利因素，最终促进学生学习效率的提高和教师教学效果的提升。

四、公共管理案例库建设中的困境与缓解

（一）案例建设中的文化困境及其缓解

目前，我国公共管理学科所采用的案例大部分是国外案例。应该承认，作为人类智慧的凝结，多数案例包含了一些具有普遍价值意义的元素。尤其是在案例采编原则、案例撰写规范以及案例教学方式方法方面都可以加以借鉴和学习。然而，从内容上来看，与本土的社会现象和公共管理实践相结合的案例因其契合国情，才更能够启迪公共管理学生的思维；另一方面，中国波澜壮阔的改革为公共管理案例开发提供了丰富的实践素材。因此，需要把中国政府改革和社会治理中的新特点、新做法、新问题、新趋势反映到案例库建设当中，以此丰富全球公共治理的案例库，并凸显中国内涵。

（二）案例建设中的经济困境及其缓解

相比于传统教学，无论是案例采编、案例撰写，还是案例教学师资和教学硬件，都需要更多的经费投入。同时，案例的时效性意味着案例库必须时时更新。一些过时的案例因为情境转化，其发生条件和演化机制均出现了很大的不同，教师再讲这样的案例是无法说服学生的，且学生的学习所得也会比较有限。另外，即使案例教学在培养学生能力方面有突出的优势，这种优势也无法在短期内显现出来，同时它也极其难以量化。因此，高校管理层通常不愿意把经济资源投入到案例建设中。这一情况的改观需要教育行政部门加大对案例教学和案例库建设的考核力度，并尽可能地给予经费的支持，由此才能缓解案例建设的经费之困。

（三）案例建设中的管理困境及其缓解

公共管理案例建设中遇到的管理困境有课堂管理困境和评价管理困境。首先是课堂管理困境。案例教学鼓励的是学生的自由讨论和创新性思维，学生可以对老师的观点进行质疑和补充。但是，在传统上，中国教育强调的是师讲生听，学生应该服从老师的教诲，没有资格质疑老师的观点。同时，案例教学的主体一定程度上是学生，教师只是引导者、组织者和辅助者，这也与传统课堂教师主导的形式有很大不同。在传统思维影响下，很多老师仍然容易把案例研发搞成是一言堂，案例教学也脱不出教师主导的窠臼。其次是评价教学质量的困难。案例教学的最大收益是学生实践能力的提高，但是这种能力是潜移默化的，而且还需在今后的工作实践中体现出来。因此，用传统方法，比如考试或者督导听课等来评价教师和学生，都可能有所偏颇。鉴于此，改进之策，一是教师转变观念，师生基

于平等对话讨论来展开教学过程；二是改变传统的评价方式，重视思辨与创新，设计一些可测度指标，提升两者在考核评价中的占比。

总之，公共管理学的核心课程，都是要求培养学生理论联系实际、运用理论知识解决现实复杂问题的能力。其内在要求就是对学生的培养不能单纯采用传统的教学方法，而应该采用新的教学方式培养应用型人才。因此，依托案例库建设的案例教学法弥补了传统教学手段的不足，其实践性和思辨性更容易得到公共管理类学生的青睐，更容易被学生接受和在教学中推广。但是，其中也存在一些推广的困境，必须从观念和实际制度创新方面切实提升公共管理案例库建设的绩效，做实案例教学。

参考文献：

[1] 李春成. 略论公共管理案例研究[J]. 中国行政管理，2012（9）：121-124.

[2] 王浦劬. 试论公共管理案例的基本特点[J]. 中国行政管理，2001（7）：11-12.

[3] 苏杨珍. "协同式"教学改革在《公共管理案例分析》课程中的应用研究[J]. 山西财经大学学报，2014（S1）：111-112.

[4] 李燕凌，贺林波，吴松江. 案例教学论[M]. 长沙：湖南人民出版社，2015：254-259.

作者简介：马桑，云南大学政府管理学院教授，博士生导师，管理学博士，研究方向：教育经济学、财政学、社会保障。鱼宁馨，云南大学公共管理学院2020级硕士研究生。

能力本位教育视角下的地方本科院校
行政管理专业人才培养模式探索

——以保山学院为例

王旭明

行政管理专业在诸多地方本科院校均有开设,主要是面向国家党政机关、企事业单位、社会团体等组织,培养具备良好的思想政治素质和现代公共精神,掌握公共管理基本理论知识和技术能力的管理人才。公共管理事务具有的政治性、技术性、科学性、复杂性等特征,决定了行政管理专业具有很强的实践性和应用性,因此必须培养素质高、能力强的专业人才,以满足国家治理能力现代化的需求。地方本科院校在地理位置、办学条件、经费资源、师资力量、生源质量等方面有一定的局限性,导致行政管理专业人才培养质量普遍不高,不能有效满足地方经济社会的发展需求,进而制约了专业的可持续发展。加之就业通道受限制、就业岗位趋于饱和、就业供需矛盾突出,就业问题成为一大窘境。在这样的背景下,许多地方本科院校开始响应国家转型号召,走应用型人才培养之路,并开始积极探索。在国家推进人力资源供给侧结构性改革的大趋势下,地方本科院校的行政管理专业人才培养应当以能力本位为导向,以固有条件为基础,合理确定专业人才应具备的能力和要求,全面改变传统课程教学结构,为学生能力培养营造良好的教学环境。

一、能力本位教育

能力本位教育是发源于西方的一种教育理念和模式,最初主要应用于中等和高等职业教育,后来在高等教育和本科层次人才培养中得到广泛应用。我国许多地方的本科教育改革也充分借鉴了该教学理念和模式。"能力本位教育是以从事某一职业所需要的能力为出发点来定位培养目标、设计教学内容、确定教学方法、管理教学过程、评估教学效果的一种教学模式。"[①] 能力本位教育实际上是一种以需求侧的能力要求为导向,以供给侧的教学设计为核心的教育理念,包含了职业能力定位、教学目标确立、教学内容选择、教学方式确定、教学成果的评价等内容。

能力本位教育相比起传统的知识本位教育模式,具有独特的优势:其更加强调理论与

---

① 韦文联. 能力本位教育视域下的应用型本科人才培养研究[J]. 江苏高教,2017(02):44-48.

实践的结合，突出能力培养的综合性和个性化；更加强调学生的主体作用和核心地位，进一步优化师生的角色定位；更加强调实践教学对于能力培养的作用，推动产学研一体化；更加强调能力为主的考核评价方式，发掘应用型人才。地方本科院校的行政管理专业在人才培养模式探索中可以借鉴能力本位教育理念，将其贯穿在整个教学设计和实施过程中，以职业岗位为定向，以知识的传授为基础，以能力的培养为核心，注重实践教学的开展，注重学生能力的全面提升，以满足地方社会事务管理和服务的独特需求，以此形成专业特色，提升专业影响力。

二、地方本科院校行政管理专业人才培养的能力定位

（一）专业基础能力

专业基础能力是学生成长为专门人才的过程中通过对专业理论和知识的学习而形成的具有基础性、前置性的专业素质和能力，包括专业思维和素养的形成，专业知识及方法的学习和积累，专业领域问题的解释、评价和设计等方面的能力。行政管理专业学生应该熟悉政治学、管理学、公共行政学、公共政策分析等专业理论知识，掌握行政管理相关方法和技术，形成相应的政治价值取向和公共价值理念，能够运用专业思维和理念分析和解决专业领域内的相关问题。同时，学生应该能够以专业知识为基础，阅读专业书刊和文献，了解学科前沿动态，掌握国家的方针政策，形成基本的阅读分析与文案写作能力。

（二）专业应用能力

专业应用能力是学生在理论与实践相结合的基础上，将专业相关理论应用于具体工作实践，解决实际工作问题的能力，需要通过专门的课程教学及其实践训练获得。行政管理专业学生毕业以后大多从事政治决策、行政执法、办公管理、社会服务等公共管理领域的工作，所以必须要掌握计划、决策、组织、沟通等方面的管理方法和技术，更要具备相应的行政思维能力和政务工作能力。此外，在信息化和数据化时代，学生必须具备基本的信息技术应用能力，以适应数字政府、智慧政府发展的需要。

（三）专业研究能力

专业研究能力是学生围绕专业领域内的一个具体问题，通过专业的研究方法搜集、分析信息，从而得出一个有效结论的能力，包括发现问题、查阅文献、总结归纳、试验设计、组织实施、科研表达等方面的能力。行政管理专业学生应该通过系统的课程教学、专门的培训辅导及其多元化的科研活动，培养科学研究的兴趣和思维，形成基本的专业研究能力，能够广泛查阅专业文献，独立发现和思考专业问题，开展调查研究，总结归纳形成有一定价值的研究成果。

（四）社会适应能力

社会适应能力是学生为了能够更好地在社会上生存而在心理上、行为上不断进行自我调适的能力。地方本科院校行政管理专业是为地方社会管理和服务活动而培养人才，决定

了该专业学生必须具备较强的社会适应能力，能够以良好的心理素质应对社会压力和挑战，具备良好的社交能力、处事能力、人际关系能力，能够承担相应的社会角色，全方位融入社会、接纳社会，并从社会获取必要的资源。在社会急剧发展变化的时代，学生还应该具备勇于革新的精神和持续改造自我、提升自我的能力，以顺应社会发展的需要。

（五）就业竞争能力

就业竞争能力是学生在从业过程中所体现出来的综合素质、专业能力等方面的比较优势及其找到与自己相匹配的工作岗位的能力，也是学生满足社会和用人单位需求的能力。行政管理专业学生的就业竞争能力主要来自两个方面：一方面是学生自身在学习过程中所形成的思想道德素质，所掌握的专业知识和技能，所具备的就业技巧和社交能力；另一方面是学校在人才培养过程中所积累的社会影响力和知名度，学生的家庭背景和社会关系。就业竞争能力是学生综合能力的集中体现，也是衡量专业人才培养水平的核心指标，是内外因共同作用的结果。

三、保山学院行政管理专业能力本位导向的人才培养模式探索

保山学院地处我国西南边陲，是云南省的一所省属地方本科院校。为了更好地适应地方经济社会发展的需要，自招收本科生以来，一直致力于改善办学条件，转变办学思路，改革办学模式，注重以能力为导向，培养知识和能力兼备的专业人才。2015年，学校响应国家的转型号召，将学校定位为应用型本科院校，并以学校为主导，二级学院为主体，在课程体系、实践教学、队伍建设等领域进行改革，探索应用型人才培养模式。行政管理专业是学校下属政府管理学院的一个新办本科专业，2018年开始招生，迄今已有3年的办学历程。在办学过程中，一直坚持能力本位教育理念，注重应用型人才培养模式的构建，强化实践教学设计，力图培养具备良好专业素养和能力的边疆基层社会治理人才。

（一）目标导向的人才培养方案设计

人才培养方案是学院保证教学质量和人才培养规格的基本教学文件，是组织教学过程、安排教学任务、确定教学编制的基本依据，是对人才培养目标、培养模式以及培养过程和方式的总体设计。学院在行政管理专业人才培养方案制定过程中，结合自身实际，确定了面向边疆基层社会培养应用型人才的目标，并围绕人才培养目标构建学生知识、能力、素质结构指标体系，将学生培养的基本要求精细化。

在课程设置上，顺应当前学科交叉融合的趋势，将行政管理专业的课程与政府管理学院下设的政治学与行政学专业、社会工作专业课程进行一定程度的交叉，拓展课程的领域。为了体现学科和专业前沿，突出区位特色，满足市场需求，尝试开设数据治理、边疆基层社会治理、企业行政等方向的课程群，以凸显边疆、民族、基层、数据等特色办学定位。为了推动学生能力建设，在课程体系设计过程中，增加应用性课程的数量和比重，强化独立实践教学环节设计，开设专业实践课程、综合实践课程和第二课堂等板块，赋予实

践教学更多的学分和学时，形成了独具特色的教学模块。为了理顺课程设置与培养目标之间的关系，设计课程体系与毕业要求的达成关系矩阵，采用贡献度与关联度的方式将每一门课程与培养目标、毕业要求衔接起来，从体系化、精细化的视角审视课程结构对于人才培养的意义。

（二）应用取向的课堂教学改革

专业课堂教学是人才培养方案得以实现的主要环节，也是学生专业基础能力和专业实践能力形成的主要阵地。保山学院行政管理专业在课堂教学实施过程中，坚持应用取向，不仅重视知识的传授，更重视学生知识迁移和应用能力的培养，促使学生形成基本的专业思维和专业素养。

其一，在课堂教学中加强课程思政建设，构建思政教育与专业教育相互渗透的课程体系，将知识传授与价值引领相结合，充分发挥课程的德育功能，帮助学生塑造良好的价值取向，全面提高学生缘事析理、明辨是非的能力。

其二，借助现代信息技术手段和教学理念，创新教学方式，采取案例教学、实验教学、模拟教学、情景教学等多元化的教学方式组织教学，让学生在参与教学过程中激发对专业学习的热情和活力，强化对专业知识的理解和应用，提升课堂教学质量。

其三，开设边境社会治理、基层政府治理现代化、行政管理实务等应用性较强的课程，并整合现有师资力量实施专题教学、交叉教学，充分发挥教师的特长优势，拓展学生的知识领域和思维边界，促使学生形成基本的问题意识和探究能力。

其四，聘用政府从业人员作为外聘教师，以知识应用和职业实践的视角开展系统教学或专题教学，让学生在课堂教学中就能学习行政管理专业的岗位知识和技能。

其五，尝试以产教融合理念为指引，开发应用型课程，将工作任务和流程课程化，在课堂教学中实现理论知识向实践能力的转化，为学生将来胜任特定职业与岗位奠定基础。

其六，创新课程考核评价方式，制定科学灵活的考核指标体系，提高学生实践参与程度和知识应用能力在考核指标中的比重，将过程评价和结果评价有效结合，避免简单粗暴的应试考核方式。

（三）系统化的课外实践教学体系构建

课外实践教学是学生从理论走向实践、从学校走向社会、从认知走向行动，在一定的工作情境和实践训练中形成专业实践能力、专业研究能力、社会适应能力和就业竞争能力的重要途径。保山学院政府管理学院自2015年以来一直致力于拓展课外实践教学，探索出了"四级一体"的课外实践教学体系，并在行政管理专业人才培养中得到有效实施。

"四级一体"模式是一套以大学四年学制为主线，以人才培养方案为指引，以课堂教学为支撑，以课外实践训练为主要内容的实践教学体系。学生每一学年都能参加与课内教学相匹配的课外实践教学活动，循序渐进地接受专业指导和实践训练，促使能力培养层层递进、互通互联，实现应用型人才培养的系统化、规范化和常态化。大一学年开展以专著研读、学业规划为主的学业入门训练，帮助学生明确能力发展方向，拓宽专业视野，培养专业兴趣，夯实理论基础；大二学年进行模拟训练和政务体验为主的课程基础训练，让学生走入基层政府部门、企业、社区、社会组织，观摩和体验各类组织的运作和管理，开展田野调查，使其对社会和专业岗位有初步了解，并形成一定的问题意识和能力；大三学年以校外实训基地和校外导师为依托开展专业提升训练，通过治理参与、实地调研、社会服务等环节有目的性和针对性地培养专业技能；大四学年开展以毕业论文设计和职前强化为主的综合运用训练，在专业知识总结和检验过程中，促使学生逐步向社会和职业生涯过渡。"学业入门训练—课程基础训练—专业提升训练—综合运用训练"四个环节形成一个彼此相连的有机整体，对学校和校外资源进行深度挖掘和有效整合，是学生实现知识型人才向应用型人才、能力型人才、社会型人才转变的重要途径。

在"四级一体"实践教学体系中，大三学年开展的专业提升训练独具特色。该环节具有完备的教学方案、实施计划、监控体系、考核指标、安全保障措施等机制体系，学时分配最多，与社会互动最紧密，学生能力提升最显著，是重点实施项目。大三下学期后半程，学院以学生职业倾向为基础，统一组织学生到校外实训基地（包括政府、企业、学校、社会组织、社区等机构）开展长达两个月的实训活动，让学生在真实的工作环境中体验社会生活、反思社会问题，在服务社会过程中增强职业认知、培养专业技能。其间，学生有着相对明确的实训任务和要求，全程由学院教师和实训基地工作人员联合指导、监督和评价，形成"双师联动、协同育人"的良好育人格局。

（四）多元化的教育发展平台搭建

教育发展平台是学生开展学习、研究、社会服务、专业竞赛等活动的重要载体，是学生形成专业能力、研究能力、社会能力、就业能力的一大阵地。自专业办学以来，行政管理专业在学校和学院的支持下，搭建了特色鲜明、功能显著、形式多样的教育发展平台，为教师和学生的素质养成和能力发展拓宽了渠道。

其一，建设教学平台。在完善教学基本设施、保证理论教学有效开展的基础上，重点打造课内实践教学平台，注重实训室、实验室、模拟室、活动中心等方面的建设，满足不同课程的实践教学需要。

其二，创建科研平台。开发和利用好现有平台资源（边疆社会治理研究中心、地方立法研究评估与咨询服务基地、明城大讲堂等），积极申报和创建新平台（两山研究院），以此为依托，开展学术讲座、科研项目申报、社会服务等活动，推动师生进行边疆治理、基层治理、民族治理等领域的应用性研究，提升专业师生的研究能力。

其三，构建社会服务平台。行政管理专业借助学院和其他专业自有平台（四叶草社会工作服务中心、社会工作人才培训基地、社会工作服务站、"三下乡"服务队等）开展基层治理、特殊人群服务、教育扶贫、政策宣传等活动，在提升学生专业实践能力和社会适应能力的同时，为服务地方经济社会发展开辟了新途径，为专业发展营造良好的社会基础和专业口碑。

其四，拓展校外实训平台。学院目前有 26 个校外实训基地，涵盖了政府、社区、学校、社会组织、企业等不同性质的单位，足以支撑行政管理专业所有学生开展多面向、多时段的校外实践教学。目前平台建设的重点是围绕着"边疆""基层"等元素打造部分优质实训基地，将产教融合的思想贯彻到其中，充分推动人才培养主体的多元化，形成实训基地和学校双边联动、协同育人的育人阵地。同时注重校外实训基地的多功能化建设，形成集教学、科研、社会服务为一体的综合性平台。

其五，搭建就业创业平台。开设专门的就业创业课程和职前强化课程，聘任创业有成的校友担任就业创业导师，鼓励和指导学生参与大学生创新创业训练计划，支持学生报考各类职业资格证书，做好就业信息咨询和服务，对接用人单位输送人才。如此多渠道并举，大大加强了学生的就业竞争能力，为学生的就业创业营造了良好的环境。

其六，发掘学科竞赛平台。学院通过对接全国大学生人力资源管理知识技能竞赛、高校公共管理案例大赛等学科竞赛平台，每年组织行政管理专业学生团队参加竞赛，拓展学生专业视野，提升专业技能，锻炼学生的逻辑思维能力和团队合作能力。

其七，营建升学平台。在培养学生专业研究能力的基础上，动员和鼓励本科专业的学生报考硕士研究生，并在专业选择、知识复习、面试训练、学校对接等环节提供有力指导和培训，努力培养更多的研究型人才。

其八，用好学生活动平台。充分利用学院学生会和学生活动中心，组织文体活动、竞赛活动、公益活动、主题教育活动等，丰富学生的精神文化生活，增强学生社会适应能力。

（五）服务为主的学业导师制度安排

学业导师制是为了提升人才培养质量，发挥教师在学生培养中的主导作用，在教师和学生之间建立一种"导学"关系，让教师在学生从入学到毕业整个教育过程中为学生身心健康、成长规划、能力发展等方面提供全方位指导，实现因材施教和个性化培养，有效地提高学生综合素质和能力的一种教学辅助制度。保山学院行政管理专业自 2020 年开始，面向新入学的本科生实施学业导师制。在实施过程中，制定详细的学业导师制实施方案和考核方案，设计相应的学业导师手册，选拔符合条件的专业教师，形成科学合理的师生匹配结构，开展全程、全方位育人工作。

保山学院行政管理专业的学业导师制度是一套以服务为主的育人制度，主要体现在以下几个方面。

首先，学业导师制服务于学生的成长规划。学业导师通过与学生的交流和沟通，帮助学生建立起自我认知和专业认知，引导学生结合自身实际和专业取向设计学业规划和职业规划。

其次，学业导师制服务于学生的专业成长。导师针对学生的个体差异，在学生的专业思想、学习方法、知识困惑、问题研究等方面提供指导，帮助学生养成良好的学习习惯，掌握科学的学习方法和研究方法，塑造良好的专业素养。

再次，学业导师制服务于学生素质养成。导师通过言传身教，以良好的职业道德，严谨的治学态度，深厚的专业底蕴引领、启发学生，注重学生人格和价值观的塑造、科学素养的培养。

最后，学业导师制服务于"四级一体"的人才培养体系。确定了学业导师以后，学生在"四级一体"体系中的学业入门训练、课程基础训练、专业提升训练、综合运用训练等各项实践教学活动均由其学业导师担任指导教师，在教学育人、实践育人、服务育人、科研育人等方面全面发挥教师的作用。

四、能力本位教育视角下的地方本科院校行政管理专业人才培养的展望

能力本位教育作为一种重要的教育评价尺度和人力资源配置原则，为地方本科院校行政管理专业的人才培养提供了一种发展模式。许多地方本科院校，以能力本位教育为指引，推动应用型人才培养，在培养目标、培养方案、课程设置、教学开展、教学评价等方面进行改革和创新，但是，由于理念的束缚、制度的羁绊、资源的约束，人才培养模式的改革与创新依然是地方本科院校行政管理专业发展的薄弱环节。在往后的改革探索中，更需要秉持勇于打破常规、持续改革探索的精神，顺应时代发展的趋势，构建起独具特色而又符合地方需求的人才培养模式，避免粗暴、僵化移植高水平院校人才培养模式而引发的"水土不服"后果。

（一）以新文科理念为指引，调整人才培养格局

"新文科"是近年来教育部在全球新科技革命、新经济发展和中国特色社会主义进入新时代的背景下提出的一种文科发展思路，强调学科的交叉融合、创新升级，以培养新时代社会需要的复合型人才。新文科的发展需要"在原有文科的基础上，重新定位文科的学科内涵以及文科人才培养目标，探索新的建设模式，以此适应时代的发展需求，满足国家的建设需求，供给社会的实际需求"[①]。行政管理的学科边界拓展、应用型人才培养需求与新文科理念的跨界、交叉、融合等核心理念是相契合的，因此，地方本科院校行政管理专业的发展应该以新文科理念为指引，推动学科研究和专业人才培养格局的调整，形成多学科、模块化、产学研一体化的培养模式。

在人才培养的能力定位上，应该强调信息、创新、整合等元素，培养掌握现代信息技术手段，具有创新创业能力、跨界整合能力的复合型、社会型人才，满足社会科学研究、公共文化服务、社会治理实践的需求。在课程设置上，要跳出学科自身的逻辑体系，及时更新课程体系，淘汰过时的课程，以能力为导向灵活设置模块化课程，与计算机科学、信息科学、生态学、数学、政治学、社会学、人类学等学科进行充分交叉融合，开辟"社会治理""数据治理""智慧治理"等新的课程方向和研究领域，拓展学科的边界。在教学方式上，要充分利用现代信息技术更新和拓展教学方式，尝试运用"智慧教学""云教

---

① 安丰存，王铭玉. 新文科建设的本质、地位及体系[J]. 学术交流，2019（11）：5-14+191.

学"等教学手段改变现有教学模式，以大数据、虚拟仿真、人工智能等技术作为支撑建设实验室，推动实验教学和实操教学的发展。在培养主体上，要发挥高校、企业、社会组织、科研机构等多元主体在人才培养规格制定、培养方式转变、培养资源投入等方面的作用，形成产学研一体化培养模式。在评价方式上，以学生能力为标准，以市场需求为导向，以国家指标为指引，以社会评价为参照，建立多元的人才评价体系。

（二）结合国家方略和本土实际，打造专业发展特色

地方本科院校行政管理专业普遍存在办学历史不长、办学经验不足、办学思路不清晰等问题，往往倾向于模仿移植重点大学的人才培养模式，导致办学同质化严重、特色缺乏等问题。在办学过程中，如果不能及时结合自身实际情况和地方经济社会发展需求找准目标定位、厘清办学思路、形成自身办学特色，必然削弱学生的就业竞争能力，甚至自身也会面临生存危机。地方本科院校行政管理专业的立足之本在于以国家的治理方略为引领，以地方本土公共事务管理需求为导向，以自身办学条件为基础，实现人才培养的创新和突破，形成核心竞争力。

首先，党和国家提出的"国家治理体系和治理能力现代化"重大治理方略为新时代的公共管理指明了方向。地方本科院校要在深刻领会其精神内涵的基础上把握地方公共事务治理的现实需求，以"治理能力现代化"作为行政管理专业的办学使命和人才培养指向。

其次，地方本科院校的行政管理专业要形成"立足本土，服务基层"的办学定位，发挥自身在本土的优势，主动对接地方党政机关、企事业单位、社会组织等基层组织，找准用人需求，为本土输送基层社会治理人才。

再次，地方本科院校要结合地方区位特色和自身师资情况，在城乡协同、乡村振兴、数字治理、边疆治理、民族治理、社区治理等符合地方发展需要的治理领域中找到自身发展的立足点，以此开发独具特色的课程体系和教材体系，将其打造成专业特色，为培养具备特殊专业能力的人才奠定基础。

（三）打通校政企合作障碍，拓展人才培养视野

在打造共建共治共享的社会治理格局背景下，强化校政企合作，提升产学研一体化水平，实现多元主体协同育人格局成为高校人才培养的必然趋势。地方本科院校行政管理专业要将校政企合作融入人才培养模式中，拓展人才培养视野和格局，充分发挥政府、企业、社会组织等主体在资源共享、平台提供、信息反馈等方面的育人功能。从目前来看，校政企合作还存在思想、制度、利益等方面的障碍，合作的深度和广度有待提升。

首先，学校、政府和企业要在合作中达成思想和责任共识，尤其是政府和企业要对校政企合作的内涵、方式及其重要性有整体性认识，明确自身的角色定位和肩负的责任使命，以高度的责任感积极参与到协同育人中来。

其次，要在明确合作目标的基础上发掘学校、政府和企业之间的利益共同点，建立利益共享机制，打破利益障碍，激发各主体的合作积极性和主动性，实现人才培养的供需

平衡。

再次,要加强顶层设计,在组织、制度、资源等保障下,建立资源共享、风险共担、问题共商、成效共评等长效合作机制,实现校政企合作的深度化、常态化和持久化。

最后,学校作为人才培养的核心主体,应该主动寻求合作,积极向政府与企业宣传自己、展示自己,争取更多的资源和项目,同时要保证人才培养的质量,为政府和企业输送合格人才,在校政企合作中建立起自己的信誉和口碑。

(四) 因材施教,形成双轨分类培养机制

理论性和应用性兼备的学科特性决定了行政管理专业要培养既掌握扎实专业理论知识,又具备良好专业应用能力的人才,既要培养"研究型人才",也要培养"就业型人才"。所谓"研究型人才",就是具备较强的专业理论素养,对理论的发展和知识的创造有浓厚兴趣和潜质,具有较好的研究能力和创新能力,并希望继续深造的人才。而"就业型人才"是指具备基本的职业道德和素养,掌握一定的专业能力和就业技能,有较强的社会适应能力且愿意就业的人才。地方本科院校相对于重点大学和综合性大学,在培养"研究型人才"上有其局限性,因此更重视培养"就业型人才",但也有不少具有研究潜质和研究意愿的学生可以培养成为"研究型人才"。

地方本科院校行政管理专业在人才培养过程中要结合学生的能力发展取向,因材施教,实现"研究型人才"和"就业型人才"双轨分类培养。对于具备"研究型人才"潜质的学生,要以专业研究能力为导向,在课堂教学中要帮助其积累广博、深厚的理论知识,引导其掌握专业研究方法,塑造专业思维和能力;在课余要对其进行专业文献查阅、研读和论文的写作训练,鼓励并指导其申报学生科研项目,撰写科研论文;在学业规划上,要鼓励并支持其报考硕士研究生,到更高更好的学习平台中继续深造,最终成为真正的"研究型人才"。对于具备"就业型人才"潜质的学生,要以专业实践能力、就业竞争能力和社会适应能力为导向,在教学中注重对其专业知识迁移和应用能力的培养,增加实践教学在其课程教学中的比重,引导其掌握职业岗位所需要的组织决策、办公管理、沟通协调等能力;在课余对其进行就业、创业等方面的培训和引导,鼓励其参与各类创新创业项目,帮助其掌握择业和就业创业技巧;在职业规划上,帮助其树立正确的职业观,指导其选择适宜的职业岗位,并营造良好的就业服务环境,帮助其实现就业目标,成长为社会型人才。

参考文献:

[1] 刘献君,吴洪富. 人才培养模式改革的内涵、制约与出路[J]. 中国高等教育,2009 (12): 10 – 13.

[2] 于秀琴,蔺雪春,朱婧. 行政管理专业应用型人才培养模式研究[J]. 中国成人教育,2011 (08): 140 – 142.

[3] 邵一江,刘红. 基于能力导向的模块化教学体系构建——合肥学院模块化教学改

革的理论与实践[J].合肥学院学报（自然科学版），2013，23（04）：58-63.

[4] 张玉磊.地方本科院校行政管理专业人才培养模式探析——基于应用型导向[J].现代教育科学，2013（05）：146-150.

[5] 彭长宇，刘晓琴，代显华.校政企合作 共育应用型人才[J].实验室研究与探索，2015，34（07）：225-227.

[6] 韦文联.能力本位教育视域下的应用型本科人才培养研究[J].江苏高教，2017（02）：44-48.

[7] 丰云，张向超.整体性治理视角下的校政企合作长效机制构建——以湖南电大行政管理专业实践教学基地建设为例[J].中国远程教育，2017（03）：67-74+80.

[8] 安丰存，王铭玉.新文科建设的本质、地位及体系[J].学术交流，2019（11）：5-14+191.

[9] 黄启兵，田晓明."新文科"的来源、特性及建设路径[J].苏州大学学报（教育科学版），2020，8（02）：75-83.

[10] 段禹，崔延强.新文科建设的理论内涵与实践路向[J].云南师范大学学报（哲学社会科学版），2020，52（02）：149-156.

[11] 宋林霖，李家鹏.高等院校行政管理专业本科生能力培养探析[J].中国轻工教育，2020（05）：36-41.

[12] 杜慧.新文科背景下行政管理专业人才培育模式优化——以地方政府学课程教学为例[J].教育观察，2020，9（29）：28-29+32.

[13] 王铭玉.新文科——一场文科教育的革命[J].上海交通大学学报（哲学社会科学版），2020，28（01）：19-22+30.

[14] 杨钊，蔡文钦，陈郡梅.西部地方院校行政管理专业应用型人才培养路径研究[J].豫章师范学院学报，2020，35（06）：62-66.

作者简介：王旭明，保山学院政府管理学院讲师，管理学硕士，研究方向：基层治理。

能力导向的公共管理专业
本科社会实践平台建设探索

谢和均

加强高校实践育人工作，是全面落实党的教育方针，把社会主义核心价值体系贯穿于国民教育全过程，深入实施素质教育，大力提高高等教育质量的必然要求。坚持把理论与实践相结合，向实践学习、向人民群众学习，是当代大学生成长成材的必由之路。近年来，党和政府高度重视实践育人工作，先后颁布了多项有关"实践育人"的政策文件，这对指导和强化高等学校实践育人、增强学生服务国家和人民的社会责任感、培养学生的创新精神和解决问题的实践能力具有重要的作用。

一、公共管理类本科专业人才实践能力的重要性

公共管理是现代管理科学四大分支之一，是当代中国最具有发展潜力和前途的学科之一。从1998年一级学科的设置开始，公共管理作为独立学科在中国蓬勃发展，已经成为当前中国最具活力的学科之一。公共管理专业旨在培养具有现代公共管理理论、技术、方法等方面的知识，以及应用这些知识的能力，熟悉公共事务和国际事务管理规则和机制，能在文教、卫生、环保、社会保障等公共事业单位的行政管理部门从事管理工作的高级专门人才。公共管理专业要求学生熟悉管理学、经济学、政治学、法学等方面的基本理论和基础知识；系统掌握公共管理学科的基本理论和专业知识以及必要的定性和定量分析方法，具有较高的分析和解决公共管理与公共政策问题的技能，适应市场经济和依法治国新形势的需要。公共管理类各专业应该是实践性很强的学科，但由于国内许多公共管理专业生根于政治学等相关学科，许多从事公共管理的教学管理者更偏向认为公共管理是追求"公平正义"的理论型专业而不是方法或技术型专业，致使公共管理教学与研究都出现了不同程度的理论与实践脱节的现象[①]，进而导致公共管理专业人才培养质量不高、就业形势不容乐观。

当前，技术环境发生深刻改变，新技术、新职业形态不断涌现，这给高等院校公共管

---

① 李永忠. 公共管理类大学生校外实践教育基地建设[J]. 宁波大学学报（教育科学版），2016(11).

理类专业人才培养带来了巨大的挑战。高等院校开设公共管理类专业的最终目的是为社会培养大量具有公共精神，能够恪守公共规则意识、正确运用公共权力，能为社会提供公共管理技能的专业人才。如果学校通过理论教学培养出来的人才和社会需要之间存在脱节的状况，那么公共管理类学生进入社会就不能适应现有的公共管理工作。因此，学校培养目标和培养途径之间存在的这种错位，必须予以调整。从个体来说，心理学的研究表明，人除了先天能力外，更多的能力是通过实践来掌握认知和技能的。在现有的公共管理学中，应当认识到实践活动是开发潜能和培养技能的重要方式。加大公共管理类专业培养中的实践教学力度，能够有效缩短书本知识和实际工作能力之间的距离，减少工作初期培训的时间，也直接影响到学生实践能力和综合素质的提升。国家非常重视高等学校本科实践教学工作，先后多次就"实践教学问题"制定了相关文件（见表1）。基于此，本文结合公共管理学科特点，尝试构建地方院校实践教学体系，以适应当前地方高校转型定位要求，进而为高层次应用型公共管理人才培养提出笔者的思考。

表1 近年党和国家有关"实践育人"的政策文件汇编

文件名称	发文机构	时间	"实践育人"的内容
教育部财政部关于实施高等学校本科教学质量与教学改革工程的意见（教高〔2007〕1号）	教育部 财政部	2007年	三、建设内容（三）实践教学与人才培养模式改革创新。大力加强实验、实践教学改革，重点建设500个左右实验教学示范中心，推进高校实验教学内容、方法、手段、队伍、管理及实验教学模式的改革与创新
国家中长期教育改革和发展规划纲要（2010—2020年）	中共中央、国务院	2010年	第七章第（十九）支持学生参与科学研究，强化实践教学环节。加强就业创业教育和就业指导服务
全面提高高等教育质量的若干意见（教高〔2012〕4号）	教育部	2012年	第八条，强化实践育人环节；第九条，加强创新创业教育和就业指导服务
教育部等部门关于进一步加强高校实践育人工作的若干意见（教思政〔2012〕1号）	教育部	2012年	"就进一步加强新形势下高校实践育人工作提出了指导意见"
国务院关于印发统筹推进世界一流大学和一流学科建设总体方案的通知（国发〔2015〕64号）	国务院	2015年	第二部分（五）"着力培养富有创新精神和实践能力的各类创新型、应用型、复合型优秀人才"

二、公共管理类实践教学人才培养的能力目标

公共管理人才是就职于公共部门，具备先进的公共管理理念和高尚的公共精神，掌握公共管理理论、方法和能力，并能够运用恰当的理论和方法处理各种公共问题，有效地提供公共产品和公共服务的人才。由于公共管理人才的就业部门和工作职责的公共性特点，这就要求公共管理人才不仅要扎实掌握公共管理的基础理论和公共部门的专业知识，具备分析和解决各种复杂公共管理问题的技能，更重要的是要牢固树立公共精神。公共管理类的人才需要做好在国家公共部门从事相关管理行政工作的准备，学校的教学培养应该在能力方面有所规划设计。就能力层次来说，人的能力大致可以分为三个层次：核心能力，包括语言能力、计算能力、辨别能力、创新和创造能力；通用管理能力，包括交际、表达、沟通、相互协作、洞察能力、果断、影响力和团队合作、财务；特定职业能力，包括机械、化学、会计、电气、医学、物理等。很显然，公共管理类别的学生毕业首先应该具备的是核心能力和通用管理能力；其次应该也要具备特定的职业核心能力。比如，在公共部门内部参与决策制定和执行、推动组织运营方面，又如体现在办事、办会、办文方面的能力，社会调查研究的能力，档案管理、资源管理、安全保密等方面的能力。详见表2。

表2 公共管理类专业人才能力层次和纬度

能力纬度	能力层次和内容		
	概念技能	人际技能	技术技能
核心能力	辨别、创新和创造能力	语言能力	计算能力
通用管理能力	洞察能力、果断、影响力	交际、表达和沟通、相互协作、团队合作	财务
特定职业能力	办文、办事、办会 沟通协调、电脑技能 资源管理、痕迹档案管理、安全保密、社会调查、政策制定执行		

能力导向是当前高等院校实施实践教学的重要内容，但如何有效地把"实践育人"融合进学校的课程体系、教学计划、毕业实习、毕业论文等现行教学框架，这是体现"协同育人"①思想的重要内容。结合公共管理类专业人才培养的发展方向，顺应当代中国经济社会发展要求，需要把现有的课程体系、课堂教学、实践实习等环节进行有机融合，在提升学生能力的基础上，实现课堂教学、实践实习、课程体系之间、不同教学主体之间的多元协同，充分实现人才培养的全流程、无缝隙。详见图1。

---

① 林文勋. 以全面育人推动研究生内涵和质量建设[N]. 中国教育报，2015-01-13 (01).

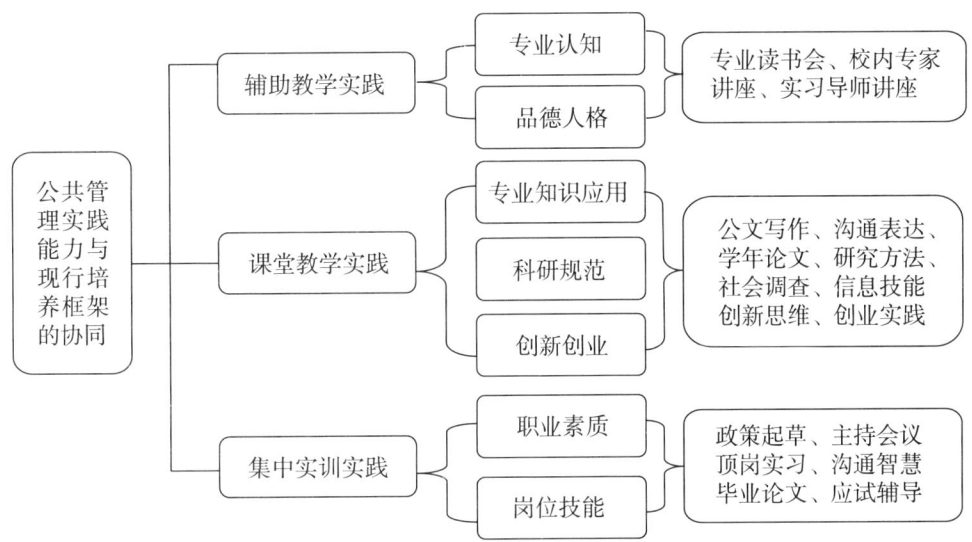

图 1　公共管理类专业实践能力与教育培养协同框架图

三、公共管理类校外实践教学平台的构建

打造校外高水平实践（实习）基地是本科实践教学的重要内容和抓手。校外高水平实践（实习）基地是充分利用企事业单位组织管理的软硬件资源，着力培养学生专业技能与职业素养的实践教学场所。学生在校外实习基地进行顶岗实习，在实际工作中教育自己，掌握未来就业所需知识和职业技能，培养自身的职业素养。校外实习基地的良好运行是开展实践（实习）教学工作的基础和质量的保障。保持校外实践（实习）基地长期稳定发展，对发挥校外实习基地应有的作用、实现协同育人的培养目标，具有重要意义。

（一）校外实践教学平台建设的原则

1. 互惠互利原则

学校和基层政府作为不同的利益主体，其社会责任、功能定位互不相同。学生在实习基地实习，虽然给基层政府解决了一些人力资源的问题，但直接利用实习基地的场地、设备以及接受相关工作人员的指导，这必然给基层政府、企事业单位带来许多负担。为了建立稳定的合作办学关系，实现长效发展，在充分利用基层政府、企事业单位资源的同时，学校也要为基层政府、企事业单位创造利益。例如：利用院校师资力量，为基层政府、企事业单位员工提供职业岗位培训；利用学校智力资源优势，为基层政府、企事业单位提供人才、技术、信息咨询等服务，甚至与基层政府、企事业单位联合做课题，与基层政府、企事业单位人员一起共同研究管理问题，为其排忧解难，创造效益。

2. 专业对口原则

校外实习基地的建设要充分考虑与学校专业教学和人才培养目标相适应，满足相关专业培养的要求，实现较高的专业对口率，提高专业与行业的契合程度。在开发校外实习基地时，除考虑基层政府与企事业单位的规模和实力外，重点识别这些实习单位是否能为学生实习提供相应设备、实习环境以及相应的专业实习内容，避免出现专业不对口、学生在基层政府、企事业单位充当低技术含量的"廉价"劳动力的现象。

3. 互补共享性原则

校外实习基地建设要本着"优势互补、资源共享"的原则，充分利用专业科系的技术、人才、文化、信息等资源优势，在开展实践教学的同时，加强与基地单位在人才培养、信息技术开发、课题开发、技术革新及成果转化、文化建设、管理改革等方面的合作，通过优势资源的共享，促进学校和实习基地单位共同发展。

4. 动态发展性原则

由于外部环境竞争日趋激烈，组织管理的目标与重点在不断调整，特别是随着科学技术的不断发展，实习的目的和要求也要随之动态发展，校外实践（实习）基地的建设也将实行动态的合作与发展。对于一些条件好、发展稳定并具有积极合作意向的政府单位可以建立相对固定的基地，有的实习基地则需根据实际情况进行动态调整，以保证实践教学的质量和实习基地使用效果。

5. 示范引领性原则

打造高水平的校外实践（实习）基地是学院加强内涵建设，提高教学质量的重要途径，应充分发挥其引领示范作用。特别是在我国高等教育教学继续深化改革，人才培养体系日渐完善的背景下，高等院校更应选择具有一些规模的单位，保证学校和该单位能在一定时期和一定的范围内进行高质量合作；或选择一个有代表性的基层政府，以其作为实习基地的中心，再选择几个相关单位作为基地的拓展。随着现代组织的结构和类型的变化，以前那种集中在一个单位进行生产实习的可能性越来越小，且效果也不理想。

（二）校外实践教学平台建设的教学内容设计

校外实践教学平台的教学内容，既要满足学校关于公共管理人才培养的目标和实践教学体系的设计，也要服从校外实习合作方的运营管理要求。一般来说，校外实践教学平台的教学内容要基于专业培养目标和专业特点提炼关键工作事件，并对相关工作事件的岗位发生场景进行主观匹配。公共管理类的工作场景首先是发生在基层政府及公共组织内部，工作事件中涉及的核心能力主要包括：核心能力、通用管理能力、特定职业能力等，但必须突出对于公共管理类别的学生在办事、办会、办文方面、社会调研、档案管理、资源管理、安全保密等方面的职业能力要求。因此，校外实践教学应该是能够通过相关的教学内容设计，有效地结合这些培养要求。首先，教学形式以学生参加校外实践平台的生产实训、实习和顶岗实践为主。除了实习单位的部分高涉密、高风险或者高政治要求的岗位，其他事务类的工作都应该让实习学生充分认知和实践，在工作中理解相关公共管理的理念理论和方法技术。顶岗实践的好处在于真实感、沉浸性都比较强，能够对学生的心理、行为产生课堂教学无法提供的行为冲击，因此该项内容的教学效果显得非常重要。其次，校外实践基地还应该设计到相关工作流程观摩的教学内容。工作岗位的定岗教学只是对岗位的工作内容进行实践，而对于一个组织的整体管理流程，则需要学生深入到组织内部，了解熟悉工作岗位流程和具体工作任务。参观学习和现场教学是比较可行的实践教学方式。最后，校外教学实践平台还应该注重对劳动态度、职业责任心、纪律性、沟通表达、公共组织文化、团队合作和学习能力的培养，引导学生积极参加社会活动，全面提高学生综合素质和社会适应能力。当然，为了更好地深入校外基地建设双方的合作可持续性，校政之间以项目方式开展一定的深度合作也是非常有必要的。

（三）校外实践平台建设的基本保障

校外实践教学体系的实现，离不开四项组织条件的保障。

首先，必须有一支"双师型"的校外教师团队。鉴于校内导师在正常教学工作量繁重的情况下，较难突出对于实践教学的研究，应该建立一支相对稳定的校外导师队伍。教师不仅要有扎实的专业知识基础，还要有一定公共组织实践工作经验，熟悉公共管理专业在公共组织中的工作流程与工作要求，同时也要求教师团队具有专业理论不同方向上的特长，实现不同课程之间教学的和谐。

其次，校外实践教学的教材、实训手册、案例资料中心必须系统完整。教材是教师教与学生学的桥梁，是教学的基础。因此，必须选择一批优质教材供师生使用。由于相关课程的教材内容有重复的内容以及实训课时的紧缺，很有必要组织相关教师进行沟通协调，对授课内容进行精简与整合。案例是管理类专业的有效教学方法，教师必须及时收集案例资料，更新案例库，使案例与授课知识点实现更好的实效性。

再次，建立有效的实训运行机制，课程应该有相当的教学时间放在校内外的实训基地进行。实训基地与授课教室是分离的，这会导致理论教学、实践教学的时空安排与学院传统的"课时制"教学运行机制相冲突。因此，必须要有有效的实训运行机制，保障任课教师在实训时间和空间上有更大的操作空间。

最后，应该依托完善的信息网络中心，实现学生线上线下实践教学的无缝对接，最大限度地优化时间—空间效率。学生可以在电脑系统及相关实践实习模拟软件上完成理论知识测试、课程作业及实习日志的备份，并且从网络上获得相关的学习信息。同时，线下的工作实践也可以上传到线上教学系统，为后续的实习完善提供案例支持。

作者简介：谢和均，云南大学政府管理学院副教授，硕士生导师，管理学博士，研究方向：社会保障理论与政策。

应用型人才培养导向下地方高校行政管理专业实践教学体系的建构

——以保山学院行政管理专业为例

彭靖宁

一、问题的提出

2015年，教育部、国家发展改革委、财政部联合发布《关于引导部分地方普通本科高校向应用型转变的指导意见》指出："随着经济发展进入新常态，人才供给与需求关系深刻变化，面对经济结构深刻调整、产业升级加快步伐、社会文化建设不断推进，特别是创新驱动发展战略的实施，高等教育结构性矛盾更加突出，同质化倾向严重，毕业生就业难和就业质量低的问题仍未有效缓解，生产服务一线紧缺的应用型、复合型、创新型人才培养机制尚未完全建立，人才培养结构和质量尚不适应经济结构调整和产业升级的要求。"[1]该指导意见对地方高校转型发展、培养应用型人才的紧迫性及路径进行了进一步的强调，指出："建立以提高实践能力为引领的人才培养流程，率先应用'卓越计划'的改革成果，建立产教融合、协同育人的人才培养模式，实现专业链与产业链、课程内容与职业标准、教学过程与生产过程对接。加强实验、实训、实习环节，实训实习的课时占专业教学总课时的比例达到30%以上，建立实训实习质量保障机制。"[1]

近几年，高等教育领域统筹推进"双一流"已成为国家战略，在此战略扎实推进的过程中，我国高等教育领域出现了许多卓有远见的新理念。2019年4月29日，教育部、中央政法委、科技部、工业和信息化部等部门在天津联合召开的"六卓越一拔尖"计划2.0启动大会上提出，要按照《加快推进教育现代化实施方案（2018—2022年）》要求，全面实施"六卓越一拔尖"计划2.0，发展新工科、新医科、新农科、新文科，推动全国高校掀起一场"质量革命"。这些富有实效的推进举措促成了"新文科"理念向卓越人才培养思想的现实转变，成为国内高校文科专业未来几年内必须深入思考和积极践行的核心问题。新文科建设之"新"，在建设目标上体现为由被动适应走向主动服务国家重大发展战略以及主动引领行业发展；在学科管理上体现为由学科专业目录导向转向现实需求导向；在人才培养模式上体现为单一专业培养走向多学科、模块化、产学研一体化培养。

自20世纪80年代恢复行政管理专业本科教育以来，经过30余年的发展，行政管理专业已初步形成了自身的理论教学框架与课程体系。作为一门融合了政治学、管理学、法学、经济学、计算机科学等学科理论和方法的综合型学科专业，行政管理专业在"新文科"建设中具有较强的优势，理应主动融入"新文科"建设。从研究内容来看，行政管理专业主要研究政府如何管理国家事务、社会公共事务以及政府机关内部事务的科学。作为一门复合型学科，行政管理专业在探索上述规律的同时，还承担着培养公共行政人才的任务，"在相关知识与专业技能有机复合基础上的应用性管理能力的培育是行政管理人才培育的基本指向所在"[2]。当前，人类社会正处于大发展大变革大调整时期，新技术革命不断深入发展，人工智能、大数据、云计算、区块链技术、虚拟技术深刻改变着社会治理的方式，在不断促进经济发展、社会进步的同时，一系列新的问题也随之出现，行政伦理问题、大数据决策问题、信息安全问题等都是深层次的行政管理问题。因此，如何在行政管理专业建设和人才培养中回应时代的新要求，是新时期行政管理专业建设过程中必须直面的问题。综上所述，时代性、专业性、应用性正是行政管理专业的鲜明特点。如何在人才培养的过程中体现时代性、专业性与应用性，优化实践教学体系建设，提升实践教学效果是应有之意。"实践教学本身就是巩固和加深理论知识，运行和操作技能知识的有效路径，同时它也是将知识、理论与技能、实践联系起来的科学平台……完备的实践教学体系是促成应用型人才培育的根本保证。"[3]

笔者所在的保山学院地处云南保山，是一所地方本科院校，2015年获选为云南省十所"地方高校转型发展试点改革学校"之一，2017年获选为云南省首批六所"应用型人才培养示范院校"之一。行政管理专业所在的政府管理学院为了适应转型发展需要，围绕应用型人才培养和服务地方两大目标，以加强实践教学为突破口，逐步加大了教学改革力度，尤其是在实践教学体系的建构和优化方面进行了大量改革，取得了一定成绩。基于以上思考，结合学校区位、办学定位及行政管理专业内在发展逻辑，笔者对保山学院行政管理专业实践教学体系进行介绍与反思，以期在一定程度上能够丰富关于地方高校行政管理专业应用型人才培养路径的研究。

二、实践教学体系建构的内涵

关于实践教学的定义及内涵的研究颇多。本文所指的实践教学引用了东北师范大学钟哲的观点，即"实践教学是教师通过实际观摩与实际操作等方式，指导学生将理论教学内容转化为感性知识和职业技能，提高其实践能力与综合素质的系列化教学活动的组合"[4]。基于此定义，实践教学具有以下内涵。

第一，实践教学体系的构建必须有鲜明的目标导向，实践教学目标体系是实践教学体系建构的前提和基础，实践教学环节的设置应当紧密围绕人才培养目标展开。就行政管理专业而言，公共价值观念、专业化从业能力、问题意识及解决问题能力构成了宏观—中观—微观的目标体系。

第二，实践教学体系的建构必须有相互衔接的内容。这里提到的"衔接"既应当包括随年级增长而体现出的对学生能力、素质的逐步递进，也应当包括实践环节应与理论教学的课程内容有较强的关联性，使实践教学作为连接理论与现实的纽带，而非孤立、突兀地"为了实践而实践"。基于此，实践教学体系应当被理解为是与课内理论教学相辅相成的提升人才培养效果的重要手段。

第三，实践教学体系建构除重视内容、环节的设置外，也应当重视评价体系的设计。没有科学的评价就没有有效的教育。有别于理论教学，实践教学应当注重全方位、全过程地评价。因此，"必须构建一个以评价内容、评价方式和评价主体为框架的'科学多元'的实践教学评价体系"[5]。

基于以上分析，实践教学体系应当是一个包含着目标体系、内容体系、保障体系和评价体系的整体系统。详见表1。

表1　实践教学体系的构成框架[6]

构成要素	所辖内容
目标体系	参照专业人才培养方案，结合专业特色，为实践教学活动制定总体及各个环节的具体目标
内容体系	各教学环节所包含的具体教学方法与内容
保障体系	开展实践教学所需要的师资、设备与场地等外在保障，以及管理机构与制度规章等内在保障
评价体系	实践教学效果测评

三、保山学院行政管理专业实践教学体系建构现状

保山学院行政管理专业自2018年开始招生，至今已连续招生4年。经过多年探索与实践，初步形成了"一个方案（专业人才培养方案）、两条主线（课内实践教学与课外实践教学并举）、三个着力点（着力推进教学改革、着力提升学生创新创业能力、着力提高社会服务能力与效果）、四级一体结构（一年级学业入门训练、二年级课程基础训练、三年级专业提升训练、四年级综合运用训练）"的"1234"实践教学体系（详见表2）。以"构建以实践教学体系为突破点的应用型人才培养模式、推进应用型课程体系改革、推进人才培养与社会服务高度融合、构建应用型人才培养模式"为主要内容的改革成果"以教学改革与社会服务为双驱动的应用型人才培养模式建构"获得2021年度保山学院教育教学成果一等奖。现就该体系的建构思路及现状进行详细介绍。

表2　保山学院行政管理专业"1234"实践教学体系

"1"	专业人才培养方案			
"2"	课内实践教学		课外实践教学	
"3"	着力推进教学改革	着力提升学生创新创业能力	着力提高社会服务能力与效果	
"4"	学业入门训练	课程基础训练	专业提升训练	综合运用训练

第一模块：案例与实践教学助力应用型人才培养

（一）"1"：一个专业人才培养方案

2018年，教育部发布《普通高等学校本科专业类教学质量国家标准》（简称《国标》），根据《国标》对行政管理专业的相关要求，结合学校所处区位及办学定位，行政管理专业以培养应用型人才为目标定位，以能力导向（OBE）教育理念对人才培养方案进行了修订，细化培养要求，围绕素质、知识、能力三个维度构建了政治思想素质、全面发展素质、基本道德素质、行政管理基础知识、行政管理专业知识、行政岗位知识、基本能力、专业能力、岗位能力、创新发展能力10个二级毕业要求，并进一步细化为37个观测指标指导教学工作、人才培养工作的开展。同时，通过梳理，强化了课程体系与观测指标之间的对应关系，做到每门课程、每个人才环节都具体与若干个观测指标一一对应。现行2021版人才培养方案共包括通识教育平台、专业教育平台、综合实践课程三个大模块，各模块均有理论教学与实践教学的要求，具体见表3、表4。

表3　行政管理专业课程结构比例表

课程平台	课程类型	课程性质	学分	比例（%）	学时	比例（%）
通识教育平台	公共基础课程	必修	32	20.6%	794	33.6%
	人文社会与科学素养	必修	9	5.8%	100	4.2%
		选修	8	5.2%	128	5.4%
	小　计		49	31.6%	1022	43.2%
专业教育平台	学科基础课程	必修	20	12.9%	320	13.5%
	专业主干课程	必修	36	23.2%	576	24.3%
	专业方向课程	必修	16	10.3%	256	10.8%
	专业拓展课程	选修	8	5.2%	128	5.4%
	职前强化课程	必修	4	2.6%	64	2.7%
	专业实践课程	必修	7	4.5%	0	0%
	小　计		91	58.7%	1344	56.8%
综合实践课程		必修	15	9.7%	—	
合　计			155	100%	2366	100%

表4 行政管理专业课程体系构成

课程平台		课程性质	总计		理论教学		实践教学	
			学分	比例（%）	学分	比例（%）	学分	比例（%）
通识教育平台	公共基础课程	必修	32	20.6%	21	13.7%	11	6.9%
	人文社会与科学素养	必修	9	5.8%	5	3.4%	4	2.4%
		选修	8	5.1%	6	3.6%	2	1.5%
		小计	17	10.9%	11	7%	6	3.9%
专业教育平台		必修	83	53.6%	76	49.3%	7	4.3%
		选修	8	5.2%	8	5.2%	0	0%
		小计	91	58.7%	84	54.4%	7	4.3%
综合实践课程		必修	15	9.7%	—		15	9.7%
合　计			155	100%	117	75.2%	38	24.8%

需要强调的是，作为"1234"实践教学体系最大亮点的"四级一体结构"已经以专业实践课程的形式确定在人才培养方案中。

（二）"2"：课内实践教学与课外实践教学并举

必须明确，课内实践教学与课外实践教学主要区别在于开展实践教学的场所与形式，二者并非孤立存在，而是互相衔接、有机结合。课内实践教学方面，首先，在专业课程的学时安排中专门设置实践、实验教学学时，主要依托与专业课程相关的课堂模拟、案例教学、小组讨论等形式完成。在部分课程的教学过程中，通过尝试在"行政管理学""公共政策分析""农村社区治理""边疆基层社会治理"等课程教学过程中聘请政府工作人员到场授课、与学生交流的形式，增强教学效果。其次，依托学院综合实验室，开设"电子政务""人力资源管理"等专业基础实验，进一步增强学生的专业实操能力。再次，通过鼓励教师吸收优秀学生参与个人科研项目和鼓励学生自主创建团队积极参与大学生创新创业训练计划项目，以具体的科研课题激发学生的实践创新意识和兴趣，强化学生实践创新能力训练。

（三）"3"：着力推进教学改革、着力提升学生创新创业能力、着力提高社会服务能力与效果

在推进教学改革方面，保山学院行政管理专业主要从两方面入手。第一，推进课程体系的改革。基本思路是在学科基础课程、专业主干课程的设置严格按照《国标》要求设置的前提下，在专业方向课程模块进行改革，以凸显本专业的特色。现行2021版行政管理人才培养方案中，设置了"数据治理""边疆基层社会治理"两个课程群。以上两个课程群既回应了新时代国家治理体系和治理能力现代化的宏观要求，又突出了学校"扎根边

疆，面向基层"的办学定位。在此基础上，组织教师组成团队，自编相关课程教材，不断深化课程体系建设，最终服务于培养适应经济社会发展要求的应用型基层公共行政人才。第二，推进教学形式的改革。通过案例教学、情景模拟教学、翻转课堂等形式，提升学生分析、判断和解决问题的能力。此外，基于"互联网+实践教学"的融合模式，尝试将部分传统线下课程调整为"线上+线下"混合式课程，扩展实践教学空间。

服务社会是高校的三大职能之一。对于行政管理专业而言，通过引导学生在本科阶段参与各种社会实践，使学生在服务社会的过程中增强专业认同感和自豪感，培养学生的公共精神，能够使学生的一般管理能力、岗位专属能力和突发应急能力得到全面发展。自2018年以来，通过平台搭建和项目支撑，保山学院行政管理专业学生积极参与到学院承担的中央财政项目、"三区"人才支持项目、教育扶贫项目、红十字会先天性心脏病儿童术后回访项目、暑期"三下乡"社会实践项目等社会服务项目中。在参与项目，开展服务的过程中，学生的创新创业能力得到了进一步锻炼，这集中表现在学生对社会问题的体悟和分析能力大大增强。截至目前，行政管理专业2018、2019两个年级共获批立项保山学院大学生科研项目10项、云南省大学生创新创业训练计划项目1项、保山学院大学生创新创业训练计划项目8项。

（四）"4"：学业入门训练、课程基础训练、专业提升训练、综合运用训练四级一体

四级一体的课外实践教学模式是"1234"实践教学体系的核心，由一年级的学业入门训练、二年级的课程基础训练、三年级的专业提升训练以及四年级的综合运用训练构成，旨在通过随年级递增而由浅入深地培养学生的专业能力及素养。通过人才培养方案的修订，以上四个模块均为必修环节，现将各环节梳理如下。

学业入门训练是四级一体课外实践教学模式的起始阶段。顾名思义，该模块的设置目的在于引导学生"学业入门""专业入门"，在对专业有观念上认知的基础上，初步建立起专业认同。该模块主要在校内完成。具体而言，该模块在人才培养方案中所占学分为1学分，开设时间为一年级第1—2学期，与人才培养方案中素质（政治思想素质）、知识（行政管理基础知识、行政管理专业知识）、能力（基本能力）毕业要求中的5个观测指标有较强关联性。由学业规划和读书活动两个部分组成。其中，学业规划主要依托"学业导师制"完成，在入学初，以4—6名同学为一组，每组分配一名学业导师，学业导师负责结合学生个人特点有针对性地进行指导，学生在一年级的学业规划需完成《学业规划手册》的填写。此外，学业导师还需负责指导学生完成读书活动。该活动的主要目的在于通过指导学生阅读专业相关经典书目，引导学生养成"爱读书、会读书、读好书"的良好习惯，提高学生的专业素养和人文素养，对专业发展历史与现状有初步认知。根据学院《行政管理专业读书活动大纲》《行政管理专业读书活动实施细则》的规定，学生须在一年级第1学期完成4本书的泛读，在一年级第2学期完成1本书的精读，并认真完成《读书活动手册》。另外，学生还应当完成至少5次小组交流，交流完毕后，每组遴选出1名同学

参与学院读书活动心得交流。相关评价指标体系见表5、表6。

表5 读书笔记及心得评价指标

阅读书目			
序号	评价项目	质量标准	分值
1	书目选择	书籍权威性、与本专业结合度、阅读价值	10
2	内容把握	对书籍价值、内容、观点的把握	30
3	延伸思考	对书籍的相关问题进行关联性思索,并能进行深刻的批判或者充分的分析论证,在此基础上有自己的思考和见解	30
4	规范要求	书写字迹工整、文笔流畅、表达清晰、文字准确,符合学术规范,文字、符号等使用正确,具有良好的语言和专业功底	30

表6 读书心得交流质量标准

阅读书目			
序号	评价项目	质量标准	分值
1	交流内容	所选书籍符合专业要求,阅读价值高;对书籍作者及基本理论、观点介绍准确;能结合专业知识及社会现实对书籍的理论与观点做深入而准确解读;交流内容积极、健康	60
2	语言表达	能够脱稿交流;语言表达流畅自然;声音洪亮,口齿清晰;逻辑性强	20
3	仪表仪容	仪态端庄大方;精神状态饱满;神态自然得体;动作恰当	10
4	交流效果	交流时间控制恰当;能吸引听众注意力;能启发听众思考,引发共鸣	10

课程基础训练是二年级学生需完成的课外实践教学模块。该模块开设的时间是二年级第一学期,共4周,实际上属于依托实践教学基地开展的实训环节。该模块所占学分为2学分。该环节与人才培养方案中所列毕业要求中的素质(政治思想素质)、知识(行政管理基础知识、行政管理专业知识、行政岗位知识)、能力(基本能力、专业能力)中的9个观测指标有较强的关联。与课程的衔接方面,根据一、二年级所学"地方政府与政治""社会调查统计与方法""公共政策分析"等理论课程,将课程基础训练内容优化为以小组为单位,由学业导师负责为各小组成员安排调研主题,到各个实训基地进行体验和感受基础上的调研,以编制调查问卷作为最终成果,突出了与所学课程的关联性,也为三年级的专业提升训练提供了工具支撑。同时,能够及时将学年所学课程中所涉及的主要内容与实践训练紧密结合,使实践教学体系更具延续性,着重体现了课程建设中的创新性和挑战度,进一步提升学生的社会适应能力。在开展课外实践教学时,实践教学基地的遴选及优

化是重要内容。基于学校区位条件、办学定位及专业特色，学院围绕边境地区、农村社区、民族地区三个方向优化和遴选实训基地，由学院统一安排学生以小组为单位到实训基地进行实训，更好地体现专业扎根边疆、服务基层、为边疆基层社会治理现代化培养专业人才的目标定位。截至目前，共建设腾冲市明光镇人民政府、腾冲市滇滩镇人民政府、腾冲市清水乡人民政府、腾冲市五合乡人民政府、隆阳区金鸡乡人民政府、隆阳区汉庄镇人民政府、隆阳区瓦渡乡人民政府、隆阳区芒宽乡人民政府、昌宁县田园镇人民政府9个实训基地。以上基地与专业的相关性均较强，且各有特色，能较好地满足课外实践教学模块的要求。实训结束后，学生需完成《课程基础训练手册》，具体内容包括组会议记录（不少于6次）、访谈提纲、访谈日志（不少于12次）、调查问卷及量表，综合成绩评定由校内指导教师和校外指导教师共同完成。考评指标体系见表7。

表7 课程基础训练综合成绩评价指标体系

评价内容	评价指标	分值
小组交流会议记录	在小组会议交流过程中，实训学生应完成组队、研究选题、合理分工三个环节，并在会议记录中完整体现出来，考评教师根据学生填写的会议内容进行打分	10
访谈提纲	学生依据考评教师所给选题，紧紧围绕选题核心内容，设计的提纲要有以下内容：确定访谈目的、确定访谈方式、确定访谈对象、确定问题提纲、确定访谈步骤、设想可能碰到的问题、设想解决方案、采访前要携带的器材备注。考评教师根据访谈提纲内容的逻辑性、完整性、规范性情况进行打分	20
访谈日志	考评教师视学生撰写的访谈日志的格式规范性和内容充实性情况进行打分	40
调查问卷	调查问卷中除了少数几个提供背景的题目外，其余题目必须与研究主题直接相关；所设置的选项应该尽量方便调查对象回答，避免大量使用技术性较强的、模糊的术语及行话，以便使被调查对象都能读懂题目；问卷内容要与导师所给选题紧密相关；问卷内容逻辑要满足非重叠原则；语言表达既要简明扼要，也要具体而不含糊；题目总量合理适量；问题的设计要具有全面性、针对性，结构清晰，条理清楚，格式规范，能充分结合访谈日志内容，体现课程基础训练所得。教师从以上几个方面对学生的调查问卷进行评价，并给以相应的分数	30

专业提升训练是行政管理专业三年级学生需完成的实践教学模块，开设的时间是三年级第二学期、四年级第一学期，共8周，同样属于依托实践教学基地开展的实训环节。该模块所占学分为4学分。此模块与人才培养方案所列毕业要求中素质（思想政治素质、基本道德素质）、知识（行政管理专业知识、行政岗位知识）、能力（专业能力、岗位能力、

创新发展能力）下的 11 个观测指标有较强关联性。学生需在指导教师（包括校内指导教师和实训基地指导教师）的指导下，深入学院各实践教学基地进行为期 8 周的顶岗锻炼，协助实训基地各单位完成日常行政事务，以使学生直观地了解行政管理领域实际工作的工作流程、工作要求及工作所需的能力体系构成，进而对自身能力形成客观认知，从而帮助学生有侧重地调整能力结构，使学生全面发展。除顶岗实习外，还要求学生在过程中应当以二年级课程基础训练时编制的访谈提纲、调查问卷为工具，围绕某一专业领域内的社会热点问题、工作中涉及的问题进行调研，形成详细的调研报告，体现在《专业技能训练手册》中。专业提升训练考核指标体系见表 8。

表 8 专业技能提升训练综合评定指标体系

评价内容	评价指标	分值
实训记录	以周为单位完成。学生应当在实训过程中认真详细记录本周工作的主要内容，在记录的基础上，应当着重记录工作中的所见、所思、所感	10
小组会议	以相同或相近实训岗位的同学为小组，每两周组织一次小组会议，指导教师全程参与，应当完成各自重点工作汇报，结合工作有个人思考，指导教师视学生发言情况进行成绩评定	10
主题活动	根据实训单位实际情况，以小组为单位设计集体活动，活动内容应当包括但不限于对实训基地指导教师进行访谈、入户访谈、专题调研等	10
调查记录	详细记录主题活动或自行开展的社会调查过程，力求获取的资料真实、翔实	10
调研报告	在指导教师的指导下，对实训过程中获取的资料进行整理、加工和分析，形成详细的调研报告	20
实训简报	以周为单位完成实训简报。要求按照公文格式完成，语言表述清晰、严谨，配图清晰	20
纪律性	遵守校内、实训基地相关纪律要求，做事积极主动，态度谦虚谨慎	20

综合运用训练包括毕业实习与毕业论文两部分组成，毕业实习为期 12 周，所占学分为 6 学分，时间由学校统一安排，实习地点可由学生自行选择，以分散实习为主。毕业论文所占学分为 5 学分，选题方面，鼓励学生结合二、三年级课程基础训练、专业提升训练，将课外实践中获取的资料、形成的调研报告进一步凝练和升华成为毕业论文。以 2018 级行政管理专业的毕业论文选题为例，该专业 40 名同学的毕业论文选题中，在实践中完成的有 40 篇，占比 100%，其中 35 篇以实践教学基地作为研究对象，这在一定程度上反映了实践教学体系对于学生综合能力的培养确有较积极的促进作用。

四、结语

在应用型人才培养、"新文科"等理念指导下,地方高校行政管理专业在转型发展的过程中有着天然的优势,保山学院行政管理专业的相关尝试就目前而言积累了一定的经验,也取得了一定的效果。但不可否认,当前行政管理专业人才培养过程中因为各种主客观原因,课程设置不尽合理、课内实践教学与课外实践教学联系松散、教学方式改革力度不够、"双师联动"机制未落实等问题仍然存在。问题的提出既是挑战,也是提醒,保山学院行政管理专业会继续致力于行政管理专业应用型人才培养,实现行政管理专业在地方的良性发展。

参考文献:

[1] 教育部,国家发展改革委,财政部.关于引导部分地方普通本科高校向应用型转变的指导意见[R].中华人民共和国教育部公报,2015(12):28-32.

[2] 教军章.行政管理专业考核方式系统化改革理论与实践[J].中国大学教学,2013(06):32-34.

[3] 赵建红,汤颖.应用型人才培养模式下实践教学体系的构建[J].黑龙江高教研究,2011(05):184-186.

[4] 钟哲.论应用人才培育导向下实践教学体系的建构——以行政管理专业为例[J].黑龙江高教研究,2016(10):20-23.

[5] 乔运鸿,张华荣.行政管理专业实践教学体系的创新:价值、困境与路径[J].教育理论与实践,2016,36(09):47-49.

[6] 郭亚利,冯辉宗,穆仁龙,等.以实践能力培养为核心的实践教学体系构建与实践[J].实验室研究与探索,2011,30(07):324-326+333.

[7] 郭艳,唐炜,穆炯,等.应用型本科院校实践教学体系的构建[J].中国职业技术教育,2021(11):56-60.

[8] 吴远征,倪杰.应用型本科院校实践教学管理体系的构建[J].中国职业技术教育,2019(32):75-79.

[9] 袁华,陈伟,郁先哲,等.基于OBE原则的实践教学体系再构[J].实验技术与管理,2019,36(07):206-209.

作者简介:彭靖宁,保山学院政府管理学院助教,管理学硕士,研究方向:基层数学治理。

助推与赋能："案例+"如何应用于研究生人才培养

罗红霞

案例通过文本或音像制品的方式集中呈现典型事件，被广泛用于医学、工程学、法学、管理学、教育学、社会学等学科的课程教学中，培养学生的判断、推理和决策能力。近年来，各学科越发重视和推广案例的研发和应用。其中，全国公共管理专业学位硕士研究生教育指导委员会十分活跃，常年持续开展案例教学全国师资培训。2013年开始建设案例库；2016年开始举办全国研究生公共管理案例大赛；2019年开始评选全国优秀案例教师并进行案例国际化探索；2020年开始设立案例名家专项项目。

如火如荼的教育实践推动了教育教学理论探索，现有成果除了继续探讨案例教学之外，还出现了一批院校经验总结，但这类成果对基于案例的人才培养方式的关注尚显不足，尤其缺乏经过系统设计的具有较强实操性、实效性和推广性的方案。如西北师范大学提出了"四贯通"案例教学体系，将课程建设贯通案例开发、教学改革贯通案例教学、技能培养贯通案例大赛和学习评价贯通案例写作[1]。清华大学将案例作为学术软环境发挥对人才培养的作用[2]。大连理工大学MBA实施全案例教学，开展案例分析专题活动，注重对案例教学效果的考核，建立了包含政策支持、师资建设、平台优势和人员配备的保障体系[3]。这些经验总结饱含洞见，对兄弟院校的育人实践颇有启发，但是要么囿于教学体系，要么关注宏观环境营造，对人才培养中的师生心理和行为特点关注不足，所以其作用机制和实践成效尚有待检验。

在关注到案例在人才培养中潜在的复合型功能后，云南大学政府管理学院公共管理教研团队从2017年开始探索，摸索出了基于"案例+"的助推与赋能型研究生培养模式，通过鼓励和引导学生参与基于案例的教学、实践与科研系列活动，帮助研究生提升学习动机，改善综合能力，孵化研究成果。

---

* 本文受2019年云南省专业学位研究生教学案例库建设项目"公共政策分析课程教学案例库建设"项目（项目编号：YNUAL201907）资助。

一、基于"案例+"的助推与赋能和研究生人才培养的契合

（一）基于"案例+"的助推契合师生关系且有利于激发学习动机

1. 基于"案例+"的助推契合研究生阶段的师生关系

研究生阶段师生关系的两种极端是严控型和放任型，大部分师生关系游走在二者之间广泛的灰色地带，培养方式既要适应这种师生关系，也要力求优化这种师生关系。严控型师生关系往往因为限制了学生的选择权，有违教育民主的精神而遭到厌弃；放任型师生关系往往因为责任虚置，效果欠佳而受到批评。"学生是学习的主体、教师是学习的主导"的理念广受推崇，但其操作化具有高度的权变性，可谓因时、因地、因人、因事而异。如何尊重学生的主体地位，同时又发挥教师的主导作用，往往考验着教育智慧和管理能力。基于"案例+"的助推提供了不错的选择方案。

所谓"助推"（Nudge），其英文原意为"用肘轻推以引起某人的注意"。2008年行为经济学家理查德·泰勒和法学家卡斯·桑斯坦出版了《助推：改进有关健康、财富与幸福的决策》（*Nudge：Improving Decisions about Health，Wealth，and Happiness*）一书，正式提出该理论，并于2017年获得了诺贝尔经济学奖。助推不限制人们的选择机会，也不显著地改变经济诱因[4][5]，而是考虑他们在特定选择环境中的有限理性的行为倾向而设计方法，改变个体选择的"环境"和物质安排，由此来优化选择和改善福利[6]。助推理论的哲学基础是"自由主义式的家长制"，虽然具有家长作风，但它毕竟让目标个体或群体有自由选择的机会，就像 GPS 卫星定位导航，帮助规划若干通行方案，标明各自利弊，但是目的地和决策权都在使用者手里。就目前所知，我国学者已经在消费、交通、健康、纳税、节能环保等领域进行了助推实验，取得了很好的成绩，但很少用于教育教学和人才培养领域。

具体到研究生培养，基于"案例+"的助推，为学生提供了系列教学、实践和科研机会，学生可以自主决策是否参加，参加哪个或哪些，以何种形式参加，从而获得老师相应的指导，符合学生为主体、老师为主导的师生关系。

2. 基于"案例+"的助推有利于激发研究生学习动机

研究生选择读研的原因，有热爱科研、迎合期待、逃避就业等，不一而足。部分学生群体没有强烈的学习动机和科研动力，需要调动其好奇心、满足其价值感，才能促使他们自觉自愿地进入专业学习的良好状态。

在课堂上看到国家级获奖或入库作品竟然是熟悉的老师带领往届的学长学姐们就身边的案例素材研发而成的作品，身边"大神"出没，高频率密切互动，可以调动学生的好奇心与好胜心。为了课程作业、案例大赛、案例入库、调研报告撰写和论文发表而开展的案例调研、团队学习、师生互动，能够改变他们原来的读研期待和选择结构，将单一的"混个毕业证与学位证"的诉求变成出个作品、拿个大奖、提升能力、改善形象、实现价值等多元复合诉求。在多头目标与多元行动方案的选择下，研究生的学习主动性和行为依从度

会更高，管理成本和服务成本则比较低。

（二）基于"案例+"的权变赋能有利于提升研究生综合能力

研究生受到助推激励后，在参与"案例+"学习和实践的不同阶段，可能面临不同的知识、能力和资源短板，为了避免研究生退缩和放弃，这时候就需要权变赋能。所谓赋能（empowerment），又称为充权、赋权，缘起于20世纪20年代现代管理学理论预言家玛丽·帕克·弗莱特的研究成果，是指授权给企业员工，赋予他们更多额外的权力。近年来成为管理学、社会学等领域的热词，强调为他人或合作对象赋予某种能力或能量。通俗地讲，赋能就是帮助"增强能量"。其理论内涵在于，通过释放权力，通过提供各种保障和服务，最大限度地发挥个人才智和潜能。有学者将其分为自我赋能、团队赋能和系统赋能[7]（欣丝路，2018）。赋能理论被广泛用于反贫困、社区营造、乡村振兴等公共政策领域、组织管理领域和人力资源管理领域。而权变赋能，强调的是根据赋能对象的具体情况和环境的变化，选择不同的赋能方式和赋能内容，例如放权、培训、信息提供、资源链接等，以期提升赋能对象的主动性、才智与潜能。

具体到研究生培养，老师可以根据情势需要与学生诉求，指导他们搜集信息、分析数据和链接资源，帮助学生实现"自我赋能"，在能力提升的同时也增进自信；老师还可以引导学生组建团队，进行良好分工和优势互补，实现"团队赋能"；院系、教师团队还可以组织培训、观摩，资助调研和孵化案例作品，实现"系统赋能"。通过自我赋能、团队赋能与系统赋能，研究生的综合能力能够得到有效提升。

如果是公共课大班教学，权变赋能具有一定的操纵难度，这时候可以先开展"理论讲授+案例分析+经典导读"三部曲进行面上教学，而后借助"作业链"摸清学生短板和诉求，提升赋能的针对性。例如，笔者在进行公共政策分析课程讲授时，便采用了"选题+支撑理论+标题打造+摘要拟定+文本撰写"的作业链，保证每3—4周有一个小任务，通过批改作业和课堂交流，发现和解决问题，借此由浅入深，循序渐进，逐步提升学生理论联系实际、打造作品的能力。对于有参赛投稿想法、作品质量不错的学生，增加课间、课后的单独辅导，"因材施教"。

二、基于"案例+"的研究生人才培养方式的内涵与实操

（一）基于"案例+"的研究生人才培养方式的内涵

"案例+"指的是与案例有关的教学、实践和科研活动，包括案例教学、案例研发、案例参赛、案例入库、基于案例的调查报告和论文写作，以及项目申请。

第一，鼓励老师们在教学中尽可能多地使用和研发案例。"理论是灰色的，而实践之树长青。"为了增加教学的趣味性和实用性，同时也为了避免动辄引用"传统经典案例"引发学生的审美疲劳，院校可以制定文件并注入资源，资助老师们收集和研发具有时代性、本土化、地域性的新案例，以引发学生关注和共鸣。

第二,激励老师们带领学硕和专硕组队进行案例研发、参赛和入库,并以此为基础撰写调研报告和学术论文,并申请项目。从能力和资源结构来看,老师长于理论,专硕长于实践和政策信息,学硕态度积极且时间相对丰裕,三者取长补短,对团队成长与作品研发十分有利。以案例参赛作品打造为例,案例正文需要较强的调研能力、文献基础与文字功底,才能呈现案例的专业性、冲突型、复杂性、代表性。案例分析报告需要较强的理论联系实际的能力、归纳概括的能力、政策能力,才能鞭辟入里,富有操作性与建设性。作品打造的过程往往意味着循环往复、柳暗花明,对学生的写作能力、科研意识、科研能力、价值感与使命感,都是极好的锻造。

(二)基于"案例+"的研究生人才培养方式的实操

第一,将"案例+"的助推环节尽可能前移到入学前后。例如,在研究生招生简章和入学教育中宣传往届师生合作、专硕学硕搭档产生的"案例+"成果信息、入库获奖信息和奖励政策,引发学生及早关注,教师及时回应,顺水推舟。

第二,将"案例+"的助推与赋能制度化。这一探索至少涵盖三方面外延:其一,院校可以制定本单位的案例赛比赛规则和激励政策,于每年9月研究生入学后不久开始比赛,调动师生的积极性。通过广泛宣传动员,校外省外双盲评奖、及时细致反馈、师生分设奖励、资助补充调研,助推作品精益求精。其二,通过案例研发沙龙、案例教学现场观摩、跨院校跨地域的案例研发与参赛经验研讨会等方式,不仅为学生赋能,也为老师们提供切磋琢磨的机会。其三,在前两项探索初具成效的基础上,争取校级职能部门的成果认定和绩效评估政策。目前部分专业学位点的评估指标体系已将全国案例入库和案例获奖的数量作为申请评估的入门指标和加分项,为院系争取校级认定进行了良好的顶层设计,如果自身探索成果又丰硕,则校内政策博弈胜算很大。

第三,将"案例+"的助推与赋能对标国家级平台和赛事。每年资助本单位案例比赛优胜团队深入调研,孵化为全国大赛参赛作品。通知和组织师生向中国专业学位案例库投稿,密切关注进度,组织教师团队对"修改后再评审"的作品进行集体诊断和帮扶。

第四,以案例为基础"一菜多吃",打造调研报告、学术论文和项目申请书。从价值挖掘空间来看,好案例往往意味着不低的实践价值和学术价值,所以案例成果值得进一步打造;从功利角度来看,相对于调研报告、学术论文和科研项目而言,目前案例成果的认知度、认可度在不同院校还存在较大差别,有的院校算教学成果,有的院校算科研成果,有的院校进行资金奖励,有的院校进行课题经费配套,有的院校则什么都不算、什么都不给。这样的情形可能还会持续一段时间,不利于教研相长。如果能将案例继续打造,"一菜多吃",可以解决成果对接问题,有利于教研互促。所以,院校可以通过专题培训和学术讲座,鼓励和培训师生将案例挖掘和转化为多元成果。

第五,推动"案例+"实践的分散化。收集全国甚至世界各地各类案例大赛信息、案例入库信息,鼓励学生积极参与,在更大的范围内以文会友,相互切磋学习。许多知名高校每年都举办综合性案例大赛或者专项案例大赛。如清华大学有中国公共政策案例分析大赛，中国人民大学有"求是杯"全国公共管理案例大赛，华东政法大学有全国社会公共安全案例大赛……这些赛事大多实行网络初赛，资助现场决赛，对学生而言是很好的朋辈学习的机会。除中国专业学位案例库之外，清华大学有中国公共管理案例中心和中国工商管理案例中心，大连理工大学有中国管理案例共享中心，美国哈佛大学案例库欢迎和接受来自中国的案例投稿。

三、基于"案例+"的研究生人才培养方式的成效与拓展

（一）基于"案例+"的研究生人才培养方式的成效

相较于探索发轫的 2017 年，试行该人才培养方式后的 2018—2021 年，云南大学政府管理学院学生在院内案例孵化赛、全国研究生公共管理案例大赛、中国专业学位案例库入库中的参与度和获奖情况出现了明显的全线提升，目前院赛参与人数稳定在每次 150 人左右，国赛每次提交作品 25 个左右，获奖 3 项左右，入库每次 10 个左右。这些成果引发全国公共管理教学指导委员会和兄弟院校关注，两次在全国培训上进行经验交流，获得了两个教育部案例项目委托，产生了 1 位全国案例名家、1 位全国案例优秀教师、5 位全国案例评委，孵化学生核刊论文十余篇，受邀到多所国内兄弟院校交流。

（二）基于"案例+"的研究生人才培养方式的拓展

要想基于"案例+"的研究生人才培养方式获得更大的成效，还可以从如下方面进行拓展，将"由上而下"的"W"形改革探索和"由下而上"的"M"形自我精进相结合。

1. 完善案例平台的结构与功能

为避免同质竞争和资源浪费，全国性案例平台与地方性案例平台、高校案例平台可以错位、互补发展。全国性案例平台侧重高水平案例库建设、全国案例师资培训、案例研究以及国际交流；地方性案例平台和高校案例平台做好特色案例库建设、域内案例师资培训、案例研究和交流。

以目前国内影响较大的"中国专业学位案例中心"平台为例，在国务院学位委员会和教育部指导下，教育部学位与研究生教育发展中心牵头，各相关专业"教指委"共同参与，从 2013 年 5 月年开始建设，目前建设了公共管理、会计、教育、工商管理、法律、工程管理等 27 个分库，各库建设和运行情况差异巨大。目前分库收录案例上百的仅有 6 个，上 200 的有 5 个，上 500 的有 3 个，上 1 000 的有两个。有的分库，如公共管理分库能够辐射相关学科，欢迎相关学科投稿，有些则专攻一隅。有的分库常年征集定期评审，有的多年静默不变。有的分库颁发证书并且支付稿酬，有的语焉不详。有的频繁举办案例库建设、案例师资培训、案例研究以及国际交流，有的则几乎成了"僵尸库"。如果这些分库都能覆盖和辐射相关学科，常年征集定期评审，及时颁证付酬，提供低成本学习通道，开发多元化产品，将会对学界师生、业界从业者、政界政策人员产生巨大的激励和指导作用，也才有可能像知网等数据库一样实现影响力攀升与可持续发展。

2. 拓展与整合案例赛事安排

目前，全国研究生公共管理案例大赛已经成为教育部官方认可的重大赛事；不少知名高校还举办侧重某一领域的全国专项案例大赛，择期错位举行；更多的高校则开始探索校内孵化赛，或牵头省内案例赛。全国社会工作案例大赛2020年也开始举办。但是其他专业的案例大赛还比较少见，更没有出现"全国大赛—全国专项大赛—院校和省内孵化赛"的路径。

3. 探索"案例+"金字塔与组合拳

观察中国专业学位案例库的运行，可以得出如图1所示的"案例+"金字塔。通过全国性的案例大赛、案例入库、视频案例征集，评出院校优秀组织奖、优秀案例；向院校委托专项案例项目，基于案例成果评选优秀案例教师并委托项目；基于项目探索案例国际合作，推动本土案例国际化。

各专业可结合自身专业特色，设计如图2所示的"案例+"组合拳。通过案例教学，鼓励和培训学生参加案例大赛，将作品重新打造投稿案例库，以大赛和入库成果争取案例项目，并撰写基于案例的学术论文。

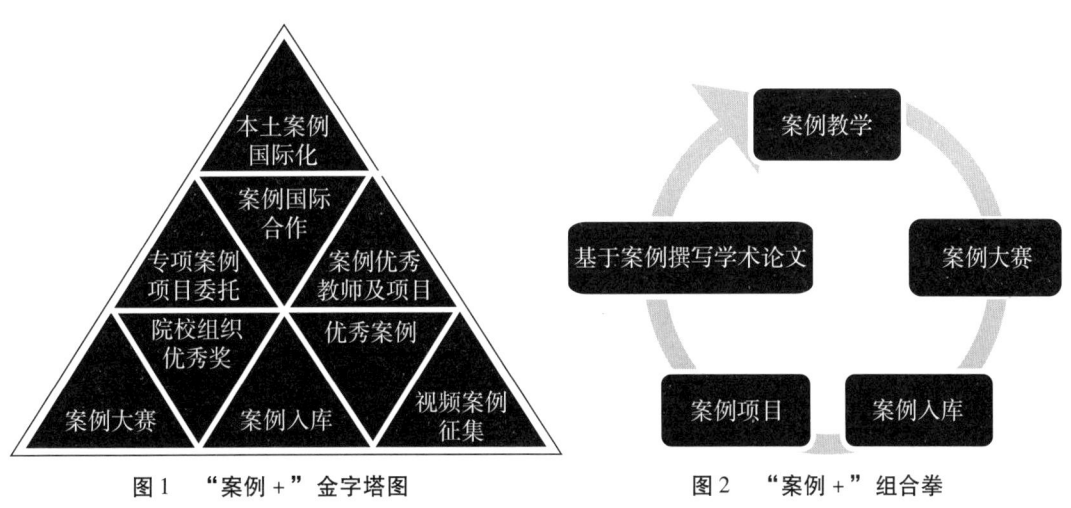

图1 "案例+"金字塔图　　　　图2 "案例+"组合拳

综上，云南大学政府管理学院团队基于数年的探索和成果，总结出了基于"案例+"的研究生助推与赋能型人才培养方式，契合研究生阶段的师生关系，有利于激发学生的学习动机和提升综合能力；其五种操作化路径具有较好的应用性和推广性，不仅帮助团队获得了全国性荣誉和项目，而且可以移植和拓展，进一步完善案例平台的结构与功能，拓展与整合案例赛事安排，探索"案例+"金字塔与组合拳。

参考文献：

[1] 熊华军．专业学位研究生"四贯通"案例教学体系的构建与实践[J]．学位与研

究生教育，2020（04）：24-30.

[2] 张小平，刘博涵，赵璞，等. 学术软环境建设对创新人才培养的作用初探：清华大学的案例[J]. 学位与研究生教育，2017（08）：1-4.

[3] 王淑娟，胡芬. MBA 教育中的案例特色培养模式探索[J]. 学位与研究生教育，2014（04）：33-37.

[4] Thaler, R. H., Sunstein, C. R. Nudge: Improving Decisions about Health, Wealth, and Happiness [M]. New Haven & London: Yale University Press, 2008.

[5] Dennis Hummel, Alexander Maedche. How Effective Is Nudging? A Quantitative Review on the Effect Sizes and Limits of Empirical Nudging Studies [J]. Journal of Behavioral and Experimental Economics 80 (2019): 47-58.

[6] 王湘红. 引入行为"助推"手段提高公共政策有效性[N]. 社会科学报，2018-12-27（003）.

[7] 欣丝路. 什么是"赋能"[N]. 西安日报，2018-07-06.

作者简介：罗红霞，云南大学政府管理学院副教授，硕士生导师，管理学院博士，云南大学 MPA 办主任。

第二模块：教学方法改革助力金课培育

公共管理学科社会科学研究方法教学的现状与趋势

谭立力　杨　凤

一、研究方法教学在公共管理学科建设中的地位和作用

公共管理学是一门新兴的社会科学，方法论教学在公共管理学科课程建设和人才培养过程中处于基础性的地位，发挥着至关重要的作用。近年来，在经济学、管理学、社会学、政治学等社会科学领域的研究和实践过程中，方法论发挥着越来越重要的作用。因此，在社会科学各学科的人才培养和课程教学过程中，研究方法教学也被置于越来越重要的位置。其中，经济学、社会学等学科领域研究方法教学已相对成熟，教学内容、课程设置、教材建设等方面在全国甚至全球都已逐渐形成较成熟统一的体系。而公共管理学作为一门新兴的社会科学，一方面其研究方法教学一开始就受到高度重视，另一方面在实践和理论上还存在较多的分歧和探讨的空间。本文希望在梳理国内外一流高校公共管理学科研究方法教学实践的基础上，从质性研究方法教学与量化研究方法教学之间关系的角度入手，探讨公共管理领域研究方法教学的现状与趋势，并给出笔者的一些思考。

从实践层面看，国内外一流高校公共管理学科建设中，均高度重视方法论教学，为更好地进行方法论教学做了一系列的探索和改革。在教学内容方面，各大高校的课程组精心设计符合本校不同层次学生学习的教学内容，使课程教学适应和符合培养创新型人才的需要，如浙江大学为本科生、硕士研究生和博士研究生分别开设了初级、中级和高级公共管理研究方法课程。在教学体系建设方面，各大高校都在不断完善自己的方法论教学体系，与基础理论课程进行有机衔接，配备相应的数学类和统计类课程，为更高难度的方法论教学提供必要的知识储备与理论基础。在教学实施方面，改革考核方式，强化实验与应用教学，引导学生将所学方法用于学科竞赛和科研项目，激发学生参与科研活动的兴趣。

公共管理学科方法论教学往往分为质性研究方法和量化研究方法两个方面。质性研究方法来源于解释主义认识方法论和世界观，认为主客体并不能完全分离，对社会现象的认识和理解受到主体主观价值的影响，需要结合特定的情境才能真正理解被研究对

象，同时遵循归纳方法，通过访谈法、观察法和案例研究法等方法收集文本和社会信息来对研究对象及事实进行理解和解释，进而把握事物质的规定性[1]159。量化研究方法的理论基础源自实证主义认识方法论和世界观，认为主体和客体是相互分离而可以独立存在的两个实体，社会现象是不受主体主观价值影响客观存在的，可以通过工具来认识客体和各种社会现象，因此量化研究方法采用演绎法、实验法和统计法等方法来测量分析数据获得相关数据资料，再对资料进行量化分析，观察研究对象的数量特征变化来揭示事物间的因果关系，进而把握事物量的规定性，强调实验过程可控性和可重复性以及结果的准确性[1]170。虽然质性研究方法和量化研究方法在哲学理论基础、具体研究手段和研究目的方面确实存在一定程度上的差异和争议，但质性研究方法和量化研究方法均非常重要，方法论教学能否成功有效，很大程度取决于二者能否很好地相互融合、有机互动。

二、国内外一流高校公共管理学科研究方法教学的建设实践

研究方法教学在公共管理学科建设和人才培养方面发挥着不可替代的重要作用，国内外各高校都十分重视研究方法的教学工作，由此开展了一系列与本校学生相适应的方法论教学课程，探索出适合不同层次学生学习的方法论教学体系，形成了各学校方法论教学实践的特色和优势。

（一）国外一流高校公共管理学科研究方法教学的建设实践

1. 麻省理工学院

麻省理工学院为政治学系的研究生开设了包含"政治学与公共政策的定量研究""定量研究方法：多元"和"定性研究：设计与方法"三门课程在内的系列课程来进行社会研究方法的方法论教学，通过三门课程的学习和每周作业的完成，培养学生在社会科学研究中使用基本数学工具、概率论、估计和推理理论及统计方法，帮助学生准备他们的硕士或博士论文提案。其中"政治学与公共政策的定量研究"和"定量研究方法：多元"构成政治学统计学系列课程。"政治学与公共政策的定量研究"课程是政治学与公共政策统计系列课程的第一门，由 Stephen Ansolabehere 教授讲授，选用爱荷华州立大学出版社 1989 年出版的《统计方法》和纽约多佛出版社 1979 年出版的《统计学原理》作为上课教材，课程内容包括问题研究设计（导论）、数学回顾、概率与随机变量、统计模型与方法四个部分，通过课程学习帮助学生了解和掌握政治学统计学入门级的基本数学工具、概率论、估计和推理理论和统计方法。"定量研究方法：多元"课程是麻省理工学院政治系政治学与公共政策统计课程的第二学期课程，需要在完成第一门课程的基础上进行学习。该门课程仍由 Stephen Ansolabehere 教授进行授课，以纽约普伦蒂斯霍尔出版社 1999 年出版的《计量经济学分析》和莫尔登布莱克威尔出版社 1998 年出版的《计量经济学指南》作为参考教材，课程的知识重点是估计变量因果效应的统计模型，具体内容包括多元回归模型、面板模型及设计和工具变量三部分的内容。在课堂内容学

习之外，学生还被要求阅读相关经典著作和文献资料。通过该课程学习帮助学生阅读和理解更高级的统计文本，培养学生思考数据设计和问题的强大能力。"定性研究：设计与方法"课程由 Richard Locke 教授授课，通过向学生展示各个社会科学领域发表的研究成果来使学生熟悉各种研究方法（包括调查研究、访谈、参与观察、个案研究、比较分析）和文献资料的使用；通过向学生展示波士顿地区可用文件和调查资料，培养学生对社会科学研究中现实社会问题的敏感度。课程的主要目标是帮助学生准备他们的硕士或博士论文。

表1 麻省理工学院"政治学与公共政策的定量研究"课程教学大纲

课时	每周2节，每节1.5小时	
考核方式	每周练习40% + 期末考试20% + 项目40%	
课程目录	第一部分（绪论）	1. 研究方法与挑战
	第二部分（数学工具）	2. 函数与极限
		3. 衍生品
		4. 最大化
		5. 求和、积分
	第三部分（数据的概率和模型）	6. 随机变量、总体和样本
		7. 概率学
		8. 概率函数
		9. 期望值
		10. 随机变量和、极限定理、大数定律、中心极限定理
	第四部分（统计方法）	11. 数据模型
		12. 估算
		13. 推论
	第五部分（统计模型）	14. 均值差异
		15. 频率和方差分析
		16. 日回归
		17. 日回归（续）

表2 麻省理工学院"定量研究方法：多元"课程教学大纲

课时	每周2节，每节1.5小时		
考核方式	每周作业＋期中考试＋期末考试＋期末论文		
课程目录	第一部分（介绍）	1. 测量效果和原因	
		2. 多元分析	
	第二部分（矩阵代数）	3. 向量和矩阵	
		4. 行列式	
		5. 逆矩阵	
		6. 微分与优化	
	第三部分（回归模型）	7. 模型与解释	
		8. 预算的性质	
		9. 方差和置信区间	
		10. 预测	
		11. 假设检验与模型选择	
		12. 最大似然估计	
		13. 定性因变量	
		14. 低效率的来源	
		15. 引导和分位数回归	
	第四部分（准试验）	16. 面板模型	
		17. 面板型号（续）	
		18. 辅助变量	
		19. 工具变量（续）	
		20. 研究设计	

表3 麻省理工学院"定性研究：设计与方法"课程教学大纲

课时	每周1课时，每课时2小时
考核方式	每周作业＋口头报告＋研究计划论文
课程目录	1. 什么是定性研究
	2. 社会科学哲学
	3. 原因、解释和机理
	4. 研究发现和设计
	5. 案例研究

课程目录	6. 面谈和书面证据
	7. 参与观察
	8. 调查研究
	9. 实地考察
	10—12. 研究提案报告

2. 阿姆斯特丹大学

阿姆斯特丹大学为帮助学生识别有趣的问题，分析数据集，正确解释结果，做出可靠的基于证据的决策，开设了"社会科学方法和统计"专项课程，此专项课程由"计量方法""定性研究方法""统计基础""推论统计"和"社会科学的方法和统计——最终研究项目"五门单独的课程构成，分别从社会科学研究的基本原理、社会科学中定性研究背后的基本思想、统计学的基础知识、统计推论几个方面层层递进为同学们讲解社会科学研究方法中的相关知识，最后引导同学们运用前面所学知识与其他学习者合作完成一个社会研究项目。通过学生完整经历整个研究过程来为之后在社会和行为科学中批判性地评估科学研究积攒宝贵经验。在每周的学习中，同学们除了需要跟随老师的课堂教学进行学习之外，还要完成相应的6—10个阅读材料的阅读以及每节内容后小结和课后练习。"计量方法"课程由 Annemarie Zand Scholten 助理教授讲解，课程涵盖了科学的基本原理、科学的一些历史和哲学、研究设计、测量、抽样和伦理学，通过使用来自社会学、政治学、教育学、传播学和心理学的例子使研究更具完整性。"定性研究方法"课程由擅长混合方法和定性研究领域的 Gerben Moerman 博士讲授，课程重点关注定性研究反复过程中的数据收集和分析，通过带领学生参与观察和访谈来收集数据，并对这些数据进行描述、分析和解释，将课程学习知识与实践活动结合起来，在实践中理解和巩固理论知识。"统计基础"课程由 Matthijs Rooduijn 博士和 Emiel van Loon 助理教授共同完成授课，课程内容包括讨论描述性统计的方法、概率的基础知识、推理统计学方法三部分内容，在课程中学习包括如何计算和如何评估在内的统计学知识，为下一门专业课程"推论统计"做好准备。在学习所有统计概念的基础上，学生还将接受培训，使用免费的统计软件计算和生成统计数据。"推论统计"由 Annemarie Zand Scholten 和 Emiel van Loon 两位助理教授完成，课程从关联类别、简单回归、多元回归、方差分析、非参数测试等几个方面来向同学们展示如何进行推理统计，即如何根据样本中发现的关系对总体中的关系进行推理。最后一门课程"社会科学的方法和统计——最终研究项目"是由 Annemarie Zand Scholten 助理教授带领学生完成一项研究，从发现问题、确定研究问题开始；到创建研究计划；再到测量和操作研究变量；进行数据收集，创建统计分析计划；进行统计分析；报告研究结果；最后以回顾研究过程，对研究结果进行反思而结束，帮助学生设计和执行自己的研究，批判性地评估科学研究。

表4 阿姆斯特丹大学"社会科学方法和统计"专项课程教学大纲

一、计量方法	1. 科学方法的起源（4小时）
	2. 科学方法（4小时）
	3. 研究设计（4小时）
	4. 测量（4小时）
	5. 抽样（4小时）
	6. 实践和伦理（5小时）
	7. 复习（3小时）
	8. 期末考（1小时）
二、定性研究方法	1. 定性研究哲学（4小时）
	2. 观察（4小时）
	3. 良好实践和标准（4小时）
	4. 定性访谈（4小时）
	5. 定性分析（4小时）
	6. 定性写作、混合方法和道德（4小时）
	7. 复习（10分钟）
	8. 期末考（1小时）
三、统计基础	1. 探索数据（5小时）
	2. 相关和回归（3小时）
	3. 概率（3小时）
	4. 概率分布（3小时）
	5. 抽样分布（3小时）
	6. 置信区间（3小时）
	7. 测试的意义（3小时）
	8. 期末考（1小时）
四、推论统计	1. 比较（5小时）
	2. 类别关联（3小时）
	3. 简单回归（3小时）
	4. 多元回归（3小时）
	5. 方差分析（3小时）
	6. 非参数测试（3小时）
	7. 期末考（1小时）

续　表

五、社会科学的方法和统计——最终研究项目	1. 关于最终项目（1 小时）
	2. 创建研究计划（1 小时）
	3. 测量和操作材料（1 小时）
	4. 数据收集（2 小时）
	5. 统计分析（2 小时）
	6. 回顾研究过程，反思研究结果（1.5 小时）

（二）中国一流高校公共管理学科研究方法教学的建设实践

1. 北京大学

北京大学进行方法论教学时将质性研究方法和量化研究方法结合到一起，开设了"社会调查与研究方法"这门课程来为学生介绍观察社会现象、测量社会现象的工具和分析运用社会现象数据的科学方法，帮助学生用科学的思维逻辑来理解人类生产生活中的各种社会现象。该门课程由北京大学社会学系的博士生导师和长江学者特聘教授邱泽奇教授讲授，选用《社会研究方法》[①]作为教学教材，同时将《社会研究中的研究设计》[②]《组织与管理研究的实证方法》[③]等作为参考教材，方便学生扩展补充相关知识。在课程设置上，邱泽奇教授将"社会调查与研究方法"这门课程分成了两大部分，并细分为14个模块，每周讲解一个模块：第一部分（第1—7周）主要介绍社会调查与研究的相关原理，为初学者建立理论基础；第二部分（第8—14周）是社会调查与研究的技术部分，着重强调运用经验研究的原理和社会科学的某些理论进行实践研究的能力。另外，邱泽奇教授的"社会调查与研究方法"这门课程在各大在线学习平台，如中国大学MOOC（慕课）、超星学习通、哔哩哔哩等，均有视频学习资源供学生学习和回放复习。

表5　北京大学"社会调查与研究方法"课程教学大纲

第一部分（理论部分）	1. 科学与社会研究
	2. 科学社会研究与理论
	3. 社会调查与研究方法的原理
	4. 社会科学研究的问题选择与数据获取
	5. 概念、变量与测量
	6. 抽样设计
	7. 实验方案与研究设计

[①] 艾尔·巴比. 社会研究方法（13版）[M]. 邱泽奇，译. 新加坡：圣智学习集团，2014.
[②] 戴维·德沃斯. 社会研究中的研究设计[M]. 郝大海，译. 北京：中国人民大学出版社，2008.
[③] 陈晓萍，等. 组织与管理研究的实证方法（2版）[M]. 北京：北京大学出版社，2012.

续 表

第二部分 （技术部分）	8. 问卷调查
	9. 访谈调查
	10. 观察调查、文献调查、痕迹数据
	11. 数据整理、数据质量评估
	12. 案例分析
	13. 统计分析、数据挖掘
	14. 社会调查与研究结果的表达

2. 浙江大学

在进行社会研究方法的方法论教学课程设置上，浙江大学公共管理学院开设了"公共管理研究方法"课程，通过"基于学科交叉和协同创新"的视角，"线上教学与线下实操"结合的方法，让学生了解公共管理的"科学研究范式"，学习公共管理各类研究方法和基本原理，理解并遵从科学研究设计的原则和程序，实操运用各类定量和定性实证分析的技术及手段，提高发现和研究社会科学问题的能力与素养。此外，浙江大学还形成了针对不同层次知识储备和学习能力的学生分别教学的"公共管理研究方法"系列课程，即针对本科生开设"初级公共管理研究方法"，针对硕士研究生开设"中级公共管理研究方法"，针对博士生、博士后及部分青年教师开设"高级公共管理研究方法"，三个层次的课程均选用《公共管理研究与定量分析方法》[①] 作为教学教材，但修读更高一层次的课程需要有上一阶段课程的知识作为基础。对于初入大学的本科生而言，汲取本专业的理论知识、培养对学科的兴趣是主要教学目标，因此在对本科生的教学中应偏重于理论知识的讲解，用以引导本科生对社会研究的相关理论和方法形成初步认识；针对需要进行一定科学研究的硕士研究生，在教学过程中除了理论知识的讲解外还加入初步统计分析方法、分析软件的入门使用和研究论文撰写的相关技巧等，如中级公共管理研究方法 SPSS 入门、数据的初步统计分析、研究论文撰写等内容；在给博士生及青年教师讲授"高级公共管理研究方法"课程的时候以专题的形式邀请不同的教授进行各个专题的授课，授课过程更加注重技术部分的内容，多为学生课堂讨论并掌握 SPSS、Lisrel 等软件在典型相关分析、结构方程分析、系统动态分析等分析中的具体应用。此外，还针对博士生的科研需求，在授课内容中补充了国家基金申请技巧等实用内容。另外，范柏乃教授的"中级公共管理研究方法"和"高级公共管理研究方法"两门课程也能通过超星学习通平台进行在线学习，甚至一些其他院校也将这两门课程加入了自己的在线教学资源库内。

---

① 范柏乃，蓝志勇. 公共管理研究与定量分析方法[M]. 北京：科学出版社，2013.

表6 浙江大学"公共管理研究方法"课程教学大纲

"中级公共管理研究方法" 范柏乃教授 32学时 2学分	1. 绪论
	2. 中级公共管理研究方法SPSS入门
	3. 数据的初步统计分析
	4. 统计推断
	5. 非参数统计分析
	6. 相关分析
	7. 总复习
"高级公共管理研究方法" 范柏乃、蓝志勇、郁建兴、郎友兴等教授 32学时（22讲课+6讨论+4实验） 2学分	1. 管理研究方法与国家基金申请技巧
	2. 方差分析
	3. 相关分析
	4. 回归分析
	5. 多元线性回归的三大基本问题
	6. 因子分析、聚类分析、判别分析
	7. 通径分析、结构方程分析

3. 中央财经大学

中央财经大学在社会研究方法的方法论教学上也有自己的建设，由政府管理学院为公共管理类研究生和MPA学员开设了"社会科学研究方法——公共管理研究方法"课程，将社会科学研究方法与公共管理研究紧密结合，将研究方法知识与论文写作紧密结合，帮助学生掌握公共管理研究的标准和规范，发表与社会热点和国际时政相关的高质量论文。该门课程由政府管理学院的硕士生导师曹堂哲教授讲授，选用《公共管理研究方法：基于公共管理问题类型学的新体系》[①] 作为教学教材。在课堂授课过程中，基于长期教学研究和教学实践，曹堂哲教授提出了基于问题类型学的公共管理研究方法教学研究体系，以公共管理问题类型学作为该课程的基础，从公共管理问题类型、公共管理研究过程、定性与定量研究、例文解析和论文写作四个方面编制了公共管理研究方法的网状体系；采用例文解析教学法，选用公共管理研究的经典论著、高水平期刊论文和管理实践中形成的文献，总结和展示公共管理研究的方法论、范式、途径、逻辑、程序、具体方法、手段等，为学生的科学研究、实践活动、论文写作等提供思维框架、操作指南和写作规范。另外，曹堂哲教授的"公共管理研究方法：基于公共管理问题类型学的新体系"课程在教学实践中建立了"公共管理研究方法E课堂"微信公众号，积累了大量的例文解析、课件等资源，

---

① 曹堂哲. 公共管理研究方法：基于公共管理问题类型学的新体系[M]. 北京：北京大学出版社，2014.

有助于知识拓展和教学的深化。

表 7 中央财经大学"公共管理研究方法：基于公共管理问题类型学的新体系"课程教学大纲

学时	54 课时
学分	3 学分
教学方式	课堂讲授 + 讨论交流 + 案例和例文解析 + 社会调查
考核方式	平时成绩20% + 期末考试80% （平时成绩：日常出勤20% + 课堂讨论发言60% + 课堂回答问题20%）
教学安排	1. 公共管理研究和公共管理知识 2. 公共管理研究方法论的体系与流派 3. 公共管理研究中的理论 4. 公共管理研究的开始：选题与问题类型学 5. 公共管理研究的文献基础 6. 公共管理研究设计 7. 定量的公共管理研究设计 8. 质性的公共管理研究设计 9. 公共管理研究中的实验法 10. 公共管理研究中的调查法 11. 公共管理研究中的实地研究与案例研究 12. 公共管理研究中的非介入性方法（上）：内容分析、二次分析和元分析 13. 公共管理研究中的非介入性方法（下）：历史方法和比较方法 14. 公共管理研究中的定性与定量资料分析 15. 公共管理评估研究 16. 公共管理研究中的系统研究方法 17. 公共管理研究中成果写作与发表

4. 北京师范大学

与前面几所国内高校将质性研究方法和量化研究方法融合在同一门课程内进行讲授的方式不同，北京师范大学在进行社会科学研究方法的方法论教学时分别开设了"质性研究方法"和"定量研究方法"两门课程，并由不同的教师进行讲授。在教学安排上，学生需要先修读"质性研究方法"课程后才能进行"定量研究方法"课程的学习。在"质性研究方法"课程授课过程中会建立文献共享平台，由授课教师上传文献阅读资料，要求学生定期完成文献阅读任务；每个专题4个学时，其中教师教授2个学时，师生研讨2个学时，充分调动学生的自学能力和积极主动性；授课形式会根据章节内容的特点，分别采用圆桌讨论、小组报告、师生角色互换等形式进行研讨。"定量研究方法"课程遵循理论和实际操作相结合的原则，紧跟学科前沿，不断更新教学理论，采用个人练习、小组练习和课堂操作演练相结合的教学方法，充分调动学生参与各种实际操作模拟过程和练习的积极性，鼓励学生参加教师科研项目，在实践中提升科学管理研究的思维能力和研究能力。

表8 北京师范大学"质性研究方法"和"定量研究方法"课程教学大纲

质性研究方法	学分	2学分
	课时	36课时
	考核方式	讨论30% + 研究设计展示30% + 期末论文40%
	授课教师	连宏萍副教授
	课程安排	1. 导论
		2. 选题与文献综述
		3. 研究设计
		4. 案例及比较研究
		5. 质性社会研究方法论
		6. 田野工作法及民族志方法
		7. 质性资料的整理、编码和解释
		8. 质性研究方法的应用
		9. 课程研讨及展示
定量研究方法	学分	2学分
	课时	32学时
	考核方式	平时作业45% + 课程总结报告5% + 期末论文50%
	课程安排	1. 定量研究方法导入（4学时）（于海波教授）
		2. 问卷调查法（6学时）（柯江林副教授）
		3. 实验法（4学时）（于海波教授）
		4. 案例研究法（6学时）（柯江林副教授）
		5. 数据统计分析（12学时）（王颖副教授）

5. 香港科技大学

香港科技大学为对社会科学研究感兴趣的非专家开设了"中国社会研究的社会科学方法"这门课程。该门课程由社会科学学科的 Cameron Campbell 教授开课，课程重点关注中国的社会科学研究，通过回顾社会科学的起源和发展，详细介绍当前关于中国的社会科学研究，关注因果关系以及社会科学家在从他们的研究中得出因果关系的结论时所面临的挑战，并提供了用于克服这些挑战的方法的概述，目的是完成该课程的学习者将能够评估证据，并批判性地评估重要社会现象的主张，转变为社会科学研究的知情消费者。学生在学习该课程时需要在课堂上完成相关内容的学习并记录学习笔记，课后完成推荐阅读材料的阅读和章节测验。

表9 香港科技大学"中国社会研究的社会科学方法"课程教学大纲

章节内容	完成时间	课程目标
1. 什么是社会科学？	2小时	理解社会科学与人文科学、自然科学和生命科学之间的区别，概述社会科学的起源，掌握关键的定义和术语
2. 大问题	1小时	了解社会科学研究关注的问题范围
3. 对中国的社会科学研究	2小时	了解当前关于中国的社会科学研究的主要主题
4. 社会科学学科	2小时	理解每个主要的社会科学学科的重点和各学科之间的差异
5. 研究设计	2小时	了解最常见的学习类型之间的差异，并对每一种类型最相关的背景有一些认识
6. 挑战	2小时	理解解读社会科学研究结果的关键挑战，反思研究设计的潜在问题
7. 因果关系	2小时	了解社会科学家在试图建立一个观察到的关系时所遵循的基本方法

三、质性研究方法教学与量化研究方法教学的互补与交融

通过研究国内外一流高校在社会科学研究方法的方法论教学实践，可以发现，在教学实践安排中，质性研究方法和量化研究方法教学大致有两种类型：质性研究方法与量化研究方法分别开课，但共同组成或与其他相关课程（如：统计学、统计分析等）共同组成社会科学研究方法系列课程；同一门课程里两种研究方法的内容均有所涉及，既介绍质性研究方法，又讲授量化研究方法。

（一）开设系列课程

麻省理工学院、阿姆斯特丹大学和北京师范大学关于社会科学研究方法的方法论教学模式就是开设系列课程，系列课程中包括"质性研究方法"和"量化研究方法"，甚至还包括"统计基础""推论统计"等数学性质较强的相关技术性课程，并由擅长不同领域的教师分别讲授这几门不同的课程。

系列课程具有以下特点：

1. 课程内容系统化，完整性强

系列课程内的每一门课程都是单独开课，可以涵盖更多的课程内容，形成更具完整性

和系统性的课程架构。此外，系列课程还可能包含除了质性研究方法和量化研究方法以外的其他相关课程，能够帮助学生更熟练全面地掌握社会科学研究所需要的方法和技能。

2. 由不同教师授课，针对性强

每位教师的研究重点和关注领域都会有所侧重，系列课程里的每门课由相关领域内的教师进行授课，质性研究方法课程由擅长定性研究和定性分析的教师进行教学，量化研究方法的课程则由关注定量测量和定量分析的教师进行授课。这样由擅长不同领域的教师分别进行授课，专业性和针对性较强。

3. 学习时间充足

授课教师有足够的时间讲解完整的教学内容，同时也能保证学生有足够的时间了解和吸收课堂内容，更加熟练地运用质性研究方法和量化研究方法。

（二）开设专门的质性与量化研究方法相结合的方法论课程

香港科技大学、北京大学、浙江大学和中央财经大学均是为展开社会科学研究方法的教学专门开展了一门质性研究方法和量化研究方法相结合的方法论教学课程，由同一位既掌握质性研究方法又熟知量化研究方法的老师讲授这门课程。

专门课程具有以下特点：

1. 课程内容精简干练

将质性研究方法和量化研究方法融合到一门课程里进行讲授，受教学时间的限制，不可能涉及每一个相关知识点，课程内容相较而言更为精炼。因此，为在有限时间内进行高效教学，教师会在课堂上选取质性研究方法和量化研究方法中的主要内容和重点内容进行讲解，其余内容则由学生课后进行自学。

2. 质性研究方法和量化研究方法融合度更高

开设专门的质性研究方法与量化研究方法结合的方法论课程，在课堂上既涉及质性研究方法的内容，又讲解和运用量化研究方法，实现了质性研究方法和量化研究方法在课程上的融合，同时也便于学生在学习和研究实践中融合运用质性研究方法和量化研究方法。

3. 对授课教师要求较高

质性研究方法和量化研究方法融合在同一门课程内，不仅需要授课教师同时熟悉和掌握这两种研究方法，还需要授课教师灵活处理这两种研究方法在教学实践中的不同教学方式。但由于不同教师的研究侧重点不同，总会更容易受到质性或量化单一研究思维的限制。

无论是开设系列课程还是开设专门的质性研究方法与量化研究方法相结合的方法论课程，在教学过程中都重视学生的参与程度和实践操作部分占整体授课内容的比例。各高校的社会科学研究方法的方法论教学课程的考核方式都包括平时考核和期末考试，且平时成绩占比不低，而平时成绩主要取决于课堂讨论发言和课堂回答问题的表现。在实验实训方面，各高校都注重在教学过程中引导学生将理论运用于实践，带领学生亲自体验质性研究方法中的访谈、观察等资料收集过程；掌握方差分析、相关分析、判别分析等量化研究方法和 SPSS、Vensim 等量化分析软件在实际社会科学研究中的具体应用；引导学生发现自己感兴趣的社会研究问题并设计研究方案，完整经历研究过程，在研究过程中充分运用质性研究方法和量化研究方法，得出科学准确的结论。

质性研究方法和量化研究方法都是社会科学研究方法中不可或缺的重要组成部分，不应该割裂地看待某一种方法，要实现质性研究方法与量化研究方法的互补与交融。事实上，质性研究方法和量化研究方法在社会科学研究中也是相互包含、互相渗透的，在现代社会研究中并不存在单一的"质性"或"量化"的研究方法[2]。质性研究中存在部分量化分析的成分，量化研究方法中也包含质性分析的内容。因此，在教学实践中要提高对研究方法和调查方法类课程的重视程度，并把质性研究方法和量化研究方法相互融合、优势互补。在课程设置上，要建立系统的社会研究方法论教学课程，即质性研究方法教学课程和量化研究方法教学课程均要开设，且赋予这两门课程同等的重视程度，而不是片面偏重于社会调查定量分析的专业课程。另一方面，也可以开设专门的质性研究方法与量化研究方法相结合的方法论课程，配备专业的教师团队，为学生讲授质性研究方法和量化研究方法相结合的混合社会科学研究方法。

四、公共管理学科研究方法教学的发展趋势

社会科学研究对象的多元化和现象的复杂化，导致传统单一的质性研究方法或量化研究方法已不能满足现实研究的需要，因此将质性研究方法与量化研究方法相结合甚至融入其他新的研究方法的融合式研究方法是社会科学研究方法运用的必然趋势。在高等院校社会研究方法的方法论教学中，需要采取变革改进措施，以研究议题为导向，开展项目教学；进一步融入其他新的研究方法；不断介入行之有效的实验实训方法与手段，在教学实践中深入融合质性研究方法和量化研究方法，使社会研究方法教学符合公共管理学科研究方法的发展趋势，同时也更具有全面性和实用性，贴近现实研究的需要。

1. 聚焦公共管理领域的重点焦点问题，以研究议题为导向，深度融合质性研究方法和量化研究方法教学

以研究议题为导向，开展项目教学，首先要做到以项目定方法，而不是为了"用方法"而开展项目研究。要先考虑与研究问题相匹配的研究方法是质性研究方法还是量化研究方法或是二者相结合的研究方法，而不是为了运用质性与量化相结合的研究方法来选择研究问题[3]。其次，以项目为主线，根据学生的学习能力和实际水平，开展学生全面参与项目、学生有限参与项目、部分学生参与项目的不同层次的项目教学，由师生共同参与一个完整的项目，让学生在项目实践过程中系统学习社会研究方法课程的基础知识，实现质性研究方法和量化研究方法的有效融合和衔接[4]。

2. 实验实训方法与手段不断介入研究方法教学

社会科学研究方法课程是兼具理论性和实践性的课程，高校在进行课程教学的过程中越来越重视学生实践能力的提升。借助实践教学环节，引导学生围绕研究主题进行实践操

作,在实践操作中体验实际研究中可能遇到的问题和障碍;为学生提供实践机会,开展大学生创新创业项目,由学生自主申请,在专任指导老师的指导下开展真正的项目研究和操作[5];运用多种教学工具,开展"互联网+教学",借助问卷星等互联网调查平台和QQ、微信等实时聊天工具,构建线上学习课堂和多种开展社会调查研究实践的渠道,将理论知识与方法实践相统一[6]。

3. 追踪和融入新的研究方法和实践技术

随着互联网、人工智能和大数据分析等技术的快速发展,社会研究方法课程教学面临新的发展契机。在教学实践中需要顺应时代的发展变化,利用互联网技术搭建线上教学和实践平台来满足学生的个性化学习需求;在教学内容中融入大数据分析、词嵌入技术等新的研究方法和在线信息收集工具的使用方法,丰富传统的社会科学研究方法,促进学生更好地掌握社会科学研究的理论知识,提升实践技能。

参考文献:

[1] 徐治立,徐舸. 社会科学"混合方法研究"范式争论与方法论探讨[J]. 中国人民大学学报,2021,35(05):159-170.

[2] 杨达. 社会学定量研究方法的学理脉络及优劣判断[J]. 江西社会科学,2009(11):168-180.

[3] 蒋逸民. 社会研究方法的新取向:结合方法及其意义[J]. 天府新论,2009(01):98-102+133.

[4] 赵锦山. 项目导向法在社会研究方法系列课程中的应用[J]. 桂林师范高等专科学校学报,2019,33(03):101-104.

[5] 郑久华,廖尹航. "社会研究方法"在实践型教学课程中的运用[J]. 教育文化论坛,2018,10(01):51-53+92.

[6] 刘敏. 基于"互联网+"的社会研究方法课程教学实践及其完善[J]. 教学研究,2020,43(06):63-67.

作者简介:谭立力,云南大学政府管理学院,教授,博士生导师,经济学博士,研究方向:城市与区域治理、实验公共管理等。杨凤,云南大学政府管理学院2020级硕士研究生,研究方向:边疆城市治理。

课程思政：专业性与思政性的创新融合

王燕玲

"课程思政"作为高等教育人才培养的一种创新性教学理念，旨在将各专业课知识教育与思政课政治教育的功能进行融合，专业性与思想性互相支持、相得益彰，协同育人[1]，以体现高等教育专门人才培养的思想政治首要目标，同时夯实高校思想政治教育的专业素养，引领学生在专业成长的同时，树立正确的"三观"。

一、"润物细无声"："课程思政"的时代内涵

（一）个体赋能的时代要求

新时代是一个包容个体差异、鼓励个体创新、强调个体赋能的时代。

首先，当今时代尊重每一个人的利益诉求。人生而不一样，多样性和多元利益本来就是社会本质属性。而且，也正是得益于个体多样化的需求，才实现了社会生活方方面面的创新和进步。对这一点的认识，在今天的新时代比以往任何时候都更明确。习近平总书记说："人民对美好生活的向往就是我们的奋斗目标。"可见，从顶层设计开始，已然尊重并保障每个人对"美好生活"的个性化、差异化追求。市场经济活动中"长尾理论"取代传统的"热门市场"，通过互联网、大数据实现的个性化量产模式更实现了对"个体兴趣爱好，消费倾向"的"私人定制"。这些都说明新时代对多样化需求、多元利益的成全和鼓励。

其次，新时代鼓励每一个人都能按自己利益实现的诉求发挥创造性，在社会生产和生活中实现主动性。"我们都是追梦人"，体现了对每个个体追求自我价值实现的积极肯定，强调无论你强大与否，都可以活成一个光源，践行"敬业奉献"。不仅如此，在鼓励"双创"、扶持小微企业发展、全面减税降负等方面切实加强政策支持，在全社会涌起一股新兴的"个性解放"潮流。

最后，为个体赋能，打造一个高手林立的社会，让主体归位，自然成为新时代国家治理的题中之义。而它的前提必然是每一个人都以真才实学立身。因此，专业理论和专业知识是新时代人才立身之本，再不是"领导说"决定团队成员"行不行"的时代，团队对成员的专业素养必将有明确的要求和现实的提升。

可见，新时代对"独立性、有个性"的人才培养需要必将对高校专业教育提出更高的

要求。现实中，顺应这种社会发展形势的要求，高校在人才培养方案、学科专业发展规划方面亦不断进行调整，目的在于突出专业性，增加实践性，保障应用性[2]，旨在突出高校人才培养的专业化程度，使学生的学习能力、知识运用能力、创新能力等综合专业素养大大提升，真正履行为"个体赋能"的时代要求。

（二）团队协作的内涵升级

强调每个个体的独立性、专业性、创造性、主动性……并非否定团队协作的价值，事实上恰恰是升华团队协作能力的新内涵、新目标。

如果把传统的团队协作看作"绿皮火车"的话，那么火车跑得快全靠车头带。传统团队对领导者、带头人依赖性特别高。结果，高等教育培养的人才作为团队中的新成员，往往更需要的素养是服从命令、遵守程序，难免慢慢被"打磨"得没有主体性。这不得不说是高等教育的遗憾。

而今，在"共治共建共享"的治理格局中，每个团队更像一列"动车"，强调每个个体都是一节自带动力的车厢，用自己的创造性工作为整列火车带来推动力。由此，今天这个时代，我们会更强调多元利益的合理性、多元需求的必要性、多元协作的实效性。

当然，以上只是团队协作新内涵的一方面。另一方面，在"人人强，个个好"的团队中，多元利益将难免多元博弈、利益冲突的风险，如何实现协作共治，就需要高于个体专业优势、利益差别的思想引领和价值导向，以便团队形成集体行动力，避免组织内耗，让每一节动车车厢自带的动力都往同一个方面推进列车行进，否则后果堪忧。

（三）思想政治教育的价值引领

在这样一个飞速变化和发展的新时代，多元利益格局使青年学生的价值观念和理想信仰都呈现出复杂化的特点。特别各种思潮借助信息技术便捷手段，大容量、高速度地直接向学生传播，使原先主流思想占据主导地位的局面被打破，对学生正确认识世界、了解世界形成了挑战。如何在高等教育中体现主旋律、弘扬主流意识形态，培养和增强学生的判断能力和适应能力，成为高校加强思想政治教育的必要性之体现。

通过高校思想政治教育，构建一个以理想信念教育为核心，以爱国主义和核心价值观为教育重点，以行为规范为支撑，以多样化教学为载体的主流教育氛围。主动占领高校学生主流意识形态教育的阵地，指导学生形成正确的价值观、世界观、人生观，可谓势在必行。近年来，高校在进行政治教育的同时，还加强了民主法治、形势与政策、道德伦理、个性发展、创新意识及就业指导等多种多样的内容，使学生的思想道德素质、科学文化素质及人格健全素质综合发展。同时，在教育内容丰富多样的同时，思政教育的形式也越来越创新，除传统课堂之外，形式活泼、健康向上、丰富多彩的校园文化活动、社会实践活动、主题党日活动等，都大大提升了高校思想政治教育的效果和水平，通过思想政治教育的创新不断完善高等教育的育人机制。

"课程思政"正是在这种创新的趋势中成长起来的一种新兴的高校思政教育模式[3]。

在不改变专业课程本来属性的前提下，运用思想政治教育的学科思维，挖掘和提炼专业课程中蕴含的文化基因和价值范式，并将其与爱国主义及社会主义核心价值观充分结合，使专业知识和理论转化为思政教育具体化、生动化的有效教学载体，充分发挥专业课程的德育功能，在"润物细无声"的知识学习中融入理想信念层面的精神指引。

二、"合异融其真"："课程思政"打破"两张皮"教育现状

（一）专业课程与思政教育"两张皮"的现状

目前，在高校师生的普遍认识中，"思政课"就是宣讲理想信念、道德情操、行为规范、形势纲领的阵地，"价值引领"是"思政课"的任务和责任。而专业课程则只管知识传授和能力培养，具有单纯的科学性和实用性。这样的认识导致了专业课与思政课被分隔，甚至割裂成"两张皮"。

一方面，专业课没有精神元素，只剩下"工具理性"，难免变成单纯的知识记忆和动手技能，这样的知识没有意义感，进而没有生命力，除了应试，对日后在职业发展过程中的增强选择能力和适应能力难以起到内化于心的指导作用。事实上，专业知识难免被学生"考完就忘"，日后真要用到的时候，还要重新翻笔记，或者上网搜索，无形当中，学校专业课程的效果和效益都大打折扣。

另一方面，思政课亦被单纯认为是"培根铸魂"的价值引领，尽管任课教师精心设计了传授思政教育目标的案例，但却没有体现对不同专业学生的关照，与学生的专业学习关系甚弱，从而在"重技能""讲务实"的学生心目中往往觉得思政只剩下讲道理，塑"三观"，难免说教，亦难免空洞，学生厌学情绪高涨，教学效果不佳。

（二）以思政教育升华专业知识的价值定位

如果把专业知识视为"工具"的话，那么，使用工具的人具有的不同价值倾向必将导致专业知识不同的使用结果或后果。因此，专业知识需要意识形态的引领，使专业知识摆脱简单的"工具理性"而呈现不同的精神气质，承载不同的社会责任，从而促使青年学生通过"课程+思政"的教育引导，将专业知识和技能转化为内在的德性和素养，进而成为引导行为和选择的价值倾向，使学生终身受益。可见，这样的专业知识就像具有了生命力，对学生形成的影响，包括知识的记忆都会更长久。

事实证明，这种被赋予了意义感的专业知识对学生的影响更深刻，使学生对理论、概念、模型的理解有科学知识之外的情感体验，可以加深学生对知识的理解和记忆。如在"政府经济学"课程"阿罗不可能定律"的讲解中，加入中国特色社会主义民主政治和国家治理的内容，可以深化学生对"民主并非简单一人一票，并非以投票为目的"的理解，加强学生对"基层治理困境"的认识，激发学生改善现状的社会责任感，进而提升专业学习的热情。

（三）专业课程充实思政教育的教学内容

以专业知识充实思政的精神纲领，让学生对思想政治教育的内容形成感性认识。避免

思政务虚，实现专业课与思政课协同育人。

目前单纯思政课的课程效果，更多取决于授课教师的口才。口才不好的老师，面对精神、价值层面的意义宣讲，基本上难以发挥，只能照本宣科，自说自话。学生在这样的课堂上也难以有学习兴趣，心不在焉，课程沉闷。口才好的老师，则像演讲家一样，讲得同学们情绪高涨、热血沸腾。但这种情绪的渲染如果没有务实的内容支撑，往往热情消散得很快。情绪过后，还留下什么呢？因此，对这两种情况的改善，最关键的就是推进思政课程"务实""接地气"。

通过专业课程案例传播思想政治教育内容，让学生结合专业知识来加强思想修养，从而使思政课上被激发的情绪获得知识载体，使高涨的情绪能够落地，变成学生切实的行动能力。同时，通过思政课与专业课的融合，让相同的思想政治情绪获得不同的学科专业背景。如行政管理专业和资源环境专业的学生，面对相同的港珠澳大桥建设案例，行政管理专业可以结合"政府机制"的专业学习，资源环境专业则可以结合"海洋动力的开发和利用"，进而使个体对国家建设的自豪感和责任感分别从"管理体制"和"物理技术"两个不同专业方向得到深化。可以想见，这样的学习，让思政教育脱离"高高在上"的感觉，与学生热爱的专业知识结合在一起，可以起到更实在的"培根铸魂"的效果。

三、"坚持日月珠"："课程思政"的持续建设

（一）"课程思政"的基础在"课程"

事实上，大学所有课程都具有传授知识培养能力及思想政治教育双重功能，但课程思政并非在专业课的教学中生硬地套入思想政治教育的内容，那样，事实上还是没有摆脱"两张皮"。所以，做好"课程思政"的基础，就要结合思想政治教育的目的，选择合适的专业课程教学内容，通过专门的课程设计，打造一门优质的"课程思政"课。需要注意的是，不能为了思政教育而使专业课程去专业性、去知识性。因此，课程思政要在专业课教学大纲之上进行专门设计，尊重课程建设规律，切实强化课程建设管理是"课程思政"建设的根本基础[4]。

首先，要充分发挥专业学科优势，在教学目标的制定过程中注重充分发掘具有不同专业课程特点的"思政资源"，尝试拓展教学内容。例如，在行政管理专业"政府经济学"课程教学中，根据课程特点，制定如下的教学目标：通过学习本课程，使学生能以经济学方法来认识和研究有关政府的活动，深刻认识政府行为目的、行为方式和行为规律，掌握政府经济学的基本理论，为学生进一步学好本专业其他相关学科奠定良好的理论基础。结合对政府经济行为的分析，使学生理解中国经济体制，增强道路自信，并使学生更切合国情理解中国整体机制，拥护党的领导，将社会主义核心价值观融入学生的学习和生活。在教学的设计上要把人的思想政治培养与专业发展教育相结合。

同时，结合加入"思政教育内容"后的教育目标，教学大纲亦要做相应的调整。

表1 "政府经济学"课程加入思政教育内容后教学调整对照表

项目内容	原版要点	新版新增改革要点
课程的性质、教学目的与任务	专业必修,使学生理解政府与家庭和企业一起以自己特有的方式影响国民经济运行,实现资源配置优化目标	专业必修,通过专业知识学习,深化学生爱国爱党的信念,坚持道路自信,在日常生活中自觉践行社会主义核心价值观
课程教学的基本要求	该课程的教学和学习,必须高度重视理论与实践相结合的问题。学生需要创造性思考,采用小组讨论、互助学习、案例分析、社会调查等形式培养观察、分析、解决问题的能力	结合专业学习的基本要求,通过思政案例的小组讨论、视频学习以及读书会等实践学习模式,多渠道增强理想信念教育的效果
理论教学部分	导论,公共产品理论,外部性理论,公共选择理论,公共支出理论,公共收入理论,公共经济政策,国家预算理论,收入分配理论	阐述中国特色社会主义市场经济体制的新时代特色,阐述中国共产党及其领导的各级政府对宏观经济的建设和调控
实验/实践教学部分	在公共产品性质,外部性矫正方式,明补与暗补的区别,收入分配格局四个知识点分别有2个学时的以小组课后调查,课堂发言为形式的实践教学	在讲解混合经济体制、公共产品供给主体、公共选择的程序性、税负转移与归宿、公债的演变等5个知识点后,用视频学习、案例分析、读书会的形式进行实践教学

可见,如果缺乏专门的融合专业知识与思政教育的课程建设,那么"课程思政"的效果难以有意、有机、有效地实现。

(二)"课程思政"的重点在"思政"

如果把课程思政比作一道菜,那么专业课程是这道菜的主要食材,而思政教育元素和育人功能的融入则像为这道菜提味的各种调料。没有调料,这盘菜将食之无味,同时,加入不同的调料则呈现不同的风味、不同的效果。

爱国主义、社会主义核心价值观的基本要求、实现民族复兴的理想和责任等主流意识形态教育就像"盐",是思政功能的必要元素。将激发学生为国家学习、为民族学习的热情和动力,帮助学生在创造社会价值过程中明确自身价值和社会定位。所以,这些思政元素承载着培养中国特色社会主义合格建设者和可靠接班人的重大使命[5]。

此外,各位任课教师还要像厨师一样发挥不同的"做菜"风格,在自己的专业课程中,恰当地融入内容多样、健康向上的思政元素。如会议精神、政策纲领、民主法治、社会公德、职业道德、个性修养……这些调料可谓无穷无尽。只要可以对青年学生发挥积极乐观的价值引领作用,皆可以被任课教师选中、加工、利用,最终在课堂教学这条育人的主渠道上呈上一场场"思想"的盛宴。

因此,课程思政要把思政元素和育人功能融入专业课程中,需要注意在日常生活中,结合专业课程知识点挖掘有价值引领作用的思政素材。

(三)"课程思政"的关键在"教师"

教师,无疑是实践"课程思政"创新模式的主力,因此,各高校要注意加强课程思政师资队伍素质的建设。

首先,任课教师同时肩负专业知识教学和思想信念教育的双重职责,这对教师工作能力亦是一项严肃的挑战。教师自身的育人水平和育人意识在课程思政建设起着关键作用。因此,加强对任课教师的思想政治意识的定期培训,随时提醒教师"学高为师、身正为范",永葆"立德树人"的责任心、使命感,通过教师负责任的教学,增强学生的认同感。

其次,除增强育人意识外,还应注重提升课程思政任课教师的育人能力[6]。毕竟课程思政不是简单的"课程+思政",教师不能只是在专业课程教学中生硬地直接给出思政教育的结论,不能将专业课与思政功能机械地结合,二者需要有机结合、相辅相成。各高校应定期或不定期地通过形式多样的培训,从教学内容、教学方式、教学技术运用等方面有意识地增强教师执教能力,真正使教师对课程思政的教学做到"有心、有力"。

再次,要加强对专业教师对思政教育融入课程教育的理解和参与。专业教师不应当只埋头做该学科领域的"专家",不能对思政教育抱"事不关己"的态度,应更深切地领会"传播知识、传播思想、传播真理"的师道本分。各高校要把专业教师积极打造成课程思政教师队伍的人才库,加大课程思政教师资源的开发,从专业教师中培养、选拔更多能够承担课程思政教学的教师[7],为课程思政教育理念的创新和持续发展提供源源不断的动力。

参考文献:

[1] 李如占. 课程思政:各类课程与思想政治理论课协同育人的有效路径[J]. 高教论坛,2018(6):10-17.

[2] 孟庆楠. 基于"课程思政"的高校课程转化:价值、目标与路径[J]. 北京大学学报(社会科学版),2018(5):28-32.

[3] 于冠华. 课程思政的价值与实现路径探析——北京物资学院实践探索[J]. 教育教学论坛,2018(5):56-60.

[4] 陆道坤. 课程思政推行中若干核心问题及解决思路——基于专业课程思政的探讨

[J].思想理论教育,2018(3):15-20.

[5]陈道武.课程思政:高校全程全方位育人的有效途径[J].齐齐哈尔大学学报(哲学社会科学版),2017(12):77-83.

[6]何红娟."思政课程"到"课程思政"发展的内在逻辑及建构策略[J].思想政治教育研究,2017(5)29-34.

[7]陈建岭.专业课程思政教育研究述评[J].教育现代化,2020(4)78-82.

作者简介:王燕玲,云南大学政府管理学院副教授,硕士生导师,历史学博士,研究方向:社区治理。

"自学—引导"式教学法在社会学课程中的运用研究

彭 艳

相对于中学生而言，大学生已具备了较强的自主学习的能力，这种能力可以为在大学开展"自学—引导"式教学法奠定良好的学习基础；而且大学生的学习方式也大大不同于中学生的学习方式，它会要求大学生养成自主的学习方式，这种方式要求在教师的引导下，他们能够自觉地去完成各种学习任务。大学生毕业后，绝大多数都要直接进入社会，这就需要时时锻炼大学生的素质和能力，"自学—引导"式教学法在具体课程中的运用，正好有利于大学生自我能力的发展，完全符合社会对于大学生的要求。

作为主讲教师，在社会学课程中运用"自学—引导"式教学法，主要是帮助大学生形成积极主动的学习态度，倡导学生主动参与、乐于探究、勤于动手，培养学生搜集和处理信息的能力、获取新知识的能力、分析和解决问题的能力以及交流与合作的能力。"灌输式""填鸭式""满堂灌"等以训练记忆力为中心的传统教学方法严重挫伤了学生的学习积极性，限制了学生创新能力的培养，造成课堂活动机械、僵化、缺乏活力。所以，在教学中主要应采用"自学—引导"式教学方法，这样就可弥补以上传统教学方法的不足。

一、"自学—引导"式教学法的模式及其优点

"自学—引导"式教学方法，顾名思义，就是在教师的引导下，安排学生通过自己学习部分教材内容，并对不解之处提出问题，教师根据学生所提问题通过个别答疑或课堂讨论等方式为学生解决问题，或者教师根据安排学生的自学内容部署相关的问题要求学生书面完成，而教师根据学生完成作业情况解决学生在自学中出现和存在的问题。这就要求大学生自觉地动起来，不能再是在教师的指挥下被动地学习，实现从要我学到我要学的转变；学习不再限制于教室内，时间也不再限于教学时间内，学生可以根据自己的需求，选择适合自己的时间和地点进行学习，这就有利于实现个性化的学习。在这个过程中教师则起引导作用，引导学生有目的地进行自学，提出问题，帮助学生解决自学中存在的问题，而不再是千篇一律地对每一位学生都讲授一样的内容。

"自学—引导"式教学方法是一种主动式教学方式，以培养学生的兴趣为主，让学生在兴趣的驱使下自主获取知识。在这种情况下，教师的主要职责不再是灌输已有的知识，

而是要激发学生的学习兴趣以及为学生引领学习方向。学生在兴趣的驱使下以及教师的指导下，可以有选择地获取知识。就教学结构而言，"自学—引导"教学法强调学生在教学结构中的中心地位而并非教师的中心作用，教师在此仅是一个引导者及参与者而非主宰者，充分认定学生在教学中的主体地位。"以学生为中心"就是强调教学中"学"的第一性，进一步明确了"教"和"学"的关系。在这里，学是主动学习，而不是被动学习，是根据学生的个体性的差异来进行主动的、有区别的教学，而不是千篇一律的模式教学。

"自学—引导"式教学方法与传统教学方法相比，它着重在培养学生的自学能力和提出问题的能力，充分体现学生在学习过程中的主体地位。

当今是知识经济时代，教育的四大功能是："学会认知，学会做事，学会共同生活，学会生存。"强调通过教学激发学生学习的兴趣，强化科学探究的意识，促进学习方式的转变，培养学生的创新精神和实践能力。在国际竞争中，是否具有创新能力，已成为一个民族是否具有竞争力的关键。而提问题的能力一定程度上说就是创新能力的前提和基础。正如爱因斯坦所说的那样："提出一个问题，往往比解决一个问题更重要。"因为有问题，才会有思考；有了思考，才有可能找到解决问题的方法和途径。但目前我们的课堂教学中大多还是老师讲、学生听，教师写、学生记，教师问、学生答的教学模式。长期这样下去，学生也就成了习惯，还乐于接受这种被动、消极的学习方式。因此，在教学中应培养学生的自学能力、提问题能力，而"自学—引导"式教学则是实现这一要求行之有效的方法。

"自学—引导"式教学方法与传统教学方法相比，可以实现因人施教，实现个性化教学。传统的教学模式在课堂内对所有的学生同时来完成，所以教学的内容及方法只能是顾及大多数的同学，无法实现有个性特征的教学。而"自学—引导"式教学方法则通过任务的安排，可以使学生自己选择自己学习的重点及难点，选择自己合适的学习方法，真正做到我的学习我做主。

"自学—引导"式教学方法与传统教学方法相比，可以加强和实践环节的结合。使用传统的教学模式教学，一般都在学校课堂内完成，主要是理论知识的教学。而"自学—引导"式教学方法，可以结合学生自学的内容布置实践的教学环节，这样可以真正实现理论联系实际，增强他们的动手能力。如社会学课程中的"社会组织"这一章的自学任务，就是要求他们自行调查一个社会组织，完成社会组织结构架构图，并提出社会组织结构所存在的问题，以调查报告的形式来呈现。这就能让学生真正学会如何进行社会组织的管理。这比让他们单纯地在教室学习，然后背下所学的知识来得深刻和牢固；也在实践中学会了与人打交道，不再是象牙塔内不与社会交互的学生，有利于他们更好地适应社会生活。

二、"自学—引导"式教学方法的具体实施要求

几年前，有关高校教学中就已经出现了"自学—引导"式教学方法，与传统教学方法相比其优势是非常明显的，但在不同的学科教学中有不同的具体的运用方式。在社会学课

程的教学中,"自学—引导"式教学方法的具体实施如下:

第一,恰当地选取自学内容。作为"自学—引导"式教学方法,自学内容的选取很关键,必须选取适合学生自学的内容要求学生进行自学。由于所选的内容是由学生自主地采取自学的方式来完成学习,所以选取的内容不能过于深奥,否则超出学生的能力范围,则不利于自学任务的完成;但也不能过于简单,如果过于简单则不利于学生进行自我思考,会使学生的自学流于形式,达不到对于学生自我探究精神的培养。因此,所选的自学内容要难易适中,需要学生查阅一些资料,进行思考才能完成自学任务。

第二,以问题为学习的导向。为了帮助学生把握自学部分的教学要求,可以把自学部分的教学目标以问题的形式发给学生,要求学生在课外自学并解决所提问题外,同时还可要求学生学习过程中提出问题。为了促进学生自学,要求每个学生把自学中碰到的问题(如果没有问题的,可以回答老师所提问题)写在作业本上交给教师作为平时成绩。对于学生所提的问题,教师在作业本上给以简单提示,对于比较有代表性的问题可以拿到课堂上给大家讨论。

第三,教师严格把关自学的结果。自学并不等于对学生进行放任自流,必须强调对于自学结果的监管,才能不让自学流于形式。教师通过对于学生自学后作业的完成的批改和检查,发现自学存在的问题,在课堂上加以引导解决。这是检查学生自学情况的一种有效方式。

第四,采取多种自学的方式。除了用提问题完成自学任务的方式,还可采用查阅资料、撰写小论文的方式来完成自学任务。每次布置自学内容的同时布置研究性学习议题,每位学生选择一个议题,相同议题的学生组成小组协同研究。在搜集资料的过程中,小组成员可以充分发挥分工合作的精神,有的跑图书馆,有的上网等,然后把资料汇总,通过讨论得出结论。这样他们学会了调查研究的方法,锻炼了独立解决问题、发现问题的能力。

第五,教师在教学过程中的合理引导。爱因斯坦认为:"对一个人来说,学习知识并不像显现的那么重要,他也没有必要因为这样就专门去学校,他完全可以从书本上获得满足。在学校里,衡量教育的价值并不仅仅只依靠我们学到的知识的多少,而是受到如何进行思维的训练。"他还指出:"用富有活力的表达和知识去唤醒学生对课程的兴趣是教师的至尊艺术。"这些都表明,只有在以学生为中心的基础上充分发挥教师的启发和引导作用,才能使学生的思考得到更有效的训练,才能唤醒学生学习的兴趣。

三、"自学—引导"式教学法实施结果的评价要求

实现大学生的自主学习,离不开评价环节的构建,评价环节可以帮助教师更好地实现对学生自主学习能力的实现。

结合"自学—引导"式教学法的特点、任务和具体的实施要求,主要提出以下的评价要求:

第一,加大自学评价考核内容的权重。要求学生必须完成一定量的自学任务,才可以

参加最终课程期末终结考试，比如必须完成一定量的在线自学的书面作业，必须观看一定量的视频，必须完成一定量的阅读等。通过这种制度规定，让学生由被动学习转化为主动学习，提高学习的质量和效果，增加学习的动力，减少玩乐的时间。

第二，加强自学中学生参与讨论情况评价考核。学生的整体自学情况可以在讨论环节有效的反映出来。因此，在社会学课程的学习过程性考核中，要求学生每学期的课程学习过程中至少要参与相关话题的讨论10次，可以参与教师提出给学生讨论的话题，也可以自己提出讨论的话题供其他同学进行讨论。教师对学生参与讨论情况进生考核，积极参与课堂讨论的学生可获得线下成绩中10%的奖励。

第三，建立多元的自学结果评价体系。学生的自学评价考核的主体不仅仅是由教师一人来完成，而应是建立多元的评价考核主体。改变过去的只由教师作为单一的评价的主体的方式，设定了在过程性评价中，有学生的自评、学生的互评、组间的互评、组长的互评、组内的互评、师评等，这个整个评价就可实现立体化的评价。评价方式多元化，不仅是成绩的评价，还有平时的学习态度、学习能力、思想品德等多元的评价方式。

四、"自学—引导"式教学法在社会学课程中的具体实施案例

"自学—引导"式教学法促进了学生学习方式的转变，适应目前课程教学改革的方向。在教学过程中突出学生的主体地位，教师应遵循社会学的学科规律，按照学生的水平，创设各种自学机会，引导学生主动参与、乐于探索、勤于动手、有效沟通，使学生通过自主学习，达到夯实基础、掌握规律、对所学知识的真正理解和灵活运用的目的。同时，利用自学无处不在，并不仅仅局限于课堂教学的优点，可以相对地节约一些课内的时间加强教师需要对学生的讲授部分。

笔者现以社会学课程的教学中自学部分为例，分析"自学—引导"式教学法是如何具体实施的。

社会学是马克思主义学院思想政治教育专业大二学生的专业必修课，每周3个学时，3个学分。社会学教学任务重，教学时间紧，所以不可能所有的教学任务都在教学时间内实现、在课堂内完成。因而教师有效地采取了"自学—引导"式教学法作为社会学课程教学的一种手段，来实现教学任务的完成。主要的操作如下：

第一，选取了一些适合自学的内容布置给学生完成。如教学中，教师选取了"社会组织"这一章的内容作为学生的自学内容。选取这一章的理由主要是：其内容难易适中，且不单纯是理论的学习，关键是能够学以致用，所以要求大家在自学相关内容后，选择自己方便去的政府机关实地调查和了解其所在社会组织的架构情况，结合自学所获得的理论知识，去发现其中的问题及经验所在。

第二，发布自学的任务、要求、补充阅读的资料等给学生。明确要求和任务，才能更好地完成和实施自学任务，达成自学目的。所以确定学生的自学内容后，教师需及时选择通过班级公共邮箱或超星网络平台等，将自学的相关事项要求确切地告之学生。相关事项

要求要做到简单明了，不要含糊不清。如"社会组织"这一章的自学任务，就要求学生理论与实际相结合，自行组成小组，设计了调查的方案，想方法去实地调查和了解社会组织，并以调查报告的形式提交自学的结果。

第三，教师及时在线跟进检查。"自学—引导"式教学法的一个特点是自学加上引导，引导主要是由教师来完成的。所以在学生自学的具体实施中，不能完全放任学生不管，教师要根据时间的安排及时在线跟踪、收集问题、调整设计；依托学习通平台督学促学，实现师生合作、生生合作。

结合"社会组织"这一章的自学任务要求，设计"自学—引导"式教学法的具体运用案例如表1所示。

表1 教学整体设计

教学环节	教师活动及时间分配	解决的问题	教学内容说明	学生活动	设计意图
课前（线上导学自学）	超星学习通平台自学任务发布	学生自学学习准备	布置课前任务	线上自主学习	培养学生自主学习能力
课中（线下督学助学）	组织教学（2分钟）	课程整体构建	学习要求的提出	自主思考	学中做 做中学
	B—Bridge-in(1分钟)	导入	组织—社会组织的重要性认识	自我阅读感受	分享自学内容
	O—Outcome(1分钟)	课堂目标呈现	出示课题和本节课的学习目标	明确本节课的学习目标和任务	目标导向任务明确
	P—Pre-assessment(4分钟)	学生自主学习成果检测	知识回顾：社会组织的内涵	随堂练习展示社会组织的结构类型	前测，了解学生的自学状况
	P—Participatory-learning(30分钟)	自学案例交流找问题、促交流、强学习	案例1、案例2和案例3的讲解	思考探究	创设生成性课堂情境，培育学生政治参与（融入课程思政）
		社会组织案例强化分析	社会组织的深度学习与思考	议学探究	培养学生的合作交流能力、深度学习能力和高阶学习能力

续　表

教学环节	教师活动及时间分配	解决的问题	教学内容说明	学生活动	设计意图
课中（线下督学助学）	P—Post-assessment（2分钟）	理论与实践相结合	社会组织案例的运用	小组合作学习	培养学生实际自学能力和创新思维能力
	S—Summary（5分钟）	知识总结	社会组织的未来发展趋势	主动思考	知识延伸
课后（线上线下促学）	微课促学	课后延伸	自学社会组织结构	当当"小老师"，解决互相自学中存在的问题	任务驱动自学交流

五、结论

叶圣陶说过："教学有法，教无定法，贵在得法。"今天的学生，学习的渠道和途径不再是单一的教师源，信息网络的飞速发展让我们的学生大都"机不离手"，普遍爱刷手机、爱打游戏，喜欢挂网课不喜欢实境课，在学习中学习积极性不高、学习兴趣不浓、学习态度不端正、学习习惯不良；但他们也富于想象、善于创造，能依托现代化工具自主学习。所以通过"自学—引导"教学法的实施可以改变传统课堂教学的弊端：传统教学中师生比严重失衡，存在"教师教得累，学生学得累"的感受，教师理论讲解教材化，自我成就表象化，教学缺乏生命力，而学生理论理解不够，实践操作不足，能力提高有限。真正实现学生有所学，有所得。

作者简介：彭艳，云南师范大学马克思主义学院副教授，硕士生导师，法学博士，研究方向：政府管理和思想政治教育。

精讲精练：行管专业社会学概论课学习目标达成路径[*]

陈 玥 童 攀

学习目标对教学方法的选择起主导作用，是教师解读教育方针和专业人才培养目标后依据课程特点和学生状况制定的教学方向，是课程展示给学习者的意图和对其在知识、能力和价值成长方面的期许。学习目标是否达成制约着课程功能的实现，因而基于具体课程探讨学习目标的达成路径是授课教师无法逃避的课题。

一、现实问题和必然选择

问题一：教不为学。为提升本科教育质量，促进课程目标的实现，教育部出台了一系列文件，主要的精神有：第一，无论是教师还是学生都必须投入更多的精力到教学中，实现对学生的合理增负，在课程的深度、难度和挑战度中忙起来，使教学效果实起来；第二，更加注重产出导向，强调以学生为中心，使教育教学面向人人，因材施教，使学生具备终生学习、知行合一的素养；第三，更加注重课程思政，以高效、务实的方式培养学生的情意素质，拥有完善的人格；第四，教师要善于运用现代信息技术，不断改造学习、改造课堂，增强持续性开发人力、培育人才的能力。以上精神，彰显出教育教学在宏观战略上提质增效、内涵发展的主旋律，是教育逻辑与中国逻辑的现代统一。

然而，在对多个专业学生的多次学业调查中，笔者都发现了一些很具共性的问题：很多学生不预习或者预习形式化；不钻研课程，只求期末考试结果满意；不会查找、使用学术文献，也不爱读学术文献；毕业论文障碍大，在选题、文献综述、逻辑关系、论证技巧、表达能力、规范化写作等方面都感觉很困难且存在严重问题；课堂沉默、人际关系冷漠。学生们的诉求有：希望获得包括沟通能力、心理素质、求职能力等方面的综合素质的成长。这些问题和诉求几乎长期存在，充分说明整个教育体系中"教不为学"问题的普遍性和同质性。

问题二：课难养德。教育部于 2020 年 5 月印发的《高等学校课程思政建设指导纲要》

---

[*] 本文受昭通学院 2019 年度教改课题"四环节"精讲精练模式下课堂优化策略项目（项目编号：Ztjx202003）资助，是昭通学院 2021 年度"思政示范课程"。

(以下简称《纲要》),核心是通过立德树人目标落实"培养什么人、怎样培养人、为谁培养人"这个教育的根本问题。对标《纲要》,对课程思政的要求主要有三个:第一,寓德于课,使学生在课程学习中实现价值塑造、知识传授和能力培养的融合;第二,重视学生的学习体验和学习效果,坚持学生中心、产出导向、持续改进,防止"贴标签""两张皮";第三,对管理学专业课程而言,要坚持以马克思主义为指导,帮助学生了解党的大政方针政策,引导学生关注现实问题,培育学生经世济民、诚信服务、德法兼修的职业素养和完善的人格。

可是,当前我国"课程思政"建设存在较为普遍的脱嵌性现象,具体表现为结构上的供需不匹配、内容上的内涵挖掘不充分和形式上的价值彰显不突出[1],究其原因,在于对思想内化学、思、悟、信、行的逻辑认识不够、实践不足。

问题三:求职困难。职业是创造社会生产力的渠道,也是个体实现社会责任的平台。然而,公共管理类本科毕业生就业难的原因之一就是核心竞争力不足,存在一定的可替代性[2]。

产生以上教育教学的质量和效果问题,根本原因在于教学中的"讲""练"不平衡,课程教学方式主要以讲授为主,结构单一,互动性弱,以至于把"教"课等于教"学"、把教"学"等同于学会。尽管通过政策指导和学者的教育研究,建议很多课程尤其是应用型院校的专业课程增加实践性学时、使用线上线下混合模式、采用案例分析法、研讨法、项目法等方式改变课程结构单一状况,以促进学生能力的成长。遗憾的是,在广大一线教师的教学实践中,存在着对课程的实践性学时认识上的误区、实践中的忽视倾向。这种状况与教师课程教学中强大的讲授惯性合并在一起,导致课程的实践性学时设计感弱、互动性差,甚至任务化、形式化。造成学生课程参与和投入不足,缺少获得感;教学各主体互动不深,学生知识力、思维力、表达能力、情意水平不高,就业能力和终生发展能力受限;教师对学生的学业指导和成长指导不精准、不及时,学生持续改进的方向不明、方法不清。

以上状况彰显出教师对学生的学习引导不到位、学习监督不到位,尤其没有解决好"教"与"学"的关系,尤其是"训练学生高级认知能力的要求不够"(杨立军,韩晓玲,2013),与本科教学"两性一度"的"金课"标准有很大差距。为此,承担具体课程的一线教师必须依托课程,改变教法,用好课程的实践学时,创设大量促进学生动脑、动口、动手的训练方式,使学生在深度参与学习中不断提高综合素养,继而实现课程的育人功能,守好自己的责任田。为了便于描述,本文以行政管理的专业基础课社会学概论为研究

---

[1] 赵志伟.我国高校"课程思政"的脱嵌性问题研究——以社会科学类课程为例[J].中州学刊,2020(4):88-92.

[2] 李华业,张雪茜.人才培养新时代背景下公共管理类专业市科人才培养的路径探索[J].劳动保障世界,2018(20):38.

对象，探讨课程学习目标的实现路径。

二、社会学概论课的特点、目标与功能

（一）社会学概论课的特点

社会学概论课的内容包括三个板块、五个部分。三个板块，即社会结构、社会运行和社会学研究方法；五个部分，即社会学研究方法、社会运行概论（社会学简介；社会运行的基础，即人口、环境、物质资料生产方式、社会文化）、社会运行的微观分析（个人社会化与社会角色的扮演；社会网络与社会群体）、社会运行的宏观分析（社会组织、社会制度、社会分层与流动）、社会运行与社会建设（社区及其建设、社会发展与社会问题、社会越轨与社会控制）。以上课程内容具有鲜明的理论性、实践性和思想性特质。

鲜明的理论性指社会学概论具有丰富的理论，包括西方社会学经典理论与方法、马克思主义社会学的理论与方法和中国化马克思主义中的社会学理论与方法。它既对社会进行静态分析，又对社会进行动态把握，不仅研究人的社会活动与社会运行、社会结构的关系，而且研究社会运行及其规律。需要学习者掌握丰富的社会学理论，以社会学的视野看待社会。

鲜明的实践性指的是社会学概论课具有关注社会现实的传统和趋势。需要学习者运用马克思主义社会学的理论和方法，寻找促进社会良性运行和协调发展的机制[①]，助推社会建设和社会治理[②]，切实解决社会秩序何为、社会发展何去的人类历史问题[③]，帮助人们寻找个体有效融入社会并改造社会的方法。

鲜明的思想性指的是社会学概论课中蕴含的政治高度和价值厚度，是课程思政的天然场域。

（二）社会学概论课的目标

制定成长目标是实现课程功能的战略选择。为此，根据行政管理专业培养具有良好思想政治素质和现代公共精神，掌握行政管理理论、方法和技术，能运用行政管理的专业理论和专业技能参与社会治理的人才[④]的培养目标，结合课程特质、课程内容与学生存在的问题、诉求，制定了居于学习者视角的"四维"人才培养目标。

1. 知识力目标

了解社会学的课程体系，系统掌握其基本理论，知晓社会学的运用领域和实践方式，初步具备社会学的理论视野。

[①] 郑杭生.社会学概论新修（第三版）[M].北京：中国人民大学出版社，2003.
[②] 社会学概论编写组.社会学概论（2版）[M].北京：人民出版社，高等教育出版社，2020.
[③] 刘燕舞.社会变迁视角下社会学概论课程的思政教学研究[J].经济与社会发展，2021（1）：80-86.
[④] 2021年版昭通学院行政管理专业人才培养方案.

2. 思考力目标

学会运用社会学方法，尤其是马克思主义社会学的基本方法，分析社会现象和解决社会问题；反思自我对接社会生活的困境、原因并寻找优化手段。

3. 表现力目标（包括表达能力和情意素质）

在流畅、准确的表达中体现合作、沟通能力、批判、创新精神和责任意识，获得持续发展的可能性；熟悉国家大政方针政策，在认识、理解、体悟中实现对马克思主义和中国特色社会主义理论体系的思想认同、政治认同、理论认同和情感认同，对社会进步和国家发展充满信心；在拥有法治意识、完善道德修养、理解并践行社会主义核心价值观中涵养家国情怀，成长职业素养，体现社会责任感，塑造良好的自我。

4. 改进力目标

反思学习和生活中存在的短板并寻找有效的提升路径。

（三）社会学概论课的功能

社会学概论课是社会学专业的入门课，也常常被一些非社会学专业，比如行政管理专业作为专业基础课开设，这足以看见社会学概论课的重要性。总的来说，社会学概论课与其他课程一样，具有服务人才培养目标、提升学生专业素养、提高思想认识的功能。具体到对学生的效用，社会学概论课程具有深刻的素质教育意蕴，承担着帮助学生运用科学研究方法了解社会问题、培养社会认知[①]、增强社会判断、社会行动与社会反思能力[②]的功能。

由于教学过程本质上是一个"讲""练"融合并实现平衡的过程，而大多数教师又很会"讲"，所以探讨讲练机制尤其是二者的平衡机制，对于达成学习目标、实现课程的功能具有重要意义。

三、"精讲精练"：社会学概论课程目标实现的路径

（一）"精讲精练"体系的作用机理

"精讲精练"作为教学互动的有效方式，是在教学的"四环节"[③]体系下有效展开的。其作用机理如图1所示。

---

① 燕京大学社会学系和社会服务系1930—1931课程概要：1930-08［A］. 北京：北京大学档案馆（档案编号：YJ1930023）. 转引自赵娟. 燕京大学社会学入门课程开设的经验与启示［J］. 开封大学学报，2019（1）：63-66.

② 徐祥运，刘洪佐. 社会学概论课程的大学素质教育功能［J］. 辽宁师范大学学报（社会科学版），2018（3）：92-99.

③ 李晓波. 五点四环节教学法——中小学教育教学战术体系［M］. 北京：现代出版社，2019：6.

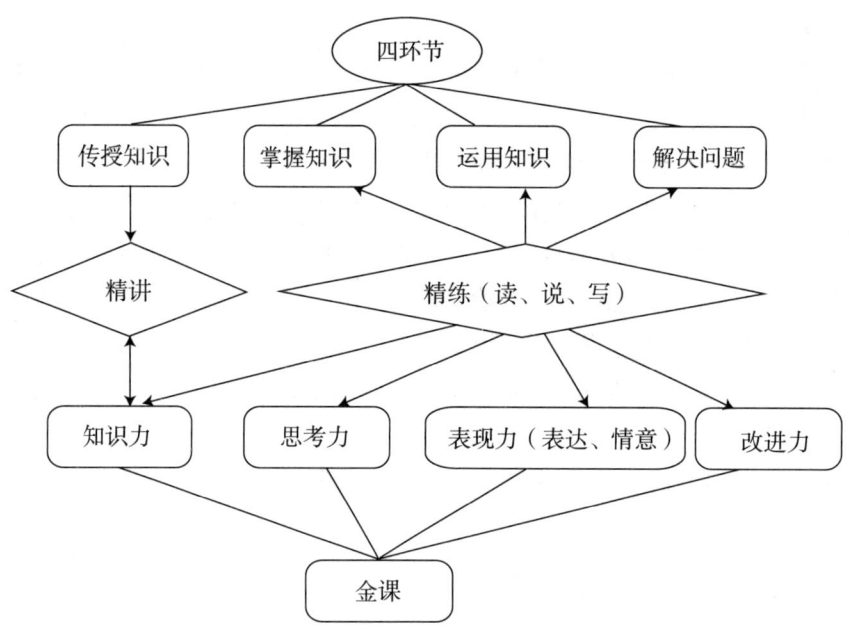

图1 "四环节"模式下的"精讲精练"图

通过图示,可以发现"四环节精讲精练"呈现的是教学目标实现的一个有机系统。

第一,学习是培养个体知识力、思考力、表现力和改进力(后文简称"四个力")等综合素养的有机过程,包括传授知识、掌握知识、运用知识和解决问题这四个环节。不同的环节承担着不同的功能,它们层层递进,有机统一。

第二,"精讲"重点在于传授知识、拓宽知识视野。有利于解决第一个环节,即知识传授的问题。同时"精讲"意味着不是课程的全部内容都要讲,只需讲好知识的"关键点",即重点、难点、易忘点、易错点、拓展点。"精讲"是一个贯穿课前、课中和课后的教学互动过程。课前,教师精心梳理学科知识的关键点连同自学要求、阅读资料等,通过信息平台如雨课堂、班级QQ群向学生推送。通过自学,学生梳理笔记、设计选择题、判断题、书写摘要、提出问题和疑惑,小组整合反馈给教师——教师审阅判断题、选择题的准确性、科学性后发布到雨课堂平台对学生进行检测——教师分析检测结果。课中,教师要完成以下教学任务:(1)依据检测结果分析,纠正学生知识方面的易错点、易忘点并答疑解惑;(2)重点讲授难点和拓展点,旨在以教师的学科视野,帮助学生打开学习的通道;(3)沟通反馈学生听、说、读、写存在的问题,指出改进方向并提供具体方法。课后,通过客观题检测对知识的掌握程度并对接"精练"以实现知识的运用。

第三,"精练"是教师通过创设多样化的情景,如小组合作学习反馈、课堂讨论、时评、情景模拟,使用多样化、组织化的训练手段,如预习PPT展示、读书笔记展示、命题演讲、辩论、即兴演讲、即兴辩论、结构化讨论、辩论式讨论、书写大作文等,引导、帮助学生掌握知识、运用知识、解决问题的方法和过程。"精练"之"精"在于"练",在于练会。"精练"的教学互动实现方式同样贯穿课前、课中和课后,能够解决"四个力"的问题。

第四,"讲""练"只是一种相对的区分,因为需要精讲的部分,往往也是需要通过训练来消化吸收、领悟践行的内容。所以,到底是先讲后练,还是边练边讲,或者是练后再讲,服务于具体的学习目标。同时,"讲""练"的时间配比也不是僵化的,虽然倡导"三分讲、七分练",但是怎么讲、如何练服从于学生学习的推进情况。

(二)社会学概论课的"讲""练"实践

1. 抓住课程的关键点设计"讲""练"方案

重点、难点、易忘点、易错点和拓展点构成了学习的"关键点",一般地,这些关键点都是教师们重视的内容,也是讲授的重点。问题在于,教不等于学、学不等于学到、学会,所以讲授只解决了传授知识的问题,后面三个环节的问题需要通过"练"来实现。在教学实践中,笔者发现社会学概论课的"关键点"往往出自以下这些内容:第一,学生对内容缺乏过往知识经验,或者就算有过往知识经验,但是认知视角和认知深度是变化的;第二,与国家的顶层设计相关的内容;第三,对接社会,具有鲜活时代特征的内容;第四,需要体悟、践行的内容。为此,训练的主题大抵也依据这些内容进行设计。

下面以拓展点为例予以说明。社会学概论课的拓展点主要是从以下几个端口及其蕴含的逻辑中梳理出来的。其一,社会制度端是社会秩序的源头,凝结着中国共产党深厚的为民情怀,彰显着"四个自信"的强大力量。其二,社会治理端潜藏着社会发展的能力,内蕴着中国共产党为社会群体、社会组织和社会结构的不断整合与优化所做的努力。其三,社会结构端呈现的是社会的现实样态,展开的是社会变迁的原因、动力和结果,内隐着中国共产党的治理体系和治理智慧。其四,社会变迁端展现的是社会的变化,纵贯着中国共产党领导中国社会和中国人民迈向现代化并展示中流砥柱作用的历程。其五,个体社会化端内含着个体命运与国家命运、与社会发展千丝万缕的联系,体现着个体生存背景的重要性,凸显个体奋斗的张力。

这几个端口彼此联结,不仅与当代中国的结构和运行密切相关,也蕴含着丰富而深厚的思政资源,其中的训练主题很多。比如,社会制度端的训练主题可以是:列举中国特色社会主义发展进程中的制度创新、为什么没有完美的制度、为什么制度创新是最困难的制度选择等。而辐射到社会分层和流动中,可以探讨"如何构建公平的社会流动机制";辐射到社会治理,可以探讨社区治理的制度创新、社会问题的解决办法、乡村振兴的价值选择;辐射到个体社会化,可以探讨个体成长的支持条件;等等。

总之,社会学概论课的意义就在于促进学生了解这些问题及其相关事件的来龙去脉、理解其中的苦难曲折、体悟结果的多元复杂、珍惜现实不完美中的美好,如果没有深思考、强互动的实践方式,是不可能实现的。为此,对"讲什么""怎么讲""练什么""怎么练"一定要心中有数。

2. 训练遵循综合、多元、递进、有趣、有为原则

学生"四个力"的成长围绕着思考力展开，教学设计可以根据学习内容的特点、要求和学生的具体情况有机推进。

如果学习的"关键点"有差异，则方法也不同。比如，社会学调查研究方法是课程的重点和难点，重在这是终身的素养，难在运用原理并体现质量。为此，使用项目学习法，在调查研究中促进学生体验方法、交流经验、交出报告，会比单纯告诉他们调查研究原理更能实现学习目标。比如，社会化的相关原理非常简单，关键要"激趣"、要真诚、要感恩。为此，让学生分享成长经历、探究为什么不同个体既相似又不同会产生令人心动的结果。比如说，为什么没有完美的制度是"社会制度"一章的难点，可以通过小组合作梳理—小组展示成果—互动点评完善—发布教师观点—课后录制演讲视频的方式进行学习。比如，中国进行现代化的背景、道路、发展成果、经验，是"社会变迁"一章的拓展点，也是一个非常复杂而又有学术性、思想性的问题，可以通过阅读推荐、对比研讨、小组展示观点、思想交锋、整合观点、整理成文的方式学习。

如果学习内容的特点有差异，则方法不同。涉及掌握和运用意义、功能类的知识，使用头脑风暴列举法与归纳法的结合、案例分析法、讨论法等较好；具有真理性、独创性和中国特色的内容，使用演讲、比较分析等方法较好；容易混淆、具有对立统一特质的内容，使用辩论的方式；需要丰富资料、拓宽认知，实现信息共享的，使用头脑风暴列举法与归纳法的结合；为了增加难度和增加学生的参与度，可以使用即兴方式，有趣有为。

3. 课堂互动中一定要重视体态以及语言和情感的表现力

在课堂互动中，体态代表着学生的精神风貌和文化修养，也是重要的表现力，因此对学生的肢体语言、面部表情应有相应的要求。同时，课堂互动的魅力在于"情""理""雅"的综合呈现，是思想和语言的盛宴[①]，是表达能力和情意素质的综合展示，毕竟纳入课程训练的那些内容都具有高情意特质，决不能因重视表达的内容而忽视情感的力量。社会学概论课要求学生承接和传导的不仅是一个观点，更是一种价值，一份情怀，甚至是一种信仰。缺失情感、缺失感染性，便缺失了表现力。

4. 课程互动中应有一些激励机制

课程互动中应有一些竞争激励机制，比如小组间 PK、个人间 PK 的竞赛机制；倡导点评互动，通过教师点评、学生互相点评、自我点评等方式促进每一个人的成长；还可以使用雨课堂发红包的方法。

5. 通过评价促改进

评价是改进的重要机制。在社会学概论课的教学中，课程学习评价方式实现了过程评价与结果性评价的结合，主要评价学生对知识点的掌握程度，课程理论的应用水平，阅读的广度、深度，思想认知的高度和表达的规范性。评价的具体方式有口语作业和书面作

---

① 李晓波. 快乐面试[M]. 北京：北京艺术与科学电子出版社，2007.

业、客观题训练和主观题训练、小组作业和个人作业。学习评定主体包括平台评定、教师评定、师生共同评定和学生自评。详见表1所示。

表1 学习评价表

评价维度（权重）	一级指标（权重）	二级指标	评价主体（标准）		备注
过程评价（50%）	课前学习	课件预习情况	雨课堂智慧教学平台自动		30%
		在线提问与解答问题次数			
		发布观点数量			
		在线单元测试			
	课堂学习、实践学习、课后复习	考勤	师生	数量标准、次质量标准：知识准度、思考深度、阅读广度、视野宽度、表达效度、心理素质	
		小组成果汇报			
		课堂讨论			
		案例分析			
		演讲、辩论			
		读书笔记			
		写拓展点文章			
		学生自评			
		研讨项目	教师	评价标准：方法与主题、目标的契合度；调研的广度、深度；是否有问题意识；观点的提炼和表达是否准确；对策是否可行	20%
结果评价（50%）	学习结果	期末测试成绩	教师		50%

以上评价优化了过往的评价机制，具体表现为：第一，自学监测可量化；第二，学习评价主体和评价方式多元化、结构化；第三，检测方式灵活化。

四、"精讲精练"课程互动体系的价值

（一）在强烈的问题意识中实现"教以为学、还学于生"的教育情怀

"教以为学"指的是"教"是为了"学"和学到。因此，一切教学设计都应该围绕着实现课程目标、体现课程功能展开。"还学于生"指的是学生是学习的主人，学习过程需

要学生亲自参与并沉浸其中，学习结果需要学生自己承担。

在"四环节精讲精练"方法体系中，社会学概论课秉承着循问题找答案、追着目标解问题、通过方法达目标、通过评价促改进的理念进行课程学习指导，以强烈的问题意识、目标意识、方法意识把学习还给学生，实现着社会学概论课的思想性、实践性。在课程实践训练中，学生逐渐学会构筑社会事件的发生发展与社会结构特质二者的相关性，学会搭建个体命运的选择及其结果与主体生活时代之间的必然性连接，不断成长着师生"社会学的想象力"①，在利用信息增进理性、看清世事、理解历史与个人的生活历程中培养视角转化的能力，成长更多"洞见和自由"②。

（二）在深思考、强互动中渗透社会学概论课的思想性，思政融入自然、巧妙

"精讲精练"课程实践体系中的社会学概论课，有效使用了课程的"关键点"，致力于拓宽学生视野，使之掌握理论联系实际的思维方式和学习方法、致力于运用社会学的视角和方法发现促进或困扰社会发展、个人成长的因素，并对这些因素进行客观分析、辩证使用。以口头语言为主要载体，通过提问、讨论、辩论等方式，让学生在追究、明晰、体悟、矫正、内化中实现对主流价值的认同，使思政元素自然、巧妙地渗透，打通了学校思想政治教育的"最后一公里"，从而使全面协同育人落实到细微之处③。

（三）在质量互变中提高学生的求职能力

职业对学生和社会的意义不言而喻。"精讲精练"课程实践体系深谙就业市场的马太效应，借用《快乐面试》的理念和技巧，致力于提升学生的"四个力"，使之在进行思考和表达的过程中不断具备"深度"与"宽度"并重的理论基础知识、"实操"与"创新"并重的实践能力、具备"意志"与"品德"并重的职业素质④，改变着"虚体"地位⑤，建构起主体存在的意义，以期增加学生的就业竞争力。

（四）创设了师生智慧持续生长的可能

在"精讲精练"互动体系中，教师不断重构自己的教学文化，在超越教材经典、拥有自我经验与教材经典有机结合的过程中生长育人智慧⑥；学生不断反思自我生存状态，拥

---

① 赖特·米尔斯. 社会学的想象力[M]. 陈强，张永强，译. 北京：生活·读书·新知三联书店，2001：3-6.

② 戴维·波普诺. 社会学（10版）[M]. 李强，等译. 北京：中国人民大学出版社，1999：3.

③ 王学俭，石岩. 新时代课程思政的内涵、特点、难点及应对策略[J]. 新疆师范大学学报（哲学社会科学版），2020（2）：50-58.

④ 张希君，叶敏，季国民. 从培养跨学科应用型人才趋势看"新文科"建设——以经管类专业为例. 辽宁经济，2019（10）：49-51.

⑤ 戎庭伟."被重要"的虚体设计——论教育变革中的学生角色[J]. 教育发展研究，2017（12）：71-77.

⑥ 渠敬东."经典"与"经验"的科学：本科教育的精神[J]. 北京大学教育评论，2017（4）：23-37.

有超越个体生活痼疾的智慧；师生时刻保持对他人进行关注的姿态、营造日益平等有效的沟通环境，通过构建反思性成长、包容性成长的学习生态，实现智慧的生长；师生逐渐以开阔的视野、对历史的感受力和对现实的批判力直面社会生活，并以某种习惯对诸如卑微与尊贵、平凡与卓越、聪明与笨拙、贫困与富有等社会现象进行关注并超越对这些现象的狭隘认知，持续增长对社会的洞察力。

五、结语

素质教育是"育人"，而非"制器"[①]，大学不仅仅服务于职业，还必须为学生提供一种使之可以更好地理解自己、理解社会、理解文化的教育。"精讲精练"以"金课""高阶性、创新性、挑战度"为标准，进行深入、全面、有效的教学互动，旨在通过"教"与"学"的深度沟通，促进学生始终在场，以期实现教师"会教"与学生"会学""学会"之间的无缝对接，继而在引领学生提升以知识力、思考力、表现力、改进力为核心的关键能力和学科核心素养的同时促进教师提升以教学能力为核心的职业素养。或许会遭遇理想的丰满与现实的骨感之间的矛盾和障碍，但教育是深谙其道之后的自由与责任、是明知有荆棘坎坷之后的热忱歌唱和义无反顾。

作者简介：陈玥，昭通学院管理学院教授，经济学硕士，研究方向：基层治理、教育教学改革。童攀，昭通学院助教，哲学硕士，研究方向：思想政治教育教法研究。

[①] 余东升，杨叔子．"育人"：教育永恒的主题——杨叔子教育思想述评[J]．高等教育研究，2012（7）：6.

云南大学教师绩效评价体系研究

邓崧

对高校教师进行绩效考核是高校人事管理工作中最重要的方面，教师绩效评价体系科学公平，才能调动教师工作的积极性，从而促使学校的战略目标得以实现。目前，高校绩效考核方式仍具有一定的盲目性、随意性，缺乏系统的理论指导，没有明确、具体、科学的考核指标，操作起来比较困难。大部分高校片面强调科研成果的考核方式，而对教学重视不够，进而影响教学质量，不能充分促使教师承担应尽的责任与义务。鉴于此，本文对云南大学教师绩效评价体系进行了调研和分析，基于理论研究，构建一套考虑教学、科研平衡的教师绩效评价体系。

一、云南大学绩效评价体系的设计原则

（一）发展性与全面性原则

教师绩效评价体系设计的发展性与全面性原则，是要建立纵向与横向的教师绩效考核评价体系。首先，结合不同的时期、不同的发展阶段的实际情况，建立与时俱进的科学的教师绩效考核评价指标体系；其次，指标设置不仅侧重教师的科研成果，而且还要注重教师的教学成果、工作资历，使得该体系更加灵活和全面。

（二）科学性和导向性原则

根据科学性和导向性原则建立的教师绩效考核评价体系，能反映教师成果的客观规律，找出影响和制约教师绩效考核的关键性因素。教师绩效考核评价体系建立的各项具体指标都要反映教师各方面的实际情况，并且指标体系的建立要与学校的总目标相呼应，引导教师向正确的科研和教学方向发展。

（三）完备性和独立性原则

完备性是指考核体系中的指标要全面反映教师绩效考核的内容，不遗漏任何一项重要

---

* 本文受云南大学本科优秀教学团队"基于方法论提升本科生综合能力的公共管理学科优秀教学团队"、云南省科技创新团队"云南省高校大数据下的云南公共管理发展研究科技创新团队"、国家社科基金"基于大数据的公共管理基础理论、研究方法与实践案例研究"（项目编号：19FGLB063）、云南大学公共管理研究生教学团队项目资助。

的指标。评价指标的设计虽不能说面面俱到，但是也要做到有的放矢，列出那些具有代表性的和反映事物本质特性的指标。同时，独立性又要求指标体系中的各项指标既要相互依存、相互联系，构成整体目标体系，又要彼此独立，做到有层次，但非重叠因果关系。总之，各项指标一定要措辞准确、内容清晰无疑义。

（四）操作性和可行性原则

评价指标最后付诸实践，要求具备可操作性和可行性。可操作性要求通过实际观察、测量、评定等方法进行度量，同时也要求其过程易于操作、易于实施。而可行性要求指标内容和形式都清晰明确，执行起来切实可行。这要求指标评价体系设计应满足以下两点：其一，评价指标体系力求简单、明了、科学、全面、先进。其二，评价指标切实可行性要求有足够的信息源，信息充足可用，这样才能确保按这一体系进行的评价具备可行性。

二、研究技术路线和研究方法

（一）研究技术路线图

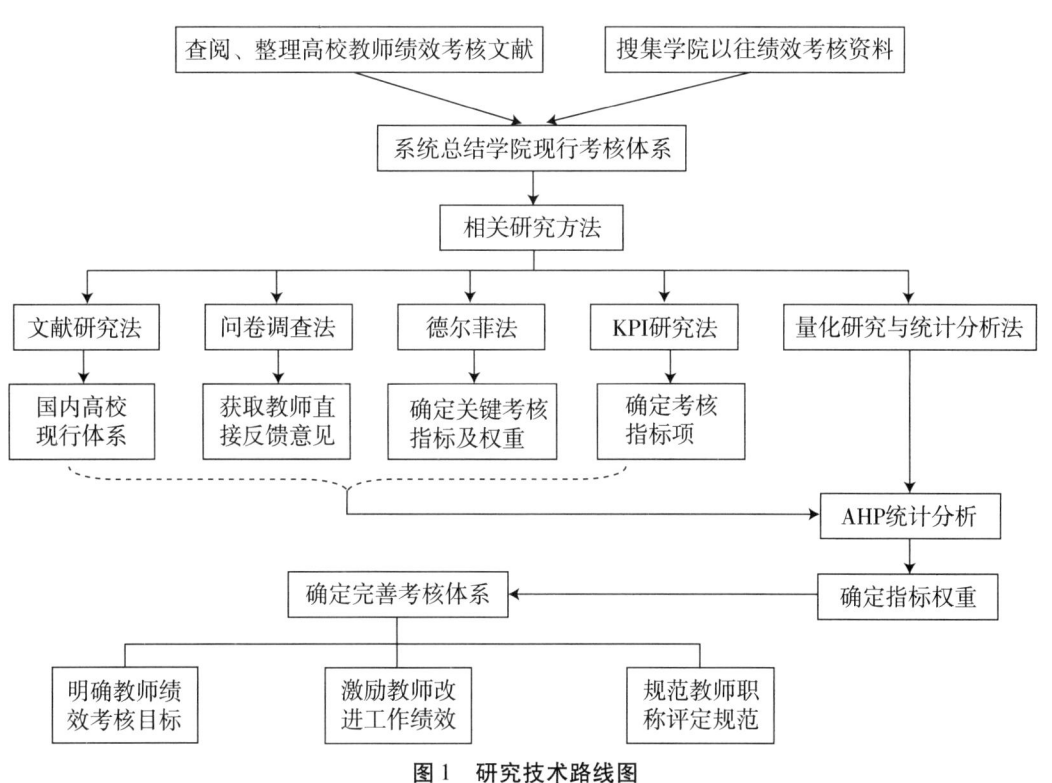

图1 研究技术路线图

（二）研究方法

1. 文献研究法

对学院现有的关于教学评价体系资料进行收集，对相关数据进行整理，分析有用数据并做记录；通过现有文献和资料，对国内各高校现行教师考核体系进行了解和分析，借鉴合理成分。

2. 问卷调查法

此次调查报告采用了问卷调查法，问卷调查是以书面提出问题的方式搜集资料的一种研究方法。将有关教师评价体系的问题编制成问题表格，以邮件方式、当面作答或者追踪访问方式填答，从而了解学院教师对此评价体系有关问题的看法和意见。

3. 德尔菲法

德尔菲法实际上是就体系中的关键指标、问卷设计的合理性等方面向专家征求意见，从而以专家们的意见作为参考进一步确定关键指标及各项指标的权重。

4. 量化研究与统计分析法

此次调查报告采用了量化研究与统计分析法，即运用数学方式，建立数学模型，对通过调查获取的教师评价体系的各种有关数据及资料进行数理统计和分析，形成定量的结论。

三、云南大学教师绩效评价体系研究结果

（一）教师绩效评价体系指标

此次关于"云南大学教师评价体系"的调查，旨在进一步完善教师职称评定规范，构建一套科学的教师职称评定体系。现采用关键指标法（KPI）确定了教师绩效评价体系的初始指标，详情如表1所示。

表1 教师评价体系初始指标表

类别	一级指标	二级指标	三级指标
初始指标	教学	学年总课时	无
		指导学生情况	指导学生论文、项目情况
		学生评定得分	指导学生获奖情况
	科研	科研指标采用学校现行科研评价体系	无
	工作资历	在现职称级别上的工作年限	无
		以教师身份担任班主任或辅导员	无
		社会影响力	在国内外学术团体兼职情况
			教学名誉称号及获奖情况

从表1可以看出：首先，将"科研""教学""工作资历"设为初始一级指标。其次，二级初始指标的设置是在一级指标的基础上，对具有参考性、可衡量性和可操作性的指标进行提取，并将其纳入二级指标体系之中。此次调查为三个一级指标分别设置若干初始二级指标：在一级指标"教学"下设置"学年总课时""指导学生情况""学生评定得分"三个二级指标；在"工作资历"指标下设"在现职称级别上的工作年限""以教师身份担任班主任或辅导员""社会影响力"等二级指标。最后，三级指标是二级指标的细化。为使二级指标更具操作性，特为部分二级指标设置三级指标。如将"指导学生情况"具体为"指导学生论文、项目情况"，"学生评定得分"具体为"指导学生获奖情况"；而对"社会影响力"的评价主要集中于"在国内外学术团体兼职情况"以及"教学名誉称号及获奖情况"两项。

（二）发放教师绩效评价体系问卷

问卷内容由三个部分组成：一是基础信息部分，用于收集样本的个人资料，以便考察不同年龄段、不同职称级别和不同专业老师的整体情况，为后期的数据分析做准备。二是指标确定部分，用于完善指标的设置。指标确定部分提供初设的一、二、三级指标，并设有新增栏，对被访者认为合理但未涵盖的指标进行补充。第三部分是权重设置和建议征询部分，收集老师对一、二级指标权重分配的意见和对评价方案的完善意见，样本的选择采取分层基础上的随机抽样，综合考虑性别、年龄、系别、职称等方面的因素，保证了样本的完整性和科学性。选取的样本男女教师人数各半，包括青、中年教师，职称包括助教、讲师、副教授和教授，且在问卷发放过程中基本保证各职称教师人数的均衡。最终收回有效问卷35份。问卷具体情况为：教授12人，占32.43%；副教授13人，占35.14%；讲师12人；占32.43%。男教师18人，占总受访人数的48.65%；女教师19人，占51.35%。30—40岁的教师有18人，占总比例的48.65%；40—50岁的教师有12人，占32.43%；50岁以上的教师7人，占总比例的18.92%。参与调查对象基本涵盖了各职称类别及各年龄层的教师，在男女比例上也较平均，样本较理想。

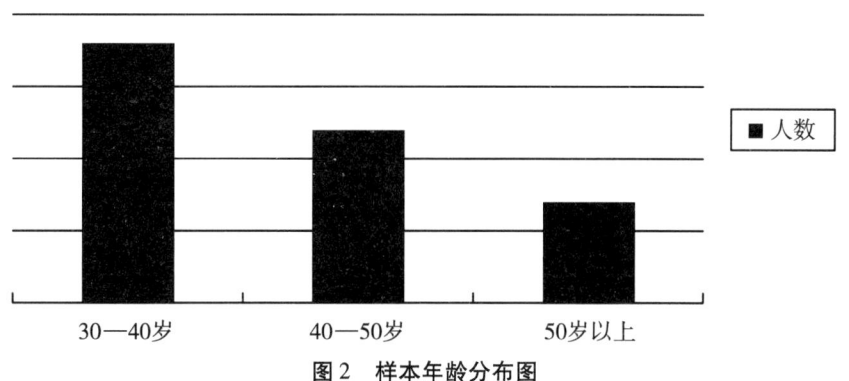

图2 样本年龄分布图

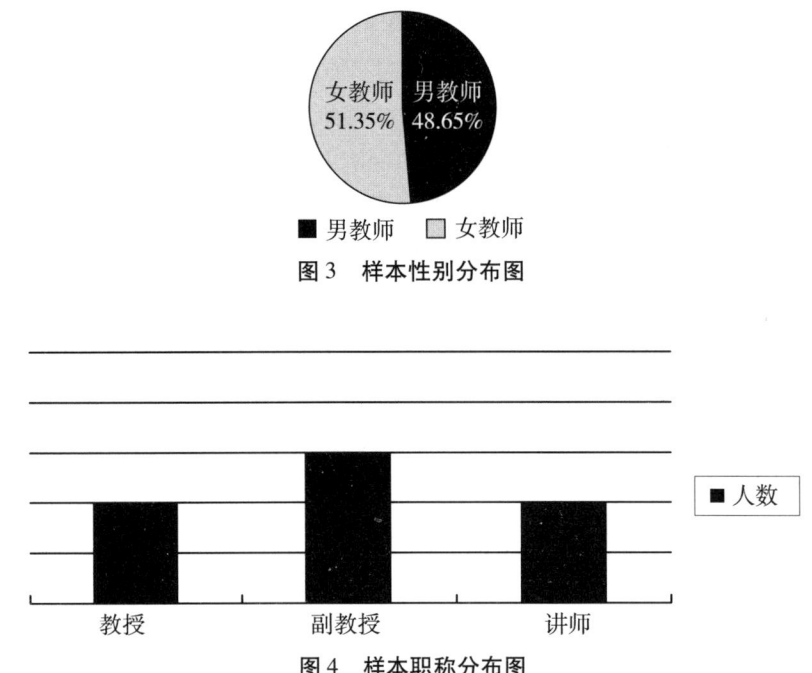

图3 样本性别分布图

图4 样本职称分布图

问卷回收结束之后,对35份有效问卷的具体数据进行了分析。在所回收问卷中,没有受访教师对一级指标体系提出质疑,其中4名教师对一级指标提出了补充意见,建议增加"各系特殊性""管理工作绩效""团队协作能力""参与行政工作"为一级考核指标。

对一级指标权重进行统计和计算。一级指标权重为该绩效考核体系的重要影响因素,直接影响最终考核结果。通过对受访教师直接填写科研、教学、工作资历权重比值进行计算,所得科研比重为41.17%、教学比重为40.50%、工作资历比重为13.48%、其他为4.85%。

采用剔除极值的计算方法,得到的计算结果为:科研比重41.00%、教学比重40.50%、工作资历比重为13.50%、其他为5.00%。

表2 指标对照统计表

	比例选择	所占百分比		比例选择	所占百分比		比例选择	所占百分比
科研/教学	7/3	12.12%	科研/工作资历	9/1	18.18%	教学/工作资历	9/1	15.15%
	6/4	21.21%		8/2	30.30%		8/2	18.18%
	5/5	33.33%		7/3	21.21%		7/3	27.27%
	4/6	24.24%		6/4	12.12%		6/4	18.18%
	3/7	9.09%		5/5	3.03%		5/5	12.12%
				4/6	15.15%		4/6	9.09%

采用对照方法,则是根据教师对各项指标之间两两比较的结果进行统计,得出如下结果:科研比重与教学比重之比为1.1∶1,科研比重与工作资历比重之比为2.47∶1,教学比重与工作资历比重之比为2.22∶1。结果与上一步骤的数值计算结果基本吻合,满足科研∶教学∶工作资历 =2.4∶2.2∶1 的大致比例,说明数据结果信度较高。

在一级指标权重计算结果产生后,对于"其他"项,约5.00%的权重,鉴于上述提及的3项补充指标无法直接观测以及难以客观量化,并且辐射群体较小,在后期考核过程当中还会加大考核难度,最后根据被调查者的有效多数意见,就正式确定该绩效考核体系的一级指标为"科研""教学""工作资历"三项。对于5.00%的剩余比重,就按比例分散添加到其他三项一级指标当中,根据绩效考核目标的导向性,为激励学院教师秉承云南大学"学术兴校、人才强校"的科研、教学双导向,第一阶段将考核一级指标"教学""科研""工作资历"三项的最终权重确定为38.00%、50.00%、12.00%。

在一级指标确定的前提下,开展各二级指标的补充、确认、完善工作,并对若干二级指标的表述进行调整和修改。根据问卷回收情况,多位受访教师都对绩效考核体系的二级及三级评价指标提出了合理且宝贵的意见,对于指标体系完善工作至关重要,在原始指标上,整合了各系、各职称级别、各年龄段参与教师的有效意见。另外,引入了"学生评价机制",让广大同学对授课教师的教学情况做出评价,作为考核指标之一,纳入"教学"指标体系之中,激励各专业教师改革教学方式方法、提高教学水平、重视学生对课程的反馈,同时也加强了学生与教师的互动,教学相长,以提高学院的整体教学水平。最后,在问卷数据基础上,加上专家意见和小组讨论意见,最终确定各级指标体系。详情如表3所示。

表3 评价指标体系

一级指标	权重	二级指标	三级指标
教学	38%	指导学生情况	指导研究生毕业论文获奖情况
			指导本科生及研究生科研项目情况
		授课工作量	无
		本科教学质量	无
		教学成果奖	无
科研	50%	科研项目	无
		学术论文	无
		专著与教材	学术专著
			学术编著、译著、工具书、参考书籍及其他与专业相关的公开出版物
			教材奖
		科研成果奖	无

续 表

一级指标	权重	二级指标	三级指标
工作资历	12%	履现职工作资历	无
		以教师身份担任班主任或辅导员	按担任届数考核
			带领学生参加教学实习
		社会影响力	在国内外学术团体兼职情况
			列入各级人才培养计划情况

（三）云南大学绩效评价体系的研究结果评价

此次教师绩效考核课题研究结果主要包括以下内容。

（1）工作资历及其他：将教师工作资历纳入考核体系，旨在激励教师为教学事业做出持续贡献，并不断提高自身的正外部效应，将知识从校园内扩散到校园外。在完成科研、教学任务之余，也积极投身学院行政工作，实现知识传播者和学院管理者双重身份的适应，加强与学生的生活和情感联系，强调教师对学院、学校的责任感和主人翁意识。在此目标导向下，将工作资历的相关二级指标确定为：履现职工作资历；担任班主任或辅导员；社会影响力。

（2）教学：依据高校办学定位，结合高校教师职责设计相应教学考核指标。当前，云南大学属于教学研究型的高校，对学生高质量的培养囊括在学校发展战略之中。教学工作是教师中心工作之一，对学校学生的培养起着重要的作用。教师的教学绩效评估具体指标可以从教学评估中引申出来，补充研究生教学的相关指标，构成以下内容：授课工作量；指导学生情况；本科教学质量；教学成果奖。

（3）科研：教师是学校从事教学和科研工作的主体，教学与科研对教师来说非常重要。教学搞好了，可以促进科研；科研搞好了，同样可以提高教学水平，二者相辅相成。作为教师，如果在科研上没有创新精神，没有研究成果，就无法适应学校人才培养要求和日趋激烈的竞争需求。科学研究评价体系主要包括以下方面：科研项目；学术论文；专著与教材；科研成果。

四、研究结论

（1）构建科学的高校教师绩效考核体系对于激发教师工作热情、平衡教学和科研之间的关系、实现高校发展战略和使命，具有重要的现实意义。

（2）教学工作是教师中心工作之一，对高素质学生的培养起着重要的作用。但当前学校的各类绩效考核有"重科研、轻教学"的倾向。云南大学教师绩效评价体系中有必要加大对教师的教学能力的绩效评估，这样才能提高我校教师对教学的重视程度，促使教师不断提高教学质量。

（3）教师绩效考核体系的设计应用定量考核，避免了评估过程中的主观性和随意性，但是也要注意诸如师德、人文科学精神等定性指标的考核，二者相互结合，才能构建综合型的教师评价模型。

参考文献：

[1] 高雯宇．关于发展应用型高校教师教学评价机制的再思考[J]．新西部，2018（10）：74-76.

[2] 龙粲妍．应用型本科高校教师绩效考核体系改善方法分析[J]．现代交际，2019（17）：145-146.

[3] 高林海，覃建芹．高校青年教师绩效问题分析[J]．河北企业，2019（10）：125-126.

[4] 谢海斌．高校教师绩效考核中集体成果量化评价方法研究[J]．教育现代化，2019，6（61）：94-97.

[5] 谢倩，王子成，胡扬名．回顾与展望：国内高校绩效管理研究热点及前沿趋势可视化分析[J]．当代教育论坛，2019（04）：60-71.

[6] 粟卫红．高校师资建设过程中绩效管理制度研究[J]．佳木斯职业学院学报，2019（10）：60-61.

作者简介：邓崧，云南大学政府管理学院教授，博士生导师，研究方向：公共管理方法与技术、数字政府。

PBL 教学法在公共政策学课堂教学中的实施与功效

周家明　赵云合

作为公共管理类专业的核心课程，公共政策学表现出极强的应用性、实践性、时效性等特点。同时，公共政策学具有多学科性、公共政策分析以社会问题为核心、公共政策教学注重学习的自主性、公共政策教学以案例为依托等特点[1]。在公共政策学教学中，采用 PBL（Problem Based Learning）教学法，非常适合公共政策学这门课程的特点，能弥补其他教学方法的不足，极大地提高公共政策教学学习的效果。

一、PBL 教学法的内涵

PBL 教学法，是以问题为导向的教学、学习方法的简称。该方法是 1969 年美国神经病学教授霍华德·白瑞斯（Howard Barrows）首创的，而后在医学教学领域得以广泛地运用。PBL 教学法是建立在建构主义理论基础上的新的方法，体现了建构主义的学习和教学理念。其过程体现为以小组学习、研究的形式，对所关注的问题进行分析、建构，以整体性、系统性的思维探究解决问题。

PBL 教学法于教师而言，是以问题、案例为导向的新式教学方法。教师试图运用这种方法引导学生具备问题意识、问题分析能力及问题解决能力。于学生而言，PBL 教学法则是一种以问题解决为目标的小组协作、自我探索的学习方式。其学习的进程体现出典型的塔式结构，即教师引导—小组学习—个人学习的结构。塔的底层是学生的"个人自主学习"，塔的中层是"小组合作学习"，塔的顶层是"班级师生合作学习"[2]。通过三个层次的学习，合力推动学生基于问题导向的教学与学习。

PBL 教学法的基本特点表现为以问题为核心、以学生为中心、以自主学习为基础、以多学科知识为依托、以问题解决能力为目标，提高学生理论水平和应用能力。通过这种方法的学习训练，能使学生达到霍华德·白瑞斯所指的建构广泛而灵活的知识基础、发展有效地解决问题的技能、发展终身学习的技能、成为有效的合作者、内在的自我促进者之目标。

二、PBL 教学法在公共政策学教学中的实施过程

通常情况下，PBL 教学的整个实施过程基本上可以分解为：提出问题、综合运用、知

识建构、评价、反思五个阶段[3]。结合公共政策教学及学生的实际,在公共政策教学中实施 PBL 教学法遵循以下步骤。

(一)制订 PBL 教学方案

在许多 PBL 教学研究的文献中,对 PBL 教学实施方案都不太关注,第一步几乎都从分组、组成学习小组开始。其实,制订 PBL 教学实施方案,明确实施的要求、步骤、程序、方法、目标等,并将方案分发给学生,由学生认真对照方案执行,能有效地保证 PBL 教学法的实施进度及效果。

公共政策教学中的 PBL 实施方案包括以下内容:PBL 教学法实施的目的及对公共政策教学的意义、PBL 教学法有效实施要求的分组原则、PBL 教学法实施的具体步骤及时间节点、政策问题选择的基本原则和要求、学习研究成果的展现方式、评价及考核办法等。通过方案的拟定,就 PBL 教学法的一些原则、要求、步骤等向学生介绍清楚,让学生在解惑的同时增强开展 PBL 教学法的兴趣。PBL 教学法实施方案的编撰可以由教师与学生共同完成,这样有助于加深学生对该方案的认识。

(二)组成学习小组

组成学习小组,并明确小组的职责、结构、任务、活动方式、合作学习机制等就显得非常重要。学习小组的人数以 7—10 人为宜,人数太少,难以应对复杂的政策问题;人数太多,则不能有效推动每位成员的学习动力。学习小组可以按照教师安排和学生自由组合的方式产生。无论是教师安排还是学生自由组合,一定要注意学习小组的结构搭配,要保证学习主动性差的和学习主动性好的同学合理组合搭配,营造以小组学习带动所有组员和全体同学认真学习的氛围。学习小组应该制定出一套学习机制,此机制的目的是让小组成员围绕小组问题尽可能自我发挥,将自己对问题的想法、见解、学习心得以及疑惑等完全说出来,以互通知识、思想碰撞、相互学习。

(三)选择政策问题

选择一项政策问题,是公共政策学教学中引入 PBL 教学的真正起点,政策问题的合理选择很大程度上决定了 PBL 教学的成效。毕竟,政策问题的选择合理与否,对学生持续深入学习研究该问题、调动学生学习的兴趣具有重要意义。由于政策问题的多样性与复杂性,政策问题的选择上也容易出现困境。教学实践中,采取先易后难、由近及远、教师引导与学生自主选择相结合的原则,即可以先选择较为简单的问题,然后根据学生的学习情况和进度,再选择复杂的政策问题;先选择身边的问题,然后扩展到社会其他领域的问题;先由教师进行引导和指定,逐渐让学生自主选择。政策问题的选择一定要有助于学生激发学习兴趣以及对现实中真实的社会问题的认知。

(四)学习、讨论与政策问题的解决

问题的选择,就是小组的第一次学习讨论的内容。小组成员进行充分讨论,包括研究假设、问题的情境、自己的兴趣点及具体的行动方案。这之中,最为关键的是在小组充分讨论的基础上明确每位成员的学习议题。小组组长或小组催化者通过提出疑问、问题的方式推动着小组成员进行思考、建立假设或概念、提出资料收集渠道建议等，推动着小组成员独立或协作的方式完成自己所承担的议题。议题进行中，有两到三次的学习讨论活动，讨论的目的就是让小组各成员交流、汇报自己所学的知识，交流学习议题的进展情况，交流问题的解决之道等。因为每次讨论，小组成员都会发现对于所讨论的概念或原理存在的知识空缺[4]。学习讨论过程中，小组成员除了分享学习心得之外，还需要对其他成员的学习发表意见、进行评价。只有这样，才能达到知识分享、学习促进、共同提高的目的，也才能促使政策问题的有效解决。

（五）汇报学习研究成果

小组内的学习讨论交流为问题解决提供了一整套知识、理论和技术，需要向全班、其他小组进行分享。汇报学习研究成果，可以增强学生对完成某一任务所用资料的理解程度，也可以被教师用来评价对有关内容和技能的掌握水平，并提供反馈和建议[5]。汇报的具体过程是由小组组长或指定的小组成员以课件或研究报告的方式将自己所在组的政策问题、问题准备、学习讨论过程、学习讨论方式、议题分解经验、问题解决方式和技巧、PBL教学法的经验等内容向全班加以展示，并请教师和全班同学进行评价、指导。

（六）反思与总结

小组讨论与课堂汇报的评价，能促进小组及小组成员对自己的学习、问题的解决过程等进行反思。各小组及小组成员也要对自己所承担的问题进行反思，总结所学的内容及经验。反思与总结，既有助于深刻理解所学的知识，更有利于学生把握政策问题的现实情境。与此同时，其他成员的反思与评价，也会促使自己不断积累经验、提升合作解决问题的成效。总之，反思总结PBL教学法在公共政策实施中的情况，有助于培养学生的批判思维能力，推动学生创造性思维能力的提升。

三、PBL教学法在公共政策教学中的功效

（一）PBL教学法能极大提高学生的综合素质

1. 培养学生自主学习毅力，激发学生学习兴趣和热情

PBL教学法强调学生对拟定问题的关注，由于现实政策问题尤其是结构不良问题的复杂性、交织性等特点，决定了学生必须围绕着某个问题涉猎更多的知识。比如，教学中有的学生研究的是共享单车所带来的社会问题：影响交通秩序、影响市容市貌、影响盲人使用盲道等，这就需要学生自主学习，掌握有关交通、城市管理、盲道使用及盲人权益维护等多方面的知识。由于对研究问题有兴趣爱好，需要了解更翔实、更充分、更可靠的信息和知识，由此推动学生不断探寻、汲取更多的知识。

在具体的教学过程中，由于采取的是学生小组自己选题的方式，学生会根据自己的关注点、经历、老师的指引等选择自己感兴趣的问题进行研究。兴趣是最好的导师，有了兴

趣就会激发学生学习某个方面的知识，提高学习的积极性和热情。

2. 增强学生沟通协调能力，提高学生团队合作精神

由于 PBL 教学法是从"问题"引申出相应的"任务"，这些"任务"赋予小组，寄希望于小组成员共同承担任务，但任务在小组成员之间又要合理地分配，任务到人。这种情况决定了小组成员既要自己学习，还要增强与小组成员的沟通、交流、协调。

在公共政策教学中，PBL 教学之所以能促进团队成员之间的沟通协作，主要因为政策问题的复杂性、涉及学科知识的广泛性以及所需技能的多样化选择等。由于小组成员在小组中仅承担一小部分的内容，对其他内容可能不太熟悉，需要与小组其他成员进行交流；在如何利用更好的方式解决问题方面，需要与小组其他成员进行沟通等。总之，小组成员在承担相应职责过程中，需要就目标、方式、措施、进程等方面的内容与组内成员进行讨论、沟通、总结、反思、评价等合作学习。组内成员的充分讨论、沟通、交流，能极大激发小组成员领导能力、组织能力、支持优化能力以及合作能力，有效激发团队合作精神、提高团队合作水平。

3. 促进学生问题意识导向，提升学生解决问题能力

公共政策因问题而生，因问题的解决而终结。强化问题意识、突出问题导向是公共政策学学习的首要意识。PBL 教学法在公共政策教学中，能有效促进学生的问题意识，推动学生通过各种途径和方式感知、察觉、描述并试图界定现实社会中的各种公共问题。一方面，PBL 教学法促使学生不断扩大发现问题的渠道、方式及途径。学生可以通过多种渠道和方式来察觉、感知问题，传统的渠道是个人经历、报纸杂志、电视媒体等，当前更为便捷的则是互联网、自媒体等。问题来源渠道的扩大，可以充分满足学生的喜好，激发探究的兴趣及热情。另一方面，PBL 教学法推动学生深入思考挖掘更深层次的问题。根据威廉·邓恩的观点，政策问题可以分为结构优良问题、结构适度问题和结构不良问题，而现实社会中诸多政策问题往往是结构不良问题，"很多重要的政策问题都是结构不良问题。对政治学、公共管理学和其他学科来说，有一个教训，即结构优良和结构适度问题很少出现在复杂的政府环境中"[6]。政策问题的背后往往有一个或多个其他连带问题，呈现出的是一个问题的表征，背后却是几个问题的复杂交织。无论从结构方面还是从连带问题方面着眼，都能有效培养学生的问题意识。

发现问题并不是公共政策的终点，解决政策问题才是最终目标。在发现问题之后，必然会寻求解决问题的答案，探寻问题得以消弭之方式。在追寻问题答案的过程中，技术、手段及方式的获取、经验的借鉴就是学生不断学习新知识、新技能以解决问题的过程。通过不断的学习训练，能有效提升学生解决政策问题的能力和水平。

4. 案例和情景的分析，增强了学生理论联系实际的能力

传统的公共政策学，依赖于课堂的知识理论传授，学生对知识的理解和技能的获取存在于学生脑海的想象，难以将其与真实的场景和情境联系起来，也就没有加深对知识的理解和技能的掌握。PBL 教学法要求学生去探寻真实的而非想象的问题情境，要求学生到现

实的社会中去挖掘问题的影响因素,要求学生根据客观的环境提出解决问题之道。这一过程,能促使学生将所学的知识和理论与实际社会环境有效对接起来,实现理论、知识、技能与实践的融通。

(二) PBL教学法能有效提高教学质量和效果

1. 从课堂到课后,改进了课堂教学方式

PBL教学强调学生小组学习、课后学习,课堂的时间用来提出PBL教学方式的目标、实施要求、具体规程、注意事项、特定知识点的讲授、学生研究成果展示以及学习评价等。大量的工作需要学生利用课后或课余时间开展。比如,某项公共政策问题的相关研究文献的查阅、问题成因的调查分析、问题解决方式的探索,都需要学生利用课外的时间去开展相关工作。为此,课堂时间用来引导和评价,课外时间用来完成具体任务,促进了课堂教学方式的良性变革,也使学生的课后及课余时间得以充分利用。

2. 学生的主体性特征,有效活跃了课堂气氛

PBL教学法的学生中心特征,将问题、任务交给学生,将讨论、交流、调查、互动交给学生,学生能将自己的所学所思、自己对案例研究的成果在课堂上分享给其他组的同学,这能有效激发学生的学习兴趣、增进学生对知识的理解和技能的掌握。这种交流、分享能有效改善传统的比较沉闷的课堂教学氛围,激发学生上课的积极性与主动性。

参考文献:

[1] 周家明.PBL教学法在公共政策教学中的适用性探析[J].临沂大学学报,2012 (5):72.

[2] 王宝林,等."问题导学"教学模式实践操作指南[M].太原:山西教育出版社,2011:2.

[3] 况湘玲.PBL教学法在电子商务教学中的应用[J].教学研究,2006 (9):421.

[4] [马来] 赛米.问题导向学习 (PBL) 指南[M].王维民,译.北京:北京大学医学出版社,2012:13.

[5] 丁后银."问题为本的学习"与"行动研究"的整合[J].外语与外语教学,2009 (3):42.

[6] [美] 威廉·邓恩.公共政策分析导论[M].谢明,译.北京:中国人民大学出版社,2002.

作者简介:周家明,云南民族大学政治与公共管理学院副教授,硕士生导师,管理学博士,研究方向:行政管理、公共政策、基层治理。赵云合,云南民族大学政治与公共管理学院教授,院长,硕士生导师,研究方向:行政管理、电子政务。

大理大学教考分离实施现状与完善的思考

——以管理类专业为例

张江江

一、实施教考分离的背景及意义

我国高等教育起步较晚,为适应新时期经济和社会发展的需要,高等教育也在不断进行着改革和创新。高等教育不仅仅包括"教"与"学",还包括一个很重要的环节——"考"。考试作为教学过程中的一个重要环节,是以试题作为测量工具对教学活动进行评估检查的重要手段,同时对教学环节起着导向功能。考试方法的合理与否对整个教学过程有很大的影响[1]。

在普遍实行教考合一的大环境下,高校中的大部分课程考试都采取教考合一的方式进行。所谓教考合一,是指由授课教师一人完成授课、出题、制卷、批阅等过程。但随着高等教育扩招,高校学生规模不断扩大,生源的素质参差不齐,使这种教考合一的考试方式出现诸多问题。

1. 授课教师在命题过程受主观影响较大,随意性强

采取教考合一的方式进行考核,虽然授课教师熟悉教学大纲及相关难易知识点,命题过程中能使试题更加贴合教学大纲及学生实际,但是容易出现受自身主观影响,随意性强,致使有些试卷过难,而有些试卷过易。

2. 多采用主观性试题,评分误差较大

考核题型中多采用简答题、问答题、论述题等主观题形式,这类试题评分标准难以掌握,评分结果受授课教师主观影响较大。大多数高校将考试分数与奖学金和保研直接联系起来,学生为了追求自身相关利益,不得不将注意力过多集中在考试分数上。因此,容易造成学生以应付考试为目标,只是将课堂所学知识进行"死记硬背",与考试无关的内容选择"忽略不计",形成了简单被动的学习思维,影响了学生创造性思维的发展,不利于其综合素质的培养和提高。

3. 考试过程中存在泄密、印象分等现象

有些授课教师为了给学生留下好印象,在教学评估中取得好成绩,一般会给学生划定复习范围、重点。这样不仅仅使考试失去了保密性,作弊方便,而且会致使学生学习目的

性不明确,期末搞突击现象严重,考试成绩也会失真,没有任何评价参考价值[2]。

4. 单一化的考试形式

教考合一的传统模式下,大多数高校为了验证学生的学习成果通常采用的是一次性的期末考试评价,即便有平时成绩一说,但是占比也不会超过40%,这样就无法真正起到反馈教学的作用,也无法及时调整教学内容和教学方法。考试模式仍旧以笔试为主,很难反馈出学生的动手操作能力,无法体现出实践技能学习的效果。

为了更好地体现考试的权威性、客观性、科学性,更好地为高校教学服务,剔除教考合一的弊端和不足,教考分离这种理念便在这样的背景下诞生了,它是我们改革陈旧的教考合一制度,走出困境的一种理想化的选择,是高等教育改革与发展的必然趋势。

大理大学教考分离工作起步较晚,直到2014年学校才购买了试题库,后经过培训和试题库的完善工作,最终2016年才按照"试点先行,稳步推进"的原则,要求校属各学院至少遴选1门建有试题库的课程作为实施"教考分离"的试点课程。虽然教考分离工作才处于起步阶段,但实施教考分离对学校的好处是显而易见的。

(1) 避免授课教师在命题过程中的主观性和随意性。教考分离制度要求授课教师要严格按照教学大纲来设计课程、优化教学内容、改革教学方法、减少命题过程中的主观性和随意性,使教师能够主动地对自身学科知识体系进行更新和完善,提高教学质量[3]171。

(2) 引入公平合理的评价和竞争机制,在考核学生的同时,也能用统一的标准来考核教师的授课水平,有利于教学质量的提高。

(3) 可以有效避免考试过程中存在泄密、印象分、人情分等现象,保证考试的严肃性,确保成绩的公平公正,从根本上促进学风的好转。

大理大学管理类专业有公共事业管理、旅游管理、财务管理、酒店管理、旅游管理大类、工商管理大类、公共管理类等。管理类专业培养的是对我国的经济与政策法规等具有一定了解和掌握的经济和管理型人才,是具备复杂的管理、决策和优化的高级专门应用人才。因此,管理类专业在注重学生的理论知识的同时,更应该关注学生的综合素质和能力的提高。教考分离模式的选用,在开创学生创造性思维的同时,引入公平合理的评价和竞争机制,保证考试的严肃性和成绩的公正性,最终有利于学生综合素质的提高。所以,应该进一步明确管理类专业教考分离工作中取得哪些成绩和存在哪些不足,以便能够在肯定成绩、借鉴经验、吸取教训后为以后的教考分离工作提供些许建议。

二、当前管理类专业教考分离实施现状及效果分析

(一) 管理类专业教考分离实施现状

1. 题库建设

大理大学实施教考分离工作,主要是基于试题库系统来进行的。试题库建设是实现教考分离,提升教学质量的一个重要举措。大理大学试题库现在共有课程题库456套,其中引进题库441套,自有题库15套。学校现有二级学院15个,学院拥有题库数量平均为30

门，管理类专业拥有试题库数量为 32 门，已经略微超过平均水平。在此基础上，学校还允许各专业教师自行进入题库系统进行自建题库，以扩充试题库数量。所以，从总的数量来看，管理类专业试题库资源比较丰富，基本能够满足现行教考分离工作的进行。

2. 命题方式

大理大学教考分离实施工作是从 2016 年开始的，管理类专业按照学校相关要求，积极参与到教考分离工作中来。作为实施教考分离的试点课程，基本上采取试题库随机生成试卷的方式进行。一般而言，在确定了试点课程后，由学院安排相关负责教师进行试题库的完善工作。学院完善试题库后，可以将考试难易度指标及出卷指标通过试题库系统上报教务管理部门，最终由教务管理部门按照指标随机在系统中进行抽题。试卷生成后，由教学督导进行审核，审核完毕直至考前，授课教师不再接触试卷。因此，试题库的完善成为重中之重。

3. 成绩评定环节

成绩评定环节也是教考分离工作中的一个重要环节。大理大学的考试科目不管是教考分离试点课程还是其他课程，成绩评定环节必须按学校规定的时间完成，要求各教研室设立临时阅卷室，组成阅卷组，实行试卷、考生信息密封批改，集中阅卷。依据试题量多少和难易程度进行分工，采取分题、定人、流水作业、相互配合，共同完成阅卷工作，无关人员不得进入阅卷室，从根本上保证学生成绩的公正公平。

（二）管理类专业教考分离效果分析

从大理大学实施教考分离工作的现状来看，整个学校的教考分离工作在稳步推进。每个学期学校教务处都要求学院积极进行试题库完善工作，每个学院每学期至少遴选一门课程作为教考分离的试点课程。但从目前运行的情况来看，还是出现了一些不容乐观的情况。以管理类专业为例，仍存在以下问题。

1. 题库完善问题

学校购买引进试题库较早，但是教材更新较快，尤其涉及管理类各专业的相关课程实时性和动态性较强，国家大政方针、经济政策的变动势必会带来教学大纲及教材的转变。个别试题已经跟不上教学改革的步伐，个别试题的考查形式和考核内容已经脱离了实际教学的需要。因此，学校再三强调试题库的建设和完善工作。由于个别学院未能及时完善试点课程的试题库，造成随后随机生成的试卷出现过难或过易甚至严重超纲的现象，造成学生成绩严重失实，呈严重偏态分布。这不仅不利于教学质量的提升，也不利于教学效果的评价。造成试题库不能及时完善的原因是多方面的，经过调研发现，原因主要集中在以下几点：（1）试题库中试题数量过于庞大，要完善一门课程都十分困难，更何况是多门课程。（2）现有的教材更新速度快，但是试题库的试题过于老旧，没必要花费精力在完善工作中，与其花费这么多精力不如进行手工组卷。（3）试题库所使用的操作模板过于复杂，不便于大批量操作，操作过程一个不慎，又得重头来过。

2. 观念问题

受传统教考合一观念的影响，全面推广教考分离制度还有相当大的难度。大理大学课程考核的组卷大多数采用手工组卷的形式进行。实行教考分离的课程只有极少数，统计各个学期的管理类专业教考分离课程实施状况，可以发现从开始实施的学期算起教考分离的课程门数会呈现出一个"盆状"图形，而且一般从刚开始就采取教考分离的课程后续基本能够继续坚持使用。从中不难看出，当教考分离这种新形式刚出现时，大家热情高涨积极响应，出现增幅。当在实际使用中发现问题后，大家又各种推脱、拒绝，转而采取手工组卷的传统方式，出现低谷。当学校强制要求采取教考分离时，转而出现增幅，致使教考分离工作不再是提高教学质量的一种方法，反而流于形式。出现这种情况的原因莫过于有一部分教师对教考分离的意义认识还不足，他们或在心理上不适应，或囿于传统的思维与行为模式，或对具体的环节和做法不甚了解。

3. 技术问题

大理大学的教考分离工作是在基于试题库系统的基础上进行的，试题库系统设置有试题生成、维护、导入、导出、成绩分析等多个模块的操作，学校在试题库系统购买初期就对教学管理人员、教研室负责人及感兴趣的教师进行了上机培训。但随着时间的推移及教学管理人员的频繁更换，真正能够熟练运行该系统的教师远远不能满足实际需要。现在能够熟练操作该系统的专业技术人员，每个学院平均仅有 1 人，虽然学校建立了售后服务QQ 群，以便帮助答疑解惑，但是往往发现的问题不能够及时解决。因此，面对庞大的试题库数据及新问题，管理类专业教师往往心有余而力不足，专业技术人员的短缺是造成教考分离工作难以全面覆盖的一个主要原因。

三、完善教考分离工作的措施

任何新生事物在其发展过程中总会存在着不足，大理大学的教考分离工作正是如此，但这不能成为逃避该趋势的一种借口。笔者以管理类专业为例，由部分联系到整体，积极探索和发现教考分离工作中的不足，积极提出整改和完善措施，使学校的教考分离工作能在稳步推进的基础上实现大面积覆盖。

（一）积极推进试题库的完善工作

试题库的建设和完善是一个系统工程，不能一蹴而就，必须有计划、分步骤、不断完善，能进能出。教考分离能否取得成效，能否完成公正、客观的考核任务，关键在于试题库的建设和完善[3]。学校在试题库建设方面应该出台相关的规章制度，作为对教考分离工作的指导性文件，以二级学院为单位积极推进教考分离工作，学院可以集中教研室力量，以教研室为单位，与各教研室签订试题库建设责任书，规定试题库建设的具体要求。既要保证师资和时间充足，又要保证题量充足、试题水平高，还要有具体的措施来及时更新和维护试题库，同时制定相应的措施来进行奖惩。试题库质量的高低是教考分离成败的核心所在，唯有认认真真建好试题库，才能搞好教考分离。

（二）多元化形式开展教考分离

现阶段，高校通常采用的教考分离模式主要有以下几种：一是由任课教师命制多套试卷生成"试卷库"，考试的时候随机抽取一套试卷进行考试。二是由非任课教师命制多套试卷生成"试卷库"，考试的时候随机抽取一套试卷进行考试。三是建立校内试题库的教考分离模式。在这种模式中，任课教师可以参与命制试题和编制教学大纲的工作，但是不能参与试卷选择。四是购买校外试题库的教考分离模式。这种模式中的试卷是通过考试系统采取计算机或人工自动生成的，优点在于试题资源来自校外，任课教师无法掌握试题库内容[4]。学校在推进教考分离工程中，可以采取多元化的形式进行，可以基于学校的试题库开展，也可以基于学科特性，由各个学院自行购买符合学科特点的系统开展，还可以以学院或教研室为单位购买操作更为简洁、方便的题库系统来开展，但前提是必须确保各类试题库的安全性、保密性。针对医学类专业也要充分尊重其学科规律，鼓励其进行考试改革，注重对实践环节的考查，在试题设计上突出对学生独立实践能力的考核，多以病例、案例等为切入，并可适当借鉴国内外医师执照考试试题[5]。当然对于需要进行多元化形式开展教考分离的学院，需填写申请表，经专家审核，教务管理部门批准，方可进行尝试。

（三）加强宣传和引导，建立技术人才队伍

加强宣传，正确引导，指引教师转变传统观念，积极回应教考分离工作中出现的问题，及时消除教师心中的顾虑。一方面，要宣传教考分离的优点，及时探索教考分离工作中所出现问题的解决办法；另一方面，更要鼓励探索符合自身特点的考试方式，支持进行考试改革。学校要积极组织开展对试题库建设的培训，将培训的覆盖面扩展到每位教师，保证建立一支年轻化、专业化、技术化的人才队伍，使技术问题不再成为教考分离路上的绊脚石。

四、结语

任何一种考试制度都不可能尽善尽美，虽然教考分离同以往的教考合一相比有着不少优势，但是在实践过程中也发现了不少问题。即便如此，教考分离在现行阶段下不失为一种合理的选择，现阶段对其不断的探索和完善，就是为了更好地理解和运用该模式服务于高校教学工作。

参考文献：

[1] 刘磊，黄继东，梅林，等."教考分离"制度的弊端及其应对——第三军医大学的实践[J].西南农业大学学报（社会科学版），2002（11）：177.

[2] 赵月明.推行题库式考试 实行教考分离[J].绍兴文理学院学报，2003（11）：14-15.

[3] 庞伟勤.新形势下我校教考分离实施现状与完善的思考[J].科技信息，2014

(3): 171-173.

[4] 阿不都海力力·肉孜. 教考分离的实践及探索[J]. 新课程研究, 2013 (6): 8-10.

[5] 王彩丽. 现行教考分离模式存在的问题及对策[J]. 教育理论与实践, 2018, 38 (15): 53-54.

[6] 肖建兵, 我院教考分离的现状和改进方法[J]. 考试周刊, 2010 (7): 3-4.

作者简介：张江江，大理大学讲师，研究方向：行政管理。

第三模块：信息技术应用助力教学质量提升

信息化平台对提高教学服务质量的实践与策略研究

——基于 SERVQUAL 模型

奚俞飕　樊　博

一、问题的提出

新冠肺炎疫情暴发以来，疫情严重威胁着人们的健康和生命安全，给人们的生活、经济、教育带来重要的影响和挑战。全国教育系统应势而动，拉开新冠肺炎疫情防控工作的序幕。在教育部"停课不停教、停课不停学"的号召下，线上教育、直播教学备受瞩目。"互联网+教育"的深度融合促进了教育系统各要素的重组，教育系统正在经历一场前所未有的变革。

然而，线上教育具有很强的服务属性。在"双一流"目标建设背景下，高校教学管理服务应突出学生的地位，在了解学生学习需求的基础上，强调师生的有效互动，提供使学生满意的教学服务质量。因此，结合当下信息化平台，如何提升高校教学管理服务质量是高校需要研究的重要课题。高校必须以学生为中心，注重人才培养，激发和调动教与学双方的积极性，促进师生之间的互动，提升教学管理服务质量，为高校"双一流"建设提供有力的保障。

SERVQUAL 模型是服务质量研究中应用最广泛的差距分析模型，在酒店管理、金融、营销等领域有很好的应用。高校课程教育也具有服务行业的特点，因此也可用 SERVQUAL 模型评价和诊断课程教学服务质量。2020 年，很多高校都采用信息化平台开展线上教学工作。线上教学的质量直接影响人才培养质量，但目前对线上教学服务质量的研究很少。本研究基于 SERVQUAL 模型设计了线上教学服务质量调查问卷，并对本校线上教学服务质量现状展开调查，分析目前存在的问题，给出提升线上教学服务质量的策略。

二、文献综述

（一）高等教育服务质量的研究

Shank 和 Walker 等学者（1995）认为，从学校提供教育服务以及学生参与教育服务的整个过程来看，教育同样具有服务的一般属性，比如无形性、异质性、不可分离性、多变性以及易失性等。随后，学者们纷纷将高等教育服务质量的研究重点放在了维度及指标的设定和划分上。比如，Mohammad S. Owlia，Elaine M. Aspinwall（1996）将高等教育服务质量划分为硬件设施、服务能力、服务态度、服务内容、服务过程及可靠性六个维度。Adee Athiyaman（2000）从服务的特性出发，将高等教育服务质量划分为可靠性、有形性、反应性、便利性、课程设置和教学六维度。Firdaus（2005）通过实证分析将高等教育服务质量划分为学术、非学术、可靠性以及移情性四个维度。Robert 和 Christopher（2012）从服务科学的角度来看高等教育，认为服务视角为我们提供了一种全面感知学生需求的方式，并提出教育的"产品"是一种共同创建的学习服务。国内学者厉以宁（1999）认为："教育产品是指教育部门和教育单位所提供的产品，这种产品又称教育服务。"刘俊学（2002）是我国高等教育服务质量研究的先驱，他在《高等教育服务质量论》一书中分析了高等教育服务质量的特征，提出"高等教育质量就是高等教育服务产品的质量，它取决于高等教育需求主体对教育服务质量的预期同实际感知的服务水平之间的对比，并认为，服务性是高等教育服务质量的基本特征，学生是教育服务质量的评价主体"。马万民（2004）将高等教育服务定义为"高校利用教育设施设备、教育技术为满足学习者（更准确地说应该叫作顾客或用户）的需要，使教育消费者提高或改善智力素质和思想观念素质，促进教育需求者人力资本增值的非实物形态的产品"。

（二）教学服务质量的影响因素研究

Abdullah F（2006）在测试和比较高等教育环境下三种服务质量测量工具的相对有效性，并从高等教育服务质量的构成要素非学术方面、学术方面、可靠性以及移情性等方面进行分析，提出了一种改进的 HEDOERF 五因素结构是最适合衡量高等教育服务质量。Gary（1996）在 PZB 的研究基础上认为影响服务质量的五个基本因素——有形性、可靠性、响应性、保证性和移情性同样影响着高等教育服务质量。Lampley（1999）强调了在教育中衡量服务质量的重要性，并从教学设施、可接近性、响应性、教学计划、教育实务管理、社会关系等方面以美国州立大学博士生为调研对象进行感知服务质量的调查。Hadikoemoro S（2001）提出高等教育服务质量是由高校的有形性、服务设施、关注性、公平性、和一般态度构成，认为高等教育活动的结果是否满足了学生的需求，就决定了其教育服务质量的高低。

（三）教学服务质量评估的研究

起初国外关于高等教育服务质量评价的研究大部分是简单采用 PZB 的 SERVQUAL 问卷来进行测量。如 Gaston 和 Nha（1999）、Martin，A. O 和 Adrian Palmer（2004）都在研究中使用了简单的 SERVQUAL 问卷。随着对高等教育服务质量的进一步研究，国外学者意识到教育具有非营利性质，与企业相比具有一定的特殊性，简单采用 SERVQUAL 问卷来进行高等教育服务质量评价分受到明显限制。为此，国外关于高等教育服务质量评价的研究逐步分为两类：一类是采用其他模型和研究方法对其进行测量，如 Anne，M，D.

(2001）采用比较研究的模式对 5 所不同类型的学校进行顾客满意度评估检测；Firdaus（2005）编制了 HEDPER 高等教育服务质量量表以用于测量高等教育服务；伍柏研运用 IPA 分析法对建筑学专业学位研究生的教育服务质量进行研究。另一类则是根据高等教育服务的特点对 SERVQUAL 模型进行修改，如 Richard Emanuel（2006）采用修订的 SERVQUAL 模型对美国某大学学生对教师教学服务的满意程度进行了测量；Zafiropoulos（2008）同样采用修订的 SERVQUAL 模型希腊某技术教育学院本科生和教师之间对服务质量评价的差异进行探讨。W. Laaser（2004）和 Fahy（2000）指出，网络教学质量评价是指以教学目标为依据，制定科学的标准，运用一切有效的技术手段，对教学活动的过程及结果进行测定、测量，并给以价值判断；Bates（2004）和 Churton（2004）重点分析了教学策略、教学模式、教学方法、媒体资源、技术应用和教学设计环节中的质量评价和控制的作用。

  我国在借鉴国外学者对高等教育服务质量评价研究的基础上，对其所选用的评价方法进行了一定的改进与创新。朱国锋、兰杏芳等人（2003）运用服务质量差距理论，以问卷调查的方式对高校教育服务质量进行了调查并测定了学生对高校教育服务期望与感知的差异数值。陈云虹（2003）建立了上网时间、内容点击数、交互、效果等维度的信息监控质量指标体系；齐宏（2003）建立了点击率反馈信息；张伟远、杨亭亭和郝成义（2003）等人分别对网络教学活动的实施环境元素的质量影响因素进行了分析与评价；邱崇光（2003）提出从理论上分析网络学习监控的手段和措施，并对监控结果予以科学分析，以指导网络教学活动的质量改进；顾佳峰（2006）以北京大学为例进行了实证分析，在 SERVQTUAL 基础上，开发了高等教育服务质量测量工具，具有良好信度和效度，同时开发了总体缺口分析表和大学服务质量扫描图，作为高校教育服务管理的基本工具。国内学者在实证研究的同时也意识到了高等教育的特殊性和直接运用 PZB 的服务质量表的局限性。因此，我国学者也开始尝试构建模型以便更适合中国高等教育服务质量测量研究。柴勤芳（2004）、嵇小怡（2004）、黄小萍（2005）、马万民（2006）、胡晓辉（2006）、陈萍（2006）等学者致力于对职业院校的教育服务质量进行更有针对性的测量研究，并根据职业院校教育服务的独特性构建出各具特色的高等教育服务质量测量的模型。杨雪和刘武（2006）构建了中国高等教育顾客满意度指数模型（CHE - CSI），并对沈阳市 6 所高等学校的学生满意度进行了测评，以图达到此模型对高等教育服务质量测量的通用性作用。雷树祥、林辉（2008）从教学评估（主要包括教学思想评估、教学环境和条件评估、教学过程评估、教学管理评估、教学效果评估）、学生评估、教师评估、课程评估、网络教育学院整体评估这些方面提出了网络教育质量保证体系；曾海军、范新民（2008）对美国、加拿大、英国、法国、日本等国的网络课程质量标准、管理及监控体制、保证体系进行了全面对比性分析，认为实现我国网络教育质量保证体系的立体化、数字化和社会化，必须将内部自律和外部监管结合起来，并将工作重心转移到更加关注教学工作和提高人才培养质量方面；朱祖林（2009）以主流的服务质量测量理论为基础，以支持服务的类型、因素及其功能为测量构面,建立了内部理论结构和外部模型框架都相对完备的远程学习支持服务质量(DLSSQ)测评模型。

(四)提升线上教学服务质量的研究

在新冠肺炎疫情影响下,国内纷纷开展线上教学,国内学者也开始对提升线上教学质量的对策进行研究。王运武等(2020)提出,为更好地提升线上教育质量,需要创造智慧家庭办公学习环境,选择合适的线上教育模式,采用做好线上教育的准备,建设线上金课,善用直播教学经验和技巧,增强线上教学的交互性等。王平、常林(2020)建议从社会、高校、教师、学生四个方面优化线上教学。雷玲、宋婵媛(2020)认为,提升线上教学质量需调整教学过程,合理设计环节,改善教学方式,加强师生互动,加强网络教学平台构建,加强教学组织管理等。

三、研究设计

(一)研究对象

2020年5月,笔者对上海交通大学学生随机发放调查问卷,共发放问卷100份,回收91份。其中,有效问卷90份,问卷有效率为90%。

(二)问卷设计

如表1中所示,教学服务质量评价指标体系参考SERVQUAL量表中服务质量的有形性、可靠性、反应性、保证性、移情性五大评价指标,设计了有形性、可靠性、反应性、保证性和移情性五个维度的20项指标。问卷中各指标的期望和感知值均采用1—5分进行标准赋值,1—5分对应的认同程度从低到高为:非常不满意、很不满意、不满意、一般、满意、很满意、非常满意。

表1 线上教学服务质量指标测评表

维度	指标序号	指标内容
有形性	1	信息化教学平台(canvas,zoom)的易用性
	2	信息化教学平台(canvas,zoom)的实用度
	3	信息化教学平台(canvas,zoom)的网络流畅度
	4	线上学习时,教师讲课声音的清晰度
可靠性	5	线上提交作业、报告、试卷等批改内容详细
	6	老师线上教学的能力和人格魅力
	7	老师制定的线上教学活动计划能够及时兑现
	8	老师备课充分,线上教学过程零差错

续　表

维度	指标序号	指标内容
反应性	9	老师线上教学时能第一时间回应学生的要求
	10	老师根据学生的意见和需要对课程教学进行改进
	11	老师能及时解答学生线上学习中遇到的问题
	12	老师能及时发现并表扬学生的进步
保证性	13	学生对授课老师的线上教学能力和学术水平认可度
	14	老师具备熟练使用信息化平台进行教学活动的能力
	15	老师能对学生一视同仁，耐心授课
	16	采用合理的线上教学方法，语言表达清晰、易理解
移情性	17	老师在线上教学时，对学生有较强的责任心
	18	老师能在线上课堂结束后给予学生适当的指导
	19	老师在线上课堂中能了解学生的需求
	20	老师线上上能有充足的时间和学生交流探讨学习问题

四、实证分析

（一）信度

信度分析采用的是 Cronbach α 系数法，即考察量表项目间的内在一致性。通常情况下，Cronbach α 系数如果在 0.9 以上，那么该问卷的信度就非常好。此问卷的克朗巴哈系数为 0.955，说明问卷有极好的内部一致性和稳定性（见表 2）。

表 2　Cronbach 信度统计

项数	Cronbach α 系数
40	0.955

（二）效度

笔者使用 SPSS 进行 KMO 和 Bartlett 球形度检验。KMO 测度值为 0.651，大于 0.5，Bartlett 球形度检验的显著性概率为 0.000，小于 0.01。这说明该调查问卷数据能够进行因子分析（见表 3）。

表 3　KMO 和 Bartlett 检验

KMO 测度值	0.651
Bartlett 球形度检验显著性	0.000

（三）期望—感知分析

我们对教学服务质量进行"期望—感知均值"的差距分析，在整理表 1 中 20 项的期望和感受平均值的基础上，根据服务质量差距分析公式（$Q=P-E$）计算各项的服务质量差距值（见表 4）。

表 4　学生对线上教学服务质量的评价

维度	指标序号	感知均值 P	期望均值 E	差距 Q（$Q=P-E$）	各维度差距均值 Q
有形性	Q_1	4.22	4.67	-0.45	-0.48
	Q_2	4.22	4.39	-0.17	
	Q_3	3.83	4.61	-0.78	
	Q_4	4	4.5	-0.5	
可靠性	Q_5	3.67	4.67	-1	-0.52
	Q_6	4.22	4.61	-0.39	
	Q_7	4.44	4.61	-0.17	
	Q_8	4.28	4.78	-0.5	
反应性	Q_9	4.11	4.61	-0.5	-0.40
	Q_{10}	4.39	4.67	-0.28	
	Q_{11}	4.28	4.67	-0.39	
	Q_{12}	4.06	4.5	-0.44	
保证性	Q_{13}	4.17	4.72	-0.55	-0.48
	Q_{14}	4.06	4.61	-0.55	
	Q_{15}	4.22	4.61	-0.39	
	Q_{16}	4.39	4.83	-0.44	
移情性	Q_{17}	4.5	4.83	-0.33	-0.51
	Q_{18}	4.17	4.72	-0.55	
	Q_{19}	3.94	4.61	-0.67	
	Q_{20}	4.06	4.56	-0.5	

由表 4 可知，各维度差距值均为负值且维度差距由小到大依次为反应性、有形性、保

证性、移情性和可靠性。"可靠性"维度的差距最大,差距均值为 -0.52。

(四)维度权重测量

通过问卷调查,结合五个评价维度的权重测量进行相关数据分析,最后得出各维度所占的比重。学生可依据对五个维度重要性的认识打分,各维度分值总和为100(见表5)。

表5 线上课程服务质量五大维度权重统计

维度	权重(%)
有形性	18.8
可靠性	22.37
反应性	17.13
保证性	20.37
移情性	21.33

由表5可知,可靠性在五个维度中的权重最大,为22.37%;其次是移情性和保证性,权重分别为21.33%和20.37%;最后是有形性和反应性,权重分别为18.80%和17.13%。这说明学生对线上课程教学服务质量的评价,更看重可靠性、移情性和保证性。线上教学服务应该侧重这三方面,提升线上教学服务质量。

(五)教学服务质量差距计算

确定线上网络课程教学服务质量五个维度的权重后,再利用加权教学质量评价公式,计算出线上网络课程教学服务质量评价结果。

$$SQ = w_1 \sum_{I=1}^{4}(P_i - E_i) + w_2 \sum_{I=5}^{8}(P_i - E_i) + w_3 \sum_{I=9}^{12}(P_i - E_i) + w_4 \sum_{I=13}^{16}(P_i - E_i) + w_5 \sum_{I=17}^{20}(P_i - E_i) \quad ①$$

P_i 表示测量指标的感受值,E_i 表示测量指标的期望值,Q_1、Q_2、Q_3、Q_4、Q_5 分别表示每个维度项下各指标均值之和,代入公式①得:

$$SQ = w_1 Q_1 + w_2 Q_2 + w_3 Q_3 + w_4 Q_4 + w_5 Q_5 \quad ②$$

根据表4数据可知测量指标的期望和感受均值。利用求和公式,可以得知每个维度的期望与感受差距之和,$Q_1 = -1.9$,$Q_2 = -2.06$,$Q_3 = -1.61$,$Q_4 = -1.93$,$Q_5 = -2.05$。

$w_1 — w_5$ 表示有形性、可靠性、反应性、保证性、情感性每个维度的权重,五大维度的权重在上文中已经求出,如下:$w_1 = 18.8$,$w_2 = 22.37$,$w_3 = 17.13$,$w_4 = 20.37$,$w_5 = 21.33$,将各项数值代入公式计算,可以求出线上教学服务质量的最终数值:

$SQ = (-1.9) \times 18.8\% + (-2.06) \times 22.37\% + (-1.61) \times 17.13\% + (-1.93) \times 20.37\% + (-2.05) \times 21.33\% = -1.92$

负号表示线上网络课程教学服务质量的感受值小于期望值，总的差距值为-1.92，说明线上课程教学服务质量较低。授课老师及教学管理人员应根据结果分析原因，对影响测评结果的各项教学服务工作进行改进和调整，缩小相关差距，提高线上教学服务质量。

（六）IPA象限分析

根据各维度的期望与实际感知得分均值，形成线上教学服务质量的IPA象限分析图（图1）。如图1所示，在这五个维度中，保证性和移情性位于竞争优势区（第一象限）。因此，线上教学应继续发展这两个维度的服务，将其作为线上教学服务的竞争优势。反应性维度位于维持区（第二象限），因此在维持现有反应性维度服务的同时，尽可能提高其维度的满意度，使其稳定在维持区域内。有形性维度位于次要改进区（第三象限），属于次要改进维度，因此在处理好优先改进维度后，也要着手解决此类问题，将有形性维度向维持区域发展。可靠性维度位于优先改进区（第四象限），研究生对其期望高但实际感知满意度低。因此，可靠性维度是线上教学服务质量的薄弱环节，是需要优先改进的首要方向。

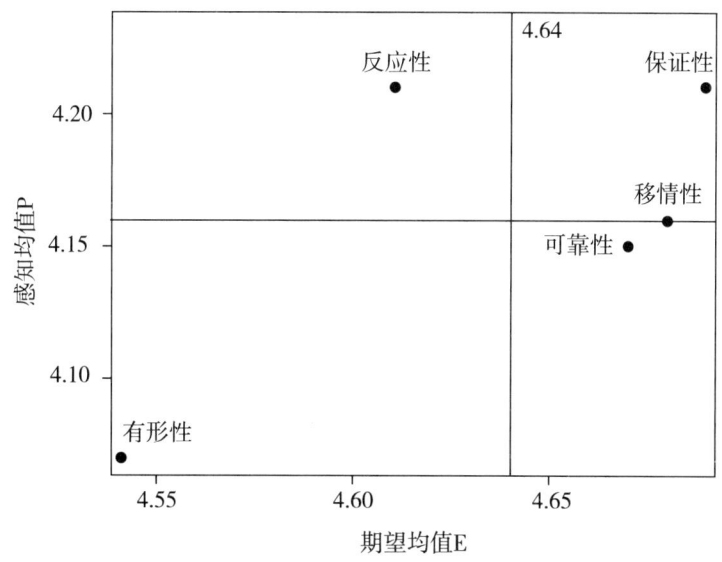

图1　线上教学服务质量IPA象限分析图

根据图2具体指标的IPA象限分析图，笔者发现，位于优先改进区（第四象限）仅有一个指标Q_5，归可靠性维度，具体对应的内容是"线上提交作业、报告、试卷等批改内容详细"。这说明，学生对老师线上批改这方面的期望和实际感知存在较大差距，是线上教学服务的薄弱点，首先需要进行改进和提升。其次，位于次要改进区（第三象限）共有7个指标，具体对应的内容见表6。其中，有形性维度中占了2个指标，有不少同学反映网络流畅度时而出现问题影响正常上课，并且也会影响上课老师的声音清晰度，这需要相关的负责部门保障网络的稳定与流程；反应性维度占了1个指标，有学生认为老师线上教学时没有很及时地回应；保证性维度占了 1 个指标，需要加强老师对于线上教学平台的使用；移情性维度占了 2 个指标，线上教学时没有给予学生足够的关注，需要加强与学生之间的互动与交流。

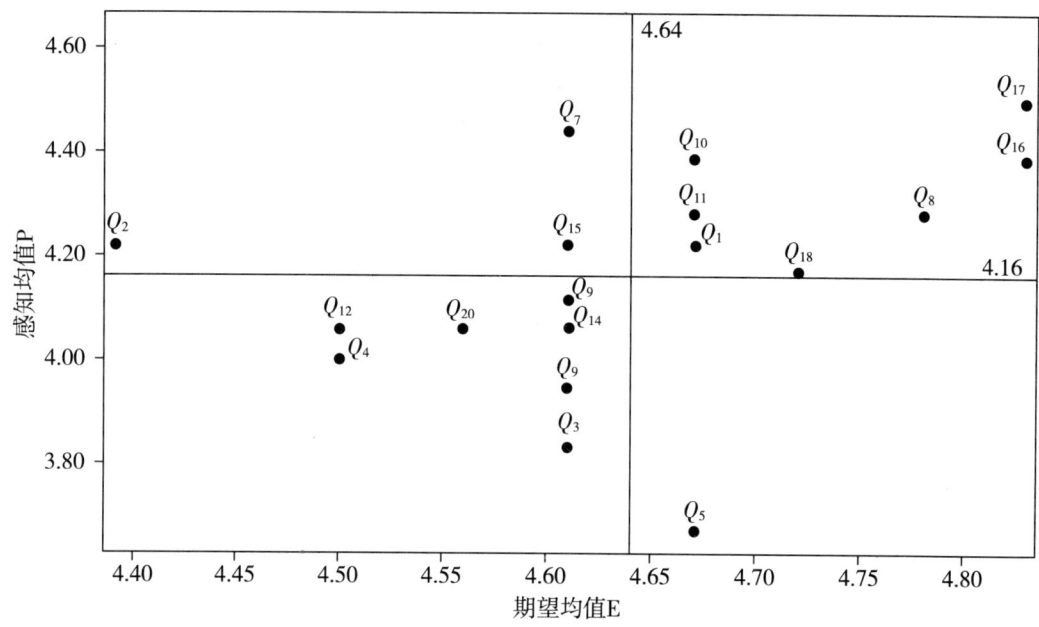

图 2　具体指标的 IPA 象限分析图

表 6　线上教学服务质量指标象限对应表

维度	指标序号	指标内容	象限
有形性	Q_1	信息化教学平台（canvas，zoom）的易用性	一
	Q_2	信息化教学平台（canvas，zoom）的实用度	二
	Q_3	信息化教学平台（canvas，zoom）的网络流畅度	三
	Q_4	线上学习时，教师讲课声音的清晰度	三
可靠性	Q_5	线上提交作业、报告、试卷等批改内容详细	四
	Q_6	老师线上教学的能力和人格魅力	二
	Q_7	老师制定的线上教学活动计划能够及时兑现	一
	Q_8	老师备课充分，线上教学过程零差错	一
反应性	Q_9	老师线上教学时能第一时间回应学生的要求	三
	Q_{10}	老师根据学生的意见和需要对课程教学进行改进	一
	Q_{11}	老师能及时解答学生线上学习中遇到的问题	一
	Q_{12}	老师能及时发现并表扬学生的进步	三

续　表

维度	指标序号	指标内容	象限
保证性	Q_{13}	学生对授课老师的线上教学能力和学术水平认可度	二
	Q_{14}	老师具备熟练使用信息化平台进行教学活动的能力	三
	Q_{15}	老师能对学生一视同仁，耐心授课	一
	Q_{16}	采用合理的线上教学方法，语言表达清晰、易理解	一
移情性	Q_{17}	老师在线上教学时，对学生有较强的责任心	一
	Q_{18}	老师能在线上课堂结束后给予学生适当的指导	一
	Q_{19}	老师在线上课堂中能了解学生的需求	三
	Q_{20}	老师线上有充足的时间和学生交流探讨学习问题	三

五、研究结果及讨论

（一）研究结论

本文旨在通过对线上教学服务质量评价的背景、目的、意义进行分析，对国内外相关理论和文献进行梳理，综合运用文献法、模式分析法以及问卷调查法，构建基于SERVQUAL模型的线上教学服务质量评价模型，编制与评价模型相匹配的线上教学服务质量调查问卷，对线上教学服务质量进行实证研究，结合实证研究结果和IPA象限分析图，明确改进线上教学服务质量的优先顺序，并提出改进策略，最终得出以下结论：

第一，服务质量评价的基本思想、理论以及SERVQUAL评价模型线上教学服务质量管理领域的应用不仅是可行的，且具有很大的应用前景。但在引用过程中需对原有的SERVQUAL模型进行一定的修订，本文构建包括有形性、可靠性、移情性、反应性和价值性五个维度，对应20项具体指标的线上教学服务质量评价模型，进一步拓宽了SERVQUAL模型的应用范围。

第二，线上教学服务质量实证分析结果表明，学生对线上教学服务质量的实际感知程度低于其期望程度，其整体及各维度的线上教学服务质量差距均为负数。其中，可靠性维度的感知—期望差距最大，且学生认为可靠性是线上教学服务质量中最重要的维度。这说明目前线上教学服务质量存在着一些问题，还有很大的提升空间。从各维度来看，有形性维度存在的问题有线上教学平台的网络流畅度不够、老师上课声音清晰度不够；可靠性维度存在的问题有老师对学生线上提交的作业、报告等批改内容不够翔实；反应性维度存在的问题有老师没有及时回应学生的需求以及表扬学生在课堂中的进步；保证性维度存在的问题是有些老师可能对线上教学平台使用不够熟练；移情性维度存在的问题是老师线上教学时不能了解到学生的需求，没有预留充足的时间和机会和学生进行交流与互动。

第三，根据IPA象限分析结果，线上教学服务中的移情性和保证性维度位于竞争优势区域；反应性位于维持区域；有形性位于次要改进区域；可靠性位于优先改进区域。因此，应首先提升老师线上教学时对学生提交的作业报告的反馈详细程度，优先改进可靠性维度所提供的各项服务；其次，通过加强线上教学网络平台的稳定性、易用性等来改进有形性维度方面提供的服务；再次，完善反应性维度服务使其维持在稳定区域；最后，通过树立以学生服务为中心的思想意识，提高教师的教学能力，建立教学服务激励机制，将移情性和保证性维度所提供的各项服务继续发挥其优势性。

(二) 改进建议

线上教学服务质量包含多个维度，由于资源的有限性，在改进线上教学服务质量时，要根据问题的紧迫性程度对所需改进的各个维度进行优先排序。对于存在问题比较严重、紧急的领域，需要优先改进；对于当前服务质量问题较小的领域，只需做一定的局部调整。

首先，对于可靠性维度存在的问题，老师要重视对学生课后的输出反馈，给予详细的指导，认真批改线上提交的作业和报告等。如果老师对线上提交批改反馈有困难，可以请课程助教帮忙上传教学平台，或者通过微信、QQ等社交软件对学生进行指导。同时，授课老师也要加强自身的学术能力和教学水平，线上课程具有传播性和可复制性，要保障教学内容零差错。对于学校管理部门而言，可以成立线上教学督察小组，不定期地进行线上教学的巡视，并且组织线上教学课程的专项考核，监督老师上课的同时，也能提升线上教学服务质量。

其次，对于有形性维度存在的问题，学校网络部门应寻求与网络运营商的合作进行集中解决。线上课程中出现的学习网页画面不清晰和教师声音模糊等问题很大程度上是网络不稳定造成的。线上学习对计算机、手机、校园及家用网络带宽及移动流量都有一定的要求。比如，有些困难学生因为所处地区网络信号不好，影响线上课程，学校管理部门可以考虑申请线上教学专项经费提供专门的带宽或者购买移动流量提供给有困难的学生；而作为任课老师，也要事先调整好自己线上教学的各项设备，可以由教学秘书或助教在课前进行确认，保障网络流畅，如发生紧急状况，学校管理部门应提供应急场所给教师备用。

再次，对于反应性和移情性维度存在的问题，主要是集中在线上教学中师生之间的互动不够。因此，学校管理部门及任课老师应树立"以学生为本"的服务意识，老师在授课时及时关注学生的需求，并及时回应，特别是学生在课堂上有进步，应多鼓励、多表扬。比如：老师授课时，可以让学生随时提问或者开放留言功能，如果老师顾不上看留言板，可以让助教收集好问题集中进行回应；每次上课可以预留一些时间进行分组讨论，让授课方式变得多样化；此外，学校管理部门也可以定期组织一些线上教学培训和标杆教师的经验分享，定期组织院系反馈学生的学习需求和困难。

最后，对于保证性维度存在的问题，学校管理部门应组织好线上教学平台使用的培训与考核，让每位老师熟练运用该平台后，再进行授课。此外，可以安排平台的技术人员进行线上指导，在课前做好模拟测试，预估可能出现的各种操作问题，熟悉各项功能。同时，教师应主动了解学生的兴趣爱好和知识需求，运用多元化的教学手段激发学生的课程学习兴趣，积极主动地提高自身的业务能力和教学水平。

六、对研究结果应用及推广的意见及建议

首先，SERVQUAL 模型可以作为测评教育服务质量的工具。不仅可以运用线上教学，也可以运用线下教学；研究对象不仅可以是学生，也可以是老师或者管理人员。同时，对于 SERVQUAL 模型可以不断进行提炼和转化，使其适用于需要测评的服务质量领域，比如继续教育培训服务、教学管理服务、学生管理服务等。

其次，根据研究结果中反应性维度存在的问题，主要是由于教师的服务意识还不够强，深层原因是对于教师教学上的绩效考核标准缺乏与服务学生相关指标的考评，致使部分教师长期忽略教学的重要职责，而把主要精力放在与考核密切相关任务的完成上，比如科研等。此外，缺乏对于教师授课的奖励，比如可以每年举办"我最喜爱的教师"评选活动，并对获奖教师进行一定的精神和物质奖励，而这种激励活动在教师日常考评中是缺位的。具体来说，可以从以下两点着手：

第一，健全教师考核和评价机制，增强绩效考核评价中的学生参与，将学生作为评价教师绩效考核的主体之一。同时，在绩效考核内容中增加对学生服务态度、需求回应的及时性和有效性评价指标。此外，按照公开透明的原则，及时向全体教职工以及学生公布考核结果，并将考核结果作为职称晋升、评先推优、年终考核的重要依据。

第二，建立服务激励机制，提高教师教学服务积极性。激励机制能够激励教师调整服务方式来满足学生个性化的需求，鼓励教师选择最好的服务路径和解决冲突的方法来完成复杂的任务。激励机制的制定可分为两类，一类是积极的奖励性质的机制；另一类是消极的处罚性激励机制。因此，可以通过一定的物质和精神奖励引导教师以积极的心态投入到教育教学的服务工作中。同时，建立与之相对应的惩处机制，对不愿向学生转换、授课态度恶劣、教学效果不佳的教师进行一定的处罚，促使教师自觉主动地为改善教学服务质量而努力。

最后，针对移情性维度中存在的问题，教师要积极转变工作理念，树立"以学生为中心"的服务意识，抓住学生最现实、最关心以及最直接的问题，充分关注和吸纳学生在课程中的合理需求。第一，加强院校教学管理人员与学生的双向沟通。相关部门负责人及各学院教学秘书应加强与学生干部的沟通，主动与学生代表进行沟通，了解学生对学校教学服务的意见建议，根据建议及时改进学校的工作，有的放矢地提供服务。第二，根据个体需求，有针对性地提供教学服务。由于学生的水平参差不齐，特别是一些少数民族学生或留学生，教师应针对不同的学生群体，设计一些不同的教学活动内容和不同难度的教学目标。

参考文献：

［1］ Shank, Matthew D, Walker, Mary, Hayes, Thomas. Understanding Professional

Service Expectations: Do We Know What Our Students Expect in a Quality Education? [J]. Journal of Professional Services Marketing, 1995, 13 (1): 71 – 89.

[2] Firdaus Abdullah. Measuring Service Quality in Higher Education: HEd PERF versus SERVPERF [J]. Marketing Intelligence & Planning, 2006, 24 (1): 31 – 47.

[3] Gary Don Schwantz BSHE, M. ED. Service Quality in Higher Education: Expectations and Perceptions of Traditional and Non-traditional Students [D]. Texas: Texas Tech University, 1996: 44 – 83.

[4] Lampley James H. Service Quality in Higher Education: Expectations versus Experiences of Doctoral Students at State-supported Universities in Tennessee [D]. Tennessee: East Tennessee State University, 1999: 55 – 79.

[5] Soekisno Hadikoemoro. A Comparison of Public and Private University Students' Expectations and Perceptions of Service Quality in Jakarta, Indonesia [D]. Florida: Nova Southeastern University, 2001: 50 – 74.

[6] Martin, A. O and Adrian Palmer. Importance—Performance Analysis: a Useful Tool for Directing Continuous Quality Improvement in Higher Education [J]. Quality Assurance in Education, 2004, 12 (1): 39 – 52.

[7] Gaston and Nha. Listening to the Customer's Voice: Examining Perceived Service Value among Business College Students [J]. The International Journal of Educational Management, 1999, 13/14: 187 – 198.

[8] Richard Normann and Rafael Ramirez. From Value Chain to Value Constellation: Designing Interactive Strategy [J]. Harvard Business Review, 1993, 65 – 77.

[9] 厉以宁. 关于教育产品的性质和对教育经营的若干思考[J]. 教育科学研究, 1999 (03): 3.

[10] 刘俊学. 高等教育服务质量论[M]. 长沙: 湖南大学出版社, 2002: 65.

[11] 马万民. 高等教育服务质量管理研究[M]. 上海: 上海交通大学出版社, 2005: 54.

[12] 余庆泽, 杨玉国, 毛为慧, 等. 基于SERVQUAL模型的科技金融平台服务质量评测研究——以P2P网贷平台为例[J]. 科技管理研究, 2019 (11): 113 – 121.

[13] 尹华光, 李文杰, 袁国斌. 张家界高星级酒店服务质量测评研究[J]. 消费经济, 2015 (5): 73 – 77.

[14] 张雪贤. 教育国际化背景下云南留学教育服务质量研究[D]. 昆明: 云南大学, 2016.

[15] 梁雄霞. 以学生为评价主体的广西高校东盟硕士留学生教育服务质量评价体系构建研究[D]. 南宁: 广西大学, 2015.

[16] 唐宇宏, 韩晓玉, 潘鸿, 等. 某医学院校《环境卫生学》课程教学服务质量现

状与分析[J].现代预防医学,2016(19):3646-3648.

[17] 赵艳霞,吕震宇,李亚莉.《公共管理学》教学优化与特色课程建设——基于应用型管理人才培养视角[J].华北理工大学学报(社会科学版),2016(5):120-123.

作者简介:奚俞飔,上海交通大学国际与公共事务学院硕士研究生,研究方向:行政管理。樊博,上海交通大学国际与公共事务学院教授,博士生导师,副院长,教育部青年长江学者,研究方向:数字治理、应急管理。

数智时代政府预算课程教学
新模式探索与实践

李 娟

一、数智时代提出教学三大命题新模式

数智时代以数字化、网络化、智能化和移动化为主要特征，是信息社会、数字时代的概念延续。随着《中华人民共和国国民经济和社会发展第十四个五年规划和2035年远景目标纲要》的发布，我国数智时代变革的序幕正式开启。在此背景下，如何与时俱进，密切关注新经济、新技术、新基建等带来的前沿性人才需求，积极适应数智时代所带来的教学模式变革，成为当前教学改革工作的重点和难点。

数智时代给传统教学的"学什么？""怎么学？""在哪学？"三大命题带来了新的挑战。为此，学界提出了面向数智时代的教学三大命题新模式（如图1所示），针对"学什么（人才培养目标和学习内容）？富媒体化、智能化、交互性将成为数智时代学习资源的特质。针对怎么学（教与学的方式）？"高校新生代"网络原住民（Digital Native）"自主获取知识的能力线性增强，教师"权威感"将被削弱，与学生互为合作伙伴共同进行探究式学习；同时，符合数智时代特色的新的创新性学习方式将日益占据主导。针对"在哪学（学习环境）？"数智时代带来了一种新的开放式学习环境，进一步拓展资源、拓展实践、拓展空间，让有效学习在真实环境和虚拟情境中都可以发生。由此，也带来了教育管理模式的巨大转变，更加高效便捷，也更加个性化和智能化[①]。

---

① 刘革平，余亮，等．教育信息化2.0视域下的"互联网＋教育"要素与功能研究[J]．电化教育研究，2018，39（09）：37－42．

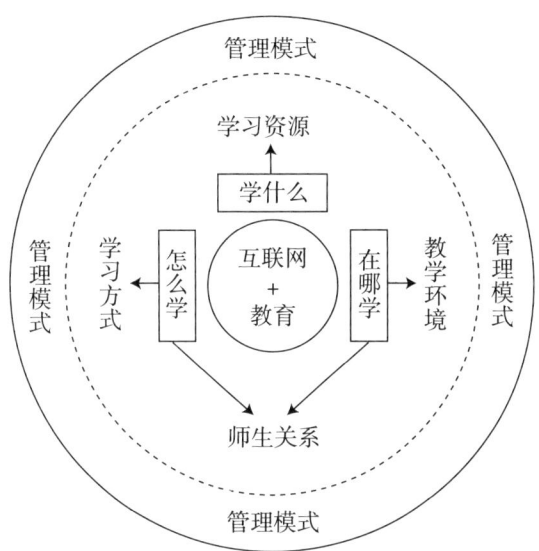

图1 面向数智时代的教学三大命题新模式

二、政府预算课程学习资源的融合

透视中外经济社会发展的变迁史可以发现，无论作为调控经济的政策手段，还是作为治理公共分配秩序的控制机制，政府预算都成为备受关注的焦点。政府预算作为现代政府公共治理的重要工具，"反映着整个国家的政策""规定政府活动的范围和方向"。政府预算课程横跨经济学、法学、政治学、管理学等多学科，综合性非常强，在公共管理学、财政学课程体系中占据重要的地位，是一门理论性、实务性均较强的学科。

（一）政府预算多学科教学团队的整合

作为公共管理学、财政学的一个主要分支，政府预算一直以来就是个多学科交叉的综合性研究领域，跨越经济学、管理学、政治学、法学等多种学科，包括了公共预算（Public Budgeting）、公共财政学（Public Finance）、政府会计学（Government Accounting）等等不同研究方向。这些研究方向代表不同的学科背景，在研究重点和研究方法上也各有不同。

1. 政治学视角

政府预算阐明预算过程的政治特征，从分析在一定的政治过程中预算决策如何做出以及预算如何执行入手，着重考察政治制度、政治行为与预算过程、预算结果之间的因果关系。政治学角度对公共预算的研究要解决的是预算的本源问题，是预算问题的出发点，即通过公共决策机制实现预算的民主化，以保证预算结果符合公共利益。政治性贯穿于公共预算的整个过程，表现在预算的决策和预算决策的执行各个环节都离不开政治制度。

2. 经济学视角

政府财政及财政中的预算和税收问题是经济学的重要研究课题之一。威廉·配第《赋税论》（1662）、大卫·李嘉图《政治经济学及赋税原理》（1871）、亚当·斯密《国富论》（1776）都对政府收入和支出等财政活动做了详尽的论述。其后，新古典经济学和公共产品理论促进了财政学的经济学化和科学化；凯恩斯创立的现代宏观经济学为国家干预经济和发展财政的作用提供了理论基础；以布坎南和塔洛克为代表的公共选择学派把对政治过程的分析也纳入了经济学研究领域，对财政学的发展产生了深刻的影响。

3. 管理学视角

从管理学角度的研究主要强调政府预算的功能性特征，即预算的控制、管理与计划等功能。在公共预算的实施过程中，牵涉整个国家的财政运行系统，管理是必不可少的环节，对于预算实行精细化、科学化、动态化、绩效化的管理已经成为时代的需要。管理学的视角将公共预算看作一个包括编制、审批、执行、决算和监督的流程，从微观领域出发，从技术细节着手，致力于提高预算的管理效率。

4. 法学视角

考察法律对政府预算管理各利益相关主体间权利与义务关系的调节与规范，致力于制度建设和约束，保证预算的执行有法可依，预算的违规可以依法追责，实现"预算法定"的理念。预算是具有法律效力的文件，可以说，预算与法律是表里关系，不可分割的。

5. 行政学视角

公共预算是政府进行政策、资源和项目管理的重要手段，行政学对公共预算的研究以提高政府行政效率为目标。

然而，目前政府预算课程在除财政学学科、公共管理学科之外的地位并不十分突出。我们的授课老师大多是财政学科、公共管理学科专业的专业老师，虽拥有较强的财政学理论、公共管理理论功底，但其他学科的理论功底相对欠缺；在授课过程中，我们的基本思路也是立足于财政学科、公共管理学科来进行介绍。因此，无论是从我们的师资队伍建设，还是从我们课程传授的知识体系来说，都需要将多学科进行有机融合，推动财政学、政治学、管理学、法学、会计学、信息管理学等领域对政府预算问题的跨学科教学研究。数智时代给我们组建跨学科的教学团队提供了便利。基于丰富的网络教学平台，可以根据课程需要，灵活运用教师资源，组建符合教学需求的跨学科教学团队，整合多学科教学资源。为改变传统跨学科教育中"人员交叉、知识不交叉"的现象，真正实现政府预算课程教师资源共享，课程教学团队成员可以依托"互联网+"利用线上线下听课、学习、研讨等途径进行交互学习，加强教学团队跨学科知识的融合与促进。同时，跨学科教学团队可以根据学科特色联合制定教学计划，实现教学内容在学科之间的充分协调；可以定期根据教学进度和需要，开展线上集体备课，有效沟通交流、及时总结经验。

（二）政府预算多学科教学实验室的融合

经过多年教学改革，政府预算课程在云南大学经济学院形成了课堂教学与实验教学相结合的教学模式。实验教学通过实验室模拟操作部门预算的编审流程等，使学生对政府预算管理的流程有了仿真的感受，进一步强化了课程相关知识的掌握和运用。然而，因为客观存在的实验内容单一，项目开发遇到了瓶颈，在实验教学中仍表现出：教学和实务操作软件的整合不好，实务软件仅仅简单地反映预算编制的流程，实务操作沦为简单的数据录入和调整。因此，实验教学出现了让学生受益十分有限的问题。而目前，云南大学政府管理学院有省级实验中心"公共管理教学实验示范中心"，还有马桑老师的"基于实践能力提升的公共管理案例实验室建设"建设平台、谢和均老师的"公共管理专业实训中心"建设平台、"地方政府运营管理决策仿真实验教学"建设平台；经济学院有政府管理学院李娟老师的"公共财政学教学实验室建设平台""审计实验室"；商旅学院有"会计实验室"……因此，数智时代下的多学科教学团队整合也应当、必将促进多学科教学实验室的融合，那么对于学习政府预算课程的学生而言，将不仅仅是在本学院实验室进行实验，还可以享用校内其他学院的优质实验室开展关于预算管理、会计学、管理学等方面的与政府预算课程有关的实验，从而极大地提升学生的动手能力和应用能力。

三、政府预算课程教与学方式的变革

（一）丰富课堂教学方法，提高学生学习兴趣

在政府预算课程中充斥了概念、基本特征、意义、原则、作用、方法、程序、规则等大量抽象内容，这些内容既是学习政府预算基本理论的基础，也是理解政府预算不可缺少的部分。然而由于主要基于老师讲、学生记的传统模式，学生很难理解掌握，普遍感觉乏味空洞，学习兴趣难以提高。且因为大多采用多媒体辅助教学方式，导致学生在上课时只忙着记笔记，没有时间去对内容进行深入思考，同时也没有使其学会如何自主学习。加之考核模式单一，普遍采用试卷考试方法，学生习惯了在期末时突击抄、背笔记，凭短时间内的记忆以谋求通过考试，并未牢固掌握所学知识，也未能实现教学考核的真正意义。

随着"互联网+"信息化建设的深入，目前绝大部分课程都已经提高了网络资源和平台的运用。政府预算课程也进行了混合式教学的多方尝试。积极利用互联网资源如MOOC和微课作为课堂教学的补充，将实体课堂讲授与精品MOOC相结合，选取优秀MOOC资源组建自己的SPOC课程，利用MOOC的影音文件和课后网络测试和作业，让学生观看视频独立完成作业，建立QQ学习群与学生线上互动，分享教学资源并收集整理学生提出的问题，在实体课堂教学中集中答疑，讲解重点知识、辅导学生、组织讨论。同时针对相关研究进展、与生活联系紧密的应用等设计翻转课堂。利用翻转课堂，使学生对知识掌握得更清晰、更扎实。利用MOOC学习+腾讯会议（或QQ群直播）形式进行的教学，能确保在家或办公室都可便利开展教学工作。

另外，还可以结合目前业界普遍采用的案例教学法、角色扮演法、小组讨论法、课堂辩论法等，进一步丰富教学方法，使教学手段多元化，从而更好地提升课堂效果。

（二）校内校外联合教学，拓宽学生学习视野

笔者曾经听到深圳一名高职学校党委书记介绍他们学校"三三制"的课程教学模式，即：1/3 由本校教师讲授理论基础 + 1/3 由实务部门（单位）人员到校讲授实务经验 + 1/3 学生到实习单位对口实习，一直很羡慕这样的实务课程教学模式。政府预算本身也是实务性非常强的课程，原来只能自己一个人主讲，偶尔可以利用视频听听相关专题讲座或报告、访谈；在数智时代，实务部门熟识的专家、一线工作人员，兄弟院校同行、专家，都可以通过腾讯会议等直播方式直接邀请来为学生们开课，哪怕因疫情对校园进行封闭管理，也没有任何影响。联动吸纳实务工作经验丰富的人员讲授实际工作典型案例，对于开拓学生的思维和视野成效显著。利用现代信息化技术，连线校内、校外两个课堂，实现两个课堂联合教学，让理论与实务紧密结合。通过使人身临其境的音画效果，将知识点植入课堂，学生通过参与其中观察和实践，加深印象，主动习得，最终内化为自己的知识。

（三）师生互为合作伙伴共同进行探究式学习

数智时代决定了学生必须自主地去寻找和学习各类学科的知识并内化，让学生觉得"学有所用、有成就感"，这样才能满足数智时代对人才的要求，以加深对理论知识的理解，增强学习效果，进而激发学生学习兴趣，培养学生自主学习习惯和运用学科知识解决工程实际问题的综合能力和创新思维等。因此，学生从以往的被动学习模式转变为主动学习模式，除了正常的课堂理论学习之外，可以根据自己的认知水平、学习环境和学习计划，利用网络平台上的开放课程资料和视频，随时随地反复观看和研读尚未理解和较难理解的内容，逐步加深理解和消化；通过开放课程平台中作业和评阅反馈，检验学习效果，及时查漏补缺；通过与同学、助教及老师的在线交流讨论，获得对知识的深入理解，实现理论与实验教学的互融互通。学生的角色由以往的被动学习者变为主动学习者，甚至在一定程度上变成教育者，把自主学习到的知识和教师进行分享，双方共同学习探讨其中的知识和问题。

与此同时，教师则由"传道授业"转变为真正"解惑"，教师的角色也由教育者变为教育者、引领者和组织者三者混合的角色。为此，让学生通过在线资源完成初步的学习，然后通过由教师在课堂上提出各类问题、组织课堂讨论、解答学生疑问这种方式去构建数智时代的课堂。提高学生信息化学习水平的最好方式就是让他们在实践中运用，并将运用中遇到的问题带回课堂和老师、同学一起讨论，这样才能够更加高效地提高学生们的信息化学习能力，实现"以教为主向以学为主、以课堂为主向课内外相结合、以结果评价为主向结果过程评价相结合"的转变，将很多只会限于重点考试范围的"考生"转变为能够理论联系实践且会学以致用的真正"学生"，将部分"观众"转变为"演员""编剧"，甚至是"导演"，从而切实提升学生综合实践能力、提高人才培养质量。

基于师生互为合作伙伴共同进行探究式学习模式，积极推动研究性教学，增强创新人才培养力度。结合当前即将推行的导师制，以及云南大学作为"双一流"高校研究型人才

培养的内在要求，师生互为合作伙伴共同进行探究式学习模式在政府预算课程中，可以通过为结合预算管理最新改革动态，突出课程的核心内容，在授课过程中插入小专题讲座。如"云南省零基预算改革讲座"，首先从零基预算改革的背景入手，再具体到改革内容，然后借鉴分析国外经验，剖析云南省在改革中遇到的实际问题。在学生理解和掌握了相关部分知识的基础上，进一步引导和启发学生分析探讨，培养学生发现、分析和研究现实问题的能力。已有校外经验表明，这样的模式有效地促进了学生研究与预算管理相关问题的积极性不断提高。在学年论文和毕业论文选题中，越来越多的学生选择与预算相关的问题进行研究，并在全国挑战杯竞赛和校学术竞赛中获奖，且还有越来越多的有关政府预算的学术论文发布。

四、政府预算课程实践方式的变革

通过让学生实地体验，进一步感受财政预算部门的工作。从培养懂理论、会实践的技能型、综合性和创新型人才来看，仅仅让学生在实验室的电脑上模拟财政预算业务流程是不够的，政府预算课程实践教学的形式和方法都需要有所创新和突破。目前，除了加强与财政部门、人大财经委和预算单位建立起稳定的合作关系，创造更多的机会让学生能够到财政预算单位去参观、见习和毕业实习，了解真实的预算编制、申报和评审过程，让他们对财政预算单位的实务操作有一个直观的体验，增强他们理论联系实际和动手操作的能力。同时，也让学生能了解到财政预算单位对毕业生知识和能力的需求，以及体验公务员的真实工作，使他们能够充分地了解自己和发现自身的不足，回学校加强学习补充财政预算单位需要的知识和技能，为将来就业提供良好的知识储备和心理准备。但是，这样的机会毕竟非常有限，且在疫情期间这样的机会越来越少。

数智时代，我们可以另辟蹊径。当下大数据结合政府治理的新课题对数字经济、数字城市、数字乡村等的构建与发展，各地相关部门都有与高校专家团队热切的合作意向。为此，云南大学政府管理学院公共管理系创新了项目实践模式，以高校教师及公务员为指导团队，带领学生以合作项目的形式针对服务对象具体需求研究项目，提高学生的专业水平，锻炼学生在实务方面的技巧和能力。同时，也为云南大学政府管理学院校政部门合作、校企合作等搭建了联系的纽带和桥梁，吸纳了大量有实践经验的公共管理实务工作者为高校提供教学指导，充分检验学生实务工作的能力，促使学生综合实践素质的提高，具体实践模式如图2所示[①]。

---

① 刘锐. 法学专业"三维一体"实践教学模式研究[J]. 黑龙江省政法管理干部学院学报，2021（02）：153.

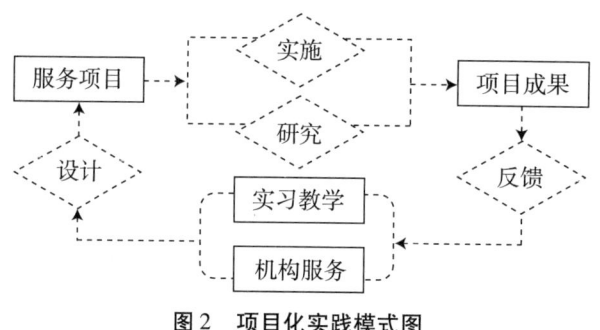

图2 项目化实践模式图

参照此方式，政府预算课程科任老师也可以积极申请预算方面纵向、横向的课题，争取同实务部门进行长期、多样化的探讨，实现理论研究与实际工作的有机整合，从而为学生的项目实践提供机会和平台。

参考文献：

[1] 刘革平，余亮，等. 教育信息化2.0视域下的"互联网＋教育"要素与功能研究[J]. 电化教育研究，2018，39（09）：37－42.

[2] 王丽.《政府预算管理》课程教学范式改革诉求与创新实践[J]. 河北经贸大学学报（综合版），2020，20（04）：93－96.

[3] 曾宪影. "政府预算"课程改革——以南京审计学院财政专业为例[J]. 科教导刊，2015（08）：93.

[4] 余红艳.《政府预算与预算会计》课程教学流程再造——以安徽财经大学为例[J]. 北方经贸，2011（12）：167.

[5] 王晟. 政府预算课程教学方法改革探讨[J]. 湖北经济学院学报（人文社会科学版），2010（09）：164－165.

[6] 杨颖. 政府预算课程教学改革探讨与实践——以能力培养为导向[J]. 黑龙江教育学院学报，2012，31（10）：54－56.

[7] 刘锐. 法学专业"三维一体"实践教学模式研究[J]. 黑龙江省政法管理干部学院学报，2021（02）：153.

作者简介：李娟，云南大学政府管理学院副教授，硕士生导师，经济学博士，研究方向：财税理论与政策、公共经济学。

大学生在线学习经历及满意度研究

黄天慧

一、引言

新冠肺炎疫情暴发以来，全球开始了一场史无前例的大规模"在线教育实验"。线上教育在这一特殊时期保证了"停课不停学"。在线教育是支持教育发展的有力手段之一，但其中还有很多问题需要我们回答和探索：学生真实的在线学习经历究竟如何？教学效果和学生在线学习满意度是否达到了预期？美国学者阿斯汀指出，学生学习经历及其满意度是学生对所接受教育的一种反馈，也是一种学习结果。对学生学习过程和学习结果的深入剖析，可以帮助学校和教师更有针对性的改进教学，提高教学质量。

本文使用一所研究型大学疫情期间本科生的调查数据，考察学生在疫情期间的在线学习经历及满意度。文章通过调查学生在线学习过程及学习结果中的情况，分析学生的个体属性如何影响大学生在线学习经历及满意度，以期引起对高校在线学习过程中体验的关注，在信息技术时代进一步促进我国高等教育质量。

二、数据、关键变量

本文的主旨在于考察本科生的在线学习经历、在线学习过程中遇到的障碍、促进在线学习的有利因素、对在线学习接受度、在线学习投入、在线学习效果、对在线学习经历的满意度等，并意图通过分析这些学生在线学习经历和满意度的影响因素，寻找帮助学生获得更好在线教学体验的重要影响因素，为院校实施学业过程支持提供可靠的实证依据。

本次问卷的发放时间为2020年6—7月。调研问卷的发放对象是一所研究型大学2016级至2019级所有本科生。问卷于2020年第二学期的期中发放。共回收有效问卷3 482份。

表1描述了样本的基本情况。样本在学生性别、民族、户籍、学科分布方面对案例所属学校本科生的代表性良好，但在年级分布上，大四年级学生的比例比较低，代表性不强。大四学生比例小，这与学校的培养计划有关，本科四年级主要安排实习实训及毕业论

---

* 本文受国家社会科学基金教育学西部项目（国家青年）"西部农村地区数字鸿沟及其对中小学生学习成效的影响机制研究"（项目负责人：黄天慧，课题批准号：CCX210293）的资助。

文写作，绝大部分学生没有选修课程。因此，在后面的数据分析中，笔者使用大一、大二、大三这三个年级的样本，样本量为3 398。

表1 样本基本情况描述（N = 3 482）

变量	类型	频数	百分比（%）
性别	男	1 260	36.2
	女	2 222	63.8
民族	汉族	2 782	79.9
	少数民族	700	20.1
年级	大一	1 196	34.3
	大二	1 260	36.2
	大三	942	27.1
	大四	84	2.4
学科	自然科学	650	18.7
	人文学科	741	21.3
	社会科学	1 119	32.1
	工程技术	902	25.9
	其他	70	2.0
入学前户籍性质	农村	1 816	52.2
	城镇	1 666	47.8
父母教育程度	低于高中学历	1 561	44.8
	高中学历	618	17.7
	高职/高专	166	4.8
	大专	469	13.5
	本科	562	16.1
	研究生及以上	60	1.7
	未知	46	1.3
绩点区间	少于1.0	4	0.1
	1.00—1.99	56	1.6
	2.00—2.49	212	6.1
	2.50—2.99	793	22.8
	3.00—3.49	1 318	37.9
	3.50—4.00	511	14.7
	不清楚	588	16.9

本次调查兼顾了过程和结果两方面，大学生的在线学习经历是对学习过程的考查，而满意度对是学习结果的考查。本文主要采用描述性分析，T 检验、方差分析进行数据分析。T 检验和方差分析主要用于比较不同学生群体之间的在线学习经历和满意度差异。

本调查中的量表题项采用 4 点量表和 5 点量表，回答选项为"非常不同意""不同意""同意""非常同意"，或者"非常同意""同意""一般""不同意""非常不同意"。在进行群体差异比较时，将 4 点量表和 5 点量表转化为百分制进行比较。

三、大学生的在线学习经历

（一）在线学习中遇到的障碍

在线学习障碍这一维度，主要测量学生在线学习过程中遇到各种障碍的情况。由图 1 可以发现，就全体调查学生而言，学生在在线学习中遇到的主要障碍有"缺少合适的学习空间或家庭环境容易导致分心""缺少与其他同学的交流""缺少在线学习的动机""不了解教师的在线学习的期望""缺少与学术导师联系的机会""缺少与老师联系的机会"。有超过50%的学生选择这五个障碍。选择其他障碍的学生比例在18%—47%之间。70.68%的学生认为自己遇到的障碍是：由于环境的影响导致分心。某种程度上说明在线学习环境是影响在线学习经历的一个重要因素。

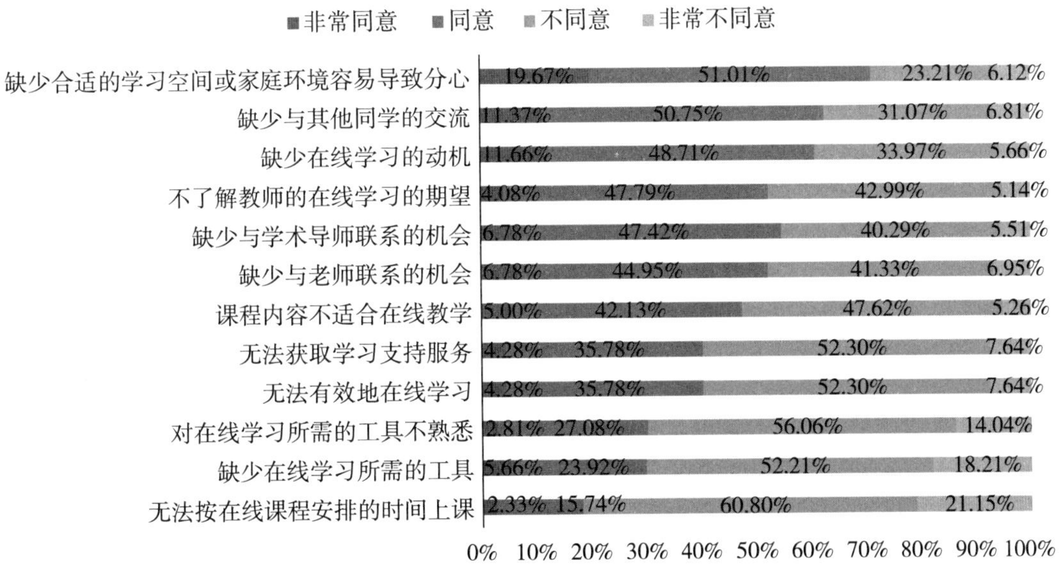

障碍	非常同意	同意	不同意	非常不同意
缺少合适的学习空间或家庭环境容易导致分心	19.67%	51.01%	23.21%	6.12%
缺少与其他同学的交流	11.37%	50.75%	31.07%	6.81%
缺少在线学习的动机	11.66%	48.71%	33.97%	5.66%
不了解教师的在线学习的期望	4.08%	47.79%	42.99%	5.14%
缺少与学术导师联系的机会	6.78%	47.42%	40.29%	5.51%
缺少与老师联系的机会	6.78%	44.95%	41.33%	6.95%
课程内容不适合在线教学	5.00%	42.13%	47.62%	5.26%
无法获取学习支持服务	4.28%	35.78%	52.30%	7.64%
无法有效地在线学习	4.28%	35.78%	52.30%	7.64%
对在线学习所需的工具不熟悉	2.81%	27.08%	56.06%	14.04%
缺少在线学习所需的工具	5.66%	23.92%	52.21%	18.21%
无法按在线课程安排的时间上课	2.33%	15.74%	60.80%	21.15%

图 1　学生在线学习中遇到的障碍

我们还对在线学习障碍进行了群体差异分析，分析结果表明：来自农村的学生和来自城市的男生遇到的在线学习障碍更大；父母学历越低，学生遇到的在线学习障碍越大，理工科学生（包括自然科学和工程技术科学）遇到的障碍高于人文社科（包括社会科学和人文学科）类专业的学生，高年级学生遇到的障碍大于低年级学生。

需要重点指出的是，"缺少在线学习所需的工具"这一指标上，城乡学生之间的差异最大。这说明在线学习工具这一基本的学习条件，即"物理接入"成了农村学生的一大障碍，表明城乡大学生中依然存在"物理接入鸿沟"。

除用李特式量表调查在线障碍外，笔者还以单选题的方式询问了学生"在线学习最大的障碍"，结果如图2所示。在"在线学习中遇到的最大的障碍"这一指标上，呈现的趋势与上文基本一致：受访学生选择比例最多的是"缺少合适的学习空间或家庭环境容易导致分心"，占比30.9%；其次是"无法有效地在线学习"，占比20.20%；排在第三的是"缺少在线学习的动机"，占比10.2%。

图2　新冠肺炎疫情期间在线学习最大的障碍（单选）

（二）在线学习的有利因素

学生在线学习过程中会遇到很多的障碍，同时也有一些有利因素，如图3所示。针对在线学习中有利因素的调查表明，占比前三的有利因素为："我参加课堂讨论的时候觉得更舒服""我喜欢在线学习的形式""我可以更好地为上课做准备"。而选择比例不大于10%的基本都与交流有关："我感觉和其他同学联系更多""我能更好地与老师联系""我感觉跟学术支持方面的老师联系更多""我感觉跟教职工联系更多"。以上数据表明，在线教学并没有充分发挥其对时间、空间的突破，并没有因其便捷性而增加师生、生生之间的互动交流。

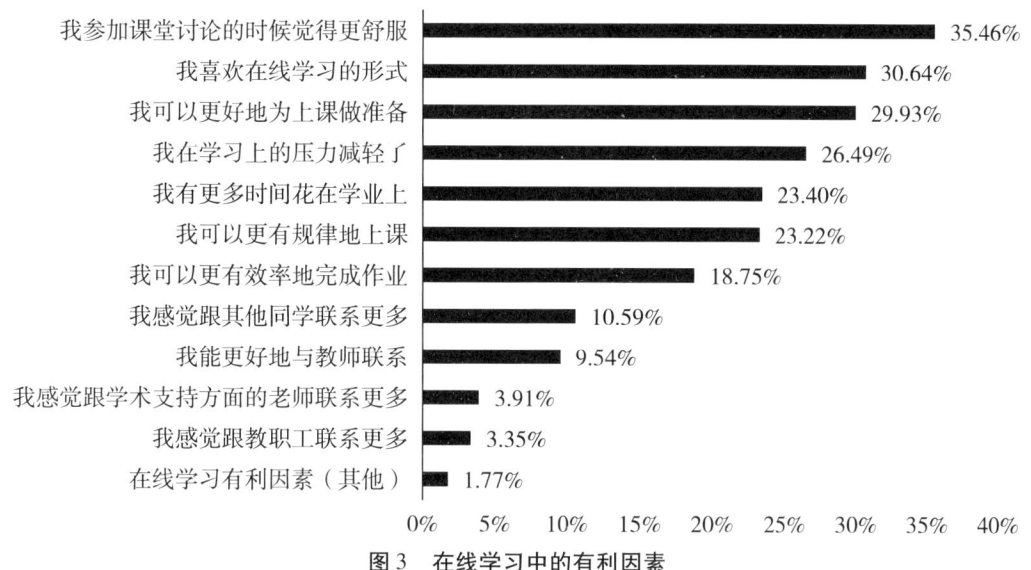

图 3 在线学习中的有利因素

（三）对新的在线教学工具适应度

对新的在线教学工具适应方面，大部分学生能很好地适应，近70%的学生均表示能很好地适应在线教学工具，但仍有30.16%的学生对新的在线教学工具不太适应。学校和教师应该在信息技术工具应用方面给学生更多支持，帮助他们适应在线教学工具。

群体差异分析发现：女生比男生能更好地适应在线教学工具；农村学生和城市学生对新的在线教学工具的适应存在差异，农村学生对在线教学工具的适应度显著低于城市学生（$p<0.001$）；父母学历越高，学生适应性越好；自然科学类学生对在线教学工具适应度最差；高年级学生的适应性优于低年级。

（四）在线学习接受度

笔者从四个维度测量了学生对在线学习的接受度。结果表明，超过一半的学生很认可在线学习资源的有用性，以及在线学习对自主学习能力的提升。42.95%的学生认可在线学习的便捷性，但大部分学生对在线学习的效率并不认可，25%的同学不赞成学校使用在线教学方式。

具体数据如图4、图5所示。在对在线学习的感知有用性上，53.71%的学生认为在线学习可以提升自己的自主学习等相关能力，56.46%的学生认为在线学习中的资源很有用。但仅有18.60%的学生认为在线学生可以提高学习效率，有42.6%的学生对此持否定态度，其余38.8%的学生持中立态度。在使用态度上，有25.32%的学生不赞成学校使用在线教学方式。在使用意愿上，有17.79%的学生不愿意经常使用在线学习方式。

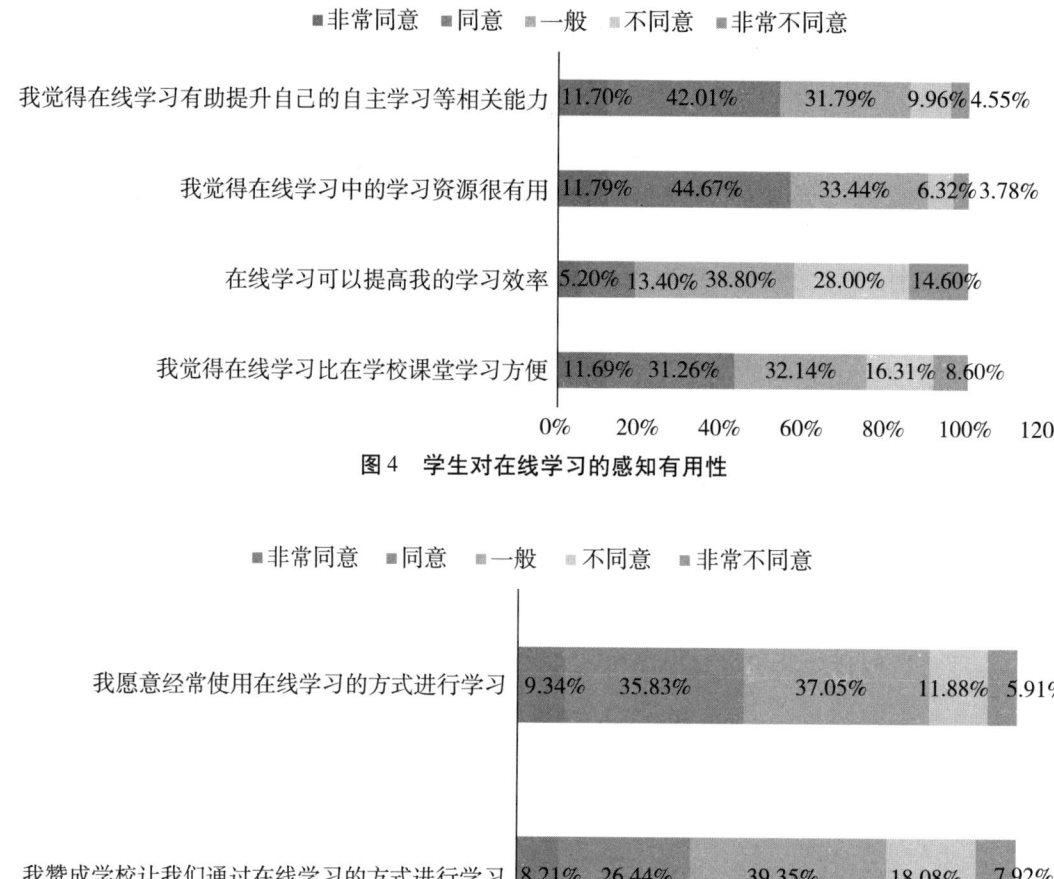

图4 学生对在线学习的感知有用性

图5 学生对在线学习的使用态度和意愿

群体差异分析发现：女生对在线学习的感知有用性显著高于男生；农村户籍的学生对在线感知有用性更低；父母学历越高，对在线学习的感知有用性越高；人文社科类专业的学生对在线学习的感知有用性更高。对在线学习的态度上，和感知有用性呈现同样的趋势：女生对在线学习的态度更积极；农村学生对在线学习的态度更消极；父母学历越高，对在线学习的态度越积极；人文社科类专业的学生对在线学习的态度更积极。

（五）在线学习投入

问卷从三个维度调查了学生的在线学习投入情况，分别是：行为投入、情感投入、认知投入。群体差异分析表明：女生在行为投入和认知投入两个维度显著高于男生。农村学生在三个维度的投入上均显著低于城镇学生。在父母教育程度方面，三个维度的投入呈现同样的趋势：父母受教育程度越高，学生的在线学习投入越高。在学科方面，人文社科类专业的学生在行为投入上显著高于自然科学类专业的学生，社会科学类专业的学生在情感投入和认知投入的得分最高。

（六）在线学习的行为绩效

在线学习行为绩效共有三个测量指标，分别是"我按照老师的要求完成学习任务""我的学习结果达到了预期的目标""我对自己的在线学习效果感到满意"。如图6所示，超过2/3的学生都按照老师的要求完成学习任务，仅有27.74%的学生认为学习结果达到了预期的目标，仅有28.8%的学生对自己的在线学习效果感到满意。这可能说明大部分学生处于被动学习状况，他们会按照要求完成任务，但是由于主动投入较少，导致学习效果不佳。

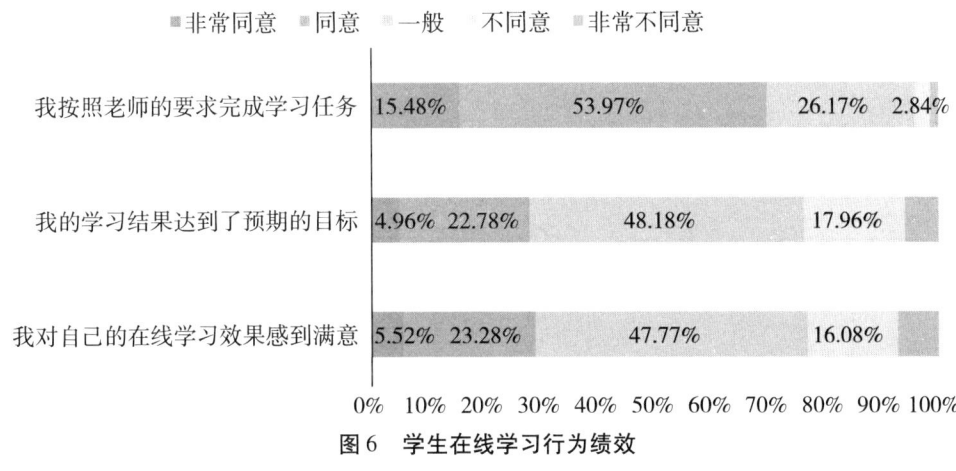

图6　学生在线学习行为绩效

群体差异分析表明：女生的行为绩效显著高于男生；农村学生的行为绩效显著低于城市学生；父母学历越高，学生的行为绩效越高；人文社科类专业的学生的在线学习行为绩效显著高于理工科学生；大三学生的行为绩效最高。

（七）对在线学习的效果评价

对在线学习的效果评价上，超过一半的学生认为本学期的在线教学效果低于预期，近2/3的学生认为在线教学效果比面授更差，70%的学生更倾向线上线下混合教学方式。

如图7所示，55.03%的学生认为与开学前的预期相比，对在线效果的评价低于预期，仅有15.69%的学生认为在线教学效果高于预期，29.28%的学生认为与预期相当。如图8所示，64.92%的学生认为在线教学效果比面授更差，26.93%的学生认为与面授相当，8.15%的学生认为比面授更好。

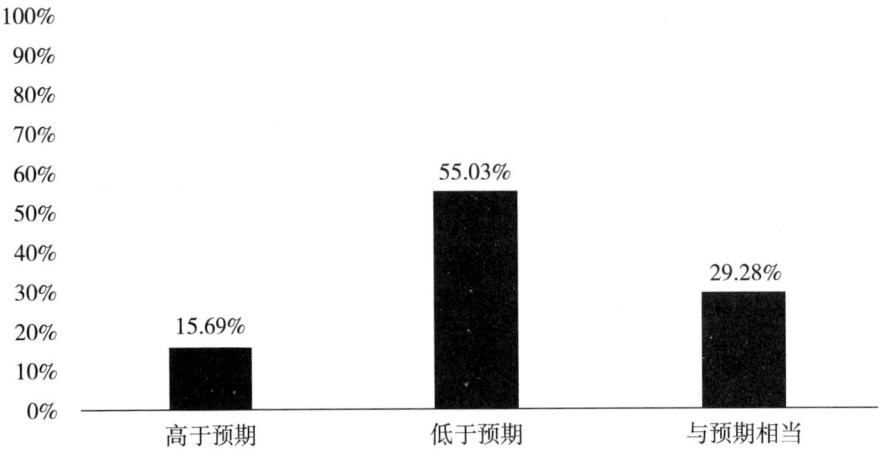

图 7 与开学前的预期相比,对在线教学效果的评价

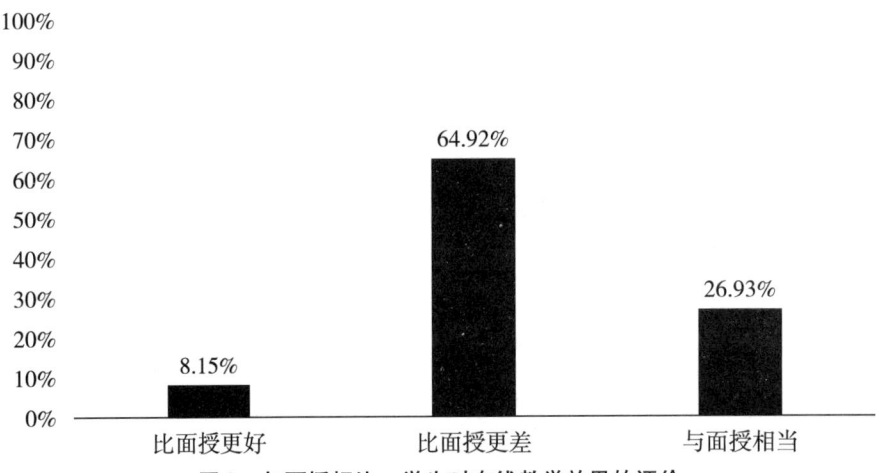

图 8 与面授相比,学生对在线教学效果的评价

笔者还进一步做了群体差异分析。卡方检验表明,不同户籍学生对在线教学效果的评价存在显著差异,更多的农村学生(61.28%)认为在线教学效果低于预期。同样,更多的农村学生(70.38%)认为在线教学效果比面授更差。父母学历不同的学生对在线教学效果的评价存在显著差异,父母受教育程度较低的学生中选择"在线教学效果比面授更差"的比例越高。这与上文的分析一致,农村学生、父母受教育程度低的学生对在线学习的接受度、投入度、行为绩效都相对较低,这会导致在线学习效果差。

四、大学生的在线学习经历满意度

学生对在线学习经历满意度较高,但不同群体学生的满意度存在差异。就在线学习经历而言,虽然有一部分学生还不能很好地适应在线教学方式,但总体而言,学生对新冠肺炎疫情期间在线学习经历的满意度较高。调查数据表明:如图 9 所示,78.26% 的受访学生对"从老师那里获得的支持帮助我更好地进行在线学习"这一指标感到满意；77.17%的受访学生对"从同学那里获得的支持帮助我更好地进行在线学习"这一指标感到满意；73.24%的受访学生对"课堂上的师生互动效果"感到满意，84.86%的受访学生对"教师根据在线教学特点调整教学策略"这一指标感到满意。

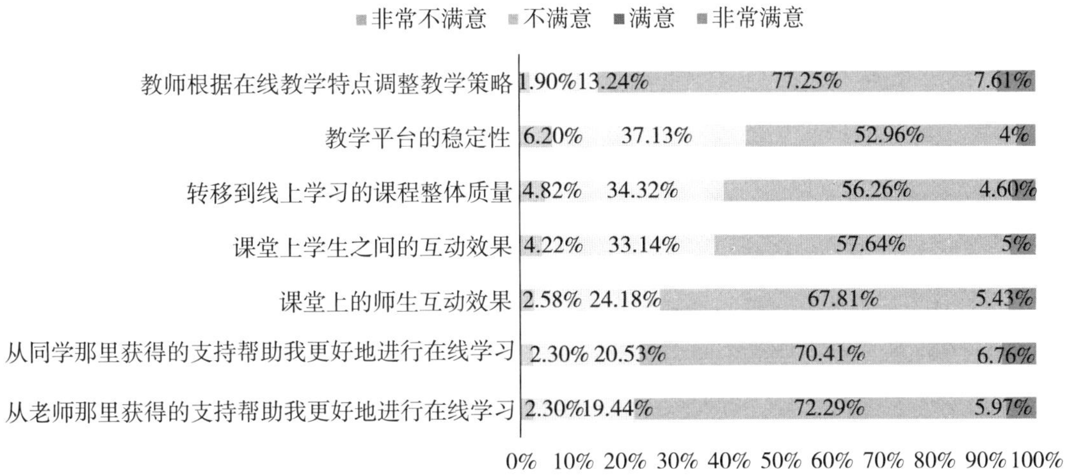

■非常不满意　■不满意　■满意　■非常满意

指标	非常不满意	不满意	满意	非常满意
教师根据在线教学特点调整教学策略	1.90%	13.24%	77.25%	7.61%
教学平台的稳定性	6.20%	37.13%	52.96%	4%
转移到线上学习的课程整体质量	4.82%	34.32%	56.26%	4.60%
课堂上学生之间的互动效果	4.22%	33.14%	57.64%	5%
课堂上的师生互动效果	2.58%	24.18%	67.81%	5.43%
从同学那里获得的支持帮助我更好地进行在线学习	2.30%	20.53%	70.41%	6.76%
从老师那里获得的支持帮助我更好地进行在线学习	2.30%	19.44%	72.29%	5.97%

图9　学生对新冠肺炎疫情期间在线学习经历的满意度

需要指出的是，为了进一步了解到底是哪些学生对在线学习不太满意，笔者进行了群体差异分析，结果表明：男生对在线学习经历的满意度显著低于女生；农村学生对在线学习经历的满意度显著低于城镇学生（在所有6个单项指标上均有显著差异）、理工科学生的满意度低于人文社科类专业的学生；父母受教育程度越低的学生对在线学习经历越不满意。这些分析结果表明：学校需要进一步关注弱势学生，即来自农村、父母受教育程度较低的学生；不同学科需要根据学科特点选择合适的教学方式，需要进一步探索更加有效的适合理工科学生的在线教学方式。

五、学校应采取的相应对策

在线学习作为一种新的学习方式，突破了时间和空间的限制，确实为学生和教师带来了便利。但在了解其优势的前提下，我们也不得不正视其存在的问题。本文使用调查数据，从七个维度来呈现学生在线学习经历：学生在线学习中遇到的障碍、有利条件、对在线工具的适应度、对在线学习的接受度、在线学习投入、在线学习行为绩效、学生对在线学习效果评价。

（一）有针对性地培养学生的自主学习能力

学生在线学习中会遇到很多障碍，但最主要的障碍是"缺少合适的学习空间或家庭环境容易导致分心"，在线学习缺少动力，可能这也是大部分学生对在线学习效果评价较低的原因。在线学习在提供便利的同时，却无法像面对面课堂一样提供一个集体学习的氛围，学生的行为不受约束，教师并不能很好地掌握学生的情况。这种情况下，就更加需要学生自律，努力让自己投入到在线学习中。换言之，在线学习对学生自主学习能力提出了更高的要求。理想的情况是学生的自主学习能力都很强，教师负责传授专业知识即可，但现实情况并非如此。这就需要学校有针对性地培养学生的自主学习能力，让学生能够主动投入学习，若无任何积极的参与或投入，学习或改变不可能发生。学校应建议教师可以通过准备学习资源，设计学习活动，利用学生间的交互，组织和支持学生开展有指导的自主学习。教师可以结合课业内容，也可以结合在线学习中如何自律等与学生相关的主题，设计多样的活动，以维持和提升学生的自主学习能力。

（二）关注弱势学生，更好地提供学习支持服务

来自农村、父母受教育程度低的学生在在线学习经历的各方面都始终处于一个劣势地位，相对城市学生或者父母受教育程度高的学生，他们会遇到更多的学习障碍，比如缺少上网条件和设备，没有独立的学习空间，家中时常停电等。他们对在线学习工具的适应性更差，对在线学习的接受度、投入度、行为绩效、效果评价也更差，对在线学习的满意度更低。以上所有维度都达到了统计学上的显著，已有不少研究发现：与同伴相比，由于弱势学生存在网络接入、数字技能、信息技术应用三方面的数字鸿沟，他们在在线学习中会处于劣势，换言之，信息技术的使用扩大了教育不公平。为保障信息技术充分发挥引领作用，学校需要特别关注这些弱势学生，在更多的方面为他们提供相应的支持，如为没有网络接入的学生提供备选学习材料、批量购买流量、提供信息技术技能培训等，提高信息素养。但需要指出的是，为学生提供支持性服务并非手把手式帮扶或降低学业标准。

（三）探索理工科类课程的在线教学模式，提高在线教学质量

数据表明，相对人文社科类专业的学生，理工科学生在线学习中遇到的障碍更多，对在线学习的接受度、投入、行为绩效、效果评价以及满意度都低于人文社科类专业的学生，在多个维度上达到统计学上的显著。理工科类专业课程由于其学科特征，不少课程需要教师一步步进行公式推导；且知识点之间的联系更加紧密，一旦遇到不懂的知识点，会对后续学习产生影响；不少专业课需要结合实验课程开展，需要学生动手操作。以上这些课程特征决定了传统的讲授式在线课程并不适合理工类专业课程，需要探索新的在线教学方式，并利用一些虚拟实验室软件等工具来改革理工类专业课程的在线教学。

（四）积极开展混合式教学，充分发挥线上线下两者整合优势

调查数据表明，70%的学生更倾向线上线下混合方式，仅7.09%的学生更倾向完全线上教学方式，其余23.07%的学生更倾向完全线下教学。在线学习是高校教育改革的重要方向之一，疫情尚未结束前，在线教育可能成为教学方式之一。因此，在日常教学中，应该积极鼓励教师开展混合式教学，充分利用线上优质学习资源，高效利用课堂时间开展有效教学。让学生既能在课堂上开展对话交流，实现有效学习；又能通过线上学习培养信息

素养，为毕业之后的终身学习打好基础。

参考文献：

［1］Elizabeth F. Barkley. Student Engagement Techniques：A Handbook for College Faculty［M］. Jossey-Bass，2009.

［2］帕特里克·T. 特伦兹尼，鲍威，黄月. 只见树木，不见森林：什么在影响美国大学生的学习［J］. 北京大学教育评论，2018，16（01）：72－84＋189.

［3］陈纯槿，顾小清. 互联网是否扩大了教育结果不平等——基于PISA上海数据的实证研究［J］. 北京大学教育评论，2017，15（01）：140－153＋191－192.

［4］郑勤华，秦婷，沈强，等. 疫情期间在线教学实施现状、问题与对策建议［J］. 中国电化教育，2020（05）：34－43.

作者简介：黄天慧，云南大学政府管理学院讲师，硕士生导师，管理学博士，研究方向：大学生发展、社会网络分析、数字鸿沟、在线教与学。

"公共经济学"课程线上线下互嵌教育模式的构造与实施研究*

马 桑

进入 21 世纪以来,"互联网+"在各行各业迅速兴起,也给高等教育带来了深刻的变化。这对于高校课程改革,既是机遇,也是挑战。党中央和国务院对信息化工作高度重视,信息化已成为国家战略。习近平总书记强调要"积极推动信息技术与教育融合创新发展"。《国家教育事业发展"十三五"规划》提出,要"全力推动信息技术与教育教学的深度融合"。在这样的背景下,迫切需要进行一场适应信息技术发展,创新教学手段,结合线上优质课程资源与线下浸入式教育融合贯通的新型教学改革课程。

一、线上教育现状分析

(一)国外现状分析

在互联网风起云涌的背景下,发达国家掀起了以降低教育成本、促进教育公平、提升教育质量、服务终身学习为宗旨的大规模开放在线课程(Massive Open Online Course)。"大规模开放在线课程"缩写是 MOOC,中文音译为"慕课"。在 MOOC 的早期发展阶段,主要采取了线上"人机对话"教学方式,缺乏教师和学生面对面的沟通。到了 2012 年,出现了基于行为主义学习理论的 xMOOC,它试图一定程度上复制传统课堂,强调视频、作业和测试相结合。2013 年,加州大学伯克利分校的福克斯教授进一步提出了 SPOC(Small Private Online Course)模式,即"小规模专有在线课程"。这一种新的模式强调小班教学和分组教学对于强化学生管理、增强师生交流的效果,一定程度上能够避免学生在线学习的偷懒、懈怠乃至退出的不良现象。鉴于复合式 MOOC 和小规模专有在线课程的优势,现在发达国家的慕课不再纯粹是 MOOC,而是 xMOOC 和 SPOC 的结合。

---

* 本文受云南省高校本科教育教学改革研究项目"互联网+背景下的'公共经济学'课程的慕课、翻转课堂与案例研发互嵌模式研究"(项目负责人:马桑,项目编号:JG2018009)、云南省专业学位研究生教学案例库项目"基于实践能力培养的公共管理案例库建设研究"(项目负责人:马桑)、云南大学 2019 年第二批"线下精品课程(公共经济学)"建设(项目负责人:马桑)的资助。

（二）国内现状分析

我国的 MOOC 虽然比起发达国家滞后几年，但是发展态势非常惊人。MOOC 的发展定位与教育部主导的高校教育改革有机地结合在一起，塑造了中国式慕课的独有特点。目前清华大学"学堂在线"、北京大学"华文慕课"等已经成为国内很有影响力的在线课程平台。据 2017 年的一项统计，我国高校建设的在线课程总数超过 1 400 门，有 1 700 所学校在平台上选用或定制课程。但是，数量并不代表质量，单纯的在线课堂广泛存在教学方式单一、大多数课程选课人数少、学生结课率低的问题。

综合来看，线上教学有助于扩大教育的辐射面，技术手段有利于信息捕捉、传递、显示、加工和分析，从而提高教育的效率。但是，线下教育面对面交流所带来的思想碰撞、情感交融与知识深掘，却是网络学习无法替代的优点。最佳的教学形式应该是线上线下的互嵌式教学。因此，必须积极探索并创新更加符合教育教学规律，结合课程特色和教师个人特质，多手段并用，充分激发学生学习兴趣，从而高质量完成课程的混合式教学模式。本文所提出的"公共经济学"课程线上线下资源的互嵌模式，本质是通过案例研发，粘合起"xMOOC + SPOC + 翻转课堂"，实现线上线下互动交融的教学，最终提高本科生的个人素质和实践能力；同时也通过多样化的教育呈现和课程设计，吸引开放状态中的其他高校学员和社会学员，切实提高学员的学习兴趣和课程结课率。

二、"公共经济学"课程线上线下互嵌模式拟解决的问题

"公共经济学"课程线上线下互嵌模式拟解决三个方面的问题。

（一）公共管理类本科核心课程的流程再造和内涵提升问题

目前国内大学的本科教育多以知识讲授为主，思辨和运用性不够突出，学生参与度不高，热情不足。因此，在课程建设之初就需要瞄准课程再造和内涵提升。精心设计形式多样、各有侧重的教学方式，帮助学生保持学习的新鲜感。比如，PPT 课件的目的主要是让学生了解这一讲的脉络，那么就可以用动画方式呈现文字和语言不好表达的内容。另外，PPT 必须逻辑清晰，可以用表格、流程图、树状图、鱼骨图等多种形式帮助学生了解脉络，凝练主要知识点、前后联系和主要关联。而案例教学则注重总结公共经济学的主要规律，并鼓励学生思考在不同情境下的最优策略选择。

（二）改进教学方法，充分利用信息手段和案例资源的问题

针对传统的课堂教学过于教师主导，而一般线上教学师生交互深度不够的问题，公共经济学线上线下的互嵌教学模式可以运用多样化的教学方法，充分利用信息技术手段和案例资源，扩大师生交互的参与程度，强化学生的学习动机，既让学生感知有用，又让学生感知易用，还能够让学生感知会用，从而提升对于实际问题的辨识和解决能力。

（三）拓展教师综合能力与团队建设问题

互嵌式的课程建设要求教师重构教学理念和课堂设计，无论是慕课制作、线上资源准

备、线下翻转课堂设计和公共经济学案例收集、采编、研发和教学运用都是复杂而精细的工作，对教师能力提出很高的要求。以 MOOC 教学设计为例，首先要分析学生的学习规律和课程的体系结构，优化课程设计；然后要撰写文字脚本、筛选与分析自己或者他人的案例素材及公共经济学的相关资料，提供清晰而富于逻辑性的课件资源，进而录制视频，讲解重点难点；最后还要进行课程测试、问题预判和在线互动、在线答疑等。其中的每一个环节都需要教师有扎实的教学功底，良好的专业素养，娴熟的信息技术运用能力，认真负责的态度，亲和自然的教学风范，较高的预判能力和课程把控力。可以想象，在完成本实践教学项目之后，团队教师优化课程、传授知识、运用信息技术、管理班级、服务学生和钻研学科的综合能力将大幅度上升。

三、"公共经济学"课程线上线下互嵌模式的构造

传统的课堂教学体现的是师讲生学，以知识的单向度传递为主，学生相对比较被动。MOOC 教育突破了物理空间的限制，可大规模地、便捷地适应学生的课程需求，但是又缺乏面对面教学的言传身教和督促强化的特点。若课程设计不佳或者学生怠惰，则课程修完率会很低。因此，必须遵循教育教学的规律，注重教育信息化手段的运用，结合线上线下教育的优势，以混合式翻转课堂形式重塑公共经济学课程体系、教学内容和教学方式，最终达到提高教育教学水平和人才培养质量的目的。为此，必须做好以下三个方面的工作。

（一）拓展线上课程的优质资源

目前的线上教育基本以 MOOC 视频播放为主，以作业和习题测试为辅，学习通道有限。现代教育科学认为，学习与认知有很多渠道，学习渠道越复合，知识点的巩固越佳，学习效果越好。"公共经济学"课程可以拓展线上课程的优质资源，让学生在线上通过五大途径获取知识：第一是教材通道学习，给学生一个全课程知识俯瞰的效果；第二是课件通道学习，所有课件均能够清晰地勾勒出课程的知识脉络；第三是习题库通道学习，包括课前预习题、课中思考题、课后检测题；第四是视频通道学习，视频包括教师事先录制的微课、其他线上平台的可获资料和教师收集整理的相关知识点视频，甚至包括部分的线下翻转课堂的录播视频；第五是阅读通道学习，包括教师搜集整理的课程相关资料，尤其是一些真实、生动、深刻的案例资源。这一块的学习能够有效地拓展学生的知识面并深化理解。

（二）构建浸入式的翻转课堂

翻转课堂是联结线上与线下、课堂内外的新型教学模式，是传统教育预习、学习、复习等过程在信息化时代的深化运用和拓展。翻转课堂需要条件，翻转课堂需要载体。"公共经济学"的课程改革是在公共管理的大背景下着手的。公共管理（包括行政管理）的实践性非常强。若课程只是单纯进行理论传输，难免有教授屠龙之术的嫌疑。而且，按照著名教育学家 Dale 的分析，听讲、阅读的学习效果低于图片和视频；而图片和视频的效

果又低于小组讨论、"做中学"和"马上运用"。有鉴于此，在拓展课程线上资源的同时，还必须强调通过案例教学的建构，以分组讨论、生生辩论、师生互问、情景模拟、政策仿真、角色扮演等多种形式实现学生的体验式学习，从而翻转传统"以教为中心"的课堂结构，让学习复位于教育的本源："以学为中心"。

（三）培育教学、科研、实践互促型公共管理师资队伍

线上线下与案例研发的互嵌教学模式，对教师提出了非常高的要求。教师不但要具备深厚的理论基础和娴熟运用信息技术的能力，而且为上好每一堂以案例分析和讨论为核心的翻转课堂必须不断增强公共管理的实务经验。作为课程组织者，教师要积极主动地参与公共事务管理活动，在实践中产生深刻的认知，由此丰富而生动的教学语言就会喷薄而出。作为研究者，教师经过大量的案例解构和实践观察之后，一方面对公共经济现象经过去粗取精、去伪存真、由此及彼、由表及里的深刻分析，就会加深对科学管理规律的认识，产生独到的见解，能够形成高质量的科研论文；另一方面，在课堂上运用公共管理理论指导学生必将更加游刃有余。因此，"公共经济学"课程的互嵌式模式的第三项建构内容是培育教学、科研、实践三者相互促进的公共管理师资队伍。

四、"公共经济学"课程线上线下互嵌模式的实施步骤

根据教育部"以本为本"的高等教育定位和"积极改进教学和人才培养机制，创新教学和人才培养模式，提升教学和课程建设水平"的教育理念，"互联网+"背景下的MOOC、翻转课堂与案例研发互嵌模式的"公共经济学"课程再造的重点实施内容如下：

（一）模块一：建设线上优质MOOC

虽然公共经济学互嵌教学模式定位于线上与线下互嵌模式的本科教学，但是为解决相当一部分线上学员无法与教师面对面学习和交流的问题，同时也为了推出"公共经济学"的精品MOOC资源向国内其他高校开放，因此，线上优质MOOC资源建设仍然是互嵌教育模式的重头戏。一个完整的MOOC体系包括教材推荐、课件呈现、课件与教材的关系处理、MOOC教学视频、案例阅读材料、课前预习建议、课中难点分析、重点讲解、课后练习、小测验等。

建设线上优质MOOC依次要做好五方面的工作。一是课程内容的选取与分解：教师团队应该首先做出课程规划表，确定讲授内容，各个部分的视频数量，讲授要点；考虑每周教学内容是否均衡，是否需要文档形式传递信息，学生需要做什么作业等。二是制作课程视频资源，包括撰写文字脚本、将文字内容可视化、录制教学视频等。三是完善课程其他资源，如充实习题库、精选案例库、添加其他有辅助效果的视频、图文和录制翻转课堂的精彩辩论等。四是运行测试课程：当第一轮课程开始时，教学团队将密切监控教学进展，特别是讨论区的发帖，分析教情学情，判断问题产生的原因。五是优化课程设计：根据几轮下来的教学体会和本科生的学习规律，进一步优化课程，提升教学水平，吸引学生坚持

学习，增强学习成就感和学习获得感。

（二）模块二：建设线下浸入式的翻转课堂

围绕提高学生学习能力和创新能力这一根本目标，浸入式翻转课堂应该以案例教学为载体，通过选编精彩教学案例，设计教学互动场景，吸引学生参与融入，激发学生的思考，促进教学效果的提升。从社会建构主义的角度来说，学生需要通过讨论活动来充分理解知识，并建构自己的逻辑体系和高级思维能力。

模块二的实施要做好三个方面的工作。一是选编案例（详细实施办法见模块三）。二是设计教学互动场景。浸入式教学重在互动、难在互动、妙在互动，可以根据案例特点、教学主题等来采取分组辩论型、教师主导型或者学生表现型等不同方式。三是准备教学场景。为了增强现场体验感，有必要先准备好案例中涉及的相关法律法规、政策规定、文件决议等，还可以有相关资料、照片、地图、录音录像等。同时，课堂的布局等也非常重要，有时候需要使用可以自由活动和配置的智慧教师。

（三）模块三：建设公共经济学小型案例库

公共管理是一门实践性非常强的学科。它需要培养适应公共部门各个领域现实需要的、具有创新精神和实践能力的复合型人才。国内外的教育实践证明，将公共管理实践中出现过的、已解决（或未完全解决）的典型事件用案例教学的方式在课堂上再现与讨论，不但能够提高学生对于学科的兴趣，而且能引导他们从现象看本质，去反思公共管理的一般规律，从而触类旁通。既然案例教学是联结理论与实践的桥梁，为做好"公共经济学"课程线上线下的互嵌式教学，教师团队将高度重视案例的收集和采编，一方面可以服务教学，提高教学效果；另一方面，自主开发的案例如能通过教育部全国 MPA 教指委遴选进入案例库，就可以进一步完善学科的评估指标，扩大学科影响力。从表现效果上看，教学案例分为文字案例和视频案例；从知识容量和规模上看，分为微案例、小型案例和大型案例；从来源上看，分为原创案例、改写案例和引用案例。团队应该把案例收集、提炼和研发作为充实线上 MOOC 资源、提升线下翻转课堂品质的重要工作来抓，具体任务分解到年度和个人。

总之，"公共经济学"课程线上线下互嵌教学模式的构建首先是着力于微课、视频、网上文字材料、习题库等立体组合而成的线上优质课程体系建设；其次是以"公共经济学"课程案例的建设为抓手，通过学生分组讨论、角色扮演、仿真模拟、"六顶帽子"设计等多种交流和学习形式，实现线下浸入式翻转课堂的优化效果；最后是通过线上资源建设、线下互动与案例研发三者之间的互嵌和黏合，形成符合教育学规律的新型教学范式，最终实现公共经济学教师教学水平与学生实践能力的双重提升。

参考文献：

[1] 宋煜萍. 以学导式教学激活公共管理专业课堂[J]. 中国高等教育，2014（6）：

35-36.

[2] 中国政府网.《国家教育事业发展"十三五"规划》[EB/OL]. http://www.gov.cn/zhengce/content/2017-01/19/content_5161341.htm.

[3] 杨祥,袁驷,李晓明.中国在线开放课程发展报告(2013—2016)[M].北京:高等教育出版社,2017:1-12.

[4] 李燕凌,贺林波,吴松江.案例教学论[M].长沙:湖南人民出版社,2015:1-5.

[5] 中国社会科学网.中国大学慕课选课人次突破3000万[EB/OL]. http://www.cssn.cn/jyx/jyx_zxjy/jyx_zxxjy/201701/t20170123_3395277.shtml.

[6] 王萍.大规模在线开放课程的新发展与应用:从eMOOC到xMOOC[J].现代远程教育研究,2013(3):13-19.

作者简介:马桑,云南大学政府管理学院,博士生导师,管理学博士,研究方向:教育经济学、财政学、社会保障。

利用 MOOCs 支持教师专业发展*

黄天慧

一、引言

每次新信息技术的出现，人们都期望其能积极影响教育甚至变革教育。信息技术确实能在多方面为教育提供有益的帮助，但当我们反思信息技术能解决什么教育问题时，答案却十分模糊。以曾在全球引起热议和关注的 MOOCs（Massive Open Online Courses）为例，MOOCs 发展之初不少学者认为其会颠覆甚至取代传统高等教育。MOOCs 最初的目标和愿景是为全世界的人提供免费、高质量的高等教育，尤其是那些无法获取高质量教育机会的人群（Emanuel, 2013）。进一步说，MOOCs 一定程度上希望解决高等教育公平问题。

然而 MOOCs 学习者特征调查研究表明：大部分 MOOCs 学习者已经拥有本科学历，不少比例的学生拥有本科以上学历。一些实证数据如：Coursera 平台上 85% 的学习者都已经拥有本科或以上学历（Laurillard, 2016）。北京师范大学远程教育研究中心于 2013 年和 2015 年对中国 MOOCs 学习者做了两次大规模调查，发现拥有本科及以上学历的 MOOCs 学习者占比非常高，分别达到了 84%（2013 年）和 81.1%（2015 年）（郑勤华，2016）。不仅绝大部分学习者已经拥有高等教育学位，不少研究还表明 MOOCs 学习者的主要动机是职业发展（Balch, 2013; Kellogg, Booth, & Oliver, 2014）。93% MOOCs 论坛参与者（可视为 MOOCs 积极投入者）将职业发展视为最主要的学习动机（Gillani & Eynon, 2014）。以上调查数据表明，大部分 MOOCs 学习者拥有本科及以上学历，以职业发展为主要动机。这样的数据让我们不得不重新思考：MOOCs 到底能解决什么问题？或者说 MOOCs 实际上在解决什么问题？

已有学者尝试回答这一问题。Laurillard 指出，MOOCs 不是为那些没有获得高等教育的人群提供机会，也不是为那些正在接受高等教育的本科生提供高质量的课程，而是为高素质的专业人士（high qualified professionals）提供免费的教育（Laurillard, 2016）。Em-

---

* 本文受国家社会科学基金教育学西部项目（国家青年）"西部农村地区数字鸿沟及其对中小学生学习成效的影响机制研究"（项目负责人：黄天慧，课题批准号：CCX210293）的资助。

anuel 认为，目前很多学习者已经将 MOOCs 作为终身学习的方式之一，同时 MOOCs 提供商已经开始从开发传统大学课程转向职业发展（终身学习）技能课程（Emanuel，2013）。MOOCs 是否能够成为职业发展的一种方式呢？已有 MOOCs 相关研究大多集中于高等教育和终身教育，很少有研究关注利用 MOOCs 支持教师专业发展（Ji & Cao，2016）。这也为 MOOCs 支持教师专业发展这一研究方向提供了很大的空间。本文将结合前人的研究以及国内外实践，聚焦一类特定群体——教师，论述 MOOCs 支持教师专业发展的可能性、优势及存在的挑战。

二、教师专业发展的特征及存在的问题

优质教师的挑战已经成为全球教育发展最为关注的课题，也是未来中国教育发展的核心问题。优质教师的培养不仅需要提高预备教师培养的质量，更需要依靠持续的教师专业发展项目（丁钢，陈莲俊等，2010）。目前，世界各国对教师专业发展都十分重视。究其缘由，原因在于社会对学校教育的标准越来越高，导致对教师资质的要求也不断提高。因此，教师需要终身学习，不断提高专业素养，才能满足这个职业的发展需求（陈向明，2013）。

顾小清将信息时代的教师专业发展定义为：一个超越了"培训"的概念，涵盖了正式的和非正式的学习方法，而且是教师出于自身的需要主动的、自觉的行动。这样的定义强调了信息时代学习的多样性以及教师专业发展中教师主动自觉态度的重要性（李春霞，2014）。Hammond（1997）认为有效的教师专业发展应该基于教师有效的专业学习，这种学习应该是教师自我导向的，持续发生的，与教师的日常工作密切相关，而且能够得到学校学习共同体的支持。

虽然世界各国都非常重视教师专业发展，但教师专业发展依然需要面对几个常见的挑战：资金、资源、时间、持续性、有效性。Marquis 指出，时间和金钱是教师发展的两大主要阻碍（Justin Marquis，2013）。Castle 认为，英国教师专业发展的三个主要挑战是资金及资源、专业发展的连贯性、专业发展与教学实践的关系（Castle，Holloway，& Rage，1998）。

通过对相关实证研究的综述，笔者总结了我国教师专业发展存在的问题：（1）目前我国教师专业发展的主要方式是教师培训，而教师培训主要以假期集中培训为主，授课方式为大班讲授，需要教师在短时间内接受大量信息。由于时间和经费的缺乏，长期持续的"教师参与式"培训往往无法开展。（2）在培训机会，尤其高级别培训机会方面存在巨大城乡和地域差异，相比农村教师，城市教师能更多地获得国家级和省级的培训机会。中西部农村贫困地区教师的培训机会明显少于城市教师（陈向明，王志明，2013）。（3）培训对实际教学的指导作用不突出。一线教师最重视培训的及时可用性，但目前培训主要以理论教授为主，对教育实践技能关注较弱。已有调研结果表明，教师普遍反映培训对教师实践教学指导作用不突出。（4）教师对培训机构和培训教师没有选择，几乎所有的培训都是

相关主管部门安排开展，教师对培训机构、培训者几乎没有任何发言权。绝大部分教师表达了希望自由选择培训机构、培训教师、培训时间的意愿。

三、MOOCs支持教师专业发展的优势

(一) 教师的自主选择

近年来，很多学者提出MOOCs可以很好地支持教师专业发展（Justin Marquis，2013；Ji & Cao，2016；Jobe，Östlund，& Svensson，2014a）。也有不少相关实证研究呼应了学者的这一观点。2014年春季，针对edX平台上11门MIT提供课程的调查发现，33 490名课前问卷应答者中28.1%的应答者曾经或正在从事教师行业。需要特别指出的是，这11门课程均没有特意将教师设为目标群体。在课后问卷中超过一半的教师学习者（teacher-learners）表示对提供教师专业发展认证机会感兴趣，超过70%的教师表示会在教学实践中使用MIT的MOOCs资源。该研究还调查了MOOCs论坛参与情况，在所有57 621条评论，占比仅为4.5%（246 899名注册者）的教师贡献了22.4%的评论。统计分析结果表明，有4门课程的教师应答者的论坛参与率均显著高于非教师应答者（Seaton, et al.,2015）。

edX平台上MIT提供的"物理学导论"原本仅是一门没有特定目标群体的MOOCs课程，任何人都可以注册学习。但从2012年春季课程数据意外发现，完成问卷调查的学习者中有很大比例的高中物理教师。因为这一数据发现，该课程方通过美国物理教师协会进行了宣传。2012年夏季新一轮开课中超过45%的学习者是高中物理教师，8%的是大学物理教师；90%的证书获得者是教师，其中2/3是高中物理教师，1/3是大学物理教师（Fredericks et al.，2013）。

一位来自内蒙古的物理教师利用该课程进行翻转课堂教学的故事登上了西方多个媒体。该教师在高中教授电子工程课程，他将edX平台上MIT提供的电路与电子学课程作为高中的翻转课堂资源，与他的20名学生一起学习这门历时16周的MOOCs课程，完成所有课程作业（Pappano，2013）。值得一提的是，该班级中一名非常优秀的学生最后被MIT录取。这引发我们思考这样一个问题：在MOOCs课程提供方并不知晓的情况下，全世界各地也许有一些教师正在创新地利用MOOCs。

此外，Coursera平台上提供了一门专门针对小学教师，主题为信息技术与课程整合的课程，该课程吸引到了174个国家的学习者。课程吸引到的非发达国家学习者是Coursera学习者地理分布平均数的两倍。问卷调查、行为数据、论坛数据均表明此门课程在支持教师专业发展方面很成功，不少教师表示会将课程中学到的新知识应用到教学实践中（Laurillard，2016）。

以上数据表明，在没有将教师视为目标群体的情况下，已经有大量教师正在自主利用MOOCs支持自己的专业发展，或者创新地利用MOOCs资源支持自己的课堂教学。教师这种自主自愿的行为让我们看到了MOOCs支持教师专业发展的契机。

（二）MOOCs 的优势

MOOCs 具有大规模、开放性、网络化、参与性等特征（王永固，张庆，2014）。这些特征在多个方面与高质量教师专业发展特征有较好的契合，可以较好地解决目前教师专业发展中存在的问题。下面笔者将从六个方面讨论 MOOCs 支持教师专业发展的优势。

1. MOOCs 可以为教师提供自主灵活的教师发展机会

传统教师培训在时空上有很大的局限性，限制了教师专业发展。而 MOOCs 开放的特性以及自定步调的学习方式使之成为一种非常重要的在线学习资源，为教师在繁忙教学之余参与专业发展项目提供了极大的便利。教师可以灵活地选择学习时间、学习地点，教师可以利用假期或其他闲暇时间自由选择需要的课程，足不出户就可以享用世界名校的课程。OECD 的调查发现在课程、研讨会、硕士项目等众多教师发展组织形式中，课程形式最受欢迎。研究发现教师除课程学习外，每周会花数小时参与非正式学习，向同事学习工作相关问题（Campana，2014；de Laat & Schreurs，2013）。相比之前的开放资源共享运动，MOOCs 不再是简单地提供名校优质资源，而是提供了完整的课程，同时还有同伴交流互动的在线空间。在组织形式和协作环境上，MOOCs 能很好地契合教师专业发展的基本需求。

2. MOOCs 可以节约培训成本、扩大受众面、保证培训质量

传统教师培训成本高，而 MOOCs 免费的特性且相对有保障的课程质量可以节省成本、提高效率。即使部分教师需要课程证书作为完成课程学习的证明，费用也十分低廉。对于教育管理者来说，MOOCs 免费的特质能够节省教育开支，将更多的资源用于学生。进一步来说，陈向明等开展的调查发现国内很多农村和中西部地区教师较少有机会获得省级和国家级的高级别培训，而低级别的培训一般流于形式，质量难以保证。在这方面，MOOCs 有天然优势，授课教师均来自知名高校，且大多是有丰富教学经验的优秀教师。教师只要能够拥有手机或能接入互联网，就可以和发达地区城市教师一样免费获得名校名师课程。

3. MOOCs 为教师提供了自由选择学习内容、授课教师的机会

传统教师培训中学员对培训内容并没有选择权，大部分培训课程均是管理者和培训者事先制定，很难兼顾教师的学科背景、教学经验等方面的差异，所有学员学习同样的内容，难免导致教师学员学习热情不高、参与度不高、投入不够。而在 MOOCs 平台上，教师可以根据自己教学实际需求选择相应的 MOOCs 课程。当教师对学习内容有更多自主选择权时，相应的学习热情和投入会有所增加。当然也需要指出，目前支持教师专业发展的 MOOCs 正处于发展阶段，可供教育选择的课程并不太多。

4. MOOCs 可以提供持续的"参与式"教师培训

Jobe 认为，相比传统短暂的一次性培训，MOOCs 可以提供持续的"参与式"教师培训（Jobe，et al.，2014b）。与之前的开放资源共享运动相比，MOOCs 不同之处在于学习者通过在线参与课程教学活动实现课程教学的全部过程。换言之，MOOCs 提供的不再是资源，而是课程。在信息化时代，教师专业发展将是一个长期不间断的过程。教师的学习需求在一段时间内不断加强，教师专业发展项目期待教师能够将项目中学习到的知识技能

应用于自身教学中，不断提升实际教学效果。然而，练习、尝试、实践、发现问题、提出问题、寻求解决方案都需要过程和时间。短期的一次性培训显然无法满足教师这种学习需求（Jobe et al.，2014b）。一些先行研究已经发现相当比例MOOCs"重复学习者"的存在。北京大学一门教师教学能力提升类MOOCs的调查研究发现：重复学习者中21.1%的教师学员在获得合格成绩后会继续注册学习，访谈发现这类学习者重复注册的动机是复习和更新课程中的理论知识，解决教学实践中遇到的问题，与教师同伴交流等（范逸洲等，2018）。陈伯栋等也认为，MOOC可以支持教师持续学习，学习者完成课程学习后，如果在现实教学中遇到问题时，可以再次回到MOOCs平台寻找资源，向教师和同学寻求帮助（B. Chen, et al.，2017）。从某种程度上说，MOOC可以成为一个持续学习和实践的社区，持续支持学习者的专业发展，这是MOOCs在支持教师专业发展方面的独特价值。

5. MOOC为构建教师实践共同体提供可能

较早就有研究表明，越来越多的教师偏爱与有相同兴趣的教师群体在交互协作环境中共同学习，持续地建构一个远胜于单打独斗的学习共同体（Schlager & Fusco，2003）。MOOC平台除提供课程外，还可以为教师提供一个交流协作平台，为构建学习共同体提供可能。MOOCs最初出现时其理论基础是联通主义学习理论，联通主义学习理论强调交互、对话和建立联系，认为建立联系本质就是一种学习。借助互联网提供的多样化平台，同行教师所形成的学习共同体可以突破地域的限制，将来自全国各地各类各科的教师聚集在一个学习平台上共同学习交流。研究发现，虽然有限数量的教师参与了在线交互社区，但是积极参与交互的教师群体形成了实践共同体。该研究进一步指出，在线交互等同甚至优于面对面交互（Schlager, et al.，2009）。量化和质性数据均表明，在线环境中教师乐于分享经验和信息（Y. Chen, Chen, & Tsai，2009）。与此同时，MOOCs以其优质、开放的特性吸引数量庞大的学习者群体，将专家和新手聚集在同一学习环境中，这些都为构建实践共同体形成提供了良好基础。

四、利用MOOCs支持教师发展的实践

（一）美国的实践

如何实现教师专业发展的规模化、经济化、效率化以满足社会、学校和教师多方的需求，一直是各国教育关注的焦点（马聪，2015）。MOOCs具有易于使用、费用低廉甚至免费、覆盖人群广、支持自主学习和学习资源丰富等优点（叶俊民等，2014）。随着MOOCs的兴起，不少国家看到了MOOCs用于促进教师专业发展的契机，纷纷开始探索如何有效利用MOOCs支持教师专业发展或教师教育。

2011年，美国大约有37万名教师需要参加教师专业发展培训，美国国家教师发展协会的调查显示有近一半的教师对现行教师专业发展模式不满意。2013年，美国推出了专门针对教师专业发展的MOOC平台——MOOCs-Ed（Massive Open Online Courses for Educators）。该平台由北卡罗来纳州立大学的星期五教育创新学会创建，旨在为一线教师提供专

业发展机会。截至 2017 年 7 月，该平台提供数字化学习、数学教学与教学统计、教学策略与技能三类共 12 门课程，课程基本信息见表 1。2014 年 9 月，美国总统奥巴马在白宫召开地区负责人会议，宣布了"面向未来宣言"。根据该宣言，EdX 已经向全国教师提供十多门免费培训课程。Coursera 公司也于 2015 年向全美教师提供为期两年的职业发展认证课程，通过课程考核的教师可以免费获得课程证书，此系列课程共 50 门。

表1 MOOC-Ed 平台提供的课程信息

课程类别	课程名称（英文）	课程名称（中文翻译）
数字化学习	Coaching Digital Learning	指导数字化学习
	Leading the Digital Learning Transition	数字化学习转变
	Disciplinary Literacy for Deeper Learning	深度学习学科素养
	Computational Thinking and Design	计算思维与设计
数学教学与教学统计	Teaching Statistics through Data Investigations	数据调查教学统计
	Teaching Statistics through Inferential Reasoning	数据调查教学统计
	Fraction Foundations: Helping Students Understand Fractions	分数基础：帮助学生理解分数
	Teaching Mathematics with Technology	利用技术支持数学教学
教学策略与技能	Teaching Foundational Reading Skills	基础阅读技能教学
	Learning Differences	学习差异
	Supporting Learning Differences in Post-Secondary Environments	高等教育环境中支持学习差异
	World Class Teaching	世界一流教学

（二）中国的实践

中国也在积极推进利用 MOOCs 提升教师教学能力，支持教师专业发展。最具代表性的是爱课程网站推出的中国教师教育 MOOC 平台，该平台是专门针对教师专业发展的 MOOCs 项目（http://tmooc.icourses.cn/），目前共有四类课程：（1）教学方法；（2）信息化教学；（3）教师素养；（4）信息领导力。截至 2021 年 6 月，该平台共发布 78 门课程，课程的基本信息见表2。此外还有中国教育发展战略学会教育管理信息化专业委员会联合北大未名集团开发的教师专业发展 MOOC 平台（http://peixun.cnweike.cn/site），主要提供两类培训课程，分别是信息技术能力培训（27 门）和课堂教学培训（8 门）。与爱课程网站的 MOOC 平台提供的课程不同的是，教师专业发展 MOOC 平台中还有专门针对特定类别科目的课程，如八年级物理、中学数学等。

表 2　爱课程中国教师教育 MOOC 项目教师教学能力提升课程数量

课程类别	课程数量
教学方法	15
信息化教学	19
教学方法	15
职业素养	13
教学能力	15
班主任系列	1

五、利用 MOOCs 支持教师专业发展可能存在的挑战

（一）MOOCs 作为教师专业发展的认证

MOOCs 可以节约成本，提供更多高质量资源，提高教师培训的成本效益和效果。但潜在的风险是学校管理者不愿意将 MOOCs 学习经历（证书）作为教师专业发展的正式认证材料，这样会影响教师参与 MOOCs 学习的动力（Jobe et al.，2014a）。Coursera 的实践或许值得学习，Couresera 提供 50 门教师专业发展系列课程，并承诺为全美国通过课程考核的教师免费提供课程证书。但这一前提是要求教师所在学区负责专业发展的管理者事先向 Coursera 申请，获得批准后教师方能得到免费获取证书的机会。这样的做法事先解决了学区对 MOOCs 证书的认可。

（二）目前还缺少专门针对教师培训的 cMOOCs 课程

在此也不得不提及此类 MOOCs 课程设计的问题。目前几大主要 MOOC 平台都是以提供 xMOOCs 为主，即主要以教师视频讲授方式为主。而教师专业发展一个非常重要的目的是让同行教师分享教学经验，针对特定教学实践问题进行交流、讨论、反思，将在专业发展过程中的成果应用于实践教学，改善教学实践。因此，在设计针对教师专业发展的 MOOCs 课程时，必须在设计时考虑到促进教师共同体的建立，利用学习活动、每周作业促进教师间的交互。倡导建立联系，开展交互、对话的 cMOOCs 在这一方面比 xMOOCs 更有优势。将来可以尝试在设计教师专业发展的课程时将 xMOOCs 和 cMOOCs 两者结合，既提供优质在线课程，也强调在线交互。

（三）弱势教师群体对 MOOCs 资源的获取

MOOCs 的开放性让教师足不出户就可以享用世界名校的教学资源。但是这些资源的存在却并不意味着有效学习的发生，要实现学习与提高，教师首先需要知道这些优质资源的存在并能坚持学习。信息化社会对教师自身的素质提出了更高的要求，相比城市地区和东部发达地区，一些农村地区或中西部地区基础教育阶段教师的信息技术素养并不高，可

能并不知道获取优质 MOOCs 的渠道，导致存在这样的现象：原本最应从 MOOCs 中受益的教师群体恰好是那些不知道 MOOCs 此类优质资源存在的群体。

（四）MOOCs 对自主学习的高要求

较之传统的正式学习（面对面、在线或混合）或者强制的非正式学习，MOOCs 需要学习者具有更强的自主学习能力。MOOCs 没有录取标准，任何人都可以注册，承诺开放课程意味着放弃了对学生成功的承诺（Scholz，2013）。传统课堂教学中，学生只需要按照固定的时间安排（课表）管理自己的学习。而在线学习因为缺少授课教师对学生相应的监督和指导，学习者需要自己决定何时以何种方式投入在线课程的学习。换言之，MOOCs 学习者需要能够管理自己的学习。我们宣称的 MOOCs 的开放、灵活（随时随地）、免费等优点，换个角度来看，其实会变成对学习者的高要求。当有更多选择权时，只有自主学习能力高的学习者才能真正有效利用 MOOCs 提供的优质资源。MOOCs 辍学率如此之高，主要原因就是大部分学习者并不能很好地管理自己的学习，导致 MOOCs 学习不能持续。研究表明，MOOCs 辍学的原因通常与缺乏时间管理、课程难度大、缺少学习动力等有关（Banerjee & Duflo，2014；Nawrot & Doucet，2014）。在 MOOCs 缺乏教师支持和指导的情境下，自我管理能力对于实现学习目标尤其重要。而相比高校自身提供的学分认证在线课程，MOOCs 还缺乏外部的压力（如通过考试、获得学分）。MOOCs 的这些特性要求学习者必须有较高的自主学习能力才能完成课程的学习。

六、结语

我们身处终身学习时代，各行各业从业者都需要不断学习、更新自己的知识系统，以适应社会的快速发展。在几十年的职业生涯中，教师既是教育者，也是学习者，更需要不断学习、反思，以提高教学质量，使学生受益。MOOCs 作为信息时代的新生事物，可以弥补传统教师培训中存在的不足，并发挥自己的优势：如能够为教师提供优质的课程资源，随时随地学习的便利，自由选择学习内容和授课教师的权利，持续的"参与式"培训，以及和同行交流的平台。除此之外，MOOCs 课程还可以帮助教师提升教学质量，为专家—新手交互创造机会，在线上形成教学实践共同体。在了解 MOOCs 支持教师专业发展的优势的同时，我们也不得不正视这其中也存在一些亟待解决的问题，如 MOOCs 作为教师专业发展的认证问题、弱势教师群体对 MOOCs 资源的获取问题以及 MOOCs 对自主学习能力的高要求等。要解决这些问题，需要政府、相关管理部门、学校通力合作，通过认证模式促进教师的参与，鼓励教师利用 MOOCs 实现专业发展。

参考文献：

[1] Banerjee, A. V., & Duflo, E. (Dis) Organization and Success in an Economics MOOC [J]. The American Economic Review, 2014, 104 (5): 514-518.

[2] Campana, J. Learning for Work and Professional Development: The Significance of In-

formal Learning Networks of Digital Media Industry Professionals [J]. International Journal of Training Research, 2014, 12 (3): 213-226.

[3] Castle, A., Holloway, D. G., & Rage, A. J. A Review of Issues in Continuing Professional Development in Teaching, Nursing and Radiography [J]. International Journal of Lifelong Education, 1998, 17 (5): 328-340.

[4] Chen, B., Fan, Y., Zhang, G., & Wang, Q. Examining Motivations and Self-regulated Learning Strategies of Returning MOOCs Learners [G]. In Proceedings of the Seventh International Learning Analytics & Knowledge Conference, 2017: 542-543.

[5] Chen, Y., Chen, N.-S., & Tsai, C.-C. The Use of Online Synchronous Discussion for Web-based Professional Development for Teachers [J]. Computers & Education, 2009, 53 (4): 1155-1166.

[6] Darling-Hammond, L. The Right To Learn: A Blueprint for Creating Schools That Work. The Jossey-Bass Education Series [M]. Jossey-Bass, Inc., Publishers, 350 Sansome Street, San Francisco, 1997.

[7] De Laat, M., & Schreurs, B. Visualizing Informal Professional Development Networks: Building a Case for Learning Analytics in the Workplace [J]. The American Behavioral Scientist, 2013, 57 (10): 1421-1438.

[8] Fredericks, C., Rayyan, S., Teodorescu, R., Balint, T., Seaton, D., & Pritchard, D. E. From Flipped to Open Instruction: The Mechanics Online Course [G]. In Sixth Conference of MIT's Learning International Network Consortium, 2013.

[9] Gillani, N., & Eynon, R. Communication Patterns in Massively Open Online Courses [J]. The Internet and Higher Education, 2014, 23: 18-26.

[10] Ji, Z., & Cao, Y. A Prospective Study on the Application of MOOC in Teacher Professional Development in China [J]. Universal Journal of Educational Research, 2016, 4 (9): 2061-2067.

[11] Jobe, W., Östlund, C., & Svensson, L. MOOCs for Professional Teacher Development [G]. In Society for Information Technology & Teacher Education International Conference, Jacksonville, Florida, United States, 2014 (a): 1580-1586.

[12] Jobe, W., Östlund, C., & Svensson, L. MOOCs for Professional Teacher Development [G]. In Society for Information Technology & Teacher Education International Conference, 2014 (b): 1580-1586.

[13] Kellogg, S., Booth, S., & Oliver, K. A Social Network Perspective on Peer Supported Learning in MOOCs for Educators [EB]. The International Review of Research in Open and Distributed Learning, 2014, 15 (5).

[14] Lajoie, S. P., & Azevedo, R. Teaching and Learning in Technology-rich environ-

ments [J]. Handbook of Educational Psychology, 2006, 2: 803-821.

[15] Laurillard, D. The Educational Problem that MOOCs Could Solve: Professional Development for Teachers of Disadvantaged Students [J]. Research in Learning Technology, 2016, 24 (1): 29369.

[16] Lin, F.-R., Lin, S.-C., & Huang, T.-P. Knowledge Sharing and Creation in a Teachers' Professional Virtual Community [J]. Computers & Education, 2008, 50 (3): 742-756.

[17] Matzat, U. Do Blended Virtual Learning Communities Enhance Teachers' Professional Development More Than Purely Virtual Ones? A Large Scale Empirical Comparison [J]. Computers & Education, 2013, 60 (1): 40-51.

[18] Moolenaar, N. M., Sleegers, P. J. C., & Daly, A. J. Teaming up: Linking Collaboration Networks, Collective Efficacy, and Student Achievement [J]. Teaching and Teacher Education, 2012, 28 (2): 251-262.

[19] Nawrot, I., & Doucet, A. Building Engagement for MOOC Students: Introducing Support for Time Management on Online Learning Platforms [G]. In Proceedings of the 23rd International Conference, 2014: 1077-1082.

[20] Pappano, L. The Boy Genius of Ulan Bator [J]. The New York Times, 2013, 13.

[21] Schlager, M. S., Farooq, U., Fusco, J., Schank, P., & Dwyer, N. Analyzing Online Teacher Networks: Cyber Networks Require Cyber Research Tools [J]. Journal of Teacher Education, 2009, 60 (1): 86-100.

[22] Schlager, M. S., & Fusco, J. Teacher Professional Development, Technology, and Communities of Practice: Are We Putting the Cart Before the Horse? [J]. The Information Society, 2003, 19 (3): 203-220.

[23] Scholz, C. W. MOOCs and the Liberal Arts College [J]. Journal of Online Learning and Teaching / MERLOT, 2013, 9 (2): 249.

[24] Seaton, D. T., Coleman, C., Daries, J., & Chuang, I. Enrollment in MITx MOOCs: Are we educating educators? [J]. Educause Review, 2015.

[25] Vescio, V. Ross, D., & Adams, A. A Review of Research on the Impact of Professional Learning Communities on Teaching Practice and Student Learning [J]. Teaching and Teacher Education, 2008, 24 (1): 80-91.

[26] Yu-Chu Yeh. Analyzing Online Behaviors, Roles, and Learning Communities via Online Discussions [J]. Journal of Educational Technology & Society, 2010, 13 (1): 140-151.

[27] 丁钢,陈莲俊,孙玫璐. 中国中小学教师专业发展状况调查与政策分析报告[M]. 上海:华东师范大学出版社,2010,283.

[28] 叶俊民,等. MOOC背景下的高校教师角色转型[J]. 计算机教育,2014 (9):

10-13.

[29] 李春霞. MOOC 模式带给教师专业发展的启示[J]. 江苏教育研究：实践（B 版），2014（7）：61-63.

[30] 王永固，张庆. MOOC：特征与学习机制[J]. 教育研究，2014（9）：112-120.

[31] 陈向明. 从教师"专业发展"到教师"专业学习"[J]. 教育发展研究，2013（8）：1-7.

[32] 陈向明，王志明. 义务教育阶段教师培训调查：现状、问题与建议[J]. 开放教育研究，2013（4）：11-19.

[33] 马聪. MOOC-Ed 的课程类型及课程结构探析[J]. 教育探索，2015（8）：143-145.

作者简介：黄天慧，云南大学政府管理学院讲师，硕士生导师，管理学博士，研究方向：大学生发展、社会网络分析、数字鸿沟、在线教与学。

第四模块：学生论文

"互联网+政务服务"背景下政务服务平台建设评估

——以云南省昆明市为例

罗 晓 刘孟歌 张雪琼

指导教师:樊 博 邓 崧

一、引言

党的十九大对政府部门的发展提出了新的要求,提出在政务服务方面要积极运用大数据、云计算等信息化手段,"要转变政府职能,深化简政放权,创新监管方式","善于运用互联网技术和信息化手段开展工作"。政务服务平台建设是以互联网为依托,借用信息化手段来构建的,是"善于运用互联网技术和信息化手段"的直接体现。建设一个完善的政务服务平台,是完善"互联网+政务服务"体系建设的必然要求,它不仅有利于提升政府的办事效率,提高政府的现代化治理能力和治理水平;也为公众进行政务业务办理提供了便捷渠道,方便了公众的生活。当前,我国各级政府积极探索政务服务平台的建设,并取得一定的成效,但由于起步晚、发展时间短,许多政府的政务服务平台建设仍存在诸如页面设计不合理、信息更新滞后等问题。本文将从服务方式、服务事项、服务过程及服务实效四大方面对昆明市政务服务平台建设进行评估,发现问题并提出相应的对策建议以供参考。

二、政务服务平台评估指标体系及权重确定

(一)设计思路

政务服务平台评估指标体系设计以国务院办公厅发布的《"互联网+政务服务"技术体系建设指南》中已有的指标体系为基础,设定服务方式、服务事项、服务过程、服务实效四个方面为一级指标,又从满足公众需求出发,细化了二、三级指标。

1. 服务方式

在服务方式这一指标中,延伸了服务提供和服务渠道为二级指标。其中,服务提供下的三级指标为一站式提供(即能否在同一网站一次性完成所有的业务办理)和服务提供的覆盖程度(所提供的服务事项包含的范围);服务渠道下的三级指标为PC端、移动服务

端（包括政务 APP 和小程序）及线下端口。

2. 服务事项

在服务事项这一指标下，延伸了服务事项覆盖程度为二级指标，并以窗口与业务配对程度和服务事项重合度为三级指标。窗口与业务配对程度指的是平台提示的窗口标签是否能办理相应的业务；服务事项重合程度指的是各个窗口之间所办业务有无重复。

3. 服务过程

在服务过程这一指标中，延伸了基本信息和办理流程为二级指标。其中，基本信息下有办理部门、受理时间、咨询方式三个三级指标，分别指业务办理的权责部门是否清晰、受理是否及时、咨询或投诉方式是否完善；办理流程下的三级指标为流程环节完备性，它指的是业务办理时是否有完整的业务流程提示。

4. 服务实效

在服务实效这一指标下，延伸了用户使用度和用户满意度为二级指标。其中，用户满意度分为个人用户和法人用户两个三级指标。个人用户主要指公民个体用户；法人用户指公司、社会组织、事业单位等。这两个指标主要是考察网站受众群众个人和法人所占的比重。用户满意度分为好评数量和差评处理措施两个三级指标。好评数量主要是看该网站所提供的服务是否让群众满意，是否满足以市民为中心的服务宗旨；差评处理措施是考察政府网站上群众所提出的反馈，政府是否能够接收到，并能及时整改，更好地建设政府服务平台。

（二）建立指标体系

按照政务服务平台评估指标体系设计思路，建立相应的指标体系，详见表 1 所示。

表 1 政务服务评估指标体系

一级指标	二级指标	三级指标
服务方式	服务提供	一站式提供
		服务提供的覆盖程度
	服务渠道	PC 端
		移动服务端
		线下端口
服务事项	服务事项覆盖程度	窗口与业务配对程度
		服务事项重合度
服务过程	基本信息	办理部门
		受理时间
		咨询方式
	办理流程	流程环节完备性

续 表

一级指标	二级指标	三级指标
服务实效	用户使用度	个人用户
		法人用户
	用户满意度	好评数量
		差评处理措施

（三）权重确定

从公众角度出发，其对于政务服务最看重的是流程是否便捷以及诉求是否得到回应（问题是否解决），而对服务方式设计及服务事项覆盖范围的关心程度低于前者。结合三级指标密集程度，本文的指标体系赋值最终确定以服务方式20%、服务事项10%、服务过程35%、服务实效35%的比例进行划分，每个部分得分对应每个指标的量化衡量情况，最终以总得分情况反映公众视角下该政府政务服务平台建设的情况。

三、昆明市政务服务平台建设现状及评估

（一）建设现状

云南省设有统一的政务服务平台，昆明市政务服务平台融合于其中。平台设有首页、服务清单、办事服务、公共服务、监管督查、营商环境、效能监督和政务咨询共八个标签页。首页设有搜索栏，下方设有统一"好差评"、统一事项管理、统一身份认证、统一电子证照、统一查询服务、统一投诉建议、统一用户服务和统一物流服务共八项"统一"服务。网站主体设置各项服务的办事窗口，分成各个专区供民众进行选择，另附有直通云南省政府、各个地区、各个部门门户网站的链接，共有48个部门进驻，产生1 645个政务服务事项。网站末尾放置云南省政务服务中心的联系电话、办公时间、公交路线和中心简介供民众进行线下的窗口服务，最后是一些政务资讯。平台在2020年12月15日发布了一项关于政务平台系统升级的公告，说明当前政务服务平台已是升级后的最新版本。

（二）评估过程及结果

1. 服务方式上

昆明市政务服务平台上的部分服务能够实现一站式办理，但有部分服务事项不能实现一站式办理，部分环节仍需进行线下办理；服务提供涉及医疗、婚育、税务、出入境等方面，覆盖范围较广，但并不是所有窗口都能进行业务办理；所提供的服务渠道包括PC端、移动服务端及线下端口，渠道较为多样化，能够满足公众的需求，但其注册过程复杂烦琐，便捷性低。

2. 服务事项上

以"我要申报户口"为例，标题页注明户口登记、注销、迁移、户口迁移审批和对新

出生婴儿办理，点进去却出现了一个名为户口迁出省外开具迁移证（大中专院校录取）的窗口，标题页和所办事项严重分离；在所办事项"我要申领居住证"中，标题页注明暂住登记、申报暂住登记、居住证申领（就读）和居住证申领，点进去却会出现一个名为华侨以及居住在香港、澳门、台湾地区的中国公民在内地解除收养关系登记的窗口，窗口与业务配对程度不是很高；网站把服务事项分为个人办事、法人办事和部门办事，以需要服务对象分类，界限明确，所以服务事项几乎没有重叠，重合度低。

3. 服务过程上

在办事服务窗口下设的部门办事窗口内包含了市民政局、市广电局、市发改委等38个部门，基本涵盖了所有可能办理到的业务。可办理的事项汇集行政许可、行政征收、行政给付、行政确认等8类，可办理事务共计446项。但业务办理存在流程不明确且较为烦琐的问题，以办理电动自行车登记为例，在市公安局窗口下非机动车登记下的电动自行车注册登记点击在线办理则会跳转交通安全综合服务管理平台，在交通安全综合服务管理平台下则又需重新点击业务办理。另外，在昆明市政务服务平台上无法直接跟踪业务办理进度，需要到特定的平台进行业务进度查询。

4. 服务实效上

2020年，平台平均每月的业务处理量相较于上年总体上翻了两番，5月的业务处理量高达150.93万件次。平台设有"好差评"服务界面，引导群众对网上办事服务进行反馈，得到的数据显示好评率高达100%，非常满意和满意占比最大，差评占比0%。可见公众对平台提供的服务满意度非常高，但其数据真实性有待考究。

综合上述状况，对每项指标进行打分后，按照指标权重对其赋值计算，昆明市政务服务平台最终得分为65分。

（三）存在问题

1. 信息监管不到位

（1）信息更新滞后

近年来，随着科学技术的进步与发展，政府不断推进政务服务和互联网的融会贯通，政务服务平台的建设进程不断加快。当前，各地各级政府均设立了独立的政务服务平台，并在日常的政务服务工作中发挥着重要作用。但是，平台的建设毕竟不是一朝一夕的事情，在中国，"互联网＋政务服务"还未发展成熟。就昆明市而言，其政务服务平台在建设及运行过程中存在政务信息更新滞后的问题，平台上所展示的部分领导讲话、政策文件解读、政务资讯等内容仍是几年前的版本，链接的法律、法规、条例或者显示空链接，或者打开后呈现出过期的文本。

（2）信息内容不全面，公开程度不够

当前，政府政务服务平台的构建基本千篇一律，基本的信息像服务清单、办事服务、政务资讯等都已开始建立，但对于深层次的政务信息，如办事指南、统计数据和各部门的特色服务，不仅在平台上设置不明显，有的甚至并没有开设。在昆明市政务服务平台上，对于以上所说的关键性的政务信息有所涉猎，但实际公开的信息非常少，不够全面和准确。从公众的角度出发，政务信息的缺失或公开程度不够，会增加其进行事务办理的流程和环节，既浪费了时间，又耗费了精力。政务服务平台建设的目的是向公众提供便利的政务服务，与此目的相背离而建立的政务服务平台一定不能长远发展。

（3）用户需求定位不准

政务服务平台上所提供的应该是用户需要的，而不是政府能为公众提供的。在云南政务服务网站的首页，最开始设置的就是热门及推荐服务专区，它分为个人和法人两个部分。个人项目中设有线索征集、电子社会保障卡申领、驾驶证期满换证、医保电子凭证申领以及更多的政务服务事项。法人项目中设有烟草专卖零售许可证核发（新办）、人才集体户口管理服务、政府扶持的电子政务项目建议书审批、工程建设项目招标投标投诉处理以及更多事项，这一部分事项的办理可以在网上实现，有的项目的办理单位可以细化到以区级为单位。可以说，法人部分的网上办事服务系统更完善、更精确。不过，针对这个专区所设立的头几项办事服务是否为热门及民众是否真正需要，还有待商榷。

2. 平台服务只存在框架，实用性较低

政务服务平台的建设主要功能就是实现办事项目网上办理，简化流程，为公众办理业务节约时间和成本。但就现实情况来看，在线办事功能还很稚嫩，实用性较低。

（1）网上挂名，线下办理

以场景办事中的"我要出行"为例，虽然在窗口栏注有港澳通行证、台湾通行证、驾驶服务、旅游投诉和游云南等事项名称，但点击进入具体页面后会发现只有补领、换领机动车号牌、行驶证和补领、换领机动车检验合格标志两项服务事项，其他服务事项属于只标名却没有进行实质性建设。此外，在所办事项"我要看病"中，没有可以办理的部门单位，只有挂着名为医院就诊预约挂号的窗口出现。

（2）窗口标题内容与具体业务办理事项不一致

在所办事项"我要申报户口"中，标题页注明户口登记、注销、迁移、户口迁移审批和对新出生婴儿办理，点进去却出现了一个名为户口迁出省外开具迁移证（大中专院校录取）的窗口，标题页和所办事项严重分离；在所办事项"我要申领居住证"中，标题页注明暂住登记、申报暂住登记、居住证申领（就读）和居住证申领，点进去发现存在与上述同样的问题，出现一个名为华侨以及居住在香港、澳门、台湾地区的中国公民在内地解除收养关系登记，标题页注明的服务事项没有，而且出现一个未在标题页注明的服务事项，这个事项需要办理的受众很少，而且昆明市并没有能办理此业务的部门选项。

（3）政府与用户的互动性较低，打击了民众参与的积极性

昆明市政务服务平台页面上设有政府与公众互动的栏目，如统一"好差评"、统一投诉建议等，从栏目设置上看政务服务平台给公众提供了主动参与到社会治理中的渠道，但群众咨询或提出的意见长期得不到回复；且未设置领导信箱、民意征集、在线调查和市民论坛等政府与公众、公众与公众之间的交流渠道。如此一来，公众主动参与到社会治理中

的积极性被大大削弱。长此以往，公众的问题没有渠道申诉，平台的使用率和满意度将会大大降低。

3. 平台安全系数较低

（1）专业技术人员以及硬件设施配备不完善，致使网页安全风险较高

在专业技术人员方面，政府部门内部没有成立专业的信息技术团队，在网络运营维护工作上长期依托于第三方单位（如网络公司）；在硬件设施配备方面，尚未成立专门的中心机房，网站服务器长期租赁公司的虚拟空间，未配备网页防篡改、web 防护系统等保护软件，网站安全防护制度不完善，服务器存在较多高危漏洞，信息极易被窃取。政务服务平台极易出现被黑客攻击、篡改网页的现象，极大地削弱了政府信息的权威性。

（2）缺乏有力的法律法规来保障用户信息安全

国家层面出台了一些关于信息安全的法律法规或者保护条例，但在对法律法规的具体实施方面需要地方政府出台相应的地方性法规进行补充，这样才能充分发挥成效，对公民在使用政务服务平台时所注册登录的信息进行保护。2004 年，云南省发布云南省人民政府令第 130 号，出台《云南省网络与信息系统安全监察管理规定》，但在具体的信息保护中并未呈现出明显的作用，约束效力不强。

4. 重平台建设，轻有效管理

投入大量的资金建设政务服务平台，引进先进设备，建立相应的机构，但缺乏有效的管理机制，造成形式上的"互联网+政务服务"。

（1）信息资源整合不到位，业务办理需要多平台跳转

部分政务平台由于信息整合不到位，导致业务办理不能实现"一站式办理"，在办理具体政务服务时，需要在不同链接中跳转。以驾驶证期满换证为例，在昆明市政务平台上点击这一服务选项，平台提示请使用"一部手机办事通"扫码办理；当转到移动端 APP 进行办理时，移动端又会提示请下载"交管12123"进行业务办理。进行到这一步，登录了一个网站，下载了两个 APP，这一项业务才刚刚开始，这大大削减了政务服务平台的便捷性。建设政务平台的初心在于为民众提供便捷的服务，但就此情形看来，目前的建设水平与建设初心是不匹配的。

（2）对平台业务办理缺乏定期运行故障排查

以电子社会保障卡申领、驾驶证期满换证、医保电子凭证申领以及更多的政务服务事项办理为例，如需办理这几大业务中的某一项时，网站会跳出请使用"一部手机办事通"APP 扫一扫办理的提示信息。这表明这些服务事项在 PC 端并不能进行办理，民众还需转战手机端进行 APP 下载办理。而在手机端使用办事通小程序进行注册时，绑定手机号码发送验证码的程序也是有问题，用户在填写验证码时一个格子内可以输入多个数字，不能自动跳转到下一个格子内，也不能实行粘贴操作，在填完一个数字点击填入下一个数字时，原先格子内的数字会随机变化；若返回重新进行手机验证码的注册，则被告知短信发送太频繁，请稍后再试；即使你完好无损地填写完手机验证码，点击注册时就会出现"不能为

空"的温馨提示。也就是说,在手机端的办事通上,是连注册都注册不了的,而在 PC 端又不能进行业务办理,相当于个人部分的服务事项都不能线上办理,只能用传统的线下窗口的方式进行办理。

此外,部分链接失效并未及时排查修复。云南政务服务网是各项业务办理的总网站,各州市级的业务办理均需要跳转到该网页。在昆明市人民政府网站上设立有友情链接,能够跳转到昆明市发展和改革委员会、昆明市工业和信息化局、昆明市教育体育局、昆明市科学技术局等 41 个门户网站。在每个政府部门的门户网站上都设有网上办事大厅,此链接直接跳转到云南政务服务网,但在昆明市卫生健康委的门户网站上,网上办事的链接并不能使民众跳转到云南政务服务网,在调查的过程中,这个问题始终没有得到解决。

四、基于公众视角的市级政务服务平台建设建议

随着"互联网+政务服务"工作的稳步推进,公众对网上办事的要求将会越来越高。在政务服务平台建设发展中,需要在实际应用中不断发现问题、解决问题,不断探索新的建设方法与途径,建设更便捷、直观和实用的政务服务平台,以满足公众日益多样化的需求。针对目前政务服务平台存在的问题,笔者提出了以下几点建议。

(一)建设和维护平台

1. 整合同类型平台,构建一体化服务平台

昆明市在云南政务服务网上有相应的平台进行事项办理,同时,移动端也开发了云南政务"一部手机办事通"APP 和微信小程序,渠道多样,提供多种方式给民众办理是好的,但 PC 端的办事服务平台存在可办事项少、内部信息缺失、标签页与办事窗口内容不符等问题,移动端的微信小程序注册程序出错,这就导致两个平台的服务各有各的问题。建立平台不在于多,而在于精,政府应构建出一个较为完善、办理事项多样的一体化服务平台。这样不仅节约资金,民众满意度也高。该选取优先完善的一个办事服务平台,将其他平台的办理事项和机制优点整合到优先选择的办事服务平台,有了此平台做基础,其他被整合的平台就有模板进行参照。

2. 进行科学合理的平台页面设计

服务平台页面设计直接影响到公众是否能够有效地完成所需业务办理。政府服务平台的建设本就是为了提供高效快捷的政务服务,科学合理的页面设计能让公众快速准确地找到自己所需的服务事项,用最短的时间提交业务办理申请,节约业务办理时间。对于公众而言,科学合理的页面设计要求页面布局要突出服务功能。关于这一点,可以借鉴其他国家的一些建设经验。国外政府网站页面模块多为两种形式,即按主题分类和按对象分类,但这两种分类形式下的网页模块设计都是以网站的服务功能为主。以英国为例,其政府网站页面设计通过市民、企业、国际三个专栏来明确划分功能,以提供差异化的政务服务。在市民这一级选项下,又按学习、生活、工作等专题来细分二级选项,公众可以按自己的角色、职业来查找相关服务。

3. 成立平台维护工作组

平台服务虽然是一个虚拟的网络事物，但在上线之后，经过公众和管理层人员的多次使用，也需要进行定期的维护修理工作。政府需要招考录用一批信息人员和专业技术人才，由他们组成一个平台维护工作组。

信息人员负责平台信息的内部更新，及时上传政府下发的各类文件，整理收集公众对平台使用的满意度及建议措施的反馈，将所涉及的技术问题及时反馈给技术部门进行解决。并且可以持续与各部门进行信息的交换，通过沟通与洽谈尽可能多地保障平台信息的完整性、实用性，让平台真正成为一个信息整合、处理的数据库，做到真正意义上的"互联网+政务服务"，实现民众办事效率的提升。技术人员主要负责解决平台的技术问题和信息上传问题。比如，昆明市卫生健康委的门户网站的办事服务链接不能转接到云南政务服务平台的问题就应该由技术人员组成的技术部门来解决。在平台的日常运行工作中，技术人员应当不定期地自查平台建设方面的技术问题，并随着科技的进步，不定时地对平台进行更新和优化，以保证平台运行的流畅和服务的先进。

(二) 从公众角度出发，切实考虑公众利益

1. 关注数字鸿沟问题，为使用网络办理政务不便者提供专门的办理途径

随着科技的进步，很多老人因为跟不上时代的步伐而慢慢被人忽视。宜昌市一老人冒雨用现金交医保，但被工作人员的"不收现金，要么告诉亲戚，要么在手机上支付"的一番话而劝退。不可否认，现如今社会上是存在数字鸿沟问题，政府办事以为人民服务为宗旨，就不得不关注这个问题。为了解决数字鸿沟问题，政府应当在平台建设中设立线下窗口和人工服务模式供民众选择。如果老人可以在平台上进行一些操作，可以选择人工服务模式，让服务人员通过线上的方式进行引导老人办事服务的各项操作。反之，如果老人对电子设备一窍不通，可以选择线下窗口模式，先让服务人员通过线上和老人对接，并进行预约。老人到线下办理服务的时候因服务人员之前已经了解了所办事项，就可以更快捷地引领老人在各个窗口办理，这样就节约了各自的时间和成本。

2. 以问题为导向，注重用户体验，精简政务办理流程

平台建设的初衷是为民众提供更方便、快捷的服务。如果政务办理流程和线下窗口办理一样复杂甚至更加繁琐，那平台的建设就没有任何意义。要贯彻"以市民为中心"的服务方针，就要以问题为导向，对平台各方面的建设进行整改和优化，注重民众使用平台办理事项的体验感，核心是让民众用最少的点击次数获得所需的服务，包括网站访问人口和通道的设计、用户注册的认证的设计、平台栏目和功能命名的设计、平台检索的设计、平台交互功能提示的设计等，要学会借鉴目前互联网上已经约定俗成的方法和成功的案例，而不是盲目创新。平台的好处就是能够包容大量的信息，要充分利用平台强大的信息储存能力，调取已有可用数据，减少重复信息的填写，同时对政务服务平台内部的功能进行分类调整，合并同类型功能，从而简化平台页面的复杂程度，让公众能够快速找到所需办理业务的窗口，进而精简政务的办理流程，提高民众的使用感和满意度。

3. 突出以公众为中心的服务

政务服务平台的建设是面向公众的，突出以公众为中心，强调平台服务的针对性是契合平台建设目的的举措。在这一点上，一些国家有很多做法值得我们借鉴。以英国的政务平台建设为例，平台依靠遍布全国的传感器网络采集实时数据，并通过对实时数据的分析来预测公众的需求，从而为公众提供更个性化的优质服务。另外，韩国政府以生命周期理论为基础，为通过注册的不同年龄、性别、城市和喜好等的公民提供定制化的服务，并通过搜索功能把政府的服务按公众需求整合在一起，实现了审批与服务的完美结合。新加坡政府则是以为公众服务为中心建立政务平台，将平台首页设置分为热门机构、热门服务和所有机构三个栏目，标注了每个政府部门的在线服务的数量，可以看到每个部门提供的线上政务服务，并围绕文化、教育、住房、交通与出游等一系列主题串联起多个服务事项，形成一体化的服务"链条"。

（三）建设"有限政府"，加强政府人员思想建设

1. 建设"有限政府"

"有限政府"是相对"无限政府"而言的。它代表着政府在管理理念、管理体制和管理方式上进行改革，让所有能在政府外的环境做到的事都交由他们来做。在建设平台上，政府主要负责提供一些信息和所需的办事服务事项，可以下放一部分权利给外部机构人员，不必要所有工作都由政府内部人员来做。政府和外部机构进行合作，不仅可以做到互惠互利，群众也会因此而受益。

2. 加强政府人员思想建设，建立健全问责和激励机制

政务服务平台是政务服务提供的手段，平台的建设需要政府工作人员配合进行，服务的提供也要靠他们最终落实。因此，加强政府工作人员的思想建设势在必行。将"为人民服务"刻在心上，扛在肩上，始终把群众的利益放在首位，切实为群众排忧解难。除此之外，还应结合问责和激励的方式，对置人民群众合理诉求于不顾的行为进行问责；对积极回应群众诉求并及时解决的行为进行激励。这两种行为可以用一些细化的、具体的、可实现的指标来划分，如回复数量、回复时间、投诉数量等，以这些指标为标准进行不定期考核，将考核情况纳入公务员的晋升和工资指标中，以激励其为群众办好事的决心。

（四）构建系统完整的政务服务平台绩效评估体系

一个良好的绩效评估体系，能够为政务服务平台的建设提供科学的依据。通过对绩效评估结果进行分析，能准确找出问题所在，并及时解决。在设置绩效评估标准时要全方位考虑，用定性和定量相结合的方法，从政府服务方式、服务事项、服务过程、服务实效等几个方面给出客观评价，尽量去细化绩效评估指标，从而构建起一套系统完整的科学的评估体系。基于此，政务服务平台建设可以根据绩效不断进行动态调整，以获得相对较好的状态。

完善绩效评估能有效地避免政务服务平台在建设过程中出现失误，通过多维度细化的

指标来进行评价，进而能减少不必要的损失。在这一过程中，"多维度"是一个重要的概念，我们不能单一地从资金投入的多少来评价政务服务平台建设的好坏，也不能单一地从服务事项提供的全面与否就得出结论，而是要从服务方式、事项、过程、实效等多维度进行全面而综合的评价。

五、结语

政务服务平台建设是推进"互联网+政务服务"的重要举措，但现阶段各级政府的政务服务平台建设还有许多需要改进的地方。本文基于公众的视角，以云南省昆明市为例，研究分析了其政务服务平台的运行现状，发现了该平台在信息监管、服务提供、平台安全等方面仍存在问题，并以此为基础提出了政务服务平台建设应构建一体化平台并招录专业技术人才进行维护、从公众角度出发进行网站建设、提高政府提供公共服务的能力、构建系统完整的政务服务平台绩效评估体系等建议。

我国的政务服务平台建设还有很长的一段路要走，希望本文能为我国的政务服务平台发展提供些许参考。

参考文献：

[1] 林晶晶. 设区市政府网站建设管理现状及对策探析——以福建省福州市为例[J]. 福州党校学报，2019（05）.

[2] 曲甜，田华. 政府治理视域下的互联网政治参与：基于省级政府门户网站的评估[J]. 电子政务，2018（10）：60-75.

[3] 陶佩. 政府网站建设现状及对策分析[J]. 信息化建设，2018（6）：127-128.

[4] 宋晓萌. 市级电子政务服务网站建设评估——以南京市和合肥市为例[J]. 民生消费，2020（1）：36-37.

[5] 邱克斌，陈馨，向龙宇. 推进政务服务标准化助力"渝快办"政务平台建设[J]. 第十七届中国标准化论坛论文集，2020（11）.

[6] 周雪梅. 网络信息资源评价视野下的云南政府网站建设现状及对策研究[J]. 电子技术与软件工程，2012.

[7] 金震宇，房迎. 互联网+政务服务的当下探索[M]. 北京：科学技术文献出版社，2016.

作者简介：罗晓、刘孟歌、张雪琼，云南大学政府管理学院2018级本科生。

"互联网+政务服务"发展所面临的问题及对策

——以当前老年群体的"数字鸿沟"为例

卢 佳 王 瑶 朱芳梅

指导教师：邓 崧

一、背景

随着"互联网+电子政务"在我国的快速发展，各个省份都在着力发展本地区的特色电子政务。网上办事服务作为电子政务的依托，近几年的发展也十分迅速。线上支付、人脸识别能够减少人工找零与人工核对所带来的时间浪费与工作失误，提高工作效率，加强对其的推广也是大势所趋。但是对于知识文化水平较低的和年龄较大的群体，如果在推广这些技术时不能尽可能地考虑他们的使用障碍和实际需求，同时也没有可行的解决办法，那么新技术的使用就会有悖于其原本"便民利民"的原则。一直以来，基础设施以及技术设备领域是党和政府在发展电子政务过程中对于"数字鸿沟"的主要关注点（丁艺等，2014）[①]。在"互联网+电子政务"的发展潮流奔涌而来的当下，如何帮助老年人跨越数字鸿沟，使政府真正做到为人民服务、让人民满意，是智慧政府时代亟待解决的问题。

二、"互联网+电子政务服务"发展现状

随着中国新一代信息管理技术的发展，互联网在提高政务服务质量水平能力方面发挥了愈发重要的作用，能够有效促进我国政府深层次体制机制的变革。2016年，李克强总理在《政府工作报告》中首次提出了要推进"互联网+政务服务"建设。至今，我国各地方政府按照中央要求、结合自身特点和需求开展了形式多样的"互联网+政务服务"创新实践探索，但各地区的"互联网+政务服务"工作推进程度和效果还有很大差异。其中，发展水平较高的有上海的"一网通办，一网统管"、浙江的"最多跑一次"、江苏的"不见面审批"、贵州的大数据治理。

---

① 丁艺，刘密霞，张晓欢. 电子政务发展中的"数字鸿沟"问题及解决对策[J]. 中国市场，2014 (33)：10-13.

贵州省是全国首个实现将法人实体、人口、空间地理、宏观经济四大数据库汇入同一平台进行云共享的省份，计算机可以直接读取的数据高达 7 760 多万条。遵义市共建立了 131 个全行业窗口和 28 个综合办公窗口，共办理项目 7.3 万多个，节省申请人 15 万多人次，节约成本 750 多万元。重庆、甘肃、贵州等地都在不断加快建设推进政务信息服务"跨省通办"工作，以"用户通、系统通、数据通、证照通、业务通"促进在线和离线处理的一体化。

2019 年，浙江省引入了"百度政务千城计划"，并将其与本省的"浙里办"政务 APP 相结合进行协同发展。如此一来，当民众想要了解政务方面的内容时，便只需在百度 APP 上输入所要咨询的问题，就可以快速获得由当地政府提供的相关权威信息，包括政务办理所需的资料、流程等。在页面底部还有"官方入口"的按钮，民众可以通过点击这个按钮进入官方业务办理页面进行在线办理，也可以进行线上预约。想查询的内容难以准确找到、想咨询的问题又总问不清楚、业务办理流程还十分烦琐是民众找相关机构办理政务问题时最常遇到的问题，为了解决这些难题，同时尽可能地减少用户精准获取信息的时间，该"计划"将政府的权威信息导入其后台，利用其固有的平台优势，精简操作步骤，努力达到"一数一源，一源多用"。

此外，许多省份也已推出本省的政务 APP，如广东的粤省事、浙江的浙里办、江苏的政务服务 APP、安徽的皖事通、福建的闽政通、重庆的渝快办和云南的办事通，都是国内目前运行效果较好的政务 APP。

新冠肺炎疫情使得许多企业、工厂全面停工停产，而"互联网 + 政务"所提倡的"不见面审批""一章到底"政务办理是我国企业能够尽快复工复产的主要保障之一。可见，新冠肺炎疫情倒逼了我国加快数字化政府建设的步伐。一方面，为保障经济发展和防疫工作同时进行，各级政府都在不遗余力地打造"数字政府"。为使国家各项政策传播效果更加显著，民众能够实现政务的一站式办理，企业能够尽快实现全面复工复产，同时保证疫情期间也能够全面、连续地提供政务服务，国家政务服务平台便为小微企业和个体工商户建立了服务专栏。另一方面，在线电子政务服务大大减少了时间成本，加快了恢复工作和生产的过程。为尽力实现政务办理不用见面、不用跑腿、没有成本，多个地区鼓励进行线上办理，积极推行帮办行政审批服务，同时开通绿色通道。国家政务服务平台在疫情暴发之后，设计并推出了健康码，健康码数据可以实现全国共享，保证个人健康信息的互联互通。全国大部分地区都可以通过使用健康码实现无障碍通行。"横向到边，纵向到底"的政府服务体系的整合已初步完成。根据联合国发布的数据，我国的电子政务发展指数是 0.7948，整体排名从 2018 年的第 65 位提升到了第 45 位，创历史新高，电子政务发展水平在全球处于"非常高"的地位。

按照国家标准来衡量，我国实现政务平台覆盖三级以上的地区已达 31 个省份，达到五级覆盖的也已有 21 个省份。电子政务服务还在不断发展壮大，山西、江西等地正积极推进五级政务服务平台建设，尽力使服务重点向纵深下沉，扩大政府服务覆盖面。

三、"互联网+政务"下老年人数字鸿沟凸显的原因

近年来,我国的数字经济得到了全面、快速的发展,由此也催生了许多新兴的产业和新兴公共服务,现在它们俨然已经成为带动我国经济增长的新动力。新冠肺炎疫情的暴发间接地推动了社会的全面数字化。老年人口所需跨越的数字鸿沟并不是现在才有,却因疫情变得愈发明显。因为购物、去公园散步、去医院看病、乘坐公交车——每一种生活需求都不得不依赖互联网和智能手机。如何帮老年人顺利跨过"数字鸿沟"变成了互联网领域的一个新挑战。

(一)老龄化加剧数字鸿沟

国际上对"老龄化"的定义标准是:一个国家或地区年龄在60岁以上的人口占总人口的10%,或者65岁以上的人口占总人口的7%,即可称之为老龄化社会。很明显,中国已经迈入老龄化社会。根据之前国家统计局公布的数据,到2018年底,全国60周岁和60周岁以上的老年人已达到24 950万人,约占全国总人口的18%,而65周岁和65周岁以上的老年人口已经达到16 660万人,约占总人口的12%。加之计划生育政策对人口结构的影响还未释放完全,可以预计,未来我国老年人口的比重还会持续增加。

疫情期间,有关老年人群在融入互联网生活的种种困难被屡屡报道,在全民上网的背景下,老年人群所表现出的窘迫、无力让人心生恻隐。在疫情开始的早期,如何说服爸爸妈妈戴口罩成了年轻网民在微博的热搜话题;疫情的传播使得人心惶惶,不能很好地分析和辨别信息的真伪使得老年人极其容易被谣言所欺骗。线上预约、线上购物、扫健康码等对老年人群来说也并不容易。艾瑞咨询的数据显示,2019年我国智能手机用户达到10亿,占总人口的70%,但老年人群智能手机持有比例远远低于这个数。根据腾讯2018年发布的《老年用户移动互联网报告》,中国现有8 000万老年网民,约占老年人口的30%,与总人口的智能手机持有占比相差巨大。另外,由于我国老年人的受教育程度普遍不高,缺乏必要的知识技能,使得老年人接入互联网的动机普遍不强。加之信息技术在我国的普及较晚,大多数老年人在其教育或者职业经历中没有得到信息技术的赋能,信息素养缺乏,即便老年人拥有了智能手机,但其使用的熟练程度不高、使用频率低、使用功能有限,在疫情中,普通老年人使用智能手机完成日常生活的数字化需求存在较大的难度。民政部发布的最新预测数据显示,到"十四五"期末,全国老年人口将突破3亿,这意味着我国将从轻度老龄化进入中度老龄化。

(二)老年群体身体机能对"互联网+政务服务"的适应制约

当前"互联网+政务服务"主要是民众在政府相关网站上填写相应办事需求。民众在自主选择办事类型、准备相应材料后由政府通过网页后端的作业信息系统来进行简单的数据处理以及协同该项业务所涉及的部门来并行处理后给予民众处理结果。以民众办理个体执照为例,民众只需要在政府官方网页上填写自己的业务申请,并准备政府官方所要求的

对应资料，网页后台的公务人员在受理民众的申请后将相应需求录入电脑后台，结合政府内部相关的业务要求，将所涉及的部门提炼出来并及时将业务申请分发到涉及个体执照办理的工商部门、税务部门、卫生部门以及消防部门进行跨部门的审核，在规定时间内给予民众相应的结果反馈，民众在接收到反馈后将准备好的资料提交到政务大厅的相关部门即可领取自己的执照。这一过程中减少中间的控制环节，缩短横向部门之间、纵向部门上下之间的琐碎程序。

通过互联网与各部门的合作，为民众提供快捷便捷的服务，提高了公务处理效率。而这一系列的网络操作对于老年群体来说就具有巨大的挑战，老年人自身身体机能的下降限制了对"互联网+政务服务"的使用。比如，视觉的下降使得老年群体难以准确分辨相应的颜色，从而导致对政府网页的识别；身体肌肉的退化和反应灵敏度的下降，导致无法及时对政府网页上的选项按钮进行准确、及时的控制；记忆力的衰退，导致无法适应业务申请的烦琐步骤。最重要的是，老年群体心理上对技术使用缺乏自信，使得他们产生技术焦虑甚至畏惧心理。这一系列由于老年人自身身体机能的限制所产生的对互联网政府服务的"数字鸿沟"就是导致"互联网+政务服务"无法获得老年群体的大范围的接受和使用的原因。

（三）"互联网+政务服务"的安全问题引发老年群体的担忧

"互联网+政务服务"强调民众可以通过享受政府网站办事，特别是享受个人信息交换、手续办理和电子支付等功能。在数字交易过程中，用户更加关注的是数字安全的问题。如果他们的个人基本资料和财产安全得不到保障，就很难指望人们会愿意使用它。尤其是在中国，目前还未建立一个完善的个人隐私法律保护的作用机制，不少的个人资料在网上被兜售并被用于商业兜售目的，令民众对个人隐私深感忧虑。与此同时，政府网站的安全意识和防护能力依旧较为脆弱，广泛使用的各种盗版软件也引发广泛的数字安全隐患（马亮，2017）[1]。目前，政府在进行网络政务服务的过程中一般都把民众填写自己的个人信息作为服务求助的第一步，最基本的信息搜集包括公民身份号码、基本的住址与联系方式等。对于老年人群体来说，以上信息通常都是他们最看重的隐私。出于对互联网的不信任，老年人在使用互联网政务服务时一般不会透露自己的信息，导致互联网政务服务无法进行下一步的开展。网络化服务无法为老年群体提供面对面服务所带来的安全感和实体性。

目前，各搜索引擎上假冒政府官网的网站不胜枚举，许多网站与当地政府官网网址仅差一个字母，许多网站通过"擦边球"的方式来骗取点击量。老年群体在家人的指导下进行网上办事的过程中面对琳琅满目的网站，经常无法找到正确的政府官网。为了防止被非法网站骗取个人信息，老年人经常选择放弃寻求互联网政务服务，转向亲戚寻求帮助或者到政务大厅询问其他解决方法，甚至将事情搁置。老年群体的"数字鸿沟"加上"互联

---

[1] 马亮. 新加坡推进"互联网+政务服务"的经验与启示[J]. 电子政务，2017（11）：48–54.

网+政务服务"的不安全性导致老年群体过度担心个人隐私泄露问题,这也是妨碍传统政务服务及"互联网+政务服务"推进的一个重大障碍。

(四)老年群体无法顺利完成"互联网+政务服务"的业务办理流程

"互联网+政务服务"过程中,通常需要民众先在政府官网上根据自己的政务需求注册网上办事大厅的个人账号,然后根据指导完成流程式的操作,方可获得结果。以杭州市社保卡办理流程为例,可以直接通过网上办理领取。首先,需要民众携带本人身份证到杭州市市政中心或市区各社保卡营业厅,现场填写社保卡申请表并拍照,即可完成办理流程。在办理后一个半月至2个月需到办理手续时的办理点领取新卡;而在网上申领需打开支付宝APP输入并搜索"电子社保卡",在搜索结果点击选择"应用"电子社保卡——杭州市,点击选择参保城市:杭州市,确认授权并按照提示填写、绑定信息即可。

(五)老年人易被忽视

当下,许多有关"互联网+政务"推行过程中出现的数字鸿沟的研究多集中于城乡之间、男女之间以及不同地域之间,而鲜少有学者关注老年人在电子政务面前所需跨越的数字鸿沟的问题。作为一个老龄化国家,老年人在电子政务中所占的比重越来越高,且将逐渐成为电子政务服务的一大主要群体。

早期人们认为弥合数字鸿沟可通过提高ICT接入来解决,如加大通信基础设施建设、增加互联网接入数量、减低资费成本,让更多人有机会使用互联网。随着ICT技术的升级,互联网接入的沟壑逐渐被填平,所谓的"接入沟"已经逐渐被缩小。但人们又逐渐认识到接入会给不同人群带来发展机会的差别,不同群体之间由于经济、教育、所处环境、先天禀赋的差别,使其在应用层次上存在能力差异,形成所谓的"应用沟"。通常也将"接入沟"称为第一道数字鸿沟,将"应用沟"称为第二道数字鸿沟(付华,2020)[①]。中国经济的飞速发展使得老年人的生活水平得到了普遍的提升,虽然许多老年人仍然习惯于使用老年手机,但是相比于互联网还未十分发达的时期,使用智能手机的老年人口已大大增加,"接入沟"在很大程度上得到了弥合。如今,老年人面临的问题更多的是一个"应用的差距"。

随着国家推行"互联网+电子政务",各个省份也在不遗余力地进行智慧政府建设,省份之间都在暗自竞争,电子政务发展前景也是一片大好。当然,任何一项举措的施行都会遇到许多阻碍,数字鸿沟最初集中在城乡以及不同地域之间。中国长期的城乡二元结构导致城市和乡村经济发展差距明显,农村公共基础设施也相对薄弱。因此,互联网在农村也并未得到很好的推广。此外,中国东西部的经济发展程度落差很大,随之而来的互联网的发展也相去甚远,甚至产生了互联网发展的"马太效应"。因此,早期的文献也较多地涉及我国地区间、城乡之间的数字鸿沟问题,并从数字鸿沟的测度、社会治理、普遍服务

---

① 付华. 疫情下的"数字鸿沟"现象分析[J]. 数字通信世界,2020(10):53-55.

等角度展开深入的研究。总之，早期的数字鸿沟研究主要围绕"接入沟"展开。随着移动互联网在我国的爆发式增长，2011年，我国手机网民数量初次超过计算机网民数量。到2020年3月，我国互联网使用人数达9.04亿，手机网民用户达8.97亿。移动互联网的普及，使得人们接入互联网的设备、技能准备、费用都得到较大的节省，"接入沟"已经得到较大的弥合。

在这一发展过程中，老年群体面临的数字鸿沟持续被忽视，老年人对于互联网的需求或是在互联网中所面临的阻碍一直没有很明显的暴露出来。在"互联网+政务"推进初期，"不懂怎么运用互联网"也并不会让老年人寸步难行，尽管可能没有网上办事那么便捷，但是线下的服务大厅、办事窗口完全能够满足人们的日常所需。此次新冠肺炎疫情将网上办事、"互联网+政务服务"推上了新的高潮，"不接触办理业务""动动指尖就能办事"给非老年人带来了巨大的便利，但却使很多老年人寸步难行，之前一直未暴露出来的老年人群所面临的数字鸿沟被揭开了面纱。

四、助力老年人跨越"互联网+政务"的数字鸿沟的路径

（一）政府宏观调节

政府作为社会管理者，对填补数字鸿沟具有无可比拟的力量，对社会老龄化的影响也最为直接（邓蔚，汪明香，2015）[①]。对于政府而言，填补老龄化数字鸿沟，可以从政策、平台建设等方面入手，对老年人多一些偏向性，帮助他们跟上互联网发展步伐，增加老年人幸福感与获得感，减少他们的社会焦虑感。

制定有利于老龄化政务办理的政策。根据已进入老龄化社会多年的西方国家经验，在信息传播中应注意对老年人的保护。国外推行"信息无障碍策略"，任何行业，特别是高科技产品和服务的问世都必须充分满足残疾人、老年人等弱势群体的需求。因此，我国在制定相关政策法规时可以借鉴西方国家的经验，同时结合我国国情与发展实际。

对于老年人来说，要鼓励他们来使用新媒体，无论是在概念上还是在具体的行动上。很多老年人没有接触新媒体，是因为家人认为没有必要。很多年轻人甚至认为老年人使用电脑和手机是浪费金钱，而没有认识到新媒体对于老年人来说也是具有一定价值的。实际情况是，使用新媒体对老年人改善生活、融入社会至关重要。各级政府应在社会舆论导向上积极鼓励并倡导老年人接触新事物，并且鼓励他们主动去了解新媒体的理念，形成和谐向上的社会氛围。提升老年人的社会参与感，将会大幅提高我国民众整体幸福感。

（二）电子政务平台建设更加"适老化"

一切公共服务设施与技术的发展都要以"为人民服务"为出发点，以"便民""利民"为依托。

---

① 邓蔚，汪明香. 老龄化传播中数字鸿沟的成因及对策[J]. 中国广播，2015（1）：55-58.

在老年群体无法准确地运用网上办事的各项服务的情况下，需要政府在秉持以人为本的理念下为老年人提供更具针对性的互联网的政务服务。针对掌握上网技术的部分老年人，在政府官网上设置必要的人工服务选项，老年人在网上办事的过程中可以及时通过人工帮助的窗口在工作人员的指导下完成自己所需办理的业务。针对未掌握上网技术的老年人，为其提供电话沟通的服务，在寻求老人本人同意的前提下由老人口述自己的政务需求，公务人员在了解老人需求后通过相关业务要求流程来帮助办理。对于部分丧失行动能力且无法清晰表达意愿的老人则可以通过老人家属代办业务。老年群体作为互联网使用的弱势群体，政府应该保障其政务参与和信息获得的权利。提高"互联网+政务服务"的服务水平需要政府通过各种灵活的措施来最大限度地消除老年群体的"数字鸿沟"对他们参与到时代所要求的政务服务方式的限制。因此，全面取消人工服务不具有现实性，在"数字鸿沟"是永远不可能被消除的前提下政府必须把人工服务作为托底保障。政府必须机动、灵活地根据不同群体提供具有针对性的"互联网+政务服务"，以此来降低"数字鸿沟"对互联网政府服务的制约。

(三) 保障"互联网+政务服务"的安全性

数据显示，只有38.8%的网民认为上网环境安全，其中认为非常安全的仅有10.3%，说明网络安全环境有待提升（互联网信息中心，2017）[①]。互联网环境不够安全，就不能进一步促进"互联网+政府服务"的发展。

日常生活中，几乎每个人都被骚扰电话打扰过，对话过程中对方甚至能够准确地说出自己的身份证号码、家庭住址以及其他更为隐私的信息。面对信息不断被泄露的风险，老年群体把自身的"数字鸿沟"作为保护自己隐私的一种方式。为了避免隐私泄露，在互联网上办理政务需求时经常迈不出第一步信息的填写。由于政府自身无法掌握网络系统开发的技术，政府的网站设计与开发通常需要与相关企业合作，在网站开发完成后企业是否会通过非法手段收集公民信息进行兜售来谋取高昂利益，这是应引起关注的问题。因此，政府在提供互联网服务的时候要有效保障网站的安全性，培养政府内部人员开发与运用技术的能力，还可以通过将政府内网与政府外网进行物理隔离，防止政务信息被木马、病毒、黑客的持续攻击，以此来保证民众的信息安全。

除此之外，政府还要坚持完善个人信息保护的法律体系。西方发达国家推动互联网政府建设的经验是建立健全既保障数据开放又保护个人隐私的法律体系。我国可以借鉴其先进经验，通过完善专门法律法规，消除老年群体运用"数字鸿沟"来消极运用互联网技术的借口，为老年人参与到"互联网+政务服务"提供一剂定心丸（蔡旭，2019）[②]。

[①] 中国互联网络信息中心（CNNIC）. 第39次中国互联网络发展状况统计报告[R]. 北京：中国互联网络信息中心，2017.

[②] 蔡旭. 以"互联网+政务服务"推动政府治理现代化[J]. 党政论坛，2019 (12): 46-51.

（四）适当简化"互联网+政务服务"的业务流程，政务服务灵活化

有关老年人的业务要结合实际情况灵活办理，各个部门相关规定不能"一刀切"，要为行动不便、无法到窗口办理的老年人考虑。保障居家老年人基本信息服务企业需要，有效解决老年人不易利用人工智能控制技术获取线上服务的困难，并组织、引导、便利城乡社区管理组织、社会工作机构和各类社会上的力量进入社区、走进家庭，建设诸如老年服务站等的便民设施。

繁琐复杂的业务流程不仅把老年群体拦在互联网政府服务的门外，也会消磨年轻群体对"互联网+政务服务"的参与热情。提供优质、高效、便捷的网上政务服务是"互联网+政务服务"改革的初衷（翟云2019）①。老年群体的"数字鸿沟"导致其运用互联网技术服务的第一步已经十分艰辛，如果还需经历繁杂的业务办理流程，势必削弱他们的参与积极性。这就需要政府在充分考虑网络服务的过程中如何有效地保证政务信息收集齐全的前提下简化业务办理流程，最大限度地减少民众来回填写多重信息的不必要的程序，为老年群体打造一个流程简单、设计醒目的专门的业务办理界面，最大限度地降低"数字鸿沟"对老年人的制约。

（五）从源头上解决"数字鸿沟"的存在

要最大限度地降低"数字鸿沟"对老年人参与"互联网+政务服务"的限制，就必须从源头上为老年群体找到解决办法，让老年人掌握基本的上网技术。"数字鸿沟"最重要的表现是代际差异，即老年人和年轻人在进行信息管理技术可以接受度、使用频率和知识学习掌握一定程度方面存在一个巨大差距（黄晨熹，2020）②。政府在推行"互联网+政务服务"的同时也要积极发挥自身的带动作用，积极开展"数字扶老"这样的帮扶行动，鼓励社区、志愿者组织、养老机构、老年大学、基层老年协会举办数字技术培训课程（张乐，2020）③。通过教授老年群体基本的上网技术，让他们能够自如地办理网上事务。除此之外，老年群体的亲人、邻居甚至朋友也都应该积极帮助老年群体使用信息设备。只有让老年群体掌握基本上网技术，才能从根本上解决"互联网+政务服务"面临的老年困境。

五、结语

政府服务的对象是所有社会公民，不能因为时代的发展就对未能掌握最新技术的群体不提供服务。在老龄化这样的社会问题不断加剧的今天，社会的进步更加不能让老年群体

---

① 翟云. 政府职能转变视角下"互联网+政务服务"优化路径探讨[J]. 国家行政学院学报, 2017 (06): 131-135+164.
② 黄晨熹. 老年数字鸿沟的现状、挑战及对策[J]. 人民论坛, 2020 (29): 126-128.
③ 张乐. 助力"银发族"乐享数字生活 构建共建共融共享的老年友好型社会[J]. 中国社会工作, 2020 (29): 33.

缺位。"互联网+"时代飞速发展的今天,政府也要走进老年人的世界,推开他们看世界的大门,智能技术并不只是冰冷机器,传统服务和创新型服务的结合应该是具有"人情味"的服务。在"互联网+"政务信息服务大力建设和发展的当下,一定要多兼顾老年群体,不忽视这一群体的社会参与需求,同时灵活变换参与方式,不让电子政府"折腾"老年人。

参考文献:

[1] 景灏. 老人冒雨交医保被拒收现金,这画面刺痛人心[N]. 人民日报,2020-11-24.

[2] 丁艺,刘密霞,张晓欢. 电子政务发展中的"数字鸿沟"问题及解决对策[J]. 中国市场,2014(33):10-13.

[3] 付华. 疫情下的"数字鸿沟"现象分析[J]. 数字通信世界,2020(10):53-55.

[4] 邓蔚,汪明香. 老龄化传播中数字鸿沟的成因及对策[J]. 中国广播,2015(1):55-58.

[5] 杨道玲. 我国电子政务发展现状与"十三五"展望[J]. 电子政务,2017(3):53-60.

[6] 张洞若. 帮老人迈过"数字鸿沟"[N]. 甘肃日报,2020-11-13.

[7] 王慧峰. 别让"数字鸿沟"绊倒老人[N]. 人民政协报,2020-11-14.

[8] 朱耀垠. 完善数字化时代老年人社会参与的公共政策[J]. 社会治理,2020(9):30-39.

[9] 陈涛,董艳哲,马亮,等. 推进"互联网+政务服务"提升政府服务与社会治理能力[J]. 电子政务,2016(8).

[10] 国务院办公厅印发《关于切实解决老年人运用智能技术困难实施方案的通知》[EB/OL]. 2020-11-24/202012-2. http://www.gov.cn/zhengce/content/2020-11/24/content_5563804.htm.

[11] 谢小芹. "互联网+政务服务":成绩、困境和建议[J]. 电子政务,2019(06):62-72.

[12] 黄晨熹. 老年数字鸿沟的现状、挑战及对策[J]. 人民论坛,2020(29):126-128.

[13] 马亮. 新加坡推进"互联网+政务服务"的经验与启示[J]. 电子政务,2017(11):48-54.

[14] 中国互联网络信息中心(CNNIC). 第39次中国互联网络发展状况统计报告[R]. 北京:中国互联网络信息中心,2017.

[15] 蔡旭. 以"互联网+政务服务"推动政府治理现代化[J]. 党政论坛,2019

(12): 46-51.

[16] 翟云. 政府职能转变视角下"互联网+政务服务"优化路径探讨[J]. 国家行政学院报, 2017 (06): 131-135+164.

[17] 黄晨熹. 老年数字鸿沟的现状、挑战及对策[J]. 人民论坛, 2020 (29): 126-128.

[18] 张乐. 助力"银发族"乐享数字生活 构建共建共融共享的老年友好型社会[J]. 中国社会工作, 2020 (29): 33.

[19] 程瀛. 老年人与数字鸿沟: 背景、现状与影响——对"老年人与互联网"的新闻报道内容的分析[J]. 新媒体与社会, 2012 (03): 218-237.

[20] 庹新岗. 以适老化改造弥合"数字鸿沟"[N]. 长沙晚报, 2020-12-10 (004).

[21] 李舒沁. 疫情背景下数字鸿沟的现状与对策[J]. 青年记者, 2020 (33): 41-42.

[22] 黄晨熹. 老年数字鸿沟的现状、挑战及对策[J]. 人民论坛, 2020 (29): 126-128.

[23] 牛蓉, 吴群, 彭宇新. 数字鸿沟视角下中国老年人公共终端优化设计研究[J]. 设计, 2020, 33 (13): 120-123.

作者简介: 卢佳、王瑶、朱芳梅, 云南大学政府管理学院2018级本科生。

医保流程再造试点实践研究

——以济南医保为例

努尔比耶·麦麦提　张　苏　刘大双

指导教师：樊　博　邓　崧

一、济南市医保改革背景

（一）医保现状问题

一直以来，医疗保险的发展被视为社会医疗保险制度的重要组成部分。随着医疗保险覆盖面的不断扩大，医疗保险在促进我国社会保障体系持续发展中的作用也在很大程度上得到凸显，但在医疗保险发展过程中还存在着医疗保险实施、医疗保险产品开发、医疗保险相关人才培养等诸多问题。医保改革前的济南市就存在如下这些情况：

1. 医保覆盖率低

据有关数据统计，医保改革前的济南市医保覆盖率仅为60%左右。在相对落后的农村，特别是边远农村，社会医疗保险覆盖面有待进一步提高。在广大农村地区，由于医疗卫生条件较差，农村居民对医疗救助服务有着强烈的需求，但由于资金和环境等原因，农民参加医疗保险的积极性不高。这在客观上影响了社会医疗保险制度的积极作用。因此，不断完善和扩大社会医疗保险覆盖面是济南市今后这一领域工作的主要方向。

2. 社会医疗保险管理方法欠缺

医保改革前的济南市跨地区报销医疗费用曾是一个比较棘手的问题。有些病人需要回到他们的保险地点去报销医疗费用。这不仅增加了患者医疗费用报销的不便，也不利于医保资源的共享。随着未来医疗技术的不断提高，如何在现代化进程中促进医疗保险的发展，在报销层面上方便快捷，逐步推进全国统一的医疗保险报销制度，最大限度地为广大医保用户提供便利，这也是济南市医保领域工作的主要方向。

3. 医疗保险产品有待完善

社会医疗保险作为一种社会医疗保险产品，不仅能够满足居民的基本医疗保健需求，而且在医疗保险产品类型上也应不断完善。资料显示，改革前的济南市医保报销的病种不够完善。部分大病特别是慢性病医保报销过程中存在一定困难。此外，部分有特殊医疗保险需求的居民无法通过社会医疗保险实现参保，影响了他们参保积极性。因此，不断完善现有的医疗保险产品体系，更好地满足广大医疗保险用户的需求，是济南市医疗保险完善和推广的主要方向。

4. 医疗保险专业人员引进不足

虽然我国医疗保险业呈现出良好的发展势头，但在此背景下，对医疗保险相关人才的需求也在不断增加。从目前来看，我国部分高校在医疗保险相关专业人才培养方面还存在一些问题，无论在数量上还是质量上都不能有效满足医疗保险市场发展的需要，特别是医疗保险专业人才的培养与社会期望存在较大差距。由于人才分配不均和济南市没有制定相关策略引进人才，导致医保方面专业人员欠缺，办事效率难以提升。如何更好地缓解和解决医疗保险发展过程中的人才短缺问题，需要济南市政府以及相关医疗保险单位不断从实际需求出发，制定相关政策法规，引进人才，更好地为济南市医疗保险事业提供保障。

5. 数据壁垒的存在

由于数据接口和技术参数的不统一，医院与医保局之间的数据对接存在数据障碍，导致数据共享失败，协同办公出现障碍。在这种情况下，只有通过流通的原始纸质表格来连接各个业务流程，导致患者需要多次往返于医院和医保局之间，耗费了大量的时间和精力，很多业务无法在一天内顺利完成。

（二）济南市医保流程问题

病人跑腿次数多是济南市医疗保险实施中存在的最大问题。如果患者需要申请医保审批业务，就需要多次往返于医院不同科室和医疗保险局，一次申请需要近两个小时。一旦出现需在国外吃药、转院就医的情况，就要在国内医院和国外医院来回跑。除了在医院的时间，我们还需要在医保局排队办理业务。一次审批基本上需要一整天的时间，甚至更长，病人跑腿很多次。如果遇到患者身体状况不好的情况，医保业务确实会给患者带来很多不便。此外，烦琐的流程容易引发医患矛盾。患者需要在医院各部门之间来回多次办理相关审批业务，就很容易打断医生的诊疗过程，破坏正常的医疗秩序，很容易引起候诊患者的不满，也容易在患者和办理业务人之间产生不必要的纠纷。由于主客观原因，有的患者一天内没有办好备案手续，第二天需要重新排队等候，自身业务难以办理完成的情况下还容易引起患者的不满。

图1列举了改革前济南市办理医保报销业务所需的资料。

- 1. 携带资料：身份证或社会保障卡的原件；
- 2. 定点医疗机构三级或二级医院的专科医生开具的疾病诊断证明书原件；
- 3. 门诊病历、检查、检验结果报告单等就医资料原件；
- 4. 财政、税务统一医疗机构门诊收费收据原件；
- 5. 医院电脑打印的门诊费用明细清单或医生开具处方的付方原件；
- 6. 定点药店：税务商品销售统一发票及电脑打印清单原件；
- 7. 如代办则提供代办人身份证原件。

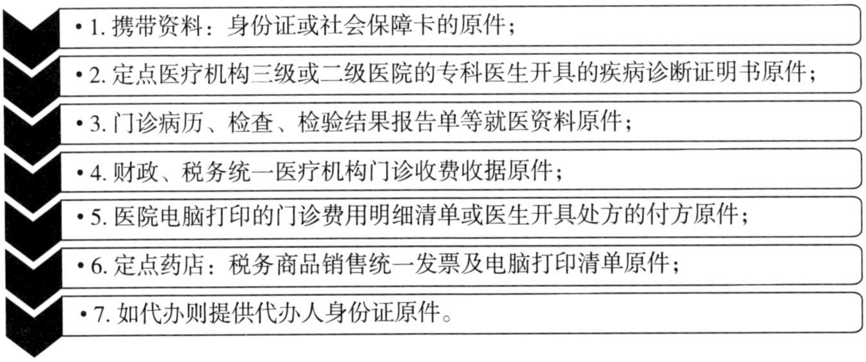

图1　改革前济南市办理医保报销业务所需的资料

申请人带齐以上资料到当地社保中心相关部门申请办理，经审核，资料齐全、符合条件的，及时办理。申请人办理门诊医疗费用报销时，先扣除本社保年度内划入医疗保险个人账户的金额，再核定应报销金额。

（三）济南市医保改革范围与目标

近年来，随着经济和社会事业的快速发展，人民群众对生命质量和健康安全越发重视，对多样化、多层次、高待遇标准、高质量服务的医保需求越发强烈。在这种形势下，济南市注重以医保流程调节为杠杆，通过优化政策结构，推动医保线上线下资源的合理配置。

济南市率先探索管理水平高、门诊慢性病患者集中的定点公立医院，建立线上线下相结合的医保专项管理区，解决多窗口处理和排队问题。在济南市中心医院慢性病服务中心，任先生办理医保结算流程不到半个小时。"以前要花两个小时。我不用手机就能享受智能医疗。"任先生说。由于在定点公立医院取得了很好的成效，济南市将此方案推广到各个地区。

"现在疾病得到很好的控制，关键是大大减轻了经济负担，这真是做梦都没想到的！"2020年10月8日，家住济南的癌症患者宋祥林感慨地告诉记者。过去，宋祥林一直使用进口的阿比特龙片，这就是所谓的"天价药"，配合泼尼松治疗，医保报销后每月自费治疗费用约8 000元，在报销过程中还要经转多个机构，由于上了年纪腿脚不方便，每次报销完都要消耗她很大的精力；现在，泼尼松不变，靶向药物换为带量采购后大幅降价药物——"艾森特"阿比特龙片，换药后至少减少了1 000元，她也不用拿着单子到处奔走，在手机上就可以把所有的事情办好。从这些变化可以看出，济南市在实现信息共享以及优化业务办理流程后，大大降低了药物采购成本，并且减轻了民众的看病负担。

"群众在哪个方面感觉不满意，我们就在哪个方面下功夫。以创新求突破，向改革要成效。医保改革的目的是打造优质、高效、便捷的办事环境，让政务服务提速、提质、提效。"济南市医保局党组书记、局长李文秀表示："该减的程序坚决减下来，该加的服务立即加上去，线上线下该融合的统筹融合好，流程再造是服务理念的深化和升级，能精简的环节坚决精简，能压缩的时间压缩到底，真正让流程再造改到群众心坎里、改到企业急需处，提升改革获得感。"

二、政府流程再造理论

（一）理论概述

提起政府流程再造，就不得不提到企业的业务流程再造。20世纪90年代，哈默和钱皮提出"业务流程再造"（Business Process Reengineering，简称BPR）理论。BPR理论的目的在于指导企业提高工作效率。BPR理论在企业的运用取得了极大的成功，并且随着企业成功的实践得到了丰富与发展。BPR理论的基本内容就是：以顾客为导向，以流程为中心,实行以人为本的团队式管理以及对先进科学信息技术的运用。随着 BPR 理论的发展,该理论也逐渐在其他领域内发挥作用,其中将 BPR 理论应用到政府当中就是政府流程再造,理解政府流程再造的基本内涵可以从其四个实现方法来理解。

(二)实现方法

政府流程再造的实现方法,中心点就是引进企业部门的高效管理技术与方法,借鉴业务流程再造的经验,对政府内部各种业务流程进行再造更新,以实现政府职能发挥最大化的作用。在此基础上,通过对引进企业部门经验技术与方法的理解与概括,总结出实现政府流程再造的具体实践方法,如图 2 所示。

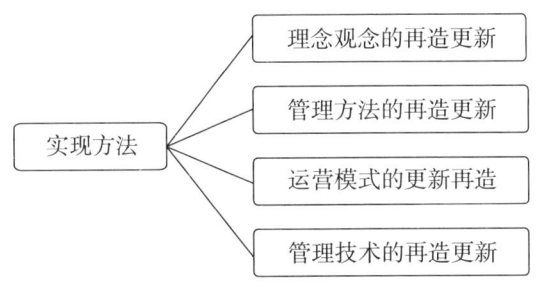

图 2 政府流程再造实现方法

第一是理念观念的再造更新,引进"客户竞争机制",即政府工作坚持以客户为导向的理念。建立客户关系管理系统(Customer Relationship Management,简称 CRM),实现将合适的产品和服务,通过合适的渠道,在适当的时候提供给适当的客户,深化政府内部对于"客户为导向"的价值观念,政府更加注重客户对于其服务的满意度,通过一系列与客户的互动反馈,改善政府服务方式、服务内容以及服务态度等,追求客户满意度的最大化。坚持以客户为导向的理念,将客户需求放在第一位,本质上与坚持走群众路线、为人民服务的宗旨是相一致的。

第二是对管理方法的再造更新,引进科学的管理方法,建立科学的绩效评估体系。传统的管理,难以实现各种信息共享,造成工作重复率高、效率低,政府为社会提供服务的能力难以满足社会的需要,严重阻碍了政府各项工作效率的提高。组织管理方法是组织业务实现的载体,对组织目标实现发挥着重要作用,对传统组织结构的再造更新是政府再造的重要内容,在此可以借鉴企业运用的全面质量管理的管理方法,坚持以质量为中心,以全员参与为基础,坚持结果导向。与此同时,管理过程中也要重视绩效考核,注重管理效果的反馈与完善,不仅要对组织目标的实现效果进行评估,还要对实现组织目标过程中人的表现进行评估,构建更加全面的评估体系。全面质量管理充分尊重了劳动者的主体地位,尊重劳动,极大地激发了政府部门工作人员的工作积极性。同时,在搭建合理科学的组织程序与组织机构的框架下,通过绩效考核对机构人员进行选拔,在对管理方法的更新的同时实现对组织结构的变革。

第三是对运营模式的更新再造，中心措施就是引入市场竞争机制。一方面，增加提供公共服务的主体数量，不局限于政府。拓展其服务供给的主体，打破原先部分领域政府垄断造成工作效率低下的现象，将政府的部分权力下放到市场，通过竞争机制选择最经济且又能带来最大社会效益的市场主体参与公共服务的提供，实现一定程度上政府公共服务民营化，减少政府财政压力与工作量，有利于更好地发挥政府职能作用。与此同时，各市场主体在竞争机制的引导下积极提高自身竞争力，提高产品服务能力与质量，给社会带来更高的公共服务供给的效益。另一方面，在政府内部引入竞争机制，变革原有公务人员工作现状，对政府工作人员、人事制度开展绩效考核，优胜劣汰，实现岗位与能力挂钩，减少人浮于事的现象，提高政府的整体工作效率。

第四是管理技术的再造更新，开展相关技术变革，引进先进的科学技术。实现电子政务以及政府工作信息化，是政府流程再造理论的主要目标。政府政务信息化的实现要依托先进的网络信息技术，互联网、大数据、云计算等技术的深入发展，为政府政务信息化的实现提供了技术支持，为建设办公信息系统提供了保障。政府政务信息化的实现需要经过三个阶段：一是受理应用阶段，建立作业信息系统（TPS），即政府部门单向接受企业或公众的网上申报等事项，政府只是建立了向社会提供单项信息查询的数据库，对政府与用户之间在线互动的平台尚未搭建，政府对用户需求的回复则延续到原来的网下渠道进行。二是互动应用阶段，建立管理信息系统（MIS），政府与用户在网上互动完成各项事务，实现全过程网络化。政府提供互动服务，实现申请、受理、办理、网上通知、分发处理的一条龙服务。政府建立多部门在线互动数据库，用户通过与相关部门在线互动数据库对接，可以实现在线办理相关业务。三是在线事务处理阶段，建立决策支持系统（DSS），政府对外服务网络在建立政府各个部门信息高度共享与整合数据库的前提下，实现政府多部门以一个端口对外，各部门流程协同并行、同时审理。政府所有部门实现信息共享，联动为一个整体对外，用户可通过同一个端口申请服务，同时也能通过这个端口得到政府的回复与办理结果，真正实现"一站式服务"。

三、基于流程再造理论，济南医保改革实践研究

政府流程再造是政府改革的趋势所在。近年来，随着公众生活内容的丰富，对政府服务需求的内容逐渐增加，民众对于政府提供更便民、更高效的诉求也在不断增长，政府也在与民众的互动中逐渐走向了政府流程再造的道路。本文以政府对基本流程进行再造的案例为出发点，分析政府流程再造的实现条件、遇到的问题，对相关问题的解决提供自己的见解。

（一）济南市医保改革主要内容

医保问题关乎民生，济南市以流程再造为基点，开展对济南市医保流程再造的试点改革。

第一,建立复诊购药结算的一站式服务端口。济南市医保局建立全新互联网管理服务模式,在部分试点大型公立医院探索"慢病专区"建设,将慢病患者的就医流程全部集中到一个窗口,同时连通医院 HIS,并结合医院的电子处方及时对慢性病房进行流转,最终达成对慢病患者实现集约化管理的目标,改变原来患者在就医过程中的多窗口跑路、排队等现象。同时,省市共建的山东省互联网医保大健康服务平台,也为患者提供线上线下相结合的多个就医流程为一体的"一站式"诊疗服务。通过对互联网技术的使用,最终以逐步实现从线下就诊到线上复诊的分流的目标。

第二,搭建生育保险报销流程的医院一站式服务端口。传统的生育保险待遇结算工作,需要待报职工个人先垫付,之后由本人携带多种材料往返于单位、医院和医保经办大厅办理医疗费,进行手工报销和生育津贴的申领手续。传统的生育保险报销流程费时费力。针对此问题,2020 年济南市医保部门以问题为导向,对报销的流程进行再造,对系统进行升级。一方面将原有业务经办信息系统和医院端信息系统打通,实现了职工个人信息在医院以及经办机构之间的共享与流通,在医院、单位以及医保经办大厅三个机构之间实现了实时交互联动。这也是医院能够实现生育保险医疗费的直接结算以及津贴的一次发放的技术基础。同时,济南市医院也设立了生育保险待遇申领"掌办""网办"系统网站,给群众提供医保报销的多样的自主服务渠道,初步构建起济南市生育保险报销的线上、线下一体化信息服务平台①。

第三,打造全新医保智能监控体系。针对医保办理过程中的监控技术,济南市医保局利用现有信息技术研发了线上线下同步进行,对医保报销流程事前事中事后的全方位的智能监控体系。医保局打破了制约医院与医保局的相关信息壁垒,将医保的业务信息集中到医院端口,并在就医行为发生的过程中对患者介入提醒将要发生的医疗费用,且对报销事宜进行一定的解释。通过智能监控体系,医生与患者能够实现有效的沟通,医生也可以通过这个平台对患者的病情以及用药方面等进行实时监控。医保智能体系的构建,对不合理、不合规的医患行为防患于未然,将对病人精细化的管理实现到病人在医院的全过程中。

(二)理论梳理与案例分析

1. 树立以顾客为导向的理念、观念

从案例中可以看出,传统的生育保险流程需要办理用人单位、医院与医保经办大厅三个机构的申领手续与业务,并需要用户提前垫付费用。为此,济南市医保部门为提高办事效率,从"客户的需求"出发,通过流程再造与系统的升级以及对权限的授予,将传统的生育保险报销手续整合,打造为医院端一站式结算,并同时建立了配套的拨付、监管、回访机制,有效地提高了服务效率。为实现医院端一站式结算,济南市政府坚持以"客户为

---

① 刘颖婕,邢曼华. 济南市生育保险经办流程再造入选国家医保局典型案例![J]. 济南:民生周刊,2020(10).

导向",创新三方相关部门管理方法,构建集三部门为一体的对外窗口,统一管理。济南市政府一方面将原先归属于三个机构的业务整合到医院职能部门;另一方面将原有的经办信息系统与医院端信息系统打通,实现了个人信息在医院端与各业务经办机构之间的共享,实现各机构的实时联动,最终打造了线上线下一体化的信息服务平台,实现了对生育保险业务用户的"一站式服务"。

2. 管理方法的再造更新,引进科学的管理方法

济南市医保局创新慢病互联网管理服务模式,在大型公立医院探索设立"慢病专区",将慢病患者的就医问诊、慢病续方、复诊复查、药品配送等全部集中到一个窗口,连通医院HIS,医院电子处方对慢病药房进行流转,实现慢病患者的集约化管理,改变群众多窗口跑路、排队等现象。省市共建的山东省互联网医保大健康服务平台,为患者提供线上线下相结合的就医复诊、医保结算、药事服务、送药上门、健康管理等"一站式"诊疗服务,逐步实现从线下就诊到线上复诊的分流。济南市在生育保险业务方面的流程再造,初步实现了在线的互动应用模式。这项政府与事业单位之间的业务整合与信息共享为其他业务进行相关改革提供了经验:一是多部门之间的信息共享;二是对多部门的业务的整合。

3. 管理技术的再造更新,引进最先进的信息技术

在政府流程再造过程中,济南医保的流程再造如下:第一,在生育保险业务的流程方面,济南市政府对三个机构的信息系统进行一定程度的共享。一方面,将原先归属于三个机构的业务整合到医院职能部门;另一方面,将原有的经办信息系统与医院端信息系统打通,建立共享数据库,实现了个人信息在医院端与各业务经办机构之间的共享,实现各机构的实时联动,最终打造了线上线下一体化的信息服务平台,实现了生育保险业务的"一站式服务"。第二,慢病患者就医流程的再造。创新慢病互联网管理服务模式,在大型公立医院探索设立"慢病专区",通过对业务窗口的整合,慢病患者从就医问诊、复诊、取药、交款等业务全部集中到一个窗口,并连通医院HIS,医院电子处方对慢病药房进行流转,实现慢病患者的集约化管理,改变群众多窗口跑路、排队等现象。引入大数据平台建设,在省市共建的山东省互联网医保大健康服务平台,为慢性病患者提供线上线下相结合的就医"一站式"诊疗服务,逐步实现从线下就诊到线上复诊的分流,便利群众就医的同时也提高了医院对慢性病患者就诊的效率与针对性。第三,引入职能监管技术,实现对医保监控系统流程的再造。一方面,在医院端口部署事前事中监管系统,在医保审核方面增加审核,对不合理的行为在医保结算之前解决。市医保局打通信息壁垒,通过对智能监管的强化,研发了线上线下相结合、事前事中事后全流程的智慧医保监控系统。另一方面,建立对病人的精细化管理,将病人整个医疗过程通过智慧医保监控系统共享给医生,使得医生可以在接诊患者但还未发生医疗费用的时候对病人的就医疗程给予建议与提醒,给医患之间提供了有效的沟通途径,便利了医患双方。

四、济南医保流程再造试点实践亮点分析与展望

（一）亮点分析

2020年济南市对生育保险流程再造的改革，使其信息共享程度与部门之间整合度更加深入。从案例中可以看出，生育保险流程需要办理用人单位、医院与医保经办大厅三个机构的申领手续与业务，济南市医保部门通过流程再造与系统的升级，将传统的生育保险报销手续打造为医院端一站式结算，并同时建立了配套的拨付、监管、回访机制。为实现医院端一站式结算，济南市政府一方面将原先归属于三个机构的业务整合到医院职能部门；另一方面，将原有的经办信息系统与医院端信息系统打通，实现了个人信息在医院端与各业务经办机构之间的共享，实现各机构的实时联动，最终打造了线上线下一体化的信息服务平台，实现了生育保险业务的"一站式服务"，极大地方便了大众，节约了时间成本和金钱成本。济南市在生育保险业务方面的流程再造，初步实现了在线的互动应用模式。其主要亮点体现在以下三个方面：

1. 便民。坚持"以人为本"理念的同时，运用业务流程再造工具，整合和优化相同类型的平行业务，以保证资金安全为前提，浓缩审核环节。各部门进行资源共享，从而实现内部信息有效传递。

2. 高效。利用管理手段和信息网络手段努力去提高工作效率。根据每一项医保经办业务自身特点来进行组合的优化，缩短了办理业务距离和时间，减少流程的环节和手续，把烦琐、重复性的事项交给计算机网络等处理；实施外包专项技术服务，让医保经办人员有更多的精力，向接受服务者提供高效和优质的服务。

3. 系统。把业务流程再造当成一项系统工程来做。通过流程的设计，跨部门相互掣肘，打破某一部门局部利益，对同一个层次的相同类型流程环节达到资源共享，对不相同层次实现各个环节有序衔接，最终达到整体最优。

（二）经验总结

济南市对于医保流程再造的试点实践，基本符合流程再造理论的观点，其最终目标是为实现医保流程办理的一站式服务。政府流程再造理论的最终目标是实现一站式服务，即以客户为导向，对政府流程再造更新，实现政府内部业务整合与信息共享，充分利用互联网技术搭建中心数据库，对政府各项职能业务服务的实现与提供实现在线办理，同时也能通过一个端口接收用户需求并通过同一个端口回复用户且提供相关服务。虽然济南市初步实现了在医疗保险领域的一站式服务建设，但总体来说，在全社会范围内实现高度的业务整合与信息共享依旧会面临着一定的阻碍，政府流程再造目标的实现也不能一蹴而就，需要循序渐进。

（三）未来展望

随着社会经济文化水平的发展进步和医保制度的全面覆盖，政府更加重视医保事业的

发展。在这种情形下，应该按照以人为本的原则，开展和优化业务流程再造，充分利用现代网络化和信息化手段，不断丰富、优化医保服务内容，扩大医保服务层次，提高工作人员经办能力，向公众提供高效满意的医保服务，推动医保服务事业更好地发展。

参考文献：

[1] 傅凯. 政府流程再造问题研究[J]. 中国市场，2020（30）：99-100.

[2] 杨少雄. 关于面向公共服务的电子政务流程再造分析[J]. 中国新通信，2019，21（23）：50.

[3] 周丽. 国家治理现代化背景下的政府再造：价值重塑与制度变革[J]. 学海，2017（03）：146-151.

[4] 梅寒. 我国地方政府流程再造问题研究[D]. 南京：南京大学，2016.

[5] 叶常林. 电子政务与政府再造[D]. 南京：南京师范大学，2004.

[6] 郭金云. 公共部门流程再造的理论与实践[D]. 成都：四川大学，2005.

[7] 李亚兵，宋丽娟. 业务流程再造理论研究评述及启示[J]. 商业时代，2012（18）：85-87.

[8] 罗欣. 电子政务环境下政府流程再造研究[D]. 湘潭：湘潭大学，2012.

[9] 姜晓萍，汪梦. 国外政府流程再造的核心问题与启示[J]. 社会科学研究，2009（06）：41-45.

[10] 王胜君. 论政府流程再造的动力、阻碍、演化与策略选择[D]. 哈尔滨：哈尔滨工业大学，2011.

[11] 吕维霞，庞磊. 论我国政府流程再造主要模式、影响因素及对策[J]. 山东大学学报（哲学社会科学版），2010（05）：115-119.

作者简介：努尔比耶·麦麦提、张苏、刘大双，云南大学政府管理学院2018级本科生。

数字政府转型背景下行政人员电子化素质面临的现实困境与破解路径

于博然 洪萱 李含婷 周莉娜

指导教师:邓崧 樊博

一、背景及研究目标和意义

人类社会进入21世纪,新一代信息技术逐渐在社会不同领域被应用,数字化与社会各领域之间的融合越来越深。2020年4月,中共中央、国务院发布《关于构建更加完善的要素市场化配置体制机制的意见》,提出要加快培育数据要素市场,推进政府数据开放共享[1]。数字政府的建设要求行政人员具备更高层次的能力。数字时代正改变着行政人员的观念、知识与技能的组合,增强行政人员的电子化素质十分重要且迫切。数字政府转型背景下,我们面临的不仅仅是技术这一关键要素,还有人才这一重要要素[2]。目前,政府行政人员已经适应了传统的政府运作模式,固化的办公形式使得行政人员难以适应数字化政府对信息化人才的要求,素质化人才的匮乏将成为数字化政府转型路上的一大障碍,因而新形势下推进行政人员素质的信息化转型,是对数字化政府建设具有重大意义的举措[3]。

二、现状和原因分析

(一)行政人员的电子化素质存在年龄上的偏差,高电子化素质行政人员主要为偏年轻化的行政人员

当前,我国行政体制中,基层干部中老龄干部占比较大,对年龄较大的行政人员推广数字化工作有难度,年龄较大的行政人员无法熟练使用各种数字化平台和技术,这一特定行政人员的数字化应用水平相对较低。政府与民众、企业打交道的方式也在发生着深刻转变,逐渐从直接转到间接、从离线转到在线、从面对面转到键对键,沟通方式的转变要求行政人员尽快适应。除此之外,行政人员之间的交流与互动也越来越通过微信群等虚拟方式进行,越来越多的微信群以及政府与生活边界的模糊让部分行政人员无所适从[4]。

(二)行政人员缺乏数字化理念、思维与知识

首先,传统的层级式的科层制思想根深蒂固。将数据与信息分割在部门中当成私有资

源,将占有信息成为权力的象征,阻碍了打破"信息孤岛"。其次,部分行政人员没有认识到数字化政府建设在当今互联网时代提升政府职能的重要性,对数字化政府不了解。最后,政府行政管理人员尚未真正形成高度的责任意识、开放意识与大局意识,还未积极促成个人、企业及政府之间的信息共建共享。

(三)数字化政府工作人才队伍建设的组织领导体系尚未健全,缺乏相应的专业人才

人才是任何一项工作可持续性发展的重要组成部分,数字政府这项工作也不例外。由于我国数字政府建设工作起步较晚,实施过程中缺乏相应的配套机制,包括人才培养,以致建设和管理中往往出现人才缺口。加之,数字政府这项工作本身具有较强的保密性,所以引进市场中的信息技术和人员是非常慎重的,这也是造成人才缺乏的因素之一。大数据时代的政府治理需要打破各部门的"信息孤岛",需要跨部门、跨层级的信息沟通与共享,形成合理有效的分权和协调模式。因此,组织领导的协调能力尤为重要,如何去打破信息孤岛、形成各部门、层级及政府与外部主体的信息交换,都需要有领导客观正确的决策判断。数字化政府的领导模式对传统的领导决策判断体系模式形成了一定程度的冲击,需要从管理逐渐走向协同治理模式,由传统经验管理向数据治理。

专业技术人员配备不足。政务系统的信息化程度的增强,要求基层政府中增设相应的信息技术专职工作人员,并且他们的业务知识和能力应该随着信息工程的建设逐步稳定提升。基层政府对此项专职工作人员的关注和保障缺少计划性,在工作流程和资金方面缺少投入,在奖励政策和提升计划上没有相应专业的方向倾斜,使得基层公务人员中专业技能人才配备比例过低,且难以留住人才,导致基层政府的技术力量缺少前沿性和长久性,降低了政务系统的社会应用效果。

(四)行政人员的电子化素质缺乏高质量的数字化相关培训和稳定的培养机制

当前,我国各级政府中开展过数字化专题培训的部门相对较少,有的部门甚至从未对行政人员展开过数字政府方面的相关培训。传统政府向信息化转型过程中,对政务建设影响最为严重的是基层公务人员信息化主动意识不强、对信息化缺乏探索精神,对新出现的信息和技术不能主动进行学习和深入应用。大部分基层部门政务系统的专业管理和后期维护依赖于外部,多数由上级主管部门负责或开发系统的软件公司完成。数字化政府不仅要打破数据的壁垒,还要打破层级、城乡、部门、理念之间的隔阂。在行政人员的培训上应该更多地考虑实时性和专业性,加大对信息化知识和智能化等方面的关注,不能依赖工作人员自学,要改革以往在提拔、考核中缺乏信息化指标的弊端。

(五)行政人员沟通交流能力、分权协作能力和信息素质能力不足

基层政府信息化建设规模日益扩宽,通过大量的电子政务系统的应用管理提升基层政府的信息化和智能化,加大业务处理能力的效率和效能,提高基层政务处理的精准性和着力性,但缺乏统一顶层设计规划的政务系统增多,使得同类业务处理各成体系,各自为

政，缺少横向沟通协作，形成大量的信息孤岛，而公务人员的信息分析能力和深度挖掘能力缺失，只能对本职工作的数据和报表完成简单操作和汇总，无法利用长期积累的历史性的海量数据进行问题汇集、研讨、分析、预判，无法达到政务系统的辅助决策功能，导致智能化建设的目标偏移。

（六）高素质专业人才地区分布不平衡

由于我国各区域经济发展不平衡，导致我国的数字化政府发展水平各区域存在显著差异。经济较发达的地区对高素质人才的吸引力大，政府投入优势明显；而不发达地区在数字化政府建设的质和量上与发达地区存在明显差异，因而对高素质人才的吸引力不足，缺乏专业化人才及专业化团队。如杭州市针对特定任务，市政府与阿里云、富士康、依图科技、数梦工场等13家高新企业和浙江大学等高校组成工作专班，开展日常研发工作。在专业化人才及专业化团队的支持协同下，杭州市的数字化政府建设遥遥领先于经济发展较落后的地区。

（七）电子政务的发展变化日新月异，人才培养周期长

新一代信息技术和电子政务的快速发展，使行政领域发生了日新月异的变化。而大量行政人员往往没有接受过正规的信息化技能培训，跟不上时代发展步伐。为了促使新技术在政府工作中运用，以及生产效率和工作效率的提高，需要更加广泛和专业的复合型人才参与到其中。但现阶段人才仍然匮乏，加之人才培养周期十分漫长，无法适时培养出符合电子化政务要求的新型政务人才，人才的供给远远滞后于时代的发展变化。

（八）数字政府发展存在文化障碍

数字化政府的顺利推进需要适宜的文化环境。行政文化根植于政府管理体制的深层结构，潜移默化地影响着行政过程和行为。数字化政府的建设在提高行政效能的同时，也对传统的行政文化提出了挑战。我国传统官本位思想根深蒂固，提倡"学而优则仕"。随着政府机构不断增加编制，造成人员冗杂，机构膨胀，行政权力不断集中，职能不断扩大，各职能部门交叉重叠，行政效率低下。而数字政府的快速兴起，无法使行政人员短时间内从传统行政作风迅速转变成新型管理模式[5]。

（九）行政人员自主性增强，权力行使容易不当

办公自动化的快速发展，对于行政人员规范行使权力提出更多考验。行政人员在办公和执行任务过程中，可根据实际情况对自身工作的性质和价值做出判断，自主地采取一些妥善的行动，自主地调动一切资源去解决问题，以满足人民需要。数字化政府，使信息传递即时可达，信息的传递时间过程大大缩短，这使得指挥系统的下情上传和上情下达已经容不得须臾等待，否则会贻误时机，因此，必须适当地下放权力，增强行政人员的自主性[6]。这在一定程度上对行政人员的素质提出了挑战。其中难免会出现忽视电子政务浪潮者，甚至由于电子政务的发展带来的职能重组和利益再分配会使一些行政人员产生强烈的抵触情绪，故反其道而行之，这就极大地阻碍数字政府建设的步伐。

三、技术路线及内容

第一步：阅读行政人员电子化素质的相关文献，打好理论基础。

第二部：综合分析我国政府行政人员电子化素质现状，基于能力素质分析模型，对行政人员电子化素质提出更高要求。

第三步：在第一、二步的分析基础之上，综合运用能力素质分析模型，提出相关解决路径，并用层次分析法构建行政人员能力素质综合评价指标体系。具体培养路径如图1所示。

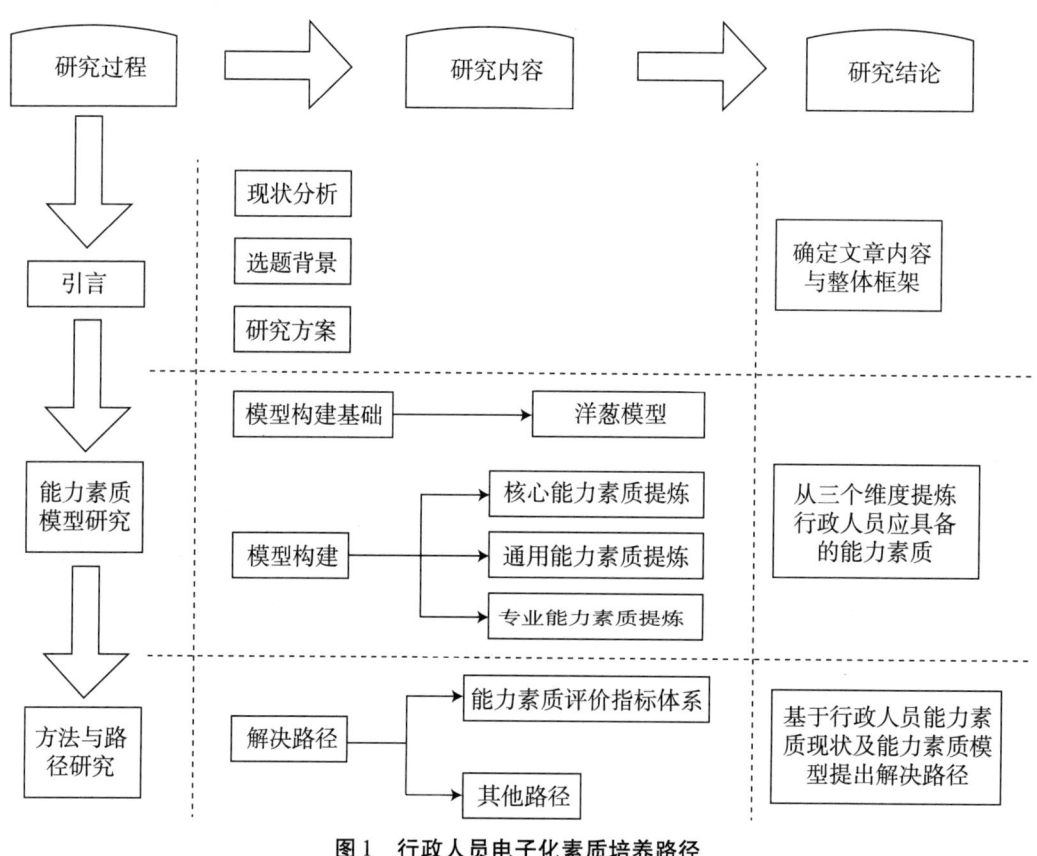

图1　行政人员电子化素质培养路径

洋葱模型是由美国学者理查德提出的，他对能力素质理论进行了深入研究。顾名思义，洋葱模型的结构是由内到外层层分布的，如图2所示。最内层是个性与动机，主要是激发行政人员主动学习的愿景，能够意识到自身的电子化素质提升对数字建设的重要性；向外是态度与价值观，表示行政人员能够意识到管理和服务方式的变革，积极调整，主动向信息化办公转变，并能够树立正确的信息价值观，培养自身的信息道德素质，尊重他人隐私和维护信息安全；最外层是技能，主要培养行政人员的核心能力素质、通用能力素质、专业能力素质，使其具备驾驭相关信息技术的能力，能够全面掌握电子政务的基本知识，掌握办公自动化的基本操作。

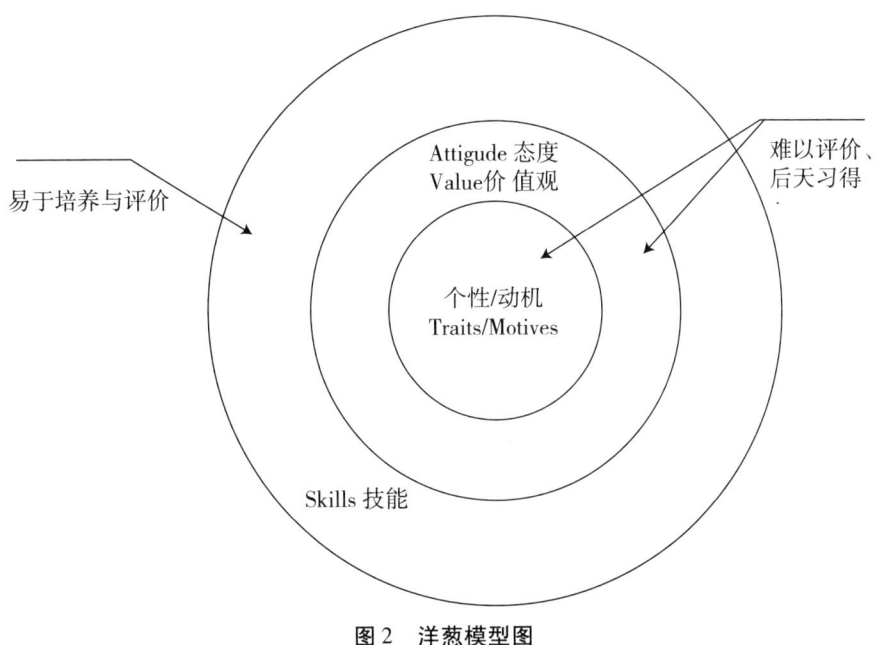

图2　洋葱模型图

能力要素提炼包括核心能力、通用能力和专业能力，对应到行政人员电子化素质如图3所示。

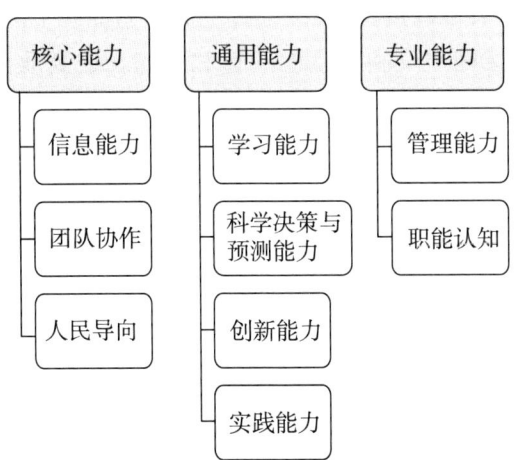

图3　行政人员电子化素质示意图

四、目标

(一) 核心能力建设

1. 具有较强的信息能力

(1) 办公信息处理能力

随着办公自动化的快速发展和稳步推进，我国目前的政府管理机制正在发生翻天覆地的变化，取而代之的是以现代信息网络技术和信息资源为基础的全新管理模式[7]。传统教育主要以培养知识型人才为主，他们所接受的狭窄的专业知识，逐渐被更广泛的新知识所替代。数字政府的建设过程中，需要为公民提供 24 小时开放的政务在线服务平台，这就需要行政人员能够利用相关信息技术实现办公自动化和政务协作，对信息资源进行整合、优化、利用。政府也要开展相关的信息技术培训，使他们能够掌握并驾驭相关信息技术，能够全面掌握电子政务的基本知识，掌握办公自动化的基本操作[8]。

(2) 信息安全意识

行政人员要具备的成熟的电子化素质，要有信息安全意识，具备基本的信息安全知识，上到影响国家安全的机密，下到企业或私人信息，行政人员都要自觉地尊重和保护。严格地遵守信息安全的规章制度，具备信息道德，为网络信息系统安全运行创造必要的条件[9]。行政人员要恪守信息职责，具有信息道德意识，尊重他人权利，保护他人信息不受侵害，维护国家机密和信息安全。

(3) 信息沟通能力

借助现代信息技术，政府建立了与全社会的广泛沟通网络。它能够超越时空界限以及层级限制，提高政府内部以及与社会、企业、公民之间的沟通效率，能够及时且准确地反映和传达政府的意图、方针和政策。所以，要求行政人员在线上的沟通平台中能够妥善处理和整合信息，并及时准确地反映群众的期待和要求，提高政府的反馈能力和社会回应力[10]。

(4) 完备的信息知识

只有加强对信息的认识，才能更好地让信息为我所用，帮助我们有效地识别、获取和利用信息。政府信息化在推进和发展的过程中遇到的最大的难题就是政府机关工作人员信息知识缺乏，公务员对于信息化相关知识的了解程度不高，以致在利用数字手段进行行政管理和服务的过程中会产生许多问题和矛盾[11]。数字化政府大背景下，我们需要的信息化人才的首要必备技能就是对信息知识的储备。只有真正学习和了解信息知识，政府的数字化工作效率和服务水平才能提高。

(5) 与时俱进的信息观念

信息化是管理现代化的重要内容之一，一个成熟的领导者必须树立起高度的信息观念。当今时代是以信息的生产和交换作为重要特征的时代，信息已渗透到社会各个领域，政治、经济、军事、科技、教育等概莫能外。信息以及信息网络是数字政府建设的重要命脉，信息就是资源和财富。只有当行政人员充分认识到信息在日常管理与服务中的作用和价值时，才能真正汲取有效的信息资源，为人民提供需要的服务，将信息资源一定程度上转化成社会财富，并赋予它们更大的价值。

2. 具有竞争合作的团队意识

竞争能最大限度地发挥组织实现目标的价值，是推进行政人员提高自身素养的动力。随着知识经济的到来，很多复杂问题的解决，工作绩效的取得，要更多依靠群体合作，集体攻关，齐心协力，共同努力，因此，行政人员要富有合作精神、人情味，既要勇于竞争，又要善于合作，发挥个人和整体的最大效用，行政人员不仅具有人事组织能力，而且具有团队意识，形成情感合力，以竞争者和合作者的双重身份在群体中进行优势互补，取得更大的进步。

3. 具有较强的服务理念和责任意识

（1）服务理念

创新管理与服务的方法与手段是打造数字政府的必然要求。在思想观念上，行政人员要有担当和责任意识，要合理合法地使用人民赋予的权力来为其服务，以人民需求为指引，以维护公共利益为目标，要求公务员从主观上破除传统的官僚制思想，能够积极承担责任和主动作为，全心全意为人民服务[12]。数字化政府主要以服务为主要的工作职能，所以行政人员的工作重心不再是如何管制人民，而是要培养为人民服务的意识，尽可能地提高公共产品和服务的质量和水平，建立一个良好的服务型政府形象。行政人员要勤政爱民，深入群众，听取民众需求，根据实际需要提供公共产品和服务，民主和科学决策，并有意识地将服务成熟度的高低作为个人工作绩效考核的标准，将为公众提供有效、快捷、优质、满意的服务作为其价值目标。

（2）责任意识

数字化政府转型过程中，势必要求行政人员杜绝腐败，廉洁行政，树立责任意识。一方面，根据行政权力机关内部权力结构和职能划分，行政人员必须依法对授权主体承担行政责任，在授予的权力范围内合法合理行使职权，不得以权谋私；另一方面，根据权力来源，行政人员必须具有"公仆意识"。要以满足公民或企业的期待为目标，提供符合标准的服务。同时，要通过完善成熟的监督体制约束行政人员的行为，把权力关进制度的笼子里，让权力在阳光下运行。

（二）通用能力建设

1. 科学决策与预测能力

面对庞大复杂的信息系统，行政人员必须具有相当敏锐的观察力，善于发现有价值的信息资源，以便于进行科学决策。因此，行政人员要具有较强的预测未来发展趋势的能力，善于抓住机遇，对于科技进步和社会发展有较强的观察力和洞察力，能够科学准确的预判未来经济发展趋势，并在预判基础上做出科学决策，保持决策与社会发展要求的协调一致[13]。

2. 创新能力

数字政府的建设与知识经济社会相伴而行,面对不断发展的科技、经济社会的变化,必须具有不断创新的行政管理能力,解决复杂的社会问题更需要创造性思维。这就要求行政人员不断更新观念,与时俱进,创新管理思维、方法与手段。要解放思想,勇于开拓和探索,以敏锐的眼光洞察社会,迸发出富有创新精神的想法,能够从实际出发,创造性地开展工作,以出色的实践创新能力,取得良好业绩。

3. 实践能力

行政人员要善于运用自己丰富的知识体系和专业知识,并在实践中恰当运用。当前,我国正处于"经济成分和利益主体多样化,社会生活方式多样化,社会组织多样化,就业岗位和就业方式多样化"的社会转型时期,各种矛盾凸显、各种问题错综复杂、瞬息万变,需要政府去解决,这就需要行政人员具有解决实际问题的能力。对于领导者来说,在全方位调动知识储备的同时,也能从多种数据库中获取大量信息辅助决策,综合运用各种分析方法,进行多角度研判,才能实现理性决策。对于一般行政人员来说,如果具备良好的实践能力,那么在利用文字处理技术进行公文制作等方面会更加得心应手,在与管理者和民众之间的沟通方面会更加高效,会使组织中的各个层次和环节的活动更加协调,也能使政府在电子化转型过程中更具有回应性、服务性、效率性。

(三) 专业能力建设

1. 管理能力

行政人员的内部分级呈金字塔形,无论身处于哪个层次,行政人员都要具备卓越的管理能力,做事顾大局、识大体,统筹考虑,协调好各部门的利益关系,这既包括对他人的管理,又包括对个人的管理。在数字政府建设过程中,由于涉及资源与利益的再分配问题,使得管理能力在行政人员专业能力建设中具有举足轻重的作用。作为领导者,要善用人才,要处理好部门之间和与下属的关系,加强人际关系方面的管理。发挥组织领导的职能,调动一切积极因素,促使整体发挥最大效用,齐心协力,团结合作。作为普通行政人员,要改进管理方式与手段,增强服务意识,同时要管理好与同事之间的关系,加强交流与合作,并约束自身行为。

2. 职能认知

数字政府转型过程中各层级行政人员要对自身岗位与职责有更清晰的定位。不同于传统的职能结构,办公自动化使行政人员的办公模式发生巨变,信息有效传达变得刻不容缓。所以,各层级行政人员要及时并准确地进行上情下达和下情上传,促进信息的快速流通,认真完成职能内的工作任务,保持内外联系、信息畅通。作为领导者,应当及时获取社情民意,对当前需解决的问题进行系统分析,并做出总的行动指示,把握好整体大方向。而作为执行层面的行政人员,则应当认真服从上级传达的指令和安排,将宏观层面的决策落实到具体实践之中,以达到上行下放的快捷高水平行政。

五、解决路径

(一)构建行政人员能力素质评价指标体系

行政人员能力素质评价是一个系统性、全方位的工作,不同层级、不同类别的行政人员应当接受与其职位需要相对应的能力素质评价,同时也应该达到不同水平的标准(见表1)。我国政府可以依据各部门具体情况,研究摸索出一个行之有效的关于行政人员能力素质的评价指标体系,为政府各部门行政人员的能力素质的考核提供评价标准和依据。通过运用指标体系评价法,对各项指标赋予不同权重。

行政人员能力素质的评价指标体系是一个完备的执行机制,它不仅具有相对独立性,同时还体现在高素质政府人才队伍建设的各个环节之中。行政人员能力素质评价指标体系应该与人才的引进、培养、激励、考核形成有效联动,只有这样,才能发挥其应有的价值。对于信息化人才的评价要求科学并且公平公正,需要制定相关的标准和规范,对行政人员的能力水平以及业务能力进行考核,保证评价工作的长效进行。

表1 行政人员能力素质评价表

一级指标	二级指标	优	良	中	差
核心能力素质	团队协作				
	人民导向				
	敬业奉献				
	信息能力				
通用能力素质	沟通能力				
	应变能力				
	学习能力				
	决策与预测能力				
	创新能力				
	实践能力				
专业能力素质	组织协调能力				
	顶层设计能力				
	职能认知能力				
	文字与语言表达能力				

(二)加大信息素质教育力度,培养复合型人才

这里所说的复合型人才是指在数字化政府转型背景下,既具备信息素质、大数据分析

能力，又懂政府业务及行政管理的多元复合型人才。这是实现数字化政府转型最关键的要素之一。我国的数字化政府建设还处于初步阶段，具备相应的信息素质的人才还远远不足，所以必须大力弥补数字化政府转型背景下的人才缺口，才能更好地发展数字化政府，提升政府数字化办公能力[14]。

政府要积极促进信息素质人才教育与培养的国际化及校际化合作，与高校联合开展信息素质培训相关课程，组建专家指导团队，建立规范系统的培训体系。

政府要定期与不定期地开展信息素质培训。当今是学习型时代，特别是数字化办公体系是一个快速发展变化的办公模式，为适应变化，要使终身学习的观念深入人心。在行政人员入职前与入职后都要进行长期甚至终身的信息素质培训，加大培训力度。培训内容要将计算机实操与信息道德素质相结合，充分体现出针对性与实效性。

高等院校以及科研院所，应当开设有关数字化政府的课程，加大对信息素质专业人才的培养力度及重视程度。定量学科与定性学科相结合，信息技术与管理学科相结合，建设数字化政府实验室来模拟数字化政府办公实操。加大政府以及社会各方对信息素质教育的投入力度，缩小不同群体以及不同地区之间的信息素质差距，提升全民的信息素质。

（三）完善行政人员数字素养招录机制

传统政府向数字化转型以及数字政府建设是一个长期奋斗的目标，数字化建设要求政府建立起一支强大的、专业性和创造力极强的数字化人才队伍，数字化人才的信息素质和信息能力代表着智慧政府建设的进程，也影响着我国各级政府进行信息化建设的步伐。针对政府部门行政人员的选取和提升，我国政府应当增加信息素质相关方面的考试内容，确保为政府部门招纳兼备公共管理能力和信息素质的高素质复合型人才。在公务员招录过程中，适度提高准入门槛，在考核中增加数字素养这一标准，侧重于考核公务员是否具备数字化转型意识以及数字化基础技能，将不具备数字素养的人员剔除在公务员队伍之外。

（四）加大政府财政投入，突破资金与技术瓶颈

在数字化政府的建设过程中，系统开发运行、维护、和优化升级都需要投入大量的人力、物力和财力，尤其是在更新硬件设施和软件设施、招纳高水平的专业技术人才上，更需要政府有足够的财政预算。近年政府部门的职能转变和机构重组，使得政府在资金投入和人才引进等方面的投入都相对有限，许多政府部门在推进政府向数字化转型的过程中，都不可避免地会遇到资金、技术这两大瓶颈。

面对数字化政府建设资金不足这一瓶颈，可以积极筹措资金并利用好数字政府发展专项资金。发展数字政府就是要更好地为社会民众服务，各政府部门应当充分结合自身实际发展的需要，在决策中制定一个合理的数字政府发展资金策略，对数字政府建设资金进行有步骤、分层次的使用。与此同时，财政部门在数字政府发展资金的源头上做好统筹管理、统一安排的工作，避免出现重复投入、重复建设等问题，加大对资金使用情况的追踪与监管。在社会资金的使用上应当严格规范，利用银行贷款筹措资金，在政策法规允许的

范围内，确保证电子政务系统安全，积极引用新的投资机制，为数字政府建设开辟更多新的融资渠道。

政府应当坚持合作开放的原则去应对技术瓶颈，与研发能力和技术能力强大的企业进行合作，调动一切积极因素，利用相关技术等资源，为数字政府建设提供优秀的软硬件基础。可以通过投标来鼓励有实力的企业参与到数字政府发展规划中来。这不仅可以减轻政府的财政压力，也能促进信息技术产业的繁荣发展[15]。

（五）完善数字政府建设的立法体系，提高法律效力

提高数字政府建设的立法层级，加强国家指引性法律的引导，维持好全国各地各级地方政府数字政府建设的秩序。只有高效力的立法才能带来地方政府执行力度的增强，在数字化政府建设过程中，规范电子政务的实施占有举足轻重的地位[16]。

随着信息社会的发展，个人信息越来越多地暴露在行政主体的面前，个人信息遭受公权力侵害的危险越来越大。因此，要通过完善的法律法规来推进行政机关信息化、行政透明度、个人权利和信息安全的保护，数字政府转型过程中的相关法律要提高对个人信息保护的力度和广度，限制行政主体滥用信息的特权，保护公民的个人信息，并在执法过程中严格遵守法定程序，将公民权利放在数字政府建设的首位。

应通过立法来加强并规范信息技术人才的培训、资格认定和上岗制度。只有通过相关法律法规的完善才能真正培养出卓越的电子政务人才，为数字政府的建设贡献力量[17]。

（六）建立与数字政府相适应的行政文化

行政文化是政府深层结构的内核，是植根于行政人员的内心修养。我国政府要培育开放合作理念，逐步适应国际化的管理体制。要打破传统的封闭行政管理体系，行政行为必须做到公开透明，让群众和社会组织参与到其中，努力培养全社会参与政府决策和治理的习惯和氛围，实现多元共治。要以更加开放包容的治理理念，借鉴、学习、吸收他国优秀行政文化思想，并内化成自身的政府文化，使其潜移默化地影响行政人员管理和服务的方式和手段。

行政文化要引导行政人员的行政行为自觉地走向道德规范，在政府内部要培育积极健康的文化，引导行政人员树立正确的信息化观念、信息安全和保护意识，接受数字政府浪潮的洗礼，顺势而为，积极转变，在数字化政府建设过程中实现自身的价值。

（七）打破传统官僚体制，转变治理理念和方式

基于信息技术的快速发展，服务型政府建设强调政府在线下与线上的有效衔接、深度融合、相互补充。线下传统政府是电子政务在物理世界的支撑和依托，电子政务是数字政府在虚拟世界的组织形态和实体政府的延伸，要探索线下与线上业务体系的协同和补充，从而推动政府服务质量效率的提升；通过大规模、实时化和个性化的公众需求和快速迭代、分布式、高度互联的现代信息技术冲击，促使传统管理体系进行分解和网络化。

传统政府治理实践中，往往由政府生产、提供公共产品和服务，同时进行社会公共事

务的治理。随着社会资源的网络化配置,市场组织、社会组织和广大民众都可以参与到公共事务管理和公共服务供给,主体之间的互动表现出大规模、实时化、自发性、社会化的协作特点,治理实践也越来越多地呈现政府、市场和社会在公共领域的协同共治。以此,需进一步发挥行政、市场、社会群体治理机制的功能优势,通过跨界互动和平台协作,协调各种资源实现价值协同,创造公共价值。

转换服务理念,以人民为中心,这是数字政府最基本的价值导向。一方面强调为人民服务的理念,以人民日益增长的美好生活需要为导向提供优质的公共服务;另一方面要构建制度体系,使人民参与治理、人民监督政府、人民共享成果[18]。

(八)积极引进人才,加大相关投入

"一年之计,莫如树谷;十年之计,莫如树木;终身之计,莫如树人。"在数字化政府转型的大背景下,培养新型人才的需求日益增长。新型人才是指信息化人才,是一种了解并熟知信息知识、掌握信息能力、具有信息安全理念的复合型人才。由于我国信息化政务办公还处在建设阶段,尤其在数字化的政务人才培养方面还远远不适应政务信息化的需求。加大政府对于人才引进的政策投入力度,弥补数字化政府信息化人才的供需缺口势在必行。只有这样,数字化政府才能长足发展,才能更好地提高政府的行政能力和服务水平。

我国高等教育逐步走向大众化,招生规模持续扩大,可以进一步提高政府信息专业技术人员的招生人数。同时,还可以加强信息科学技术基础设施的建设,通过建立计算机实验室、软件科学学院、网络技术学院等各种院校来扩大信息化人才的培养规模。将信息素质教育覆盖范围扩大到基础教育、高等教育、继续教育、职业教育等各个教育环节,对不同的教育阶段制定对应的信息素质教育计划,将信息素质教育普及到社会每一个阶层乃至每一个地区,培养出一批又一批的高素质人才。

(九)加强地区交流,建立数据共享大平台

我国数字化政府的建设受到了公众热切而广泛的关注,经济发展水平高的城市的群众关注度普遍高于经济发展水平低的城市,东西部差异非常明显。加强地区之间关于政务服务交流以及信息资源共享是促进我国现有的数字政府发展的必经之路。数据作为一种新型生产要素已正式写入中央文件。以数据驱动为特征的覆盖所有地区、部门、层级的全国一体化无缝隙的信息服务基础体系将更加完善,将为信用社会建设以及提升政府服务能力、协同能力、监管能力、决策水平等提供有力支撑。各地区之间政府沟通交流闭塞,政府之间数据共享水平低下,政务信息化建设面临着诸多障碍和屏障。这要求我们建立全国性的政府间的数据共享大平台覆盖至全国范围,统筹利用各地区数据资源,加强地区之间的交流,打破"信息孤岛",构建协调统一、互联共通、协同治理的统一的大平台、大数据、大系统。

(十)打破传统短视主义的领导考核方式,建立长效考核机制

传统的行政机构是一种分散、重叠的设置,有时政府内部各部门间各自为政、互相推

诿。在数字化政府背景下,各部门领导者的协商沟通能力在打破"信息孤岛"方面显得尤为重要。因此,对领导者领导能力的考核应该打破传统部门内的考核方式,建立更为全面多元的考核指标。在数字化政府背景下,主要有四种沟通方式,即政府之间的沟通、政府与企业的沟通、政府与公民的沟通、政府与公务员的沟通。在对领导者的考核方式上,要综合考虑企业、公民及公务员对领导者的评价,构建多元结构的考核主体,打破传统考核只在组织系统内部的短视主义的考核方式,进行考核信息公开,建立领导者考核长效机制,如采用平衡积分卡来对领导者的管理活动进行全面多元评价。

六、结语

本文是以洋葱模型为模型构建基础,构建以核心能力素质、通用能力素质及专业能力素质为三个维度的能力素质模型。基于在数字化转型背景下行政人员能力素质不足的现状,以能力素质模型为目标,对行政人员能力素质提高路径提出了意见,并通过指标体系评价法,建立行政人员能力素质综合评价体系。但鉴于自身能力水平有限,研究尚未深入,逻辑框架不够全面系统,需要改进的地方还有很多。

参考文献:

[1] 王珊珊,梅运彬. 电子政府视角下的政府形象及转变路径[J]. 中共云南省委党校学报,2017,18(04):167-170.

[2] 周忆陶. 基层公务人员提升信息素质能力的路径探析[J]. 中国信息化,2020(07):107-108.

[3] 李瑶. 公务员素质建设路径探析[J]. 人才资源开发,2017(18):25-27.

[4] 吕美璇. 中国数字政府治理困境与解决路径研究[J]. 改革与开放,2020(16):31-35.

[5] 熊英. 论电子政务环境下公务员素质建设[J]. 理论月刊,2004(09).

[6] 张延黎. 电子化政府:挑战公共人力资源[J]. 山东行政学院山东省经济管理干部学院学报,2000(S1):1-3.

[7] 赵宁. 如何提升电子政务人员综合素质[J]. 世纪桥,2012(23):132-133.

[8] 赵颖萍,崔伟. 电子政务环境下公务员的培养和使用[J]. 沈阳干部学刊,2010,12(03):51-52.

[9] 曾昭宁. 提高电子政务建设与机关工作人员素质的探讨[J]. 科技创业月刊,2013,26(05):99-100.

[10] 张彬. 浅析电子政务环境下的公务员信息素质培养[J]. 职业时空,2015,11(07):75-77.

[11] 张鑫. 论电子政务环境下公务员信息素质的教育培养[J]. 中国西部科技,2008(30):88-89.

[12] 陈聪. 论电子政务环境下的公务员素质建设[J]. 和田师范专科学校学报,2005(06):31-32.

[13] 李兴华. 政务类公务员应具备的能力素质[J]. 理论探索,2004(04):83-84.

[14] 吴磊. 政府治理数字化转型的探索与创新——以广东数字政府建设为例[J]. 学术研究,2020(11):56-60.

[15] 吴凡. 我国电子政务法律体系研究[J]. 信息技术与信息化,2016(08):93-94+97.

[16] 唐雪松. 论中国公务员培训制度的特征与创新[J]. 湖北省社会主义学院学报,2004(06):27-29.

[17] 马长俊. 把握数字政府建设的理念变革[N]. 学习时报,2018-08-27(006).

[18] 陈祥荣. 成都市公务员电子政务素质与能力调查研究[J]. 成都行政学院学报(哲学社会科学),2006(04):9-10.

作者简介:于博然、洪萱、李含婷、周莉娜,云南大学政府管理学院2018级本科生。

电子政务助力政务流程再造

——以上海"一网通办"为例

王佳欢　胡鑫影　许梦洋　衣　卓

指导教师：邓　崧　樊　博

一、"一网通办"核心架构梳理

打造全流程一体化的政务服务平台，关键在于整合各类政务事项办理的服务功能和信息资源，拓展网上大厅、实体窗口、移动客户端以及第三方应用平台等多种线上线下渠道，为用户提供一站式的政务服务。上海市"一网通办"以用户为服务核心理念，以"中国上海"门户网站为总门户，以"随申办市民云"APP为移动服务载体，构建起一个全流程一体化在线政务服务平台，实现政务服务事项的一平台受理、服务集合、一网通办，为用户提供高效、便捷的一体化政务服务。

从实施的技术路径上看，上海"一网通办"平台的核心建构可以概括为"一网、一窗、一云、一库、多应用"。

（一）"一网"

"一网"是指依托"中国上海"门户网站为总门户，提供统一的政务事项咨询、申请、受理、查询、评价等全流程的在线服务平台。2018年7月1日，"一网通办"平台在"中国上海"门户网站正式上线运行，46个市级职能部门、16个区级政府、220个街镇网上办事项目都已入驻上线，初步建成了一个覆盖市、区、街镇三级政府管理的"一网通办"在线服务平台。移动端入口的"随申办"APP、"一网通办"也同步上线，用户可通过手机完成办事预约、查询办事指南、查看事项进度、服务找茬等移动服务。截至2018年年底，"一网通办"的个人注册用户达745万，法人用户超过189万，"随申办市民云"APP用户数超过960万。

为实现进一网、能通办的目标，总门户网站建立了统一身份认证、总客服、公共支付、物流快递的"四个统一"。统一身份认证是在全网建立多源身份认证体系，并赋予低、中、高不同级别办事权限，通过各部门间信息共享，平台可以自动核验对比企业或者个人的身份信息，实现一次认证、多点使用，能够一次登录、全网通办。

统一总客服，是指将上海市民服务热线"12345"作为各类政务服务咨询、办理、投诉的总服务客服，解决了以前不同部门有不同服务热线、各部门间互相推诿、缺少托底服务的问题。涉及咨询类、投诉类问题，总客服第一时间响应与解答；当场不能解答的将及时转送至相关职能部门进行回复。事后，总客服还将采集用户反馈意见，监督相关部门提升服务质量。

统一公共支付，旨在打造一个服务事项全覆盖、线上线下一体化的公共支付平台，由市财政局牵头，创造性地引入了清算银行和第三方支付渠道来实现资金的实时对接，既保证了政府非税收入的规范管理，又实现了政务缴费的安全、便捷与高效。

统一物流快递，即通过一个统一物流平台提供标准化快递服务，实现用户足不出户就可以通过物流平台办理相关业务。目前，上海邮政是上海"一网通办"指定物流服务供应商，提供专属优质的统一物流服务。

（二）"一窗"

"一窗"即网上政务大厅窗口。上海"一网通办"实行统一的市、区网上政务大厅"单一窗口"，并与区级行政服务中心、街镇社区事务受理中心线上线下业务联动，实现上至市、区两级政务服务、下至街镇社区受理事务，均可"一窗通办"。网上政务大厅不仅开设了个人办事、法人办事、事项清单等热门常用的服务窗口，而且统一发布了十大类行政权力事项清单，包括公共服务事项清单、收费目录清单以及全市 4.7 万个事项办事指南。用户可以通过"我要约""我要办""我要查""我要评""我要找茬"等功能菜单，一键直达，享受预约、办理、查询、评价等服务。

截至 2018 年底，761 项市级部门审批事项、6 300 项区级审批事项均已接入网上政务大厅，100 个市级部门审批事项、700 余个区级部门审批事项可全程网上办理。240 多项市级部门服务事项、3 000 多个区级服务事项已经全部接入市、区网上政务大厅，为用户提供便捷的在线服务。

此外，网上政务大厅所推行的面向全市政府部门的协同办公平台，可提供标准化的政务内网、政务外网及移动端办公等多项功能应用，为实现全市政务信息资源的共享共用、部门协同提供了平台支持。

（三）"一库"

"一库"是指构建一个包含人口、法人、空间地理、信用状况等公共信息数据库。实施"一网通办"的关键在于防止"数据孤岛"，实现部门间信息数据的共享互通。"数据孤岛"现象仍是当前制约"互联网+政务服务"进一步发展的关键因素。为推动各类政务公共信息互联共享，上海成立了上海市大数据中心来牵头负责对全市公共信息数据进行汇集共享，并形成人口、法人、地理空间、信用信息、电子证照、宏观经济等若干个基础数据库和主题数据库。

人口数据库提供常住人口、流动人口、户籍人口、就业、社保、房产、个人公积金、信用记录等与自然人社会活动相关信息；法人数据库主要提供法人、企业、社会组织、个体人员等主体的基本信息，包括税务、单位社保、单位公积金、电子证照等数据；空间地理数据库主要涵盖行政区划、基础地形、土地利用、市政设施、河流湖泊等相关数据信息；宏观经济库重点收集反映区域经济社会发展状况的各项数据指标，如财政收支、税收、就业、产业发展等内容。

以共享为原则、不共享为例外，实现公共信息数据库在全市管理和服务部门间共享共用。管理和服务机构需依据法定职责，明确本部门可共享的数据责任清单。截至2018年底，上海已经完成数据编目1.2万条，数据需求清单2 627条、数据责任清单2 709条，"一网通办"归口数据责任清单完成率达到95%。在数据归集上，已实现50%的政务数据归集，汇聚各类政务数据55亿条，近5 000张表。统一采集入库43种电子证照，共计230万余张。

为确保公共数据安全，上海制定了公共数据分级、分类安全保护管理制度，建设统一的安全监测监管平台，加强对公共数据共享开放的风险评估、安全审查、数据备份与日常监控机制。公共信息数据将以用户需求为导向，遵循统一标准、安全便捷的原则，面向自然人、法人和非法人组织等各主体有序开放。除明确的法律法规及规章规定外，管理服务机构不得拒绝其他机构和行政相对人提出的数据共享和开放的要求。

（四）"一云"

"一云"即电子政务云。云服务的应用有助于电子政务建管模式从粗放式、碎片化向集约化、整体化转变，政务云平台可以把网上大厅和实体政务大厅的数据资料汇聚、融合、共享，使政务服务从过去的封闭式运作向跨区域跨部门的协同联动转变，真正实现企业、个人事务的全网通办、全市通办。

上海按照"云网合一、云数联动"的规划理念，打造了市、区两级电子政务云平台。云平台建设采取"集中+分布"的原则，依托政务外网，以政府购买服务的方式，为市、区各职能部门提供统一云服务。市级云的架构主要由设施资源层（政务外网、硬件设备、灾备中心等）、中间平台层（数据共享交换平台、云管理与服务平台）、业务应用层（审批服务、行业监管、通用类服务等）组成，通过各类用户终端，为政府职能部门和社会公众提供统一的云服务。区级云是为本区各职能部门提供集中的云服务平台，实现区域内政务数据的互联共享。16个区级政府自发建设了区级政务云，并且这些区级政务云和市级政务云在逻辑和架构上都能保持一致，最终全市形成一个"1+16"的市、区政务云体系。

上海坚持政务云平台建设与应用系统迁移工作同步开展。截至2018年底，市级法人、实有人口、空间地理数据库已上传至电子政务云，通过借助统一的云端数据资源交换平台，为跨部门应用提供了数据的集中管理与共享应用。至"十三五"期末，上海将建成基于电子政务云的大数据综合服务平台，通过对全市各类政务数据的深度挖掘和分析预测，拓展政务大数据功能的开发应用，实现"云数联动"。

（五）"多应用"

多应用即多元化的平台拓展功能。"一网通办"平台不仅解决前端业务统一受理和政务数据共享资源池建设的问题，还将提供多场景的平台拓展功能应用，如事中事后综合监管、公共信用信息服务、城市公共安全管理、城市精细化管理、经济社会发展综合数据服务、公共资源交易服务等，打造了一个集查询信息、协同监管、联合惩戒、社会参与、研究分析等多功能于一体的综合应用平台。

围绕以用户为核心的服务理念，"一网通办"平台集合了信息归集共享、前端统一受理、服务集成办理、后台综合监管、服务效能评价、安全运维保障等政务事项全流程的闭环管理，推动政务服务从"以部门为中心"向"以用户为中心"的管理模式变革。

二、一网通办：科层管理视域下政务过程的优化再造

"一网通办"是大数据、人工智能等信息技术背景下政务管理科学化、智能化、人性化的一次深刻变革，它突破了科层体系下政务流程的时空局限，使得政务信息的共享运用、业务流程再造优化成为可能，在政务理念、服务流程、组织结构、监督评议、绩效评价等诸多领域实现了对科层管理下政务过程的优化再造。

（一）理念再造：从部门本位到用户本位

为提升专业化，科层管理下的政务事项依据属性差异被划分到不同的部门进行分类处理。部门间由于职能分工的差异，习惯于设置过多过繁的行政审批、许可、检查事项等，政务流程往往涉及多个部门、手续繁杂，导致公共机构的数量和规模越来越庞大。正如詹姆斯·博曼所言："由于推崇专业化分工，社会组织功能趋于分化，公共部门都是因特定任务而创立建设的，有着其各自独特的利益目标和行为逻辑，每项任务都被划分成诸多环节，导致人们难以了解组织运行的整体情况，更多是关注自己所负责环节的任务，'碎片化'的组织管理由此形成。"

概言之，科层管理下的政务流程是以部门为中心的多点申请—分类受理—多口告知的被动反应过程而非一口受理的主动服务，是以提供审批、许可、检查为特征的各类管制许可为导向而非以提供精准化、便民化的公共服务为目标。

"一网通办"是对传统科层管理政务理念的一次革命性重塑，推动了以部门为中心、审查为导向向以用户为核心、服务为本位的深刻转变。这一转变主要表现在以下几方面。

一是构建了线上线下充分融合、服务事项一口进出的全流程一体化政务服务平台，实现了政务流程从过去的多门受理、分散办理、分类告知的碎片化管理向统一受理、协同办理、一口进出的一体化政务服务转变，提升了服务的便捷度。

二是实现了政务事项从科层管理下的被动受理、分类办理向主动服务、集成办理的转变。"一网通办"平台通过清单告知的方式主动公开各类行政权力事项、公共服务事项、办事指南、事项办理跑动次数等政务信息，方便用户查询和办理。同时还提供事项办理进度查询、监督评议反馈、总客服热线、第三方公共支付渠道等服务项目，体现了用户至上的主动服务理念，政务流程不再是单向度的申请—受理—接受的被动过程。

三是推动了政务服务从标准化供给向精准化、个性化服务转变。科层管理提供的政务

服务通常是标准化、无差异化的,政务流程的设置是以管理者为中心而不是以用户需求为导向,服务的精准性往往不够。"一网通办"平台通过对过往用户数据的深度关联挖掘,利用数据汇聚和用户画像技术,可以为各类用户的政务需求提供精准画像,主动研判潜在的政务需求,实现在不同阶段提供专属个性化的服务推荐,从被动服务走向主动服务。同时,"一网通办"平台还将以办事为主题,分析具体应用场景,构建事项、材料和数据的最优图谱,为申请人提供智能引导,形成最优化办理建议。

(二)服务再造:从碎片化到一体化

科层管理下的政务办理是以业务分工为前提的分类处理过程。这种分类处理涉及多个部门,流程多,手续繁杂,容易造成信息分散、管理标准不统一、职能交叉重叠等政务服务碎片化弊端。这种碎片化具体表现为:一是分割。同一类政务事项办理流程被分隔成不同的环节,分散在不同的职能部门进行分类办理,且不同部门有着不同的管理权限,意味着服务对象不得不跑多个部门才能办结同一类政务事项。二是烦琐。相同或类似的认证、材料、证明需要申请人重复多次提交,不同部门对认证材料的规格、标准规定不一,且各部门将不同的证明材料作为服务办理的前置条件。三是隔离。不同部门习惯于将其他部门的审批、许可、检查等决定情况作为本部门服务办理的前置条件,导致政务事项办理难以并联操作,只能分散孤立流水线作业,经常出现因为前置环节未及时完成导致后续环节被动等待的现象,办理进度缓慢。

"一网通办"通过建立全流程的线上线下服务平台,整合了原先碎片化、条线化、分散化的政务服务事项前端受理功能,为实现一站式政务服务提供了可能。

在线上,"一网通办"将原先高度分散在市、区、街镇不同部门的政务服务平台和政务服务事项集中起来,实行统一总门户受理、统一身份认证、统一总客服、统一公共支付、统一物流快递,解决了以往多点申请、分散受理的难题,后台部门实行并联协同办理、限时办结,大大提升了服务效率。借助公共信息基础数据库和电子政务云平台,"一网通办"完成了政务数据跨区域跨部门的共享互联,基本实现了凡是可以通过数据共享的材料无须再提交、可以通过网络核验的材料无须再提交、前道流程已收取的材料无须提交,解决了以往政务事项办理中多次、多点反复提交证明材料的问题。数据的互联共享缩减了政府部门的自由裁量空间,以此倒逼职能部门的权力运行更加透明、规范,从过去以部门为中心的碎片化管理向以用户为中心的一站式服务转变。

在线下,"一网通办"平台积极推动各区行政服务中心、社区事务受理中心建立一窗受理、分类审批、一口发证的新型政务服务机制,鼓励设置跨部门综合窗口,实现以综合窗口服务为主、部门专业窗口服务为辅的线下综合服务模式,并与线上"一网通办"平台进行数据联动,提供线上线下无缝隙服务。

(三)结构再造:从层级化到扁平化

科层管理下的组织结构往往依据部门职能的差异而进行分层分工与层级节制,下级部门服从上级部门的统一管理,同时又接受同级职能部门的业务指导与监督。这种直线职能制组织结构的优点在于分工明确、专业化程度高、有利于保持集中统一的指挥。其主要缺陷在于:管理幅度窄,管理层级多,各部门间横向联系较差,容易产生脱节与矛盾;组织间信息传递路线长、反馈慢,信息传递容易失真,难以对外部管理环境的变化做出快速反应;存在多头管理的弊端,纵向的统一指挥与横向的业务指导往往存在一定的冲突。

"一网通办"平台利用网络信息技术,坚持用户为导向而非部门职能为中心,对传统政务流程进行重新配置、突破科层制组织框架的限制,实现职能部门由分立模式向综合模式、从垂直管理向水平合作的转变,通过"一网通办、集成服务"来倒逼后台职能部门内部流程的优化与权力关系的再分配,真正建立起"扁平化—回应型"组织结构。

"一网通办"基本实现了科层组织结构的扁平化再造,它的基础在于:一是信息共享。借助公共信息数据资源池和电子政务云平台,组织间信息不再是自下而上或者自上而下的单向传递,而是实时多元的互联共享,不仅突破了部门条块的限制,还超越了不同行政区域的管辖制约,解决了长期以来制约部门协同的信息孤岛、数据烟囱难题。二是功能整合。"一网通办"将以前分散在多个部门的政务、服务事项的受理功能集中在统一的政务平台上,实行前台统一受理、后台并联办理,去掉了冗长的中间环节,民众、企业以及社会组织无需再同多个职能部门逐一沟通,从过去的一对多的间接沟通变成如今一对一的直接沟通,降低了沟通成本,也便于民众开展监督评议。三是流程优化。线上,有统一的在线服务总门户和移动客户端,实时在线预约办理;线下,有通办的综合窗口,实行一口受理,一口发证。标准化的服务流程为科层体系下组织机构的构建提供了参考依据,有利于推进职能相近的各部门之间进行合并重组,实现政府机构的精简优化。

信息互联、功能整合与流程优化打破了科层管理之下的部门间的信息壁垒与职能边界,缩小了公共部门与用户之间的时空距离,使公共部门间的信息、业务、服务实现了有机整合与协同,为组织结构的扁平化设计提供了可能。

(四)监督再造:从内部监督到社会评议

科层管理下的政务流程是一个提出申请、分类办理、结果告知的单向度过程,职能部门决定了政务流程的起点、过程与结果,民众更多是被动接受与服从,缺乏对政务流程与政务服务监督评价的参与渠道。科层管理下的监督评议以内部评价为主,一般通过设置考核目标、开展绩效测评、检查抽查、行政问责等方式进行,部分民意表达的外部评议方式也往往是在科层组织主导下开展的,范围和影响均有限。

"一网通办"平台基于用户需求为主要导向,简化并且优化了政务服务流程,健全了内外部的监督评议机制,提升了政务服务的有效性与回应性。监督评议的再造主要体现在以下几个方面。

一是服务清单化。"一网通办"政务平台将市、区、街镇职能部门的权力清单、审批事项、服务事项、办事指南、收费项目与标准、跑动办理次数、客服联系等信息均在平台予以公开,用户可方便地查看权力实施主体、行政依据、办理进展等详细信息。服务清单化是职能部门主动信息公开并接受外部监督的做法,解决了因用户与职能部门间的信息不对称而导致的用户不知找谁办事、怎么办事、办事结果好坏等问题,使得用户可以近距离、全方位地监督政府行政的全过程,这也倒逼各职能部门的权力运行更加规范、公开与透明,有利于建设阳光政府。

二是监督评价社会化。"一网通办"平台非常注重引入第三方评价机制来提升服务质量,建立了网络平台、通信平台以及实体服务平台等多渠道的外部监督评价机制,实现线上线下的监督评议联动。在网络平台上,专门设置"我要找茬""我要评"等咨询投诉功能版块,方便用户在线开展问题咨询与服务评价。在通信平台上,"一网通办"将多个部门的咨询投诉热线统一归口至"12345"总客服热线,为用户提供全天候的咨询、投诉、建议服务。此外,实体服务平台如行政服务中心、社区事务受理中心的办事大厅内也设置了专门的投诉意见窗口,可以现场负责处理用户的投诉建议。

多渠道监督评价机制的建立将以往单向传递信息的政务受理过程转变到双向信息交互的互动平台。这一转变,既可倒逼政府部门依法规范高效行政,提升服务质量;也有利于调动民众、市场主体、社会主体参与公共治理活动的积极性和参与度,有助于社会面公共精神的培育,逐步实现从科层管理走向参与式治理。

(五)绩效再造:从隐性化到显性化

科层管理下部门的绩效评价较难开展,存在着部门间信息不对称、活动结果难以测评、职责边界难以界定、评价指标体系无法统一等诸多困难,也由此带来绩效评价的模糊化、主观化与隐性化。"一网通办"平台借助大数据和政务云平台使政务过程变得可视化和显性化,从而便于组织绩效评价的开展,主要体现为:

一是政务过程痕迹化。"一网通办"平台通过提供标准化的政务办理流程,使业务办理从分散式转变到集中式,几乎所有的环节都会在平台上留下痕迹,包括时间节点、办理进度、服务评议等全部政务过程信息。痕迹化本身就是一种信息的再现机制,有助于监督和规范权力的运行,也为部门绩效评价提供了原始数据来源。

二是政务信息可视化。科层管理下的信息资源是各部门的核心利益所在,部门间的信息往往难以互通,上下层级间的信息不对称则更为突出。"一网通办"平台打造了一个可视化的政务信息系统,通过建立公共信息数据资源池和电子政务云系统,打破了部门间的信息封锁,一定程度上解决了绩效评价的信息不对称问题。

三是绩效显示显性化。"一网通办"平台可以直观化地显示行政权力事项、公共服务事项办理的职责分工、后台部门业务办理的进展状况,用户也可以通过网络平台、实体平台以及客服平台等渠道实时地开展服务评议,各部门的业务办理绩效情况均可直观地显示在平台上,实现了绩效信息的显性化。

三、如何更好地让人工智能在电子政务应用中发挥作用

人工智能作为一项新兴技术应用于电子政务中无疑会带来异常丰富的观念和制度冲

击,但我国现在的人工智能处于弱智能阶段,我们也要注意电子政务在人工运营下的利弊,正确理解人工智能在电子政务中的运用,并采取一些制度化、规范化的举措来让人工智能更好地发挥作用。

1. 加大科技创新,提高人工智能研发力度,提升相关人员综合素质

持续推进人工智能的创新与研发,统一人工智能的服务标准,打造电子政务"本地化"的人工智能系统,由政府引导,创造出适合地区发展情况、匹配地区建设水平的人工智能电子政务应用平台。

研究和发展人工智能,需要增强科研人员的道德素养,要了解人工智能应用于政府中提供服务的初衷是为了人民群众的福祉。同时也要培养政府中使用和维护人工智能整个平台的工作人员的基本道德素养,正确使用人工智能技术,发挥其积极有效的作用。

2. 加强信息安全与隐私保护,提前防范智能风险

加强数据安全的监控,从源头上避免数据丢失、紊乱、被入侵等问题,保障电子政务服务信息的准确性、安全性与专业性。对于人工智能所采集到的人脸信息、生物信息等基础数据,要避免因为不同技术服务商的更迭而泄露或者流失,加强个人数据的保护和网络安全的保障。

组建专业的电子政务人工智能运维小组,针对人工智能在电子政务应用中产生的漏洞、缺陷等问题及时维护与上报。同时监督人工智能用于政务服务中的智能水平,改善政府办事流程,提高政务服务效率。

作者简介:王佳欢、胡鑫影、许梦洋、衣卓,云南大学政府管理学院2018级本科生。

基于大数据的智能化行政审批研究

王亦明 陈 令 陈志强 吴建宏
指导教师：邓 崧 樊 博

一、引言

党的十九大报告明确指出，要建设服务型政府、创新型国家，全面深化机构和行政体制改革。首先，要转变政府职能。其次，要深化简政放权，对于特殊的政务服务要创新监管方式，要增强政府公信力和执行力，从而真正建设人民满意的服务型政府[①]。

2018年3月28日召开的中央全面深化改革委员会第一次会议通过了《关于深入推进审批服务便民化的指导意见》（以下简称《意见》），由中共中央办公厅、国务院办公厅于2018年5月23日印发并实施。《意见》要求全面推行真正的审批服务，要做到真正的"马上办、网上办、就近办、一次办"。坚持体制创新在各个维度上与"互联网+"适应并联合。加强政府部门及其工作人员的互联网思维，推动政府各部门及各个层级中管理创新与互联网、物联网、大数据、云计算、人工智能等高科技的信息技术融会贯通，使政府审批服务更加便捷化、更加智能化，让数据在网络中多跑路，让群众在现实中少跑腿。在此背景下，本文提出智能审批的概念，并分析其优势与风险，力求为我国行政审批改革提供一些建设性意见。

二、大数据智能社会形势下传统行政审批制度显露出的弊端

智能审批是指对组织的或个人的依申请办理的政务服务事项，实现网上受理、自动审批、及时出结果、在线签发电子证照的全程无人干预的自动审批形式[②]。厘清智能审批与传统审批的区别是对智能审批了解最快的途径。因此，本文将先从智能审批与传统审批的区别开始介绍。

---

① 习近平. 决胜全面建成小康社会 夺取新时代中国特色社会主义伟大胜利——在中国共产党第十九次全国代表大会上的报告[EB/OL]. http://www.gov.cn/zhuanti/2017-10/27/content_5234876.htm.
② 贺晓丽. 建立健全智能审批应遵循五个规则[N]. 学习时报, 2020-04-24 (003).

(一) 智能审批与传统审批的区别

显而易见，智能审批相对于传统审批更加网络化、智能化。首先，智能审批要求与互联网、大数据等前沿科技相联系，运用其核心技术帮助政府部门建立新型政务审批的模式。其次，智能审批运行效率更高，它是一个后台、多个部门协作的流程，需要参与的部门多，却几乎是同一时间完成的，几乎可以达到"秒批"。但是智能审批的推行会导致传统审批部门的工作人员因此失业，就业率极有可能受到影响。

(二) 建立健全智能审批须遵循的原则

第一，对于政务及社会大数据的共享开放。这一原则近年来就一直深受我国行政体制所诟病，可以说这是全面深化体制改革的重点、难点问题。部分政务服务要想实现智能审批就得完成政务及社会大数据的共享。

第二，对审批事项的标准化改造。政府政务部门应该对公众所提交的审批申请根据要素、审批流程以及审批部门等因素进行标准化分类，要将标准化的思维方式真正插入到行政审批的管理和运作过程中。

第三，关于征信系统提供的支持。智能审批是覆盖多部门的，对应的审批主体具有多部门性，作为审批客体的公众及企业也是多方面的，这就涉及建立健全一个全社会的公众征信系统的问题。

对于技术方面的应用，笔者为可以采用人工智能给现阶段的审批提供技术支持，从两个方面体现智能审批的"审批"。一是审批系统的全机器和智能化，完全代替人工，具有拟人性。二是审批系统中的审批环节运用人工智能的算法。人工智能算法即是我们要攻克的一个难关。

第四，要求有关监管部门加强对审批结果的审议和监督。我国"放管服"改革提出了要简化事前审批和加强事中事后监管的主要目标。与传统审批的流程相比，智能审批的快捷性一方面便利了政府政务的审批，另一方面对社会各方面和政府监管部门监督审批结果提出了更高的要求。所以，必须在法制法规的严格监控下，划清审批与监管的工作界限，并加大监管力度，严格惩戒和约束行为执行。

(三) 传统行政审批暴露出来的弊端

根据行政审批的本质属性和特点，再结合政府各个部门对于行政审批的事务处理的实际状况。笔者发现，传统行政审批暴露出来的关键问题如下：

一是在管理审批的过程中，民众对于审批人员的不满以及对审批服务的了解不足导致管理流程的中断。在传统的审批过程中，没有充分考虑公众的意见，没有做到充分尊重和认可公众。对于管理审批工作的公务人员来说，他们同样对审批流程有自己的观点和看法。培养公众了解审批服务过程、充分考虑各方的观点和意见是智能化审批的重要考虑要素，有利于最大化智能审批系统的绩效水平。

二是对于行政审批的权限监督不足。在我国行政体制改革中，行政审批事项有所减少,但各地行政审批制度改革的内容不一致,职权没有明确的规定,各个政府部门的审批权限不明确。因此,一些地方政府仍然存在"强调批准而忽视监督"的现象,在批准权方面缺乏严格的监督程序。在审批过程中,存在员工争执、不负责任、争权的现象。这些问题的出现说明行政审批的权限监督不足,不利于社会主义经济社会的发展。

三是行政审批的程序不规范。行政审批属行政许可范畴,现行《行政许可法》对其进行的程序做出了一定的法律规定,但仍缺少具体的实施条例。从实际情况来看,目前行政审批中程序方面的问题有:部门缺乏专门的审批流程规定、下属机构对行政审批流程的自由裁量的空间太大、涉及多部门的行政审批流程规范差别较大。规范行政审批流程需要强有力的措施配套,以保证其工作效率,也为进一步推进智能化审批做好铺垫。

三、智能审批的优势及潜在的风险

(一) 智能审批的优势

1. 公平

人工审批的主体是人,它不可避免地受到审批人员主观上的影响,存在审批公平性缺失、审批态度不公正等问题。我国已经开始了行政审批改革工作,将大数据、云计算以及人工智能等新兴技术用于行政审批改革工作之中。这些技术的使用可以将人工审批这一环节排除在整个行政审批流程之外,将不利于行政审批的主观因素从技术层面上予以解决。

2. 高效

首先,对申请人而言,智能审批利用新兴的互联网、大数据、人工智能等技术,可以实现网上受理、自动审批、及时出具结果、在线签发电子证照的全程无人干预的自动化审批形式[1],避免了申请人在空间上的多次跑动,实现"最多跑一次"和"不见面审批"。

其次,就政府主体而言,智能审批可以节省大量的人力资源。推行智能审批后,那些从繁杂冗余的审批工作中解放出来的公务员可以进行其他更有意义的工作。此外,智能审批的应用使政府不必为审批过程中的"人"支付费用,可以减轻政府的财政压力。

最后,就审批过程而言,智能审批比传统审批更具有科学性,效率更高。智能审批可以利用人工智能、大数据等新兴电子信息技术建立一个能够自动收集、整理、分类、识别、筛选审批需要的相关数据的分析模型、评价指标和基础信息数据库,以此为基础创造一个能自动鉴别审批事项是否合法、科学预测审批事项的所有可能性结果,并做出最终决策的算法和智能审批流程。这相较于传统的人工审批而言,无疑具备更高的科学性和高效性。随着我国改革开放的不断深入和发展,政府部门面临的审批事项会越来越多、越来越繁杂,市场对行政审批的速度和效率的要求越来越高,传统的人工审批已经难以满足经济社会发展的要求,智能审批的重要性将会越来越凸显。

---

[1] 贺晓丽. 建立健全智能审批应遵循五个规则[N]. 学习时报,2020-04-24(003).

3. 专业

随着社会的发展，行政审批的范围越来越广、内容越来越复杂，这对政府工作人员的综合知识和专业技能提出了更高的要求。如果相关的政府工作人员不具备相应的知识和技能，就无法理解和判断新出现的审批事项是否合法，是否有利于社会发展，是否有危害。如果做出错误的判断，审批产生的后果可能会非常严重。这对申请人和社会而言，都是非常不友好的。与此同时，还会造成政府权威的缺失和公信力下降。智能审批则可以有效地减少和规避类似的错误。利用大数据和人工智能等技术，智能审批拥有庞大共享的信息资源数据库和强大的数据收集和分析能力，这使得智能审批具备更专业、更综合的审批能力。

（二）智能审批的潜在风险

1. 数据的有效性风险

智能审批的基础就是对数据的收集和识别，数据的真实性和客观性对智能审批而言至关重要。一是智能审批的数据来源目前存在"孤岛"效应。政府、银行、券商、互联网企业、第三方征信机构掌握的资产信息由于存在信息壁垒，难以在短时间内互联互通。"信息孤岛"导致信息的不对称与不透明，获取的不及时与滞后性，可能带来多头债务风险和欺诈风险。二是数据质量存在有效性偏差。近些年，金融机构、电子商务、社交网络、公共政务互联网平台等数据载体，每天都在聚集和制造海量的数据。然而，数据的缺失和内容的不完整，数据识别的难度大大增加，对智能审批识别的精度提出了更大的要求。因此，改善数据质量是提升智能化审批有效性的必备环节。

2. 智能审批的合法性风险

智能审批尽管更高效便捷，但目前我国推动智能审批改革的都是一些政策性文件，未出台相应的法律法规来规范智能审批的应用，与之相关的立法工作滞后于智能审批改革工作。这为将来的智能审批实践留下了法律风险，同时也不利于智能审批改革的深入推广和发展。

3. 问责风险

由于审批现实的复杂性和智能审批算法的不完善，智能审批在发展过程中不可避免地会出现决策失误、审批失误、风险预测失误等问题。当出现这些问题时，审批产生的后果可能会有非常大的危害。这时，谁来承担责任？这个问题很重要。如果问责主体模糊，就会使民众不再信任智能审批。届时，民众对智能审批的不信任和恐惧会迫使智能审批退出人们的视野。

4. 信息安全风险

互联网时代，公民的个人隐私安全受到严重的威胁。智能审批涉及很多人和机构的信息，有些数据甚至涉及国家机密。因此，智能审批数据库会受网络攻击和入侵，如何保护这些数据的安全不被泄露是一个很严峻的问题。

四、促进智能化行政审批的对策研究

为了让人民群众办事更加方便、办事程序更加简洁，我国为行政审批制度改革做了很多努力。随着互联网和计算机技术的发展，行政审批流程逐渐简单化、便捷化，但是其中

还存在以上提到的风险。目前，电子化行政审批还处于简单的机器审核阶段，简单的电子化审批无法完成数据分析、数据挖掘、数据分类存储、数据共享等智能工作，仅是非人工审核还远没有达到"互联网+"时代人们对智能化审批的需求。

（一）人工智能助力部门协作化行政审批

智能化行政审批的发展可能需要将高新技术运用到解决行政审批中去，随着"互联网+政府"的建设，越来越多的计算机技术和互联网技术被应用到政府管理中。如今电子政府建设已经取得了一定的成效，如"最多跑一次"的应用与推广。人工智能也已经开始广泛应用于公共管理领域，例如人工智能已应用于突发公共事件政府舆情应对。人工智能可以帮助实现大数据下的舆情预警、大数据下的舆情分析与研判，以及人机协作下的舆情应急反应与干预[1]。笔者认为，也可以将人工智能运用到行政审批中，进而实现智能化审批。具体的理论架构如下：首先需要构建一个通用的 AI 系统。此系统是一个统一的系统，它不属于任何一个部门，是所有部门行使职能的一个工具，是中立的，不会偏好任何一个部门。把这样一个 AI 系统加入行政审批系统中后（可以把此系统应用于政府的门户网站中），有需要办理行政审批的公众就可以使用电脑和网络办理业务了。

此过程中，AI 系统的具体工作流程为：当办理人发起了申请以后，AI 助手就会根据其所办理的业务一次性告知办理人所需要的材料以及一张需要填写的综合的表格；然后 AI 助手对收集到的信息进行整理分类，再把分类好的信息分发到相应的部门去审核，做到智能化分类审批；同时人工智能系统还会对信息进行智能分析，通过统一的标准筛选出应该共享的信息，把这些信息分类整理放入中心数据库，形成大数据中心，供以后各个部门查找使用。各部门收到属于本部门审核的资料后由部门中的 AI 系统进行初步审核。这样，各部门的系统可以及时地审核各自的资料，用最快的速度完成工作，及时把审核结果反馈给面向"客户"的人工智能系统，由它完成整合工作，最后把最终结果反馈给"客户"。这就完成了整个行政审批过程。只要制定了统一的标准，人工智能就会根据程序执行操作，最主要的是人工智能可以有效避免信息弄虚作假，而且也不用专门的监督部门对其进行监督。通过智能化审批模式，实现申报"零资料"，受理"零窗口"，办件"零人工"，领证"零上门"，归档"零纸件"[2]。同时还形成了共享数据库，打破了部门之间的信息壁垒。实现这一流程的关键在于人工智能系统的技术支持，需要靠相关法律法规的完善来保障此人工智能系统的统一使用。当然，实现此系统的应用和推广，不仅需要立法的保障，还需要电子签名和电子公章技术的保障。

利用人工智能使行政审批更加智能化的优点有如下几个方面。

---

[1] 王晓红，金盈盈. 基于人工智能技术的突发公共事件政府舆情应对[J]. 新媒体研究，2020，6(15)：56-59.

[2] 王纳新. 大数据视角下行政审批制度改革研究——以企业资质审查中的数据共享应用为例[J]. 浙江建筑，2019，36（03）：60-63.

第一，人工智能与传统计算机和网络技术的区别在于人工智能可以对信息进行处理，通过语言识别、图像识别以及云计算等技术的综合应用可以实现智能人机交互，是当今一项重要的技术。人工智能可处理云数据框架，提高社会公众满意度，加强城市治理等[①]。把人工智能运用到公共管理中是实现真正意义上的"互联网+政府"一种重要的突破手段。在行政审批程序中加入 AI 系统可以打通政府各部门之间的信息壁垒，避免各个部门之间信息孤立导致办理行政审批的公众需要走很多的程序，以提高行政审批的效率，提高公众对公共服务的满意度，最终实现"一次也不用跑"。它不仅可以通过部门之间的信息共享提高办理行政审批的业务能力与业务效率，还可以让各个部门都可以通过共享数据库查询和使用其他部门收集的信息。统一的信息资源平台是打破信息孤岛的有效方式，它比部门间相互联系的首席信息官（CIO）制度要更加直接、更加高效。例如，在进行行政审批的时候 AI 系统会自动把需要共享的信息储存在中心数据库中，为后期需要找到和利用相关信息提供了基础和便利。

第二，非人工审批可防止腐败。利用 AI 系统可以让机器审核部分文件以及相关证明，保证了绝对的公平公正，而且利用统一的审核标准机器更不容易出现错误。在审批过程中只要对最后的人工审核进行监督，可以大大降低监督成本，也可以最大限度地减少以权谋私现象的出现。AI 的利用可以让最少的工作人员接触到相关材料，减少了腐败的可能性，也让社会公众打消了通过非正常途径获取非法利益的念头。所以，人工智能加入行政审批中可以有效避免腐败现象的出现。

第三，有助于"互联网+政府"和智慧政府理念的形成。这也是服务型政府建设的重要探索。利用 AI 系统进行行政审批可以帮助政府打破传统的行政理念，真正实现从办公自动化（OA）到"互联网+政府"的概念转化，真正把时代先进技术应用于公共管理，实现公共服务智能化、高效化、便民化。

（二）以大数据为支撑，再造行政审批流程

李克强总理强调："简政放权、放管结合、优化服务改革是一场刀刃向内的政府自身革命，也是近年来实现经济社会稳中向好的关键一招。"[②] 可见，要促进政府行政审批优化，发挥行政审批的内生优势，光靠技术手段是不够彻底的。能不能真正解决行政审批的现存问题和弊病，还需要刀刃向内，以大数据技术为支撑，优化行政审批流程，从体制机制上下手，深入骨髓，"刮骨疗毒"。

1. 加强数据共享与开放，完善审批基础

大数据技术是行政审批流程再造的技术工具，审批存储的海量数据是大数据技术发挥

[①] 朱小栋，林昕，顾颖. 云计算和人工智能在政府管理中的应用研究[J]. 中国物价，2020（10）：104-106.

[②] 李克强. 在全国深化"放管服"改革转变政府职能电视电话会议上的讲话[EB/OL]. 2018-07-13. https://www.chinanews.com/gn/2018/07-13/8565554.shtml

作用的基础①。政府掌握着社会80%以上的信息资源，掌握信息和数据就是掌握权力和主动权。在不断深入发展的信息时代，我国政府在数据挖掘和信息开发上已经有很大的发展，但是在信息共享方面程度不高。在传统的职能划分的影响下，政府各职能部门建设各自独立的网站，各自收集信息为自己所有、所用，各自为政。职能部门之间信息封闭，形成信息孤岛，部门之间难以进行很好的协调与互动，所以造成了"办事难、办事慢""多头跑、来回跑"，审批不及时，行政审批成本高昂、行政效率低等众多问题。在大数据广泛应用的背景下，欲优化审批流程，关键还是部门信息共享问题，发挥海量数据资源、数据分析与查询、数据再挖掘与应用的作用。推行"一张网、同平台"的理念，在政府内部建立统一的系统网站和信息库，各个部门将其掌握的数据导入部门数据库，上级部门再进行统一汇总和整理数据信息，为各部门进行行政审批提供数据信息，供各部门随时调取使用，解决信息壁垒带来的困境。推行"多证合一"，行政审批中所涉及的证明材料简单而言就是一系列被认证认可的数据信息，但是这些信息分散在不同的部门手中，零零散散，这就需要各职能部门主动将本部门信息推送至政府公共的"一张网"上，让"数据跑路"代替传统人工跑路，提高速度和效率。同时，各个部门之间需要加强互动与合作，建立同一网上审批系统，及时沟通信息，连横贯通，紧密衔接协作，主动搭建兄弟部门互动平台，以助于提高行政审批的效率。行政审批过程中的信息共享如图1所示。

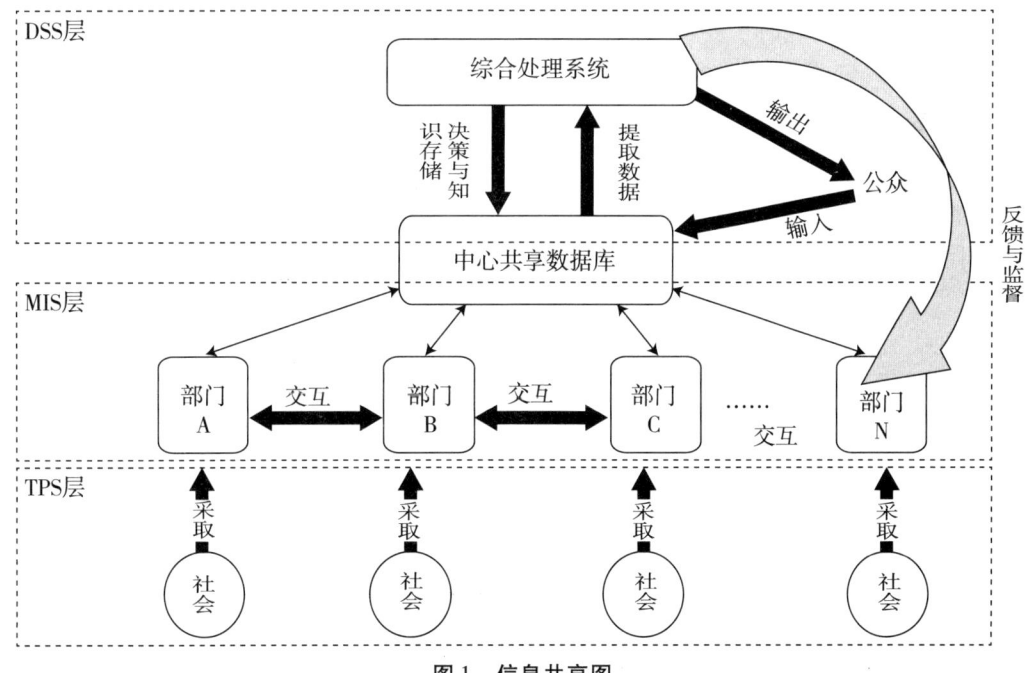

图1　信息共享图

---

① 任文琴. 基于大数据的地方政府行政审批流程再造——以南宁市不动产登记业务流程为例[J]. 宿州教育学院学报，2020，23（02）：14-21.

2. 行政审批"去中心化",优化审批程序

传统的科层制的主要特点就是层级节制,上下级行政机关之间遵守严格的等级制度,下级服从上级,上级指挥下级。科层制就像是一座金字塔,具有很好的稳定效果,但是在这种垂直向下式的领导体制之下,中间层级过多,高层成为权力核心、审批中心,由高到低犹如水波效应,越往边缘影响作用就逐渐变小。如此,造成了政府行政神经反射弧过长,反射速度过慢,联动效应就差。在信息时代的今天,科层制已经不适应社会发展的需要。罗伯特·莫顿(Robert Merton)曾说:"固守程序会导致效率降低等不可预见的结果,固守规则开始只是作为一种手段而出现,但最终却转化为目的本身了,从而出现了人们所熟悉的目标移位现象,也就是工具价值变成了终极价值。"① 在社会经济高速发展的现实条件下,层层节制,流水线式的审批程序显然不能够很好地满足社会进步的需要,层层汇报、逐级传递的审批模式需要适时调整,所以不必要的中间层需要被取缔,减少大量的干预反应速度的节点,使得行政组织结构趋于扁平化、"去中心化",让行政审批不卡顿,文件不逗留。高层政府和低层政府建立联动沟通网络,以高层政府为中心形成辐射状网络沟通机制。坚持"简政放权"、"放管服"、"大事集中,小事分散"、"无涉及,不经手"、当断即断的原则。高层政府应该抓核心、管大事,不能什么事情都管,什么都必须亲自审批,如此容易什么事都管不好,还会造成下级政府积极性不高,办事能力不够,根基软,扛不住风浪。要下放更多权力,给下级政府更多的自由空间,真正锻炼基层政府,自己则主要掌握大事大权。同时也要建立基于大数据的行政审批监督体系,通过对下级政府的审批速度、质量、数量、效率和民意反馈等数据信息,监控下级审批工作的适时动态并对其进行评估与考核。

审批程序一优化,行政审批道路上的"减速带"就得到了清理和规范,导致行政审批不流畅的因素就会得到有效解决,上下级之间良性互动,关系也会进一步改善,效率会得到实质性的提高(见表1)。

表1 大数据技术应用于行政审批流程的效果分析②

编号	大数据技术的具体项目	大数据技术应用于行政审批流程再造的效果
1	数据收集	推动审批事项目录制度的建设:证照库的建立
2	数据存储	减少审批环节
3	数据查询	推动数据共享:加强部门联系;建立审管相接机制
4	数据交换	加快数据共享:避免材料重复提交

---

① Robert Merton. Social Theory and Social Structure [M]. NewYork: Free Press, 1968: 260.
② 任文琴. 基于大数据的地方政府行政审批流程再造——以南宁市不动产登记业务流程为例[J]. 宿州教育学院学报, 2020, 23 (02): 14-21.

续 表

编号	大数据技术的具体项目	大数据技术应用于行政审批流程再造的效果
5	数据分析	挖掘有用信息；强化服务理念；落实激励机制
6	数据执行	审批流程的标准化、规范化及"最优路径"选择
7	数据应用	部门行为分析；趋势分析预测；提供辅助决策

3. 重塑业务流程，打造全新审批模式

"政府的服务应该是一种主动的服务，而不是被动的服务。"目前，我国政府在服务上还存在着很大的缺陷，群众对政府服务的满意度和认可度不高。公民在行政审批过程中总是会遇到各种麻烦，根本的原因还是政府行政部门的服务意识不到位。同时政府被动地提供服务，不能主动地为公民提供可选择的需要，政务服务前瞻性不够。那么，行政审批业务流程的重塑就应当着眼于当前的困境和问题，基于公民的服务要求，结合大数据技术的支持，科学合理地进行业务流程的改造（如图 2 所示）。

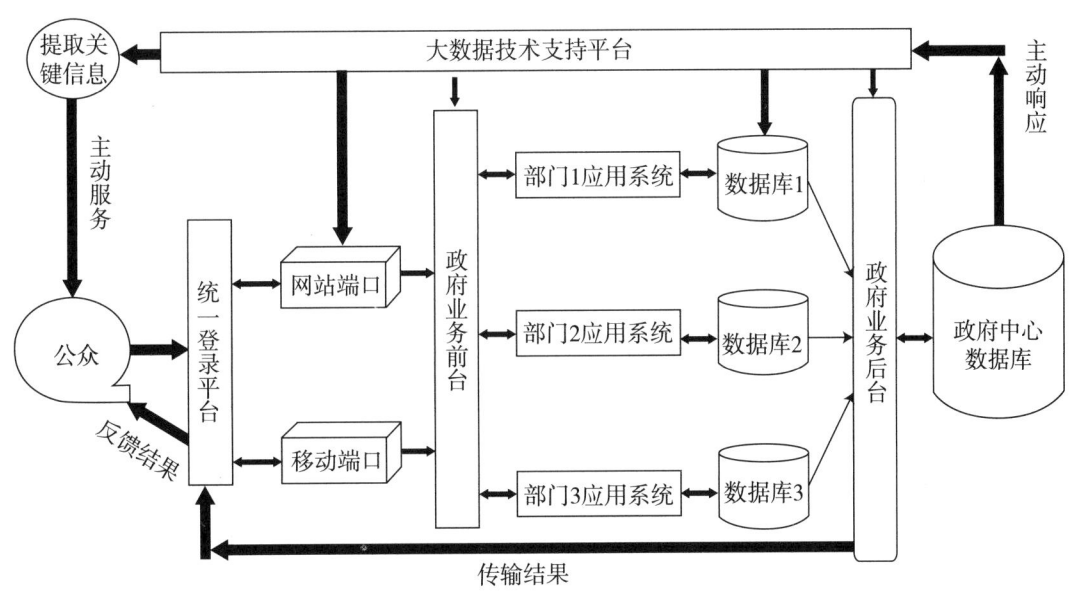

图 2　业务流程再造图

目前，"最多跑一次""一网通办""一口受理""一站式服务"的模式已经在各地推行，为企业发展提供良好服务，帮助企业发展降低制度交易成本和生产经营成本，为他们营造良好的营商环境①。所以，我们需要寻求一种更加方便、快捷的审批方式，解决传统

---

① 杨小军，杨霞. 行政审批制度改革成效、问题与探索[J]. 行政管理改革，2018（12）：63－69.

体制下审批需要来回跑的问题，做到"一次也不用跑""不见面审批"，在家就把审批难题解决。既减少来回跑的成本，也在一定程度上规避那些面对面带来的弊端。同时，在不见面、不跑政府就审批的模式下，公民在家通过互联网登录政府网站，线上一次性完成相应证明材料、表格提交，政府网站前台获取后通过大数据审核相关材料，不符合的退回并说明原因，符合的则通过一表式进入中间部门办公阶段，并且能根据数据信息的完备程度筛选排序交给审批部门或者进入"预审批预约"，提高审批效率，改变人闲着审批文件也闲着这样的现象。各部门针对各自对应部分表格信息，在大数据支持下完成审批，之后由后台汇总反馈用户。中间环节上，政府各部门变"串联式"审批为"并联式"审批，实现同时办公，大大降低了该阶段的时间成本，极大提高了审批效率，减少了中间的等红灯时间。

传统的服务还是"申请—回应"的被动服务模式。在这样的模式之下，政府审批没有准备性，遇事找部门，有的时候出现没有部门能审批的状况。针对此类问题，政府应该通过大数据的支持，通过对居民社会生活的各种方面的数据分析，形成一些前瞻性的信息和知识，发现可能存在的审批需求，对相近审批事项进行整合分类，主动响应，"一部公章管审批"，极大地缩短办理时间，提高办事效率，公民也减轻了负担。此外，政府审批过程中的实时动态也会通过大数据的方式呈现给公众，公众可以像查询快递物流一样查询到个人审批项目的目前进程和所处的位置和部门，使行政审批透明公开。公民能够根据对审批过程的监督，发现政府办事存在的不足，对相关政府部门进行评价和打分并提出建议和意见。通过对审批流程的重塑和改造，能让群众感觉到政府贴近其生活实际、提升其对政府的满意度和满意水平的同时也有利于对政府部门工作进行监督和绩效评估。

五、总结

互联网、大数据以及人工智能等技术的发展可以有效地推动政府的管理制度和管理方法与技术的进步。在互联网和大数据背景下，传统的管理办法，特别是传统的行政审批已经满足不了公众对高效办事的需求了。因此，政府需要对行政审批工作进行优化，针对传统审批暴露出来的弊端以及目前智能化审核尝试过程中出现的问题和不足，通过改进审批制度以及使用大数据和人工智能等技术使其智能化，进而实现行政审批的公平、高效、专业，最终构建高效化、智能化、便民化的服务型政府。

参考文献：

[1] 习近平. 决胜全面建成小康社会　夺取新时代中国特色社会主义伟大胜利——在中国共产党第十九次全国代表大会上的报告[EB/OL]. http：//www.gov.cn/zhuanti/2017-10/27/content_5234876.htm.

[2] 贺晓丽. 建立健全智能审批应遵循五个规则[N]. 学习时报，2020-04-24 (003).

[3] 王晓红,金盈盈.基于人工智能技术的突发公共事件政府舆情应对[J].新媒体研究,2020,6(15):56-59.

[4] 王纳新.大数据视角下行政审批制度改革研究——以企业资质审查中的数据共享应用为例[J].浙江建筑,2019,36(03):60-63.

[5] 朱小栋,林昕,顾颖.云计算和人工智能在政府管理中的应用研究[J].中国物价,2020(10):104-106.

[6] 李克强.在全国深化"放管服"改革转变政府职能电视电话会议上的讲话[EB/OL].2018-07-13.https://www.chinanews.com/gn/2018/07-13/8565554.shtml.

[7] 任文琴.基于大数据的地方政府行政审批流程再造——以南宁市不动产登记业务流程为例[J].宿州教育学院学报,2020,23(02):14-21.

[8] Robert Merton. Social Theory and Social Structure [M]. NewYork: Free Press, 1968:260.

[9] 杨小军,杨霞.行政审批制度改革成效、问题与探索[J].行政管理改革,2018(12):63-69.

[10] 陈沛.大数据共享机制在推进行政审批改革中的几点思考[J].中国市场监管研究,2019(06):35-38.

[11] 陈彦仓,肖梅.互联网+思维引领相对集中行政审批权改革创新[J].科技经济导刊,2018,26(36):23-24.

[12] 李家显."互联网+行政审批"对基层政府治理的效能研究[J].信息通信,2019(07):140-141.

[13] 张飞霞."互联网+行政审批"对基层政府治理的效能分析[J].科教导刊(中旬刊),2017(08):110-111.

作者简介:王亦明、陈令、陈志强、吴建宏,云南大学政府管理学院2018级本科生。

信访大数据推进"智慧信访"建设

——以昆明市官渡区信访局为例

鞠丹丹 李双银 刘龙布
指导教师：邓 崧 樊 博

一、问题的提出

信访制度是中国特色社会主义民主政治制度的有益补充，信访工作遵循"属地管理、分级负责、谁主管、谁负责"的原则。2020年12月22日，为传达学习中央经济工作会议精神，国家信访局召开党组（扩大）会议，会议要求深化信访工作创新机制，发挥信访社会治理的效能，提高对风险的预见和预判能力，把信访工作作为正确处理人民内部矛盾、防范和化解矛盾风险、维护社会稳定和国家安全的第一道防线。网络和信息技术的普及和发展为网上信访机制提供了技术保障。2015年，云南省信访局着手构建全省统一的信访信息系统，以实现信访事项全覆盖、工作流程统一网上流转。由此生成的海量信访数据，也就是信访大数据，除具有矛盾分析化解的价值外，还具有辅助科学决策和社会治理的功能。如何运用信访大数据系统的分析和预测功能，挖掘信访大数据背后潜在的信息，提前化解人民群众内部矛盾，实现源头治理，是信访工作较为重视的问题。推进智慧信访建设是目前云南省提升信访工作和服务的主要方向。

二、理论基础：社会冲突理论

社会冲突理论是结构功能主义理论反思的产物。与强调社会稳定和整合的结构功能主义不同的是，社会冲突理论认为社会冲突对巩固社会稳定和发展有积极作用，这是社会冲突的正功能。社会冲突同时也具有负功能，一味地压制社会冲突，一旦积累到一定程度将对社会结构产生破坏作用。因此，社会冲突理论强调要建立社会冲突的化解机制，避免社会灾难性冲突的爆发。

随着我国政治、经济、文化、社会和生态文明建设的迅速发展，社会结构发生巨大变化，社会各阶层在经济地位、利益关系和价值理念方面存在较大差异。习近平总书记指出，社会治理的重心在基层，难点在基层，活力也在基层。在新时代，我们要坚持和发展好"枫桥经验"，深入推进基层社会治理创新，提升基层社会治理效能，让"枫桥经验"

不断焕发新的生机与活力①。

由于信访工作网络系统具有"纵向到底、横向到边"的特点，加上信访人身份不受限制，信访工作内容涉及社会生活的各个方面，来自社会弱势群体反映的信访问题较多。从信访主体反映的信访内容不难发现，信访事项中社情民意的表达映射出社会发展现实的变化。信访大数据系统通过收集、整理和分析信访数据，可以通过数据挖掘技术，发现社会不满情绪和潜在矛盾，并对其进行及时监控和分析，进而准确掌握社会矛盾的动态变化，实现对社会心态走向的预期，从而发挥信访对社会矛盾和危机的预警作用，消除和解决社会存在的隐性、非理性的不满情绪，实现社会矛盾化解在基层的奋斗目标。

三、信访大数据的相关概念

（一）内含

信访大数据是指在信访信息系统平台上的所有数据，具体是指信访人、信访件、信访部门、事权单位、答复意见书、信访督查、复查复核、满意度评价、领导批示、排查、积案、回访核实等信息数据。将这些基础信息数据组成的集合称之为"信访大数据"②。

（二）特点

信访大数据首先具有大数据3V特点：高速（Velocity）、多样（Variety）、海量（Volume）（来自META集团的研究报告）。其次，信访大数据具有映射性和回应性特点。

1. 3V

高速（Velocity）即便捷快速。随着互联网的深入发展特别是云计算的出现，一方面大大提高了信访大数据在整合、存储、分析和处理方面的效率，另一方面提升了信访服务质量。

多样（Variety）即信访大数据来源和格式多样。随着网络和社交媒体的不断深入发展，基于书信、电话、走访电子邮件、短信、传真等途径的传统信访模式，延伸和拓展至微信、微博、网上信访平台等信息化模式。其数据涵盖了文本、图片、音频、视频等结构化和非结构化数据。

海量（Volume）即信访数据体量庞大。网民群体快速扩张、信访渠道多元化、格式多样化和信访事项流转的网络化，不仅增加了信访数据的体量，而且加大了分析的难度，容易导致信访部门工作人员疲于应对、效率低下、行政资源浪费等问题。

2. 信访大数据的映射性和回应性

信访制度体现着"公民信赖"，人民群众向政府提出的建议、意见或者诉求等都蕴含在信访大数据中。我国社会如今正处于深度融合发展的阶段，复杂利益关系网络导致许多

---

① 推进"枫桥经验"法治化[N].人民日报，2019-08-07.
② 蔡进万.以大数据与人工智能创建"智慧信访"[J].信访与社会矛盾问题研究，2019（03）：50.

问题较难解决。区别于传统的人工信访信息数据收集，信访大数据能够整合碎片化的信访数据，挖掘背后潜在问题，深度分析人民群众反映的利益诉求、及时回应群众关切，以便更好地提供信访服务。

四、信访大数据系统的功能

（一）信访事项的分析功能

1. 了解信访事项的发展脉络

传统信访模式下，信访工作人员在处理信访事项时仅依靠人工梳理信访事项的脉络信息，之后据梳理出的脉络信息流转至相应的部门处理，不可避免存在信访事项转交错误。而信访大数据系统就能将信访事项的非结构化数据与结构化数据整合成文本式样，通过聚类自动摘要技术，识别群众的真实诉求，整合分类，智能抽取出信访事项的关键节点，组成脉络信息，这有助于信访工作人员了解信访事项发展脉络，加快信访事项流转效率和正确率。

2. 与社会事件的关联性分析

在如今自媒体蓬勃发展的时代，群众可以通过微博、微信等社交媒体反映社会问题，表达自己的利益诉求，降低了政治参与的成本。特别是引发舆情热点的社会事件，容易引起信访部门的关注。

在突如其来的新冠肺炎疫情面前，一方面要避免交叉感染，切实保障人民群众的生命安全，另一方面要做好疫情期间信访服务工作尤其是涉及疫情信访事项的处理。昆明市官渡区信访局于2020年1月31日发布了暂停接待群众来访的通知，倡导群众通过网络信访等途径反映信访诉求。其中，疫情前期湖北籍滞留昆明的游客，通过人民网地方领导留言频道向区委书记留言反映疫情期间隔离费用的问题。官渡区信访局收到信访件后，及时通知下属信访办，信访办通知昆明空港经济区工作委员会，昆明空港经济区工作委员会工作人员做出了详细答复和解释。此信访件在腾讯、百度、今日头条等平台进行转载，网民纷纷点赞云南省疫情防控"很有效，有人情味"。

官渡区信访局所使用的云南省信访信息系统中设有预警功能，但功能简单，仅起到办理信访件的期限提醒，而对于社会事件的关联性分析则需要人为实现。

通过信访大数据系统的挖掘、整合和关联性分析技术，提取一些社会事件中起到关键作用的显著因子，关注社会事件的形势走向，实时地监测并及时掌握信访形势的发展动态，科学地预判信访矛盾的苗头，有效地解决"轻视事前预防，重视事后处理"的问题，避免信访服务工作陷入被动的状态，增强预警能力，实现未雨绸缪，降低信访治理成本，及时地为信访部门提供有益的信访服务建议，为领导决策提供科学的数据分析报告。

（二）辅助信访工作的在线处理功能

官渡区信访局所使用的云南省信访信息系统，所处理的信访事项来自人民网、云南省信访局网站、微信信访等，而筛选信访事项和诉讼、仲裁事项等工作是通过人为筛选完成，有时也存在筛选错误。所以，可通过发挥信访大数据系统在整合文件、信访事项的发展脉络分析与关联性分析等方面的优势，依靠人工智能技术，对体量庞大的信访工作的有关数据采用机器学习，凭借智能终端，提供接访、咨询、交办、转办等代访服务，或者移交给信访工作人员受理。自动化的服务大大提高了办理效率，节约了信访成本。推动合法化、有序化上访，也为优化信访服务的智能化途径、模式和实现更人性化的信访人与信访大数据系统人机交互的服务过程提供更多的可能。

（三）信访工作人员的培训功能

信访大数据是一个巨大的知识宝库，是社情民意的晴雨表。信访工作人员通过研究和学习信访大数据系统对信访事项的分析和信访工作的优化处理，拓宽了其知识领域，转变了传统的信访服务思维，获得了许多创新信访服务的新方法，提高了信访服务的质量和水平，这对进一步优化信访大数据系统和推进信访服务工作都起到积极的促进作用。

五、信访工作中存在的问题——以官渡区信访局为例

2017年7月18日召开的第八次全国信访工作会议上，习近平总书记提出不断提高信访工作的专业化、法治化、信息化水平的新要求，为未来的信访工作的开展指明了前进的方向。2020年1月14日下午，全国信访局电视电话会议召开，国家信访局局长舒晓琴提出要大力推进信访的信息化、智能化建设，强化对信访形势的预判和防范意识，为"十三五"规划的顺利收官担负起信访工作的新职责和新使命。

在现阶段，信访工作仍有以下问题需要改进。首先是网上信访，虽然处理效率高，快速便捷，减少了信访成本，其公开性与透明度较强，但是网上信访在信息公开的有效性和情感交互的服务性上有所欠缺。其次是传统的信访方式，通过电话、便民服务大厅等进行信访，虽然有当面的情感交流，可以更加全面地了解事情全貌，但是传统信访在有序、依法上访方面要有所加强。最后是对信访数据的筛选、整合、分析、利用方面的不足与缺失。

（一）门户网站的政务公开信息繁杂、实用性不强

门户网站是信息化条件下政府与群众密切联系的重要窗口，而政务公开是与群众有效互动的基础，因而信访部门的政务公开要以"智慧信访"为发展理念、以便民服务为发展宗旨。

基于官渡区信访局在区人民政府门户网站上公开的政务信息，存在信息繁杂而未进行有效的主题整合和实用性不强的问题，具体表现在：在门户网站搜索关键字所列举出来的公开信息以政务活动、预算公开较多，但所公开信息没有分门别类，出现信息阻梗，许多年份掺杂一起，没有按主题或者按时间进行整合分类；另外，对便于了解信访工作的相关文件公开较少，如《中华人民共和国信访条例》《云南省信访条例》等法规未在网上公

开；关于网上信访的流程、信访信息登记的注意事项、信访信息的公开细则也未在网站上进行公布。信访部门的政务活动与所公开的文件信息掺杂一起，虽起到信访政务公开的效果，但维护政务公开的服务力度不够，在一定程度上给信访人或访问者带来不便，增加了公民监督信访部门的难度，可能会降低群众参与的积极性。

(二) 网上信访的情感交互不足，传统信访仍存在集体化、无序化上访的现象

信访内容多为个人利益问题和部分公共性社会问题的反映。而信访工作中，多数信访人青睐于传统信访方式，他们认为，网上信访无法使人直观地感受到那种紧张且带有情绪化的氛围来推动事情的解决；认为通过当面沟通，借助语言与肢体动作传递情绪表达，可以使信访工作者更加直观地了解事情的全貌和紧迫程度。此外，信访工作中仍存在着集体上访现象，部分上访者认为集体上访可以营造紧张的博弈氛围，可以借助"人势"来施加压力，以此期望缩短信访问题解决周期，取得快速解决问题的效果。基于解决问题的迫切心情，上访者往往存在言辞激烈、行为过激或是夸大事实、鼓动群众对立情绪的问题，这在一定程度上会影响社会的安定、有序和团结。

(三) 重复上访、越级上访现象普遍存在

重复上访是一种复杂的社会政治现象，是指上访者反复多次向同一部门或是不同部门反映同一问题。这类上访者被称为上访老户。上访老户所涉的问题，往往矛盾纠纷存量大、化解难度大，难以达成利益和解，上访老户会重复信访直至找到满意的解决方案。重复上访不仅增加了信访人的信访成本，同时还导致信访部门的工作人员疲于应对，造成行政资源的极大浪费。越级上访是指"上访人越过所在的基层单位，或者应该处理他提出诉求或反映问题的单位，到他的上一级机关去上访的行为"[①]。上访者对当地党委政府持不信任态度，无视信访属地管理原则，经常越级上访，这给正常的信访工作带来极大干扰，上级及基层信访机关不得不花费额外的人力、物力、财力、精力处理越级上访事件。

(四) 信访信息系统数据筛选和分析的能力不足

信访的信息化发展促使传统的信访方式延伸至网络信息化平台，使传统的书面表达延展至图片、视频、音频等形式。网络平台众多，信息资源分散，交互性不足，多元化的信访途径出现了大量的非结构化数据，对辨别群众的真实诉求与无效信访事项，对合理诉求如何进行整合分类才能更有效地解决问题，进行交互式信访数据分析，从而更加全面地了解信访动态，这些对信访信息系统的筛选与关联性分析提出了更高的要求。另外，官渡区信访局在门户网站上对公开的政务信息存在一定考虑，并且所公开的信访信息更多是停留在数据的整理与统计，也有依申请公开信息，但更多的信访信息，如信访记录、信访人档案等，则存储在系统内部。所以，信访部门更要注重对这些信访信息的数据分析，将涉及隐私部分的信息内容去除，挖掘有潜在价值的信访数据，为研判与预测信访形势发展提供

---

① 张双山. 正解"越级上访"[J]. 公民导刊, 2006 (8): 28-30.

数据分析，为信访治理的更专业化、法治化、信息化的发展提供建议。

六、"智慧信访"的建设途径：信访大数据系统

（一）智慧信访系统的含义

智慧信访系统是指信访部门依托政务网，采用远程互联技术，将信访事项网上流转，减少信访成本，使网上信访成为群众信访的主要途径，通过自助信访实现系统以信息化促进规范化，通过信息流、业务流和管理流融合，进一步规范网上信访流程，实现信访工作全过程的规范和监督[①]。

（二）信访大数据系统的建设

官渡区信访局在《2019 年政府信息公开工作年度报告》中明确表示，2020 年将以"智慧信访"为建设目标，利用大数据技术，为信访办理程序和提升信访信息管理水平两方面提供技术支撑，抓好信访信息系统的深度运用，把群众的信访件录入信访信息系统，在网上流转，实现动态的管理，可追踪、可查询、可督办、可评价，畅通社情民意的表达渠道，提高信访工作效率[②]。目前，云南省信访信息系统已基本建成，但缺乏智能决策支持系统（DSS）和政策法规信息公开系统，还有待完善。可以预见的是，云南省信访信息系统逐步完善后，可以充分运用智能化、信息化技术，为信访工作的精准化管理、智能化辅助、人性化的服务提供技术支撑，推进形成"智慧信访"的新局面。

（三）优化举措

1. 做好"服务型"门户网站的建设

门户网站作为政民互动的窗口，所公开的信息应便民、利民，而不是仅仅达到公开的效果。所以，信访部门要做好"服务型"的信息公开，提供切实有效的文件信息，以供群众使用和监督；应提供政策法规的解读，引导群众合法化、有序化上访；还应实现人机交互式的表达方式，增加更人性化的操作程序，让群众切实感受到网上信访的好处和优势，避免出现信访人在网上反映问题转而又回到线下解决实际问题。同时，信访部门也要提高辨识能力，打击网络谣言，提供良好、安全、健康的网上信访环境。

2. 积极引导群众网上信访

在大数据时代，网上信访的优势更加突出地显现出来，政府应该积极宣传和引导群众认识到网上信访取得的成绩，做好信访事项网上办结案例的选登，增强信访人对网上信访事项处理的信心，特别是当信访人看到与自己类似的信访事项被合理处理时会增加信任

---

① 兰苏红. 智慧信访系统建设解决方案[EB/OL]. https: //6viyij. smartapps. cn/pages/view/view? docId = d0c8649927fff705cc1755270722192e44365863&hostname = baiduboxapp&from = singlemessage&_ swebfr = 1，2018 - 07 - 31.

② 昆明市官渡区人民政府. 官渡区信访局 2019 年政府信息公开工作年度报告[EB/OL]. http: //www. kmgd. gov. cn/c/2020 - 01 - 22/4060462. shtml? from = singlemessage，2020 - 01 - 22.

度。另外，也要做好政民互动栏目的情感交流，形成良性互动的口碑效应，扩大网上信访的接访量，逐步转变信访人表达利益诉求的思维方式，积极引导群众在网上办理信访事项，让群众认识到网上信访的便利和高效，节约信访成本。

3. 规治重复上访与越级上访

解决行政力量对民众造成侵害的重复上访问题的根本治理举措在于确保政府依法行政，防止滥用权力，从源头上防范政府违法乱纪损害公民权益。一方面，政府可利用上访者分布地域的信访数据信息，在上访者的集中地区开展信访法制教育宣传和舆论引导活动，可拍摄信访方面的宣传视频在信访服务大厅展播，可借助信访日、领导接访、进社区等活动分发宣传手册和进行信访事项讲解，宣传依法信访、属地信访等信访知识，使群众了解到自己的权利义务，通过合法合规的正当途径反映自己的利益诉求。另一方面，信访大数据系统通过网上信访平台增加信访事前相关注意事项的说明，让信访人了解受理范围及相关程序，做到有序上访。

因信访案件的处理难度不同，需要动用的权力层级自然不同。落实分级处理机制，可以解决基层政府权力不能解决的问题，减少越级现象的发生。信访事件无一不与利益问题挂钩，想要解决越级上访必须调整利益分配的格局，关注和保障弱势群体的利益，理顺社会各方关系，发挥信访化解社会矛盾、调节利益冲突的功能和作用。信访作为我国一种独特的纠纷解决机制，应将其与其他救济机制如行政复议、行政诉讼相联系，畅通救济机制，进而实现社会纠纷化解、救济体系的多元化。通过行政复议、行政诉讼制度，实现纠纷分流。

4. 进一步优化信访大数据系统

大数据的显著优势在于预测和分析趋势，提供可视化的分析结果，辅助决策，并借助人工智能技术辅助完成一些日常的信访工作，提升信访事项办理效率和办结效率，增加人民群众对信访工作的满意度，以"智慧信访"服务人民群众。

信访部门应和大数据企业、研发中心、智库、软件公司、高校等积极合作，进一步优化信访大数据系统。

首先，优化信访事项数据的采集，做好信访信息登记的录入工作。在门户网站上发布有关信访信息登记注意事项的相关文件，在便民服务大厅张贴信访信息登记注意事项的海报，确保线上线下信访数据采集的准确性、可靠性、规范化和精细化。同时，研发信息甄别技术，提高信息筛选能力，识别信访事项和诉讼、仲裁事项，处理违规上访的情况，净化网上信访环境。这可以帮助预判信访形势，为有效解决问题提供精准的数据考量。

其次，优化信访数据的整合，完善多样化信访移动终端的数据整合技术。在将非结构数据转化为文本格式的过程中，提高中文分词技术提取各类数据因子的能力，形成结构化数据，以获取更为全面、有效的数据信息。

云南省信访信息系统目前处于完善阶段，涵盖了事务处理系统和预警系统，但对于实现"智慧信访"的目标还远远不够。为此，政府还需研发配套的政府部门大数据的交互、共享、存储的平台，实现信息交流的互联互通，打破信息孤岛。这将为深入挖掘信访数据，为更精准、多维度的关联性分析，为提前预判信访矛盾，提供数据支撑。

再次，优化信访数据的挖掘和分析技术。信访大数据通过计算机和传感器件获取一手信息，整合进数据库，并通过深度挖掘和多维度分析数据，以可视化的形式呈现数据分析结果，所以优化信访数据的挖掘和分析技术是精准识别矛盾、提前解决问题、维护社会稳定的必要举措。

最后，推进信访大数据系统的智能化，加快人工智能技术应用于信访大数据系统建设的步伐，将大数据的分析优势和机器学习的人工智能优势有机结合，为"智慧信访"平台的建设提供技术支持。

在大数据和人工智能技术日益发展的今天，信访大数据将成为信访工作的一大助力和信访工作发展的驱动器。推进大数据与信访工作的深度融合，建设专业化、信息化和法治化的智慧信访服务系统和平台，是信访工作促进社会治理水平的必然趋势。通过运用信访大数据不断提升国家治理现代化水平，并通过建立健全大数据辅助科学决策和社会治理的机制，推进政府管理和社会治理模式创新，实现矛盾化解的及时化、基层化，风险防范的常态化与提前化，政府决策的科学化，社会治理的精准化，公共服务的高效性，推进智慧信访制度成为国家治理体系中的重要组成部分。

参考文献：

[1] 傅广宛．信访大数据与重复上访现象治理的变革[J]．中国行政管理，2019（11）：82-85．

[2] 贵阳市信访局到北京市信访矛盾分析研究中心调研考察[J]．信访与社会矛盾问题研究，2019（05）：120．

[3] 北京市委党校局级进修班到研究中心现场观摩首都"智慧信访"大数据平台[J]．信访与社会矛盾问题研究，2019（04）：140-141．

[4] 李昊．"访"与信访大数据相结合的思考[J]．信访与社会矛盾问题研究，2019（03）：86-97．

[5] 王倩云．信访大数据研判与应用机制研究——以社会治理智能化与风险评估为重点[J]．信访与社会矛盾问题研究，2019（03）：98-109．

[6] 付晶，刘振宇．大数据时代的网上信访：治理模式与优化路径[J]．宁夏社会科学，2019（02）：48-53．

[7] 陈海郎．大数据环境下信访数据的内容分析与挖掘应用研究[J]．计算机产品与流通，2019（03）：169-171．

[8] 本刊编辑部．做好社会矛盾量化研究 以数据规律推动国家治理创新[J]．信访与社会矛盾问题研究，2018（03）：6-8．

[9] 龙在宇．信访室大空间里的大数据[J]．廉政瞭望（上半月），2018（05）：

20 - 21.

[10] 万美君. 大数据思维与涉访维稳预警分析[J]. 沈阳干部学刊, 2018, 20 (01): 53 - 56.

[11] 首都信访真正走入大数据时代[J]. 信访与社会矛盾问题研究, 2018 (01): 142.

[12] 张海波. 大数据与信访治理[J]. 社会科学文摘, 2017 (11): 68 - 70.

[13] 姜政军. 信访网络舆情特点及应对研究[J]. 信访与社会矛盾问题研究, 2017 (06): 74 - 82.

[14] 张海波. 信访大数据与社会风险预警[J]. 学海, 2017 (06): 101 - 108.

[15] 安徽: 研判信访"大数据"把脉政治生态[J]. 中国产经, 2017 (09): 78.

[16] 丁大勇, 张琳. 基于云计算和大数据技术的人工智能信访服务平台解决方案[J]. 中国战略新兴产业, 2017 (28): 97.

[17] 裴哲, 孙卓华. 公民利益诉求新机制: "互联网 + 信访"的发展逻辑[J]. 齐齐哈尔大学学报 (哲学社会科学版), 2017 (06): 51 - 54.

[18] 吴镝鸣. "智慧信访"有助提升社会治理智能化水平[J]. 信访与社会矛盾问题研究, 2017 (06): 12 - 24.

[19] 张亮. 大数据信息时代我国信访现状分析及合理化建议[J]. 中国市场, 2017 (05): 131 + 144.

[20] 顾玉平. 当代中国社会阶层矛盾及其化解路径[J]. 廉政文化研究, 2011, 2 (02): 19 - 23.

[21] 段琼. 传统与超越: 国家治理语境下信访制度的价值探析[J]. 研究生法学, 2019, 34 (04): 90 - 96.

[22] 杜艾春. "网上信访"制度平台建设研究[D]. 济南: 中共山东省委党校, 2019.

[23] 胡君涛. 大数据背景下信访治理精准化研究[D]. 郑州: 郑州大学, 2019.

[24] 姜晗. 大连市网上信访工作存在的问题及其对策研究[D]. 大连: 辽宁师范大学, 2019.

[25] 毛凤梅. 越级上访的行为逻辑与治理方式研究[D]. 南宁: 广西大学, 2019.

[26] 申友祥. 用好信访大数据[N]. 人民法院报, 2017 - 01 - 11 (002).

[27] 德小拓. 智慧信访助力打通政府与群众沟通的桥梁[EB/OL]. http://www.datatom.com/cn/news/2019/0830/169.html?from = singlemessage, 2019 - 08 - 30.

[28] 贵州省信访局. 全国信访局会议在京召开[EB/OL]. https://2ly4hg.smartapps.cn/pages/article/article?articleId = 290596066_ 120025450&oauthType = search&_ trans_ = 010004_ bdxcx_ shw&hostname = baiduboxapp&from = singlemessage&_ swebfr = 1, 2019 - 01 - 21.

[29] 泰迪智能科技. 智慧信访大数据平台解决方案[EB/OL]. http://www.tipdm.com/

zhxf/1790.jhtml?from=singlemessage,2020-06-26.

[30] 新华网. 运用人工智能助力信访工作取得新进展[EB/OL]. http://www.xinhuanet.com/legal/2019-07/06/c_1210181830.htm,2019-07-06.

[31] 昆明市信访局. 官渡区信访局疫情期间积极开展网上信访,及时认真受理涉疫信访件[EB/OL]. http://xfj.km.gov.cn/c/2020-05-11/3505007.shtml?from=singlemessage,2020-05-11.

[32] 南方都市报. 国家信访局：加快推进"最多访一次",推动联合接访降重复信访率[EB/OL]. https://kuaibao.qq.com/s/20191026A025TV00?refer=spider&from=singlemessage,2019-10-26.

[33] 人民网. 全国信访局电视电话会议召开,部署2020年五大重点工作[EB/OL]. http://society.people.com.cn/GB/n1/2020/0115/c1008-31548770.html,2020-01-15.

[34] 官渡区信访局. 昆明市官渡区信访局2019年整体支出绩效自评报告[EB/OL]. http://www.kmgd.gov.cn/c/2020-12-10/4780444.shtml.2020-12-10.

[35] 文清. 大数据的结构与特征[EB/OL]. https://www.cnblogs.com/wenqingqing/p/9168129.html?from=singlemessage,2018-06-11.

附录　官渡区信访局工作系统及流程图

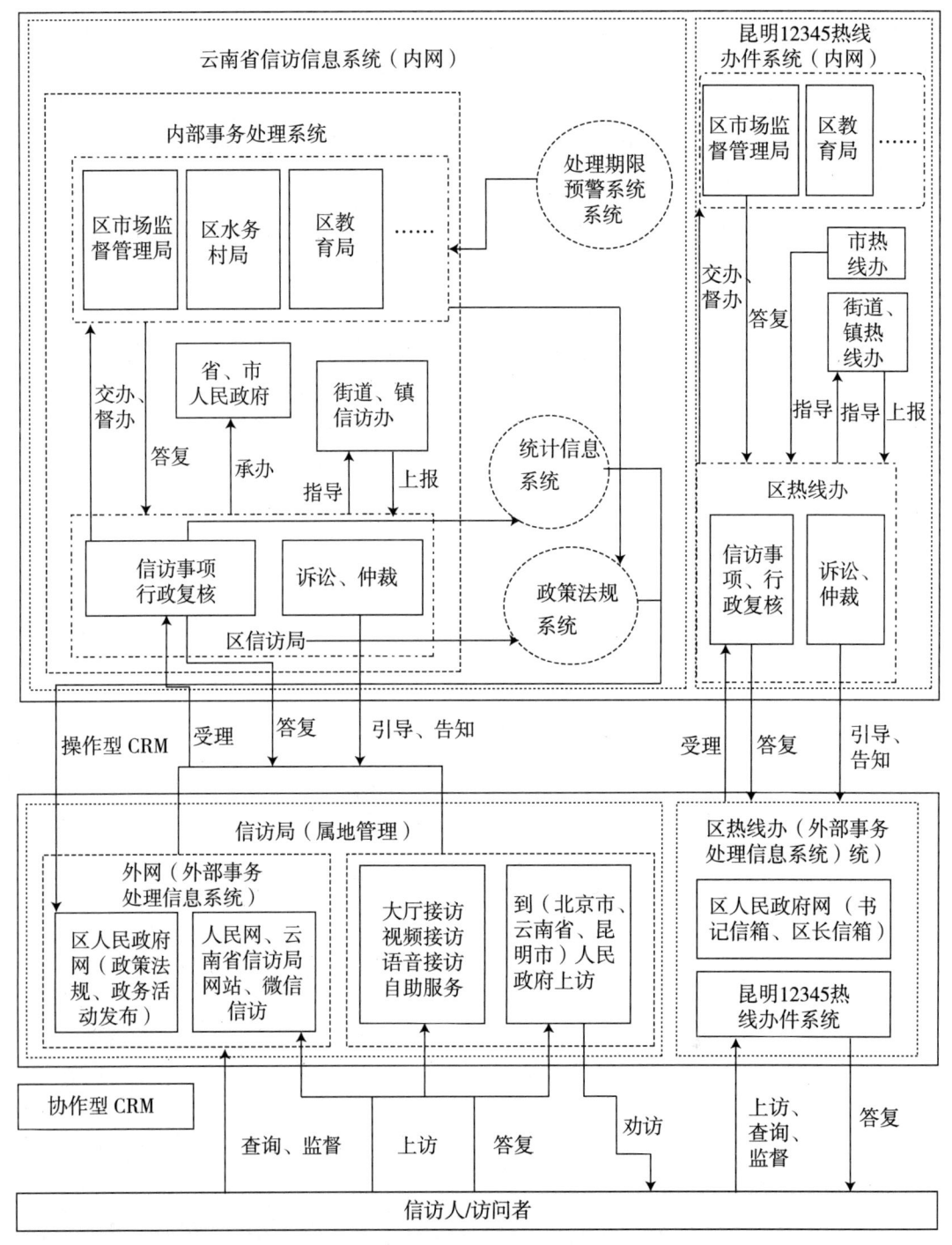

作者简介：鞠丹丹、李双银、刘布龙，云南大学政府管理学院2018级本科生。

浅析大数据技术的实际应用与未来趋势

——以我国电子政务发展为例

姚鑫豪 秦梓元

指导教师：邓 崧 樊 博

一、大数据的概念辨析和发展历程

大数据，最开始是 IT 行业术语，是指无法在可承受的时间范围内用常规软件工具进行捕捉、管理和处理的数据集合。对于"大数据"（Big data），研究机构 Gartner 给出了这样的定义："大数据"是需要新处理模式才能具有更强的决策力、洞察发现力和流程优化能力来适应海量、高增长率和多样化的信息资产。麦肯锡全球研究对大数据的定义是：一种规模大到在获取、存储、管理、分析方面大大超出了传统数据库软件工具能力范围的数据集合，具有海量的数据规模、快速的数据流转、多样的数据类型和价值密度低四大特征[1]。显然，对于大数据的概念，各界观点不一，但大数据的特征得到了统一：大量（Volume）、高速（Velocity）、多样（Variety）、低价值密度（Value）和真实性（Veracity）[2]。随着信息技术的发展，各国发现了信息资源在推动社会发展和助力政府管理方面具有的重要价值。自此，互联网、物联网、云计算等信息技术迅速发展起来，剧增的数据使得原本的数据处理技术应接不暇，使得社会发展速度缓慢。人们在想方设法处理巨量数据的同时，获得了许多外部性的收益，促进了社会发展。总的来说，大数据的发展经历了以下四个阶段。

一是萌芽阶段（1980—2008 年）。这一阶段人们发现对于海量数据的处理能够解决发展停滞不前的问题，但由于相关技术与基础理论不完全，导致"大数据"这一理念只是出现而并未获得重视和发展。

二是发展阶段（2009—2011 年）。在这一阶段，各国对于数据处理的需求急剧增长，各种基础理论和相关技术都开始纷纷浮现，世界各国各领域开始利用大数据来处理社会问题和预测未来，大数据开始真正走上世界舞台。

---

[1] 张安法. 大数据时代要有大数据思维[N]. 中国国防报, 2015-06-25（003）.
[2] 罗诗慧. 大数据的应用和发展探讨[J]. 消费电子, 2014（6）.

三是爆发阶段（2012—2016年）。这一阶段，各种以大数据为核心的产业开始扎根发展，但随着应用的深入也暴露出许多问题，大数据的发展开始遭到各方面质疑和挑战。

四是成熟阶段（2017年至今）。随着对大数据应用和探索的不断深入，相关政策、法规、教育、技术等的不断完善，再加上政府和相关行业对于大数据的指导和推动，使得大数据的各种潜能被激发出来，形成了系统性的大数据处理系统，并应用到政府政务领域和社会各领域，对社会的发展起到极大的助推作用。到现在，大数据在数据的收集、分析、挖掘和开放处理等方面取得重大进展，同时也在各行各业的实践过程中取得了不错的成绩，对于社会发展的影响也越来越深刻。"大数据"这一理念作为一个相对新兴的概念，之所以能够在如此短的时间内发展起来，其原因在于社会发展对于数据处理的需要，社会需求倒逼技术发展，其结果就是所有应用和探索大数据的国家和行业都享受到了不同程度的效益成果和发展红利。在追求多元化治理的背景下，能否彻底发挥大数据的优势，在未来的科技革命中取得领先地位，就成了各国竞争的关键。

二、大数据对电子政务的促进作用

大数据的发展和探索使得各个领域都获得了极大的提升和发展，电子政务领域也不例外。通过将大数据技术应用到政府内部的行政体制中，创新政府与社会各界的互动渠道，极大地提高了政府政务的工作效率和管理效果。"政务电子化"成为各国政府新的发展目标。电子政务是依托大数据处理所获得的有效信息资源。通过建立数据库和政务平台等数字系统，完成对各方面数据的收集、存储、分析整合等工作流程，对政府决策、资源配置、管理方式、沟通渠道等多方面政务工作产生影响，使得政府工作更加高效、快捷。

（一）转变政府职能，提升管理精度

在传统的政府管理体制中，政府几乎大包大揽所有领域的事务，"什么都管，却什么都管不好"的情况时有出现，且社会机构和公民等管理客体无法和政府进行有效的沟通，无法对政府的管理提出意见和建议，导致政府管理工作缺乏实践性、无法收到良好的治理效果、使政府的形象受损等不利于政府治理的情况发生。在社会和公民都迫切需要表达自身诉求，参与政府决策的强烈愿望下，传统的政府治理模式显然已经不适用了，需要将大数据技术引入政府的治理过程中。政府通过大数据平台广泛征集社会、公民等各种社会力量的意见和建议，切实倾听管理客体的诉求和反馈，构建一个零距离的沟通平台。一方面，方便了政府对各方面数据的收集；另一方面使得政府的相关决策等可以快速下放到每一个管理客体手上，使得单一性的政府治理主体变成政府、社会、公民等多元化治理主体，沟通效率和管理效率得到极大提升。政府从原来的大包大揽中解放出来，在降低政府的管理成本的同时，极大地提升了政府的管理效率，并且使得政府的决策和措施更加精准化和科学化。同时，当政府摆脱了繁重的事务处理时，便拥有了更多的精力和成本来着重解决重要领域的重要问题，提升了政府的治理能力和力度。在大数据处理的基础上，政府可以获得更为客观、真实、精准的数据来支撑政府决策和管理方式，对相关问题真正实现对症下药，提升治理的效率和质量，实现电子政务的有效推行。

（二）提升政务决策科学性，打破各部门信息壁垒

在传统管理体制中，政府决策受人为因素、经验因素等多种因素影响，缺乏对事务的正确及合理的把控，影响政府决策的科学性和合理性。同时，受到各种环境和先例的影响，存在错误应用其他模式，导致与本地区发展现状不适配的情况时有发生，对社会发展产生极为不利的影响。故而需要引入大数据技术，对相关政务的各方面数据进行收集，科学地分析和整理数据，在决策过程中减少人为因素的影响，以科学化的处理过程来代替传统的人工处理信息的方式，使得政府决策更具合理性和科学性。同时，各政府部门之间长期存在信息不对称、不全面、不充分的问题，各部门之间形成了一个个信息孤岛，导致各部门在处理相关事务时容易陷入信息不准确、不一致的情况，并且在现在的大数据环境下，仅根据未处理过的信息进行决策，会使得决策失误的风险增加。可见，传统的政府部门间的信息壁垒已经阻碍着政府职能和效率的提升。大数据可以将收集信息的广度扩大，填补信息不充分的漏洞，并经过数据处理形成有效的信息资源；同时构建数据共享平台，让各部门之间的信息壁垒被打破，各部门针对同一事务进行办公，提高了政务的办事效率。数据贯穿政府治理的整个过程，用数据说话就是用事实说话，使政府决策有实践性和科学性，提升政府的科学化管理水平。

（三）解决公共服务低效化，提升数据保密程度

在电子政务的实践过程中，各政府部门各行其是，导致整个建设过程中缺乏规划和合理性，政府力量分散且易造成重复建设的问题，没有一个统一的力量来引导电子政务建设朝着一个方向发展，使得成本增加，建设成果差。同时，各部门在数据共享的过程中，由于受保密性质和物理隔离等因素影响，一些部门引入工作人员来进行数据交换，更是增大了数据共享的难度和质量，导致公共服务不可避免地低效化。因此，需要大数据把元数据技术引入到公共服务领域。元数据，又称中继数据，作为一种电子式数据目录，是描述数据属性的数据，可以用来支持数据存储索引、数据资源查找、数据文件记录等业务需求。这样可以在保证数据保密的同时，完成数据的整合和分类。因为元数据只包括数据的属性而不包括数据的具体内容，同时又可以将各领域的海量数据进行整合，降低数据的冗杂程度，为政府的数据共享和数据存储等数据处理工作保驾护航。

三、我国大数据技术在电子政务领域的发展现状

（一）发展环境得到改善，配套设施建设初具规模

国家加快了宏观政策的制定过程，给予电子政务大数据应用专项资金支持，在推动相关技术发展上取得良好的效果；同时将"互联网＋政府"模式的建设作为一项战略性任务，并在政府信息化、教育化等方面取得了一定的进展。中央国家机构和主要政务部门大都已组建起局域网，一些部门还建立了同电子政务系统配套的专用网络及一体化的政务网

络。与此同时，基于大数据背景下的区块链技术也在逐步研发。这些配套设施已经具有一定的规模，并在不断完善的过程中，基本能满足现阶段的主要业务办理需求。

（二）政府职能不断转变

大数据时代下的电子政务的发展必然要求政府改变过去管制型政府的模式，摒弃全能政府的理念，转变以往的行政命令模式的管理方法。为了适应新形势对政府的新要求，我国政府从有利于市场监管、高效经济调节、提高社会管理和公共服务职能效率的目的出发，进行了包括政务信息公开、优化业务流程、降低群众办事成本等多个方面在内的改革，以助推政府职能改革和服务型政府的建设进程。

（三）政务服务群众满意度不断提升

2016年底，浙江省推出了"最多跑一次"改革，开创了在线业务办理、材料证明快递送达的全新模式，为全国电子政务的前进方向提供了新思路。在中央政府的大力推动下，数据较为富余、电子政务发展较为迅速的几个典型城市陆续建成了统一的身份认证体系，实现了部门业务联网化和市政网上政务服务大厅的正式应用，并把公民信息整合到统一的后台数据中，改变了以往需要重复在多个平台录入身份信息的弊端，有效地提高了数据的使用效率和质量。此外，我国各地方政府也在加紧与大数据企业紧密合作，寻找可以运用于电子政务实际的应用场景，将互联网积累的大数据使用经验应用到电子政务当中，从流程端大幅度提高了政府处理业务的效率，政务服务群众满意度不断上升。

四、我国电子政务大数据运用目前存在的问题

（一）部门之间相对隔绝，信息资源分散

在推进大数据应用到电子政务的实际过程之中，电子政务系统的构建通常被分割成不同的部分，并划分由不同的部门进行管理。这就导致了因为缺少统一的规划和分工标准，各个部门的系统自建自用，各自管理，部门间的数据无法融合。加之彼此缺乏沟通，使得同层次政府之间难以协调互通、上下级政府之间也难以共享互通的现象出现。同时，各系统、各部门都构建自己的数据库，但因为单个部门接触到的信息资源有限且彼此之间数据不流通，这就使得信息资源体量虽然庞大，但质量奇低，甚至难以作为政策制定的参考数据。最后导致虽然有电子政务系统的支持，但缺乏大规模后台数据做支撑而办事效率低下的尴尬现象时常产生，使得政府工作出现电子流程与纸质办公并行，甚至完全弃用电子政务系统而固守传统行政模式的现象。

（二）实际操作中缺乏灵活性

大数据与电子政务系统归根结底只是一个整合信息和资源、帮助政府更加便捷和高效地处理事务、提高政府的服务职能的工具，而不是有了电子政务系统或者是有着完备的数据库就万事大吉。在政府实际的办事过程中，由于缺乏充分的调研，甚至只是为了应付上级部门的要求，忽视现实情况差异，将先进地区的成功案例生搬硬套到所管理的地区导致

理论模式与现实工作差异巨大，非但没有起到提高效率的作用，反而阻碍了日常工作的推进。在推出电子政务系统之后便觉得一劳永逸地解决了问题，当业务发生变化时电子流程也不进行及时的改动和调整；花费巨大成本收集起来的数据不加以分析和筛选，只是杂乱地储存在数据库当中。长此以往，大数据支持下的电子政务系统的便捷性和高效性大幅降低，给群众留下了消极影响，从而不利于电子政务系统的构建和推广。

（三）数据使用不充分

电子政务系统发挥作用的关键因素之一便是对信息资源的收集和使用状况。当前，电子政务系统主要面临着三个数据层面的挑战。首先，数据收集困难。面对信息化时代下海量的数据信息，政府部门未能构建起一套行之有效的信息收集存储系统。同时，对于数据格式的标准也还没有进行统一，从而导致电子政务系统缺乏可用信息。其次，数据应用难。大数据的环境下，公民隐私是一个十分敏感的问题，现阶段，我国对群众隐私数据保护的相关法律和规范还不是十分完善，这就使得大量数据使用的合法性难以被确定，从而难以被使用。最后，数据共享难。各政府机关部门之间用于保存信息的手段和机制各不相同，缺乏统一标准，且对于一些难以获取的关键信息，部门之间也不愿进行分享，形成所谓的"信息孤岛"，严重影响了电子政府系统的使用效率。

（四）政府之间服务水平与基础设施建设差异较大

数据的有效运用与电子政务建设是一项系统性的工程，其覆盖面积广、规模大，且受到各个地区发展水平、基础设施建设等多种因素的影响。因此，呈现出较大的发展不平衡问题。总的来看，我国数据库与电子政务建设呈现出"东强西弱，南盛北衰"的态势。电子政务发展以及数据应用能力较强的前几个城市全部位于东部沿海地区，而综合排名位于末尾的则全是西部落后地区的城市。以长江三角洲为例，长三角地区已基本实现了部门之间、区域之间的数据互通和共享，14个城市的30项企业事项和21项个人事项以及9类电子证照共享已通过"一网通办"平台实现异地就近办理。而相比之下，西南部以及东北部地区的一些城市还处在起步阶段。

（五）信息安全难以得到保障

信息化时代下，数据安全是关系到电子政务建设的关键因素。近年来，随着电子政务建设的不断推进，我国对于信息与数据安全的重视程度也在不断提高，并出台了相关的法律法规。然而，从现阶段电子政务建设走在前端的几个城市来看，效果并不理想。我们的信息安全体系仍然存在着不小的漏洞，诸如病毒感染、恶意攻击网页、窃取用户信息等问题时常发生。2019年国家网络安全报告指出，北京因为其独特的政治经济地位导致其成为网络攻击的首要目标。因此，提高数据安全水平与信息保护能力已经成了电子政务建设过程中的重中之重。

五、贵州省电子政务对大数据的应用发展经验和启示

2015年9月，国务院印发《促进大数据发展行动纲要》（以下简称《纲要》），系统部署了大数据发展工作。《纲要》对我国未来大数据发展和数字政府建设的目标和任务做了详细说明。由此可见我国发展大数据的信心和决心。2015年9月18日，贵州省启动我国首个大数据综合试验区的建设工作，走在了全国发展大数据的前列。时至今日，贵州省的大数据建设工作已经初具成效，能够为后续其他地区发展大数据提供一定的经验和启示。

（一）大数据管理职能独立化，明确权责关系

2014年以前，贵州省的大数据相关职能主要分散在省发改委、省经信委等部门，部门之间由于相互分离，造成职能重复、层级混乱，不能对大数据建设工作起到有效的领导和管理作用。之后，贵州省将大数据相关职能从各部门中分离出来，建立了独立的大数据发展管理局（以下简称大数据局），将所有的与大数据相关职能和机构资源整合，使整个大数据建设工作更具统一性和一致性，极大地提升了大数据工作的专业性和针对性，明确了大数据在整个政府体系中的地位和作用，切实提升了大数据的发展速度和质量，为后续相关制度、组织和体系的建立打下了坚实的基础。同时，明确大数据局与其他政府部门的权责关系极为必要。大数据局相对于其他的管理部门来说，职能相对特殊，更多的是起到指导作用和协调作用。在与其他部门合作的过程中，明确各自的权责关系就变得极为重要。比如，政府其他部门负责数据的开放共享，大数据局负责相应的数据收集和数据处理工作，为其他部门的工作提供数据支持和技术指导，各司其职，协同合作。

（二）完善大数据相关制度和标准建设

在大数据发展过程中，由于涉及数据开放等数据处理问题，极易造成数据隐私性被破坏，部门之间数据共享存在物理壁垒和数据开放的限度问题等多种实践问题。因此，单纯加大大数据的发展力度是不够的，要有相关的法律法规建设来对大数据发展工作进行约束和管理，提高大数据的安全性和法制化。同时，也要制定相应的标准对大数据相关工作进行规范化和系统化，使大数据部门和其他政府单位在推进数据工作过程中照章办事、有法可依、有相应的标准进行参考，推进大数据工作稳定高效运行。贵州省在大数据发展过程中，进行了多次改革，始终坚持完善各项制度和标准，建立了大数据管理运行机制，不断对制度进行适应性改革，并制定了相应的发展计划，使得贵州省的大数据工作得到有序且稳定的向前推进。

（三）夯实大数据发展基础，提升科研水平

作为电子政务基础的大数据，这类需要依靠实体设施发挥实力的信息资源，需要极为坚实的信息基础设施和一大批高新技术人才作为支撑。贵州省在国家大数据战略的支持下，通过多项工作来建立信息基础设施，如光网贵州、满格贵州、宽带乡村建设等，切实保障大数据工作的发展基础稳定坚实。同时，贵州省打造高效便捷、协同治理的各类政府工作平台，将各类政务工作和各部门职能整合起来，切实保证实现"一站式"服务理念，建立起"一云一平台""一朵云"和"一张网"等信息服务系统，将整个贵州省的数据资源充分调动和整合起来，使得政务工作更加高效便捷。贵州省着力推进高新技术人才的培

养和引进,出台具有针对性的人才引进和激励制度,建立专门的培训体系,邀请大数据的顶尖专家学者建立大数据智库,切实为电子政务工作提供源源不断的技术人才,为大数据的推进和发展提供了支撑。据统计,2018 年,贵州省已引进各类高层次大数据骨干人才2 000 多名,新建大数据及相关业态博士后流动(工作)站 5 个,引进院士及其人才团队10 人。

六、对于我国电子政务大数据运用改进的措施和建议

(一) 多部门协调合作

电子政务的建设和大数据运用能力的总体提升并不是某个部门可以独立完成和实现的,而应该是一个多部门参与、协调共建的过程。要注意制定统一的业务规范标准,避免部门与部门之间、系统与系统之间彼此隔绝、相互独立的现象出现。在电子政务系统平台上对各职能机关部门进行统一管理,把各部门职能进行重构整合,在避免权责重叠的前提下做到分工协调、相互配合,共同确定大数据技术在政务工作中的发展路径和应用。围绕提高政府服务水平,全面梳理各政务部门和公共服务机构的服务事项,统筹协调全市政务信息共享以及数据整合,加快推进跨部门信息数据交换。这样才能使各部门快速适应利用大数据技术进行电子政务办公的新模式,并激发其探索和掌握这一新技术的积极性。

(二) 进一步提高电子政务大数据运用的实用性和利民性

地方政府要避免草率的跟进,不能由于上级部门要求电子政务大数据运用全面覆盖就盲目跟风。在构建电子政务系统之前应该由技术部门、信息部门和业务部门三者组建研究调查组织,对相应地区的实际需求程度进行调查,有针对性地建设符合地区发展情况的电子政务系统。一旦做出规划之后,就必须严格按照要求来建设,不能随意对系统功能进行删改;在系统上线之后还要收集群众的反馈意见并整理成数据,及时根据这些数据做出调整,确保系统的易用性和便捷性;还要注意细化电子政务系统以及数据库的种类和规模,通过制定标准化的业务流程来整合各业务部门打造综合性的一体化工作平台,力求实现群众仅通过综合平台就能处理主要的日常业务,并将在这一过程中产生的数据通过平台自动上传到相关数据库,进一步提升"一网通办"能力。此外,当业务发生调整变化,需要新增业务流程时,要精心设计,确保其能够完美融合进电子政务系统之中,把负面影响降到最低。利用庞大的信息流量并结合群众的使用习惯,分别推出微信小程序和配套的应用软件也能够极大地优化用户对电子政务系统的使用体验。

(三) 提高对于大数据的使用能力

建立包括信息资源共享平台、共享信息库、资源共享平台和数据共享平台在内的完备数据共享过程,谋求全方位多层次的平台数据交换模式。政府部门应发挥主导作用,牵头建立数据收集整合专项小组,并完善相应的政策规定,为数据的使用和互通扫清障碍。同时,还要加快数据基础设施的总体规划和建设,打造水平一流的国家大数据平台、数据中

心；从社会、企业等多个源头收集信息和数据，并对相应的数据资源进行筛选，确保数据库中的数据高质、高量。各级政府和部门都可以从数据库中获取信息，用于制定政策和规划，也可以向数据库反馈信息。通过这样一个良性循环，构建起一个涵盖各层级、开放互通的数据交互体系，提高对于数据的使用能力。

（四）进一步完善政务数据信息安全工作

虽然我国已经出台了部分关于数据信息安全保护方面的文件，但大数据和信息化时代仍然对网络信息安全提出了严峻的考验。因此，国家要投入更多的精力和时间，连同地方政府做好全方位、多层级的信息安全防护与信息监测预警机制，严厉打击信息窃取以及恶性攻击等违法行为。尽快制定和出台标准化的数据收集、传送、存储机制，提高对于数据安全风险的评级系统。同时，还要加紧数据安全保护的技术开发与推广应用，加强对相关工作人员的培训以及提升其对于数据信息安全的敏感性与专业性。最后，加强对于信息安全的保护力度，提高对数据安全风险的排查频率，并及时修复发现的安全漏洞，避免造成重大的信息安全事故。

七、大数据的发展趋势展望

经过近40年的发展沉淀，大数据的相关应用和发展已经相对成熟。在未来的发展过程中，大数据也必将助推政府、企业、公民和社会各层级的发展，大数据的作用也将不断增长，在社会生活的方方面面起到不可缺少的作用。但大数据的发展工作也面临着挑战，数据的保密性、数据的权属问题等都将成为亟待解决的难题。

大数据发展至今，已经不再只是作为一种辅助手段而存在。在大数据发展和应用的不断探索中，人们已经发现大数据所具有的强大力量，也纷纷将大数据的发展工作视为未来的竞争热门。随着大数据在经济、政治、军事和社会等方面的深入应用，各国都将集中力量投入到大数据的开发探索工作中，也会将大数据列为科技力量竞争的重要部分。如何在未来的科技发展中抢占先机，大数据的发展程度成为重要的衡量标准。在未来，大数据将不会局限在政务工作和社会发展等领域，对于不断发展的人工智能和虚拟现实，大数据也会在其中起到助力作用。人工智能的发展离不开对人脑相关数据和信息的处理和应用，虚拟现实也是如此，需要对现实环境的多方面数据进行加工整理，这些恰好使得大数据的能力有了用武之地。大数据对于人工智能和虚拟现实的助推作用，也将在极大程度上推动人类社会发展迈上新台阶，人们的生活方式将得到彻底性的改变。大数据时代的信息安全问题同样值得注意，在大数据带来便利的同时，也增加了信息泄露的风险。同时，在数据共享的作用下，大量的数据夹杂着个人信息，在流通的过程中权属问题处理不当，也会导致国家、社会、企业和公民的数据信息泄露。因此，如何加强数据信息的保密性和明确权属关系，将成为未来大数据发展的重要问题。大数据的发展也需要不断创新的政府机制、基础设施、高新技术人才、配套的法律法规建设等方面协同发展，如何做到共同发展也将成为各界需要不断探索和创新的新问题。最后，大数据归根结底，取之于人也将用之于人，如何用好大数据的双刃剑，在推动人类社会发展的同时，不损害到人类社会的各项利益，需要更多的思考和改革。

在面临百年未有之大变局的今天，我国急需抓住大数据时代的发展机遇，积极推进电子政务建设，推动我国国家治理能力现代化和多元化，利用好大数据这一先进工具，提取有效的信息资源助推国家发展，在保证数据信息安全的前提下，切实提高我国的综合实力，以期在未来的国际竞争中能够处于前列，有效维护国家的安全和利益。在改革开放40余年的发展过程中，我国的综合国力得到了显著的提高，我国的大数据发展也获得了不小的收益，但是我们要认识到我国与其他国家之间存在的发展差距和不足，应继续发挥脚踏实地、实事求是的精神，立足于基础研究建设、完善配套法律法规建设，稳中求进，切实在各个领域发挥出大数据的重要作用，在愈发激烈的国际竞争中稳居世界前列。提高电子政务大数据应用的能力，能有效地推动政府职能的转变，促使政府行政水平的现代化。这不仅是技术手段发展带来的客观要求，还是社会经济发展的必然要求。如将理论应用于现实并逐步实现这一要求，以及应该采取什么样的手段达成这一目标是我们现阶段所应该思考的问题。可以说，大数据的运用和电子政务的发展既是新时代带给我们的机遇，也是我们所面临的挑战，还需要政府、社会和公民各层级的共同努力，这样才能在这一新领域摸索出一条可行道路。

参考文献：

[1] 张安法. 大数据时代要有大数据思维[N]. 中国国防报，2015-06-25（003）.

[2] 罗诗慧. 大数据的应用和发展探讨[J]. 消费电子，2014（6）.

[3] 袁纪辉. 大数据发展研究综述及启示[J]. 网络空间安全，2019，10（12）：54-61.

[4] 臧超. 大数据时代数字政府的建设向度[J]. 延边党校学报，2020，36（03）：57-61.

[5] 张臻，贾雯清，王丽娟，等. 贵州省大数据管理机构改革的回顾、理念及思考[J]. 北京电子科技学院学报，2020，28（01）：58-66.

[6] 司林波，刘畅. 智慧政府治理：大数据时代政府治理变革之道[J]. 电子政务，2018（05）：85-92.

[7] 李宇. "互联网+政务"解决社会治理问题[J]. 中国党政干部论坛，2015（06）：24-28.

[8] 李佳芮. 政府行政管理对接"互联网+"的对策研究[J]. 中国管理信息化，2020，23（20）：179-180.

[9] 罗杰. 依托互联网带动贵州经济发展的策略探讨[J]. 中外企业家，2019（29）：97.

[10] 闫建，高华丽. 地方政府"互联网+政务服务"：应然性、存在问题与优化路

径[J]. 理论探索, 2020 (05): 107-115.

[11] 金震宇. "互联网+"驱动数字政府 2.0 模式重构[J]. 中国信息界, 2020 (04): 72-75.

[12] 刘远亮. "互联网+政务服务"驱动政府效能建设的逻辑理路[J]. 西南民族大学学报（人文社科版）, 202041 (08): 207-212.

作者简介：姚鑫豪、秦梓元，云南大学政府管理学院 2018 级本科生。

市辖区政府门户网站平台层建设评估及建议

——以昆明市辖区为例

赵明蕊 刘 毅 张文浩

指导教师：邓 崧 樊 博

2020年12月16日，国务院办公厅公布了2020年7—10月对全国328个政府网站的运营状况的抽查结果。结果显示，抽查评分超过120分的仅有广东省人民政府网、北京市人民政府网，而云南省及各市门户网站评分总体上处于100分以下。其中，云南省昆明市西山区政府网被点名存在多个空白栏目，在内容保障机制方面有待健全。

为研究昆明市区政府门户网站建设现状，深化政务公开，加强昆明市各区数字政府建设，提升数字化治理能力和治理水平，本文首先对政府门户网站及其绩效评估进行综述，并根据对昆明市7个区政府门户网站初步调研，结合昆明市区政府门户网站建设特色，调整和拓展了复旦大学开放树林平台层指数，形成了一套具体的区政府门户网站绩效评估指标体系。然后，分别从数据发现、数据获取、数据展示、互动反馈、平台展示、用户体验六个层面进行启发性评估，旨在发现当前昆明市各区政府门户网站平台层建设方面存在的问题并提出相应改进建议。

一、概念界定

（一）政府门户网站

20世纪末，我国启动了政府上网工程，各级政府、各部门都加入政府上网工程中，纷纷树立起在网络上的形象，形成了一股政府信息化的浪潮。截至2020年6月，我国共有政府网站14 467个，其中省级及以下行政单位的政府网站为13 566个，分布于我国31个省（区、市）和新疆生产建设兵团[①]。

"政府门户网站"这一概念目前没有统一的定义，不同学者有不同的理解。徐恩元、李澜楠认为，政府门户网站是指中央政府或地方政府在各部门信息化的基础上所建立的具

---

① 中国互联网络信息中心. 第46次《中国互联网络发展状况统计报告》[R]. http://www.cnnic.net.cn/hlwfzyj/hlwxzbg/hlwtjbg/202009/t20200929_71257.htm.

有统一入口的跨部门的综合性业务应用系统,它是政府面向社会公众(企业、社团和公民)的动态信息管理和信息发布平台,是面向用户提供各种在线办事服务的窗口,是政府内部办公、外部交流的通道①。该观点不仅强调信息化是政府门户网站建设的基础要件,还强调了政府门户网站的"窗口"作用,向公众提供信息资源和业务服务的同时联动后台各部门在线处理事务,是具有业务的综合性、功能的集成性以及互动性的系统,相当于"前台"。但是政府门户网站的功能随着政务服务的深入发展,包括但不限于动态信息管理和发布,比如政策解读与回应性等也是我国目前政府门户网站建设中重要的价值指向。雷战波等将政府门户网站定义为:中央政府或地方一级政府在各部门信息化的基础上建立的具有统一入口、跨部门的综合业务应用系统,在线向广大公众、企业和政府工作人员提供公共服务的互动平台②。该观点同李澜楠等定义的前一部分大体一致,但对政府门户网站功能的概括相对缺失。

Yogesh K. Dwivedi 等认为,电子政务通过互联网或其他数字方式为公民提供便利的信息及访问渠道,在不受限制的情况下进行信息的搜集或获取,与其利益相关者,包括公民(G2C)、企业(G2B)、政府(G2G)、雇员(G2E)互动,从而提供更加多样化、更便捷的公共服务,满足公民的需求③。该观点从电子政务的多元利益相关者角度出发,强调电子政务服务要具备服务的多样性、便利性和不受限制的特点。Liu Y. 和 Wang X. 等认为,政府门户网站的设计和运营是政府战略的直接体现,是网络技术在公共行政事务中的应用,作为虚拟政府机构,政府门户网站应该在公民与政府互动的背景下提供公共服务④。该观点则认为政府门户网站应当以公众本位和顾客至上为基本原则,提倡网站内容透明且适当,具有交互性。

基于上述定义,本文将政府门户网站定义为县级以上的地方政府或中央政府基于公民本位、顾客至上指导原则和政府信息化的基础建立的,面向多元用户公开透明政府信息资源、提供在线办事服务的交互平台。

(二)政府门户网站绩效评估

随着经济发展和技术进步,我国地方政府门户网站建设取得长足发展,反过来又推动

---

① 徐恩元,李澜楠. 政府门户网站绩效评估研究综述[J]. 图书馆论坛,2008,28(06):198-204.

② 杜浩文,雷战波,艾攀. 政府门户网站服务质量评价研究述评[J]. 情报杂志,2010,29(02):66-71.

③ Yogesh K. Dwivedi, Nripendra P. Rana, Marijn Janssen, BanitaLal, MichaelD. Williams, Marc Clement. An Empirical Validation of a Unified Model of Electronic Government Adoption (UMEGA) [J]. Government Information Quarterly, 2017, 34 (02): 211-230.

④ LiuYuan, ChenXi, Wang Xiaoyi. Evaluating the Readiness of Government Portal Websites in China to Adopt Contemporary Public Administration Principles [J]. Government Information Quarterly, 2012, 29 (03): 403-412.

了行政管理的发展。政府通过门户网站发布信息和政策,提高政务的透明度,降低行政成本,提高政府办事效率,遏制官僚主义;保障公民知情权,有助于民主监督的推进;在线办事是公众本位,让人民少跑腿,让数据多跑腿,便民利民;除此之外,便捷的服务还有助于提高公民对政府的满意度,提升政府形象。目前,我国政府门户网站服务水平参差不齐,存在网站服务便捷性不足、个性化服务缺失等问题。通过对政府门户网站绩效进行实证评估,了解门户网站建设现状,对于提升其服务的便捷性、推动电子政务发展和数字政府建设具有重要意义,也是深化"互联网+政务服务"发展进程、提升数字化治理能力和治理水平的重要举措。

学界对政府门户网站绩效评估尚无统一概念,但不同学者在界定概念时大方向是一致的,在小范围内略有不同。彭细正认为,电子政务绩效评估是指由专门的机构和人员依据大量的客观事实和数据,按照专门的规范、程序,遵循统一的标准和特定的指标体系,通过定量定性对比分析,运用科学的方法,对电子政务建设的投入和产效(产出和效益)所做出的客观、公正和准确的评判[①]。该观点认为,电子政务绩效评估应该选取大量数据和事实,尽量避免评价的主观性和片面性,绩效评估应以公正、客观、准确为原则。徐卫将电子政务绩效评估定义为:专门评估机构和人员依据政府门户网站建设和功能发挥的基本客观事实和数据,按照一定的评估规范与流程,遵循统一的评估标准和特定的指标体系,综合运用定量定性、纵横对比、成本收益分析等方法,对政府门户网站的效率、效果和效益所做出的客观、公正和准确的价值性判断与技术性测量[②]。该观点强调电子政务绩效评估可以采用多学科分析方法,从价值层面和技术层面进行评估,评估内容不限于电子政务的投入和产出,还应涵盖效果和效率评价。在上述学者观点的基础上,本文将从以下几方面界定政府门户网站绩效评估的概念。

第一,评估主体:专门的机构和人员。

第二,评估对象:电子政务建设的投入与产出。

第三,评估依据:大量客观事实和数据。

第四,评估方法:多学科分析方法,如定量定性分析、成本收益分析等方法。

第五,评估程序:专门化、规范化。

第六,统一的标准和指标体系。

第七,评价原则:公正、客观、准确。

---

① 彭细正. 电子政务门户网站绩效评估研究[J]. 信息化建设, 2004 (10): 10-11.
② 徐卫. 政府门户网站绩效评估:意义、研究现状与趋势[J]. 上海行政学院学报, 2009, 10 (05): 28-37.

二、政府门户网站绩效评估

(一) 评估方法综述

根据绩效评估主体的不同,可以将政府门户网站绩效评估分为政府自评、学者评估以及第三方机构评估。政府自评的主体是指广义上的政府,包括上级政府对下级政府门户网站建设工作以及监督状况的抽查以及各级政府对其在运行门户网站的评估数据公示,即《政府网站工作年度报表》中填报和公示的数据;学者评估是指国内外学者对我国政府门户网站建设现状的评估;第三方机构评估区别于国内外学者评估,是包括政府委托的评估、国内外研究机构对我国门户网站建设的评估,通常具备评估体量大、覆盖区域广、评估指标全面的特点。

1. 政府自评

《国务院办公厅关于做好政府网站年度报表发布工作的通知》强调:要建设联动、高效、惠民的网上政府,要求各级政府、各部委、各直属机构于每年 1 月 31 日之前编制《政府网站工作年度报表》并发布在政府门户网站首页的醒目位置。政府部门受条块分割的指挥体制影响,公布在门户网站的原始信息分散且没有经过纵向整合和横向对比,增加了公众收集政府网站工作信息的难度,公众要对比同级政府网站工作信息只能依次到各政府门户网站,且得到的仅为原始数据。因此,收集和比较同级政府门户网站公开的《政府网站工作年度报表》中的具体数据,可以明确同一层级政府门户网站建设的具体情况。

此外,国务院办公厅还会依据其确立的政府网站与政务新媒体检查指标,以半年一次的频率对各部门、各地区门户网站进行监督检查。该指标共包含单项否决指标、扣分指标和加分指标三部分,涵盖了网站信息安全与可访问性、内容更新与发布机制、政策解读、互动回应与在线解答、服务关联性与便捷性、公民监督等多方面,从上到下构建了地方政府门户网站的监督与评价的动态体系,从宏观上揭示了各级政府门户网站建设情况。通过考核和评分结果的公布,督促地方政府加强"互联网+政务服务"建设,鼓励政府门户网站创新发展。

2. 学者评估

国内学者从不同角度设立指数或模型对我国政府门户网站的建设进行了评估。冯苑等构建了包含网站访问量水平、专栏专题、信息发布、办事服务、解读回应、互动交流 6 个一级指标以及 28 个二级指标在内的政府门户网站政务服务能力测度指标体系,测度了 2018 年我国 31 个省级政府门户网站,并将其划分为明星型、平庸型、落后型三种[①]。杨

---

① 冯苑,聂长飞. 政府门户网站政务服务能力的组合评价研究[J]. 情报科学,2020,38(08):153-158.

小峰等在信息系统持续使用模型的基础上引入影响公众对政府门户网站持续使用意图以及心理认知的内外部变量,提出了政府门户网站持续使用模型假设,提出政府门户网站建设本质上应当以公众需求为导向①。曹萍和张剑对灰色综合评判方法进行客观性优化,引入模糊集理论,采用主成分分析法确定指标权重和测评矩阵,构建了较传统灰色理论计算更为简便、更适用于全局指标研究的灰色多层次评价方法②。唐满华等依据《政府网站工作年度报表(2019)》中的统计量确定了包括网站访问量、互动交流、创新发展等8个有效指标,评估湖南省38个省直部门门户网站并提出相应建议③。

Seulki Lee-Geiller 等通过对信息系统、商业、公共管理以及民主理论四类文献的分析,构建了民主电子政务网站评估模型(DEWEM 模型),促进政府改进电子政务建设,为公民提供更高效更满意的公共服务④。Abid Ismail 等从可访问性、可读性和网站排名三方面对印度排名前20的政府网站进行了评分,并对这三者进行了等级相关分析,认为政府门户网站只有同时做好这三方面,才能使网站覆盖大部分用户⑤。

3. 第三方机构评估

在国外,具有权威性的第三方评估机构主要有联合国、埃森哲咨询公司等。联合国发布的《联合国电子政务调查报告》从洲际、国际以及先进城市代表等方面对各国电子政务发展水平进行宏观的评估和总结;埃森哲咨询公司主要依托服务成熟度和传递成熟度两大指标体系测评政府门户网站的实际服务能力⑥。

在国内,具有权威性的第三方机构有复旦大学数字与移动治理实验室、中国城市电子政务发展研究课题组等。复旦大学数字与移动治理实验室从准备度、平台层、数据层、利用层四个维度,共设立三级指标,全面评估了我国省级、副省级和地级市政府数据开放的现状,确立了开放树林的标杆并分析其先进经验,最后提出相应建议⑦。中国城市电子政

---

① 杨小峰,徐博艺. 政府门户网站的公众持续使用行为研究[J]. 情报杂志,2009,28(05):19-22+33.

② 曹萍,张剑. 基于灰色理论的政府网站绩效的综合评价[J]. 华中农业大学学报(社会科学版),2008(02):103-105+112.

③ 唐满华,柳毅,谭青,等. 省直部门门户网站建设现状及改进建议[J]. 电子技术与软件工程,2020(12):34-36.

④ Seulki Lee-Geiller, Taejun (David) Lee. Using Government Websites to Enhance Democratic E-governance:Aconceptual Model for Evaluation [J]. Government Information Quarterly,2019,36(02):208-225.

⑤ Abid Ismail, K. S. Kuppusamy, Ajit Kumar, Pawan Kumar Ojha. Connect the Dots:Accessibility, Readability and Site Ranking—An Investigation with Reference to Top Ranked Websites of Government of India[J]. Journal of King Saud University-Computer and Information Sciences,2019,31(04):528-540.

⑥ 徐恩元,李澜楠. 政府门户网站绩效评估研究综述[J]. 图书馆论坛,2008,28(06):198-204.

⑦ 复旦大学数字与移动治理实验室. 中国地方政府数据开放报告(2020上半年)[R/OL].(2020-07-22). http://ifopendata.fudan.edu.cn/static/papers/中国地方政府数据开放报告(2020上半年).pdf.

务发展研究课题组从电子政务在线服务和在线应用力两个核心层面出发,对336个城市的政府门户网站电子政务实现度进行量化测评①。

相比于学者评估和第三方机构的评估,政府内部自评确立的指标更加贴近中央关于加强政府门户网站建设的价值指向和要求,同时上级部门的权威性也会给予地方政府压力,及时纠正地方政府在建设门户网站时价值的偏离。学者评估倾向于运用跨学科的分析方法,在对政府门户网站进行评估时可以促进跨学科的交流,丰富电子政务绩效评估的理论与指标体系。第三方评估机构处于政府部门之外,由多数学者、机构等联合,评估层次一般高于学者评估,评估过程专业且独立,评估内容全面,评估范围广,评估对象更加宏观,且主要集中于国际和洲际层面在较长时间内电子政务发展变化,侧重于用户的满意度、互动性、参与度、国家战略层面电子政务发展方向等等。

(二) 功能定位

昆明市7个市辖区门户网站建设很大程度上受到云南省门户网站建设政策的影响,因此本部分将从云南省人民政府门户网站的信息公开栏目中,以"门户网站建设"为关键词,人工检索云南省政府出台的全文中包含建设政府门户网站价值取向的政策文件,并对其包含的门户网站建设的功能和价值定位进行总结归纳。详见表1所示。

表1 云南省政府"门户网站建设"相关内容一览表

发布时间	文件名称	价值功能定位
2008.05.14	《云南省人民政府办公厅关于做好施行中华人民共和国政府信息公开条例准备工作的通知》	全面清理涉及人民群众切身利益的信息、科学划分应主动公开、已申请公开和免于公开的政府信息;组织政府信息指南和目录编制工作并公布;完善政府网站等信息公开平台建设②
2011.11.18	《云南省人民政府办公厅关于全省深化政务公开加强政务服务工作会议确定工作任务分工的通知》	拓展政务公开载体功能:云南政务信息岛网络建设;96128专线品牌化建设;政府门户网站建设;全省统一的政务服务网络平台。完善保障措施:强化监督考核;加强宣传教育③

---

① 徐恩元,李澜楠. 政府门户网站绩效评估研究综述[J]. 图书馆论坛,2008,28 (06):198-204.

② 云南省人民政府办公厅. 云南省人民政府办公厅关于做好施行中华人民共和国政府信息公开条例准备工作的通知[EB/OL]. http://www.yn.gov.cn/zwgk/zcwj/zxwj/200805/t20080514_143879.html.

③ 云南省人民政府办公厅. 云南省人民政府办公厅关于全省深化政务公开加强政务服务工作会议确定工作任务分工的通知[EB/OL]. http://www.yn.gov.cn/zwgk/zcwj/yzfb/202006/t20200604_205046.html.

续　表

发布时间	文件名称	价值功能定位
2015.05.06	《云南省人民政府办公厅关于加强政府网站信息内容建设的实施意见》	高度重视，加强对政府网站建设的领导；完善政府网站内容管理体系、标准规范体系以及政府网站体系等，统筹推进政府网站信息内容建设；健全网站信息内容更新保障机制、协同联动机制、政策解读机制、社会热点回应机制、互动交流机制、考评监督机制等，加强政府网站信息发布工作；提高资源整合能力、安全保障能力、网站管理能力等，不断提升政府网站信息内容建设水平①
2015.05.29	《云南省人民政府办公厅关于进一步做好2015年政府信息公开重点工作的通知》	强化政府信息主动公开工作：优化整合政府信息发布体系；深入推进重点领域信息公开；依法办理依申请公开工作；健全完善信息公开机制②
2015.12.03	《云南省人民政府办公厅关于开展2015年全省政府信息公开落实情况督查调研工作的通知》	主要督查内容：重点领域信息公开；政策解读；政府信息发布体系优化整合；制度机制建设③
2016.05.31	《云南省人民政府办公厅关于印发2016年政务公开工作要点的通知》	扩大政务参与加强解读回应，用好新闻媒体；增强公开、强化能力；加强组织领导；健全工作机制；夯实平台建设；开展业务培训；强化考核评估④
2017.04.14	《云南省人民政府办公厅关于全面落实"互联网+政务服务"技术体系建设指南要求的通知》	统一建设全省网上政务服务平台；推进线上线下融合发展；规范政务服务事项；实现政务服务信息共享；推动证明材料电子化；加强网上政务服务监督考核⑤

---

①　云南省人民政府办公厅. 云南省人民政府办公厅关于加强政府网站信息内容建设的实施意见 [EB/OL]. http://www.yn.gov.cn/zwgk/zcwj/yzfb/201505/t20150506_144125.html.

②　云南省人民政府办公厅. 云南省人民政府办公厅关于进一步做好2015年政府信息公开重点工作的通知 [EB/OL]. http://www.yn.gov.cn/zwgk/zfxxgkpt/fdzdgknr/zcwj/zfxxgkptyzbf/201505/t20150529_144130.html.

③　云南省人民政府办公厅. 云南省人民政府办公厅关于开展2015年全省政府信息公开落实情况督查调研工作的通知 [EB/PL]. http://www.yn.gov.cn/zwgk/zcwj/zxwj/202006/t20200603_204950.html.

④　云南省人民政府办公厅. 云南省人民政府办公厅关于印发2016年政务公开工作要点的通知 [EB/OL]. http://www.yn.gov.cn/zwgk/zcwj/zxwj/201911/t20191101_184018.html.

⑤　云南省人民政府办公厅. 云南省人民政府办公厅关于全面落实"互联网+政务服务"技术体系建设指南要求的通知 [EB/OL]. http://www.yn.gov.cn/zwgk/zcwj/zxwj/201704/t20170414_144625.html.

续 表

发布时间	文件名称	价值功能定位
2017.08.15	《云南省人民政府关于进一步推进"放管服"改革10条措施的意见》	实现政务服务"一张网",提升政务服务水平;推进全省电子政务大厅二期工程建设;行政审批网上运行:一号申请、一窗受理、一网通办;推行服务监督一体化,实现全程监管;健全完善政务服务管理体系;推行网络、信函等非现场审批,并制定非现场审批事项目录;成立政务服务管理机构和实体性质的在线审批平台;完善各级政府门户网站建设,确保政府门户网站内容及时准确;探索电子便民中心建设,提供精准服务;借助互联网和信息化手段,探索"5A政务服务模式(Anyone, Anytime, Anywhere, Anyway, Anything)";通过信息化大数据库简化、优化、标准化服务流程,实现"办事不见人"①

说明:资料来源于网络。

综上所述,云南省政府门户网站建设中蕴含如下的价值原则:

第一,数据获取:5A(Anyone,Anytime,Anywhere,Anyway,Anything);便捷性。

第二,数据显示:时效性;准确性;开放性;提供信息公开目录;内容规范性。

第三,平台建设:互联互通;在线办事、一网通办;简便高效;资源集成性。

第四,互动反馈:回应性;互动性;公众监督考核。

第五,用户体验:精准服务。

(三)指标体系

1. 指标体系构建

由于区政府门户网站处于"互联网+政务服务"的基层,与基层民众互动最为密切,在数字政府建设中不可或缺。根据国务院办公厅发布的政府网站和政务新媒体检查结果,云南省及地级市、市辖区在门户网站建设方面仍有很大进步空间。因此,本文在建立指标体系时,依据昆明市7个区政府门户网站填报公布的《政府网站工作年度报表》并结合其门户网站建设的实际与特色,对《政府网站工作年度报表》中开放树林平台层指标体系进行了一系列调整,将重复和不适用的指标进行删除合并,构建较为科学合理的指标体系,更加适用于服务成熟度有待提升的基层政府门户网站建设的评估。

---

① 云南省人民政府. 云南省人民政府关于进一步推进"放管服"改革10条措施的意见[EB/OL]. http://www.yn.gov.cn/zwgk/zcwj/yzf/201911/t20191101_183995.html.

依据云南省建设政府门户网站的政策指向，在指标设置方面，首先增加了数据展示（A3）和平台建设（A4）两个一级指标。在数据获取（A2）方面，设置数据检索（B2）和数据申请（B3）两个二级指标；在数据展示（A3）方面，增设二级指标数据量（B5）和数据展示形式（B6），依据《政府网站工作年度报表》增设二级指标提供信息公开目录（B7）；在平台建设（A4）方面，增设前后台关联度（B8）、服务内容（B9）两个二级指标；在互动反馈（A5）方面，依据《报表》增设二级指标智能问答服务（B13）。二级指标数据检索（B2）下增设三级指标准确度（C5）、检索结果排序（C6）、平均检索步骤（C7）；二级指标数据量（B5）下依据《报表》增设三级指标信息发布总量（C10），二级指标数据展示形式（B6）下增设三级指标图文数量对比（C11）、图文加载速度对比（C12）；二级指标前后台关联度（B8）、服务内容（B9）、平台互联互通（B10）下依据《报表》分别增设三级指标在线办事数量（C13）、政务服务事项数量（C14）、提供跳转链接（C15）；二级指标智能问答服务（B13）下增设三级指标服务时间（C18）；在二级指标账户体验（B14）下依据《报表》增设三级指标注册账户数（C19）和独立用户访问量（C20）；在二级指标包容性功能（B16）下增设三级指标数字包容（C25）。具体的指标体系如表2所示。

表2 政府门户网站政务服务能力评价指标体系

一级指标	二级指标	三级指标
数据发现（A1）	导引方式（B1）	组合式（C1） 场景式（C2） 部门式（C3）
数据获取（A2）	数据检索（B2）	检索方式（C4） 准确度（C5） 检索结果排序（C6） 平均检索步骤（C7）
数据获取（A2）	数据申请（B3）	申请条件（C8） 处理时间（C9）
数据展示（A3）	数据时效性（B4）	—
数据展示（A3）	数据量（B5）	信息发布总量（C10）
数据展示（A3）	数据展示形式（B6）	图文数量对比（C11） 图文加载速度对比（C12）
数据展示（A3）	提供信息公开目录（B7）	—

续　表

一级指标	二级指标	三级指标
平台建设（A4）	前后台关联度（B8）	在线办事数量（C13）
	服务内容（B9）	政务服务事项数量（C14）
	平台互联互通（B10）	提供跳转链接（C15）
互动反馈（A5）	数据纠错（B11）	—
	民意征集（B12）	意见反馈（C16）
		服务评价（C17）
	智能问答服务（B13）	服务时间（C18）
用户体验（A6）	账户体验（B14）	注册账户数（C19）
		独立用户访问量（C20）
	个性化服务（B15）	收藏功能（C21）
		互动反馈管理（C22）
		推送功能（C23）
	包容性功能（B16）	多语言支持（C24）
		数字包容（C25）

2. 数据来源

本文对昆明市呈贡区、西山区、官渡区、盘龙区、五华区、东川区、晋宁区政府门户网站平台层面进行绩效评估。其中，数据来源于区政府门户网站（网址详见表3所示）发布的《政府网站工作年度报表》，是由昆明市各区政府自行填报并公布的官方数据，数据来源可靠。同时，为了确保数据的时效性，本文以2019年公布的年度报表为准，人工采集数据不存在缺失值。对政府门户网站页面设计的评估时间节点为2020年12月，数据采集方法主要是人工观察和关键词检索。

表3　昆明市主要市辖区政府门户网站网址一览表

呈贡区	http：//kmcg.gov.cn/
西山区	http：//www.kmxs.gov.cn/
官渡区	http：//kmgd.gov.cn/
盘龙区	http：//kmpl.gov.cn/
五华区	http：//www.kmwh.gov.cn/
东川区	http：//kmdc.gov.cn/
晋宁区	http：//kmjn.gov.cn/

三、评估结果

本文对云南省昆明市 7 个市辖区的政府官网进行了测试和评估,现结合所得数据和结果进行简要分析。

(一)数据发现

首先,从个性设计来看,在介绍本地区概况的基础上,除呈贡区政府官网以外,其余 6 个区都在网站首页设置了招商引资的相关内容,更新招商动态,对招商政策和招商项目进行了公示,但总体而言,仅盘龙区、晋宁区、东川区网站能够突出地方特色,有个性化创新地设计了与本区旅游特色或特色产业相关的页面和栏目,从地方文化、旅游景点、基础设施等方面进行了介绍。昆明市辖区政府官网与招商引资和旅游业的相关设计都有利于本区居民以及投资商和不在本区的其他人员快速了解区内情况和相关信息,有利于促进市辖区经济发展和基础设施建设。

其次,昆明市各区政府门户网站的页面布局和效果从总体上看基本能够做到布局合理、色彩搭配。页面布局的合理性主要与数据、信息发现的便捷程度有关,而图文组合则是影响页面视觉效果的最主要因素。昆明市辖区政府门户网站首页信息分类方式主要有按事项分类和组合式分类两种,平均每个区设置 7—8 个信息分类专栏专题,专栏专题设置直接关系到数据、信息发现的便捷程度。

本文对昆明市辖区门户网站的数据发现评估,详见表 4 所示。

表 4 昆明市辖区政府门户网站数据发现评估

指标	呈贡区	西山区	官渡区	盘龙区	五华区	东川区	晋宁区
个设计性	无	招商引资	招商引资	突出地方特色、旅游、招商引资	突出地方特色、招商引资	突出地方特色、特色产业、招商引资	突出地方特色、旅游、招商引资
页面布局及效果	布局合理,图文组合,色彩搭配	布局合理,图文组合,色彩搭配	布局合理,图文组合,色彩搭配	布局合理,图文组合,色彩搭配	布局合理,图文组合,色彩搭配	布局合理,图文组合,色彩搭配	布局合理,图文组合,色彩搭配
首页信息分类方式	按事项分类	组合式分类	按事项分类	组合式分类	按事项分类	按事项分类	按事项分类
专栏专题(单位:个)	8	0	15	4	15	3	5

说明:资料来源于网络。

(二) 数据获取

经过简单测试和实验，我们发现昆明市辖区政府门户网站信息检索方式可分为关键字检索和智能分类检索，相对于仅能筛选文章内检索范围、仅支持同义词识别简单模糊检索的关键字检索（图1）来说，支持多条件检索、搜索结果分类展现的智能分类检索（图2）无论是从信息获取的便捷程度上看，还是从检索所得信息的精确程度上看，都具有明显优势。信息检索后的显示顺序主要有"按发布时间倒序排序""按相关度排序"两种形式，智能分类检索则将上述两种形式结合，使检索结果分类展示，供用户自主选择。但仍然有三个区的检索不进行任何排序，乱序展示，极大地影响了信息的准确度。目前仍然有呈贡区、五华区、晋宁区三个区的政府门户网站没有开设申请数据开放渠道，限制了自身数据开放的范围和发展潜力。详见表5所示。

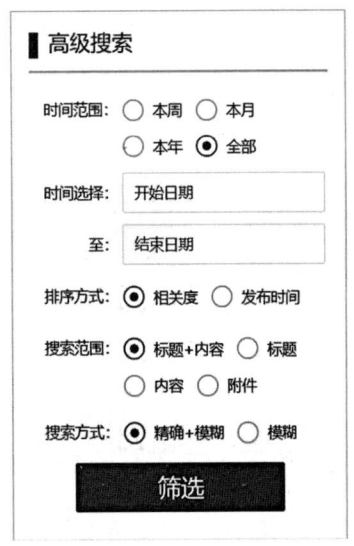

图1　关键字检索　　　　　　　图2　智能分类检索

说明：图片来源于网络。

表5　昆明市辖区政府门户网站数据获取评估

指标	呈贡区	西山区	官渡区	盘龙区	五华区	东川区	晋宁区
站内检索方式	关键字检索	关键字检索	智能分类检索	关键字检索	智能分类检索	关键字检索	关键字检索
信息显示顺序	乱序	乱序	分类展现	按时间倒序	分类展现	乱序	按时间倒序
信息检索准确度	低	低	高	中	高	低	中

续表

指标		呈贡区	西山区	官渡区	盘龙区	五华区	东川区	晋宁区
关键字测试	疫情	436	625	200（最大显示数量）	954	200（最大显示数量）	85	308
	扶贫	348	788	200（最大显示数量）	598	200（最大显示数量）	490	267
	文明城市	440	907	200（最大显示数量）	773	200（最大显示数量）	125	253
	政务服务	808	1 181	200（最大显示数量）	863	200（最大显示数量）	140	415
是否拥有申请数据开放渠道		否	是	是	是	否	是	否

（关键字测试行的"相关信息数量（单位：条）"作为子说明）

说明：资料来源于网络。

（三）数据展示

昆明市辖区政府门户网站现在均已设置政府信息公开目录，强化了数据开放的条理性，以及信息查询的便捷度。但从总体上看，各区政府门户网站信息检索的时效性参差不齐，目前网站仅有中文文字，仅少数网站的部分导航词设置了中英对照，不能支持少数民族语言等多语言的需要，也不能体现云南少数民族聚居的地方特色，难以满足少数民族对数据查询的需求。详见表6所示。

表6 昆明市辖区政府门户网站数据展示评估

指标	呈贡区	西山区	官渡区	盘龙区	五华区	东川区	晋宁区
信息检索时效性	低	低	高	高	高	低	高
信息发布总数	6 451	10 331	12 807	9 810	7 944	1 597	8 111
概况类信息更新量	74	270	28	527	366	690	98
政务动态信息更新量	1 873	4 219	3 440	7 568	4 284	145	4 262
信息公开目录信息更新量	2 604	2 012	1 289	1 715	497	726	2317
解读信息发布总数（单位：条）	42	12	31	22	23	20	10
是否设置信息公开目录	是	是	是	是	是	是	是

续 表

指标	呈贡区	西山区	官渡区	盘龙区	五华区	东川区	晋宁区
是否多语言支持	否	否	否	仅部分导航词设置了英文，无其他语言	仅部分导航词设置了英文，无其他语言	否	仅部分导航词设置了英文，无其他语言

说明：资料来源于网络。

（四）互动反馈

除晋宁区外，昆明市各市辖区政府门户网站首页均设置了民意征集板块，设有意见征集、网上调查和留言板栏目，并且具备一定功能。呈贡区等5个市辖区政府门户网站也对部分公众关注热点或重大舆情做出了相关回应。其中，西山区回应的公众关注热点或重大舆情数量最多，盘龙区和东川区政府门户网站需要加强相关建设。昆明7个市辖区的政府门户网站都没有设置数据纠错功能，也仅有晋宁区政府门户网站提供智能问答服务，需要加强在线政民互动和民众评估反馈渠道的建设。详见表7所示。

表7　昆明市辖区政府门户网站互动反馈评估

指标	呈贡区	西山区	官渡区	盘龙区	五华区	东川区	晋宁区
首页是否设置民意征集板块	是	是	是	是	是	是	否
回应公众关注热点或重大舆情数量（单位：次）	28	107	1	0	7	0	3
是否提供智能问答	否	否	否	否	否	否	是
是否拥有数据纠错功能	否	否	否	否	否	否	否

说明：资料来源于网络。

（五）平台展示

昆明市辖区门户网站均应用了微信、微博两种移动新媒体，官渡区和晋宁区还开发了个性手机APP客户端。除东川区外，各门户网站均可在线办理部分政务服务事项，官渡区、盘龙区可全程在线办理的政务服务事项达上百项，五华区在线政务服务建设相对落后。详见表8所示。

表8 昆明市辖区政府门户网站平台展示评估

指标	呈贡区	西山区	官渡区	盘龙区	五华区	东川区	晋宁区
政务服务事项数量（单位：项）	41	683	335	315	1	0	469
可全程在线办理政务服务事项数量（单位：项）	25	14	208	155	0	0	4
移动新媒体应用	是	是	是	是	是	是	是
手机APP客户端	无	无	官渡融媒体APP	无	无	无	云南通晋宁区

说明：资料来源于网络。

（六）用户体验

从总体上看，昆明各市辖区政府门户网站及其移动新媒体的影响力大小不一，但网站加载速度大都比较快，盘龙区和东川区相对较慢，各政府门户网站的层级设计并不复杂，平均3步左右即可找到所需信息或界面。除官渡区和五华区外，各市辖区政府门户网站均在首页下方设置了导航链接，包含了重要的相关链接地址，负责提供获取信息和服务的引导，方便人们快速找到所需要的网站。详见表9所示。

表9 昆明市辖区政府门户网站用户体验评估

指标			呈贡区	西山区	官渡区	盘龙区	五华区	东川区	晋宁区
加载速度			快	快	快	慢	快	慢	快
层级设计			4	3	5	2	3	3	3
独立用户访问总量			617 973	2 122 977	1 078 098	489 354	596 619	250 973	1 013 926
网站总访问量			1 236 419	4 586 820	1 862 798	740 419	1 493 440	450 999	1 559 102
注册用户数（单位：个）			3 748 400	3 748 400	3 748 400	3 748 400	83	0	0
是否设置导航链接			是	是	否	是	否	是	是
移动新媒体影响力	微博	信息发布量（单位：条）	4 561	6 480	7 661	9 375	106 195	288	11 095
		关注量	19 201	161 199	393	114 482	391 947	3 897	7 466
	微信	信息发布量（单位：条）	1 502	1 111	1 512	1 386	157	1 963	1 255
		订阅数	2 1150	7 038	29 502	11 789	13 873	24 587	15 400

说明：资料来源于网络。

（七）数据交叉分析

通过相关数据的收集和整理，可以对比出昆明市辖区政府门户网站的数据开放状况和影响力（如图3和图4所示），并可以据此对昆明市辖区政府门户网站影响力因素进行相关分析，结果如表10所示。

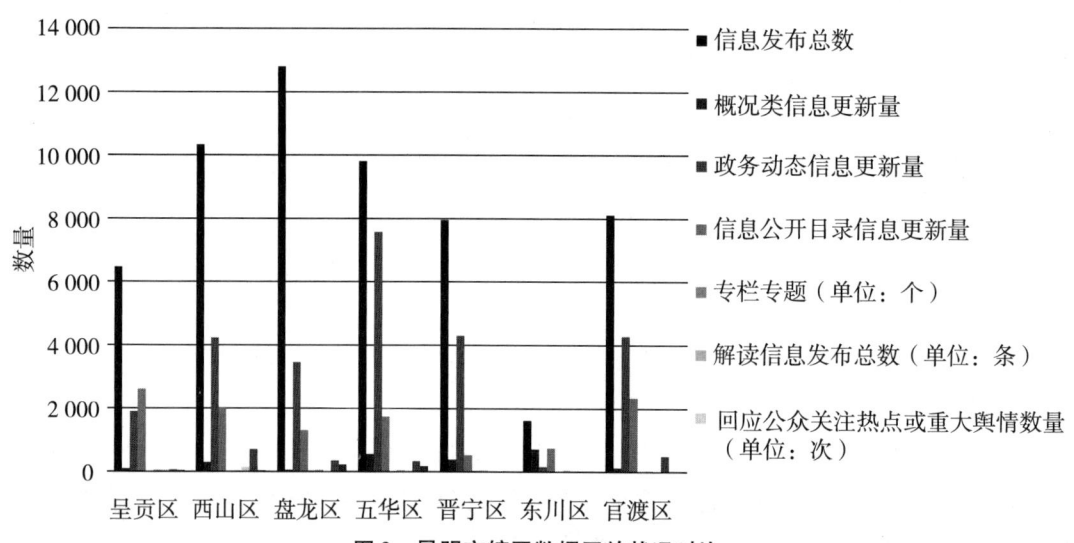

图3　昆明市辖区数据开放状况对比

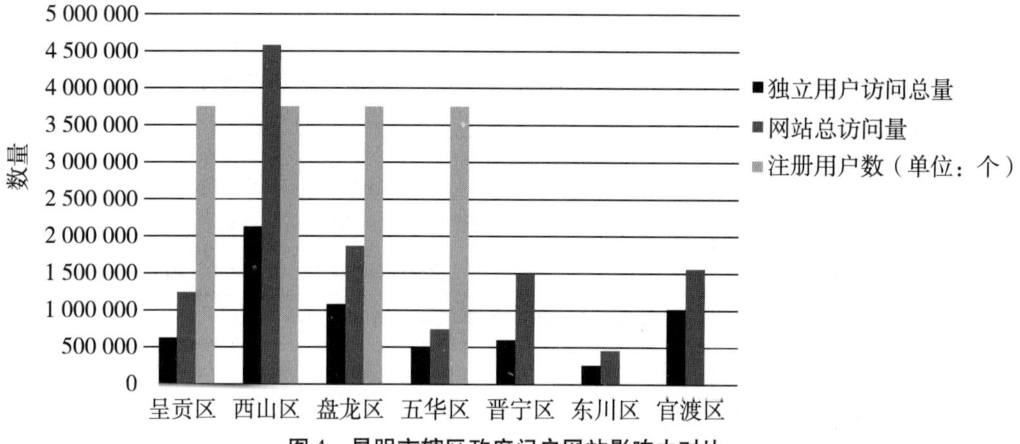

图4　昆明市辖区政府门户网站影响力对比

表 10　昆明市辖区政府门户网站影响力因素相关性分析

相关系数	信息发布总数	概况类信息更新量	政务动态信息更新量	信息公开目录信息更新量	专栏专题（单位:个）	解读信息发布总数（单位:条）	回应公众关注热点或重大舆情数量（单位:次）	政务服务事项数量（单位:项）	可全程在线办理政务服务事项数量（单位:项）
独立用户访问总量	0.430	-0.206	-0.159	0.207	-0.509	-0.599	0.893	0.864	-0.192
网站总访问量	0.302	-0.153	-0.187	0.158	-0.500	-0.628	0.928	0.792	-0.350
注册用户数（单位：个）	0.352	-0.306	-0.002	0.796	-0.554	0.150	0.267	0.558	0.475

说明：资料来源于网络。

需要指出的是，独立访问者数量是指在一定统计周期内访问网站的数量（例如每天、每月），每一个固定的访问者只代表一个唯一的用户，无论他访问这个网站多少次。独立访问者越多，说明网站推广越有效。通过对相关性的计算，我们不难发现，独立用户访问总量及网站访问总量与回应公众关注热点或重大舆情数量和政务服务事项数量呈明显正相关，而注册用户数则与信息公开目录信息更新量有关。

四、问题分析

在经过对平台的简单测试和数据分析之后，发现昆明市对政府门户网站的建设有自己的一套建设方法和评估体系。结合各区政府门户网站发布的《政府网站工作年度报表》当中的数据以及测试数据，可以认为昆明市 7 个区的网站建设是相对优秀的，但是仍存在一些问题。

（一）网页界面问题

1. 部分网页加载速度慢

盘龙区和东川区加载较慢，原因可能在于网站建设时没有考虑到图片分辨率对页面加载的影响。这会导致居民体验不佳，会给居民留下不好的印象。

2. 网页的语言单一

除盘龙区、五华区、晋宁区部分导航词设置英文以外，所有的网站都存在语言较单一现象。云南是少数民族聚居区，同时又是以旅游和第三产业为主导经济的省份，缺少多种语言对照不符合当地的社会经济发展情况，也不利于政府对外展示自己的行政面貌和风气。

3. 网页展示个性设计不突出

个性设计是指网站能够突出地方特色，有个性化创新的设计页面和栏目。呈贡区在网页个计设性方面与其他辖区相比比较落后。个性设计能够很好地展示辖区的地方特色，例如辖区内有旅游景点的可以通过展示景点来吸引游客，部分地区还可以根据自己的需求创建文明风气界面和招商引资界面来表达当前辖区的主要需求和重点工作。

4. 网页缺少个性化服务和包容性功能

目前，全国加快推进网络化政府、智慧政府的建设，但是在考虑科技进步的同时，也要考虑部分高龄人群对新事物的接受程度。在网站建设的过程中应当充分考虑包容性，对网页数据展示功能进行优化，给困难群体提供便利。而个性化服务则是应当考虑本区居民主要需求，定期或不定期对网站内容进行更新，更加贴合建设服务型政府的理念。

（二）信息检索问题

1. 信息检索结果展示顺序混乱

在对数据获取方面进行实验时，我们设置了4个关键字对政府网站的检索功能进行测试。结果发现有3个区的检索结果混乱，影响信息的准确度，存在答非所问的现象。检索工具是居民上网办事的主要使用工具，是高频使用工具，政府在建设网站时应当对检索工具进行合理的设置，给予居民更好的使用体验。

2. 缺少信息简介及关键词设定

在检索出来的信息中我们对比发现，部分网站的信息没有经过处理，直接以资讯的方式出现。居民要想了解其中的内容必须要看完整条资讯才能知道所要表达的意思，信息传递的效率大大降低。合理地设置标题和关键词能够缩短找寻信息的时间，给予更高的用户体验。

3. 缺少数据纠错功能

在检索信息时，会出现信息错误的现象。对比现在成熟的互联网搜索引擎，对信息纠错方面进行学习是非常有必要的。设置纠错功能，居民在发现信息出错时可以向后台反馈报错，后台及时整理数据，这样可以使数据的精准度大大提高。

（三）其他问题

1. 缺少智能问答功能

智能问答功能是参考百度、谷歌等搜索引擎而考虑到的。智能 AI 能够代替部分人工服务，对常见问题设置关键字，问答功能能够根据提问快速回答用户。例如，对最近天气、物价的查询等，可以设置智能问答，快速回答用户问题。

2. 缺少数据申请开放通道

根据《中华人民共和国政府信息公开条例》规定，为了保障公民、法人和其他组织依法获取政府信息，提高政府工作的透明度，建设法治政府，充分发挥政府信息对人民群众生产、生活和经济社会活动的服务作用。调查发现，目前有呈贡区、五华区、晋宁区三个区政府网站没有开通申请数据开放通道。

五、市辖区政府门户网站建设建议

（一）完善数据检索能力

1. 推荐使用高级检索，对检索信息进行条件限制，智能分类，按分类进行展示

信息检索是用户进行信息查询和获取的主要方式，是查找信息的方法和手段。检索功能包括字段检索、布尔逻辑检索等。利用这些功能，搜索引擎可以检索某一站点被搜索引擎收录的页面数量、站点被链接的次数。另外，高级检索最多被应用到一些数据库中，实现精确查找数据的功能。通过建立高级检索的方法，对后台数据进行整理，有助于对数据进行二次优化。结合高级检索工具，设置一套简单高效的逻辑表达式，能够提高信息呈现的准确性。

2. 对长篇文章编写摘要或关键字进行简要介绍，方便信息浏览读取

政府门户网站更新发布的各项内容和信息中存在长篇文章，需要用户阅览很长时间来获知其大致内容或关键信息。建议对此类文章设置摘要和关键字，方便查找阅览，提高信息获取的便捷程度。

3. 设置数据纠错功能，支持民众对错误数据及文件内容进行纠错

在对数据检索能力提升后，也要同时注意数据的纠错功能。现在不只是在搜索引擎上，一些 APP 软件包括资讯类软件和微信小程序上都有数据纠错功能，所以完善数据纠错功能对政府来说不是一件困难的事情。

4. 提供数据申请开放渠道

结合当下国家对推动政府部门数据开放共享的政策，在用户申请的数据不属于机密数据且符合数据开放的流程和标准时，政府部门应当开放这部分数据，这有利于提高政府对数据的开放和对数据、数据展示平台、大数据后台的建设。

（二）优化网页设计

在对网站进行测试时出现有些网站加载较慢的现象，可以通过改变图片及文字排版、降低图片帧率、更改字体大小及适当删减文字数量等方式降低网页加载所占用的数据流量，提高页面的加载速度。同时，网站首页设计需页面简洁，图文搭配合理，色彩搭配，突出地方特色。加快网页加载速度并不意味着不插入图片，对图片和文字进行合理的划分，同时加入政府想要表达的意愿，比如旅游、招商引资、政府宣传、当地特色、政府当前宣传工作等，使网站变得丰富多元化。

在网页添加中英文导语，并结合云南少数民族特色，设置少数民族语言。云南作为旅游省份，是面向南亚东南亚的辐射中心，增加多种语言的对照或导语部分中英文对照，可使网站变得国际化。在与国际接轨的同时可以考虑加入当地少数民族的语言，这不仅方便一部分少数民族居民办事，也可以展现当地特色。

(三) 提高网站服务功能

完善在线政务服务评价功能, 及时反馈。除晋宁区外, 昆明市其他各区政府门户网站都设置有民意征集板块, 增加对民众关心的热点问题的回应, 以及可在线办理的政务服务事项数量。在对数据相关性分析后, 发现独立用户访问总量和网站访问总量与回应公众关注热点或重大舆情数量以及政务服务项目明显相关。所以, 未来在网站建设以及信息更新时要加大对这两个方面的建设力度。结合人工智能, 对民众关心的热点问题单独设置智能问答板块, 解决群众的问题和疑惑。推荐设置常用问题 AI 自动回复, 同时设立人工在线问答服务。这样既可以提高政府服务的办事效率, 又能节省人力成本。同时, 增加个性化服务和包容性功能, 政府门户网站建设时要充分考虑到老弱群体使用困难的情况, 通过设置简易页面或者个性化服务展示政府的包容性。

参考文献:

[1] 中国互联网络信息中心. 第 46 次《中国互联网络发展状况统计报告》[R]. http://www.cnnic.net.cn/hlwfzyj/hlwxzbg/hlwtjbg/202009/t20200929_71257.htm.

[2] 徐恩元, 李澜楠. 政府门户网站绩效评估研究综述[J]. 图书馆论坛, 2008, 28 (06): 198-204.

[3] 杜浩文, 雷战波, 艾攀. 政府门户网站服务质量评价研究述评[J]. 情报杂志, 2010, 29 (02): 66-71.

[4] YogeshK. Dwivedi, Nripendra P. Rana, Marijn Janssen, BanitaLal, MichaelD. Williams, Marc Clement. An Empirical Validation of a Unified Model of Electronic Government Adoption (UMEGA) [J]. Government Information Quarterly, 2017, 34 (02): 211-230.

[5] LiuYuan, ChenXi, Wang Xiaoyi. Evaluating the Readiness of Government Portal Websites in China to Adopt Contemporary Public Administration Principles [J]. Government Information Quarterly, 2012, 29 (03): 403-412.

[6] 彭细正. 电子政务门户网站绩效评估研究[J]. 信息化建设, 2004 (10): 10-11.

[7] 徐卫. 政府门户网站绩效评估: 意义、研究现状与趋势[J]. 上海行政学院学报, 2009, 10 (05): 28-37.

[8] 冯苑, 聂长飞. 政府门户网站政务服务能力的组合评价研究[J]. 情报科学, 2020, 38 (08): 153-158.

[9] 杨小峰, 徐博艺. 政府门户网站的公众持续使用行为研究[J]. 情报杂志, 2009, 28 (05): 19-22+33.

[10] 曹萍, 张剑. 基于灰色理论的政府网站绩效的综合评价[J]. 华中农业大学学报 (社会科学版), 2008 (02): 103-105+112.

[11] 唐满华, 柳毅, 谭青, 等. 省直部门门户网站建设现状及改进建议[J]. 电子技

术与软件工程, 2020 (12): 34-36.

[12] Seulki Lee-Geiller, Taejun (David) Lee. Using Government Websites to Enhance democratic E-governance: Aconceptual Model fo Revaluation [J]. Government Information Quarterly, 2019, 36 (02): 208-225.

[13] Abid Ismail, K. S. Kuppusamy, Ajit Kumar, Pawan Kumar Ojha. Connect the Dots: Accessibility, Readability and Site ranking—An Investigation with Reference to Top Ranked Websites of Government of India [J]. Journal of King Saud University-Computer and Information Sciences, 2019, 31 (04): 528-540.

[14] 复旦大学数字与移动治理实验室. 中国地方政府数据开放报告（2020上半年）[R/OL]. (2020-07-22). http://ifopendata.fudan.edu.cn/static/papers/中国地方政府数据开放报告（2020上半年）.pdf.

[15] 云南省人民政府办公厅. 云南省人民政府办公厅关于做好施行中华人民共和国政府信息公开条例准备工作的通知[EB/OL]. http://www.yn.gov.cn/zwgk/zcwj/zxwj/200805/t20080514_143879.html.

[16] 云南省人民政府办公厅. 云南省人民政府办公厅关于全省深化政务公开加强政务服务工作会议确定工作任务分工的通知[EB/OL]. http://www.yn.gov.cn/zwgk/zcwj/yzfb/202006/t20200604_205046.html.

[17] 云南省人民政府办公厅. 云南省人民政府办公厅关于加强政府网站信息内容建设的实施意见[EB/OL]. http://www.yn.gov.cn/zwgk/zcwj/yzfb/201505/t20150506_144125.html.

[18] 云南省人民政府办公厅. 云南省人民政府办公厅关于进一步做好2015年政府信息公开重点工作的通知[EB/OL]. http://www.yn.gov.cn/zwgk/zfxxgkpt/fdzdgknr/zcwj/zfxxgkptyzbf/201505/t20150529_144130.html.

[19] 云南省人民政府办公厅. 云南省人民政府办公厅关于开展2015年全省政府信息公开落实情况督查调研工作的通知[EB/OL]. http://www.yn.gov.cn/zwgk/zcwj/zxwj/202006/t20200603_204950.html.

[20] 云南省人民政府办公厅. 云南省人民政府办公厅关于印发2016年政务公开工作要点的通知[EB/OL]. http://www.yn.gov.cn/zwgk/zcwj/zxwj/201911/t20191101_184018.html.

[21] 云南省人民政府办公厅. 云南省人民政府办公厅关于全面落实"互联网+政务服务"技术体系建设指南要求的通知[EB/OL]. http://www.yn.gov.cn/zwgk/zcwj/zxwj/201704/t20170414_144625.html.

[22] 云南省人民政府. 云南省人民政府关于进一步推进"放管服"改革10条措施的意见[EB/OL]. http://www.yn.gov.cn/zwgk/zcwj/yzf/201911/t20191101_183995.html.

作者简介：赵明蕊、刘毅、张文浩，云南大学政府管理学院2018级本科生。

基于三圈理论的云南省政府数据开放研究

刘 毅

指导教师：邓 崧 樊 博

    2015年发布的《国务院关于印发促进大数据发展行动纲要的通知》提出，我国目前存在"政府数据开放共享不足"的问题，通过公共数据资源开放增强政府数据资源整合能力和"整体数据分析能力"[①]，引领各类社会组织采集、开放数据，建设"数据强国"。"十三五"规划纲要提出"推动政府信息系统和公共数据互联开放共享，依法推进数据资源向社会开放"[②]。2020年发布的《中共中央、国务院关于构建更加完善的要素市场化配置体制机制的意见》提出"培育数据要素市场，推动政府数据开放共享"[③]。"十四五"规划又提出："加强公共数据开放共享，扩大基础公共信息数据安全有序开放，构建统一的国家公共数据开放平台和开发利用端口。"[④]《中华人民共和国数据安全法》提出，国家机关应当在"保障政务数据安全"的前提下，依照法律法规"公正、公平、便民"地公开政务数据，推动构建"统一规范、互联互通、安全可控的政务数据开放平台"[⑤]，推动政务数据的开放利用。截至2021年4月底，我国已有174个省级和地市地方政府上线了政府数据开放平台[⑥]。然而，各省份数据开放水平不均衡，云南省数据开放仍处于平台未上线的状态。因此，采用三圈理论分析云南省政府数据开放的公共价值、公众支持和组织能力，对研究提升云南省政府数据开放和数字治理水平具有重要意义。

---

    ① 国务院关于印发促进大数据发展行动纲要的通知[R]. 中华人民共和国国务院公报，2015 (26)：26-35.

    ② 中华人民共和国国民经济和社会发展第十三个五年规划纲要[N]. 人民日报，2016-03-18 (001).

    ③ 中共中央 国务院关于构建更加完善的要素市场化配置体制机制的意见[R]. 中华人民共和国国务院公报，2020 (11)：5-8.

    ④ 中华人民共和国国民经济和社会发展第十四个五年规划和2035年远景目标纲要[N]. 人民日报，2021-03-13 (001).

    ⑤ 中华人民共和国数据安全法[N]. 人民日报，2021-06-19 (007).

    ⑥ 复旦大学数字与移动治理实验室. 中国地方政府数据开放报告（指标体系与城市标杆）[R/OL]. (2021-07-26) [2021-10-15]. http://ifopendata.fudan.edu/report.

一、研究综述

本文采用《贵州省政府数据共享开放条例》中对政府数据及政府数据开放的概念,即认为政府数据是行政机关在依法履行职责过程中制作或者获取的,以一定形式记录、保存的各类数据,包括行政机关直接或者通过第三方依法采集、管理和因履行职责需要依托政府信息系统形成的数据,政府数据开放是行政机关面向公民、法人或者其他组织依法提供政府数据的行为①。

我国政府数据开放处于初级阶段且各省政府数据开放发展水平不均衡②,呈现出多中心的政策实施结构、部门单独行动、纲领性文件少③的特征,存在开放意识不足、配套政策不完备、组织结构混杂、过度关联分析导致隐私泄露等风险④。因此,学界对影响我国省级政府数据开放的发展因素进行了专门研究。

汤志伟等从资源视角构建"组织资源—财力资源—技术资源"分析框架,总结了生成省级政府数据开放高绩效的4种模式,即组织驱动型、技术驱动型、经济—技术驱动型和综合驱动型⑤;邓崧等认为,在重视管理技术和管理思想同时,关注规模效益,提升规模效率推动省级政府数据开放⑥;郝文强等基于TOE理论和模糊定性比较分析法,认为数字服务能力、核心领导动员、政策支持程度是影响省级政府开放高质量疫情数据的核心条件,并形成了技术依赖型、领导驱动型、政策支持型三条组合路径⑦;谭海波等认为,要从法律法规、组织管理、标准体系和平台建设、思想宣传和文化建设等层面破除我国政府数据开放面临的障碍⑧。

云南省相比于东部地区,经济发展水平较为落后,物质和技术资源一般,发展电子政务的基础具有先天性不足。但在省级领导的重视与推动下,其2018年网上政务服务能力排名在全国第14名,形成了具有代表性的"领导驱动型"电子政务服务能力的发展模

---

① 贵州省政府数据共享开放条例[N].贵州日报,2020-10-21(006).
② 邓崧,葛百潞.中外政府数据开放比较研究[J].情报杂志,2017,36(12):138-144.
③ 陈玲,段尧清.我国政府开放数据政策的实施现状和特点研究:基于政府公报文本的量化分析[J].情报学报,2020,39(07):698-709.
④ 刘新萍,孙文平,郑磊.政府数据开放的潜在风险与对策研究——以上海市为例[J].电子政务,2017(09):22-29.
⑤ 汤志伟,罗意.资源基础视角下省级政府数据开放绩效生成逻辑及模式——基于16省数据的模糊集定性比较分析[J].情报杂志,2021,40(01):157-164.
⑥ 邓崧,姚承慧.基于DEA模型的省级政府数据开放效率评价研究[J].云南行政学院学报,2020,22(04):116-125+2.
⑦ 郝文强,孟雪.应急情境下政府开放数据质量的影响因素与组态分析——基于新冠疫情期间省级数据的实证研究[J].情报杂志,2021,40(1):121-128.
⑧ 谭海波,张楠.政府数据开放:历史、价值与路径[J].学术论坛,2016,39(06):31-34+53.

式①。因此，本文以云南省为例，基于"价值—支持—能力"的逻辑框架，分析经济发展水平和技术资源一般的地区如何弥补先天性不足，缩小与东部沿海地区政府数据开放水平的差距，提升数据开放和数字治理水平。

二、理论框架

三圈理论是由美国哈佛大学肯尼迪政府学院的学者创立的一种领导者战略管理的分析工具，该理论以"价值""支持""能力"三个基本要素构建了公共案例的分析框架，即一项公共政策是否具备或能够实现公共价值（V）、是否能够得到该政策的利益相关者的支持和配合（S）、政策相关部门是否具备达成政策目标的资源和各项能力（C），并用相交的三个圆圈来表示这一分析模型②（如图1）。其中，同时具备公共价值、公众支持和组织能力的Ⅰ区域被称为"耐克区"（V+C+S），具备公共价值、得到公众支持但缺乏组织能力的Ⅱ区域被称为"风险项目区"（V+S），具备公共价值和组织能力但无法得到公众支持的Ⅲ区域被称为"梦想实现区"（V+C），具备公共支持和组织能力但不具备公共价值的Ⅳ区域被称为"噩梦区"（S+C）③。

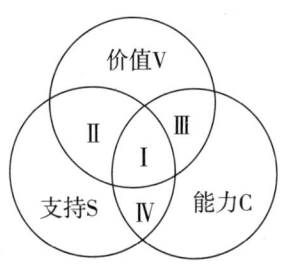

图1 三圈理论模型

三圈理论强调领导决策和项目设计时应当考虑价值、支持、能力三个基本要素及其相互关系，其中价值是根本性要素，是公共管理部门在组织活动时应当首先考虑并实现的活动目标。曹俊德认为，三圈理论是一种思维模式，即领导者必须从宏观层面把握价值、支持及能力及其内在的对立统一关系，三圈理论阐明了价值、支持与能力三要素在公共政策分析中的相关性，强调价值要素的根本性。领导者以三圈理论为思维模式进行决策，需从

---

① 丁依霞，徐倪妮，郭俊华. 资源优势能带来更高的电子政务服务能力吗？——基于31个省级政府的定性比较分析[J]. 甘肃行政学院报，2021（01）：25-35+125-126.

② 曹俊德. "三圈理论"的核心思想及决策方法论意义[J]. 国家行政学院学报，2010（01）：37-41.

③ 李先忠. "三圈"理论视野下北京志愿服务项目运行分析[J]. 中国行政管理，2021（11）：41-45.

客观层面把握三个要素的矛盾性①,在制定项目和政策时首先明确公共价值,识别组织发展能力,争取利益相关者的支持,针对现实情境采取不同的组合策略达到三个基本要素的动态有机均衡。

三、政府数据开放的逻辑——基于三圈理论

（一）公共价值

门理想等调和"公共价值（Public Value）"和"公共价值观（Public Values）"两个学派对于公共价值的定义,认为公共价值实质上是结果类公共价值和共识类公共价值的聚合体,政府数据开放的价值是公众对于自身从政府数据开放中能够获取的价值与获取方式期望集合②;陈美将其定义为通过开放政府数据满足对公共价值的追求而实现对公众价值的直接表达和完整反映③。

学界对开放政府数据的价值研究主要集中于政府数据开放创造的价值类型方面④。黄如花等认为政治、社会、经济和技术价值是开放政府数据的基本价值,开放政府数据的价值体系是由4个基本价值（一级指标）、16个二级指标和43个三级指标构成的价值体系⑤;付熙雯等通过文献计量总结学界对于政府数据开放价值的研究可以分为政治、经济、社会、技术、战略、社会研究、精神文化、环境生态价值8个类型⑥;陈美认为开放政府数据的价值类型可以分为经济型、政治型、社会型、战略型、思想型、管理型⑦。

政府数据开放以创造公共价值、实现长期公共利益为最终目标。在政府信息公开方面,政府数据开放能够推动政府信息主动公开,减少公共信息再利用障碍⑧,加强民主监督和扩大公众参政议政范围⑨,促进社会公共数据利益实现、维护公共数据权⑩。在政府形象方面,开放政府数据提高公民对政府信息可得性,增强个体的政治信任⑪,缓解因信

---

① 曹俊德."三圈理论"的核心思想及决策方法论意义[J].国家行政学院学报,2010（01）:37-41.
② 门理想,王丛虎,门钰璐.公共价值视角下的政府数据开放——文献述评与研究展望[J].情报杂志,2021,40（08）:104-110.
③ 陈美.开放政府数据价值:内涵、评价与实践[J].图书馆,2018（09）:27-32.
④ 付熙雯,郑磊.开放政府数据的价值:研究进展与展望[J].图书情报工作,2020,64（09）:122-132.
⑤ 黄如花,何乃东,李白杨.我国开放政府数据的价值体系构建[J].图书情报工作,2017,61（20）:6-11.
⑥ 同④.
⑦ 同③.
⑧ 夏义堃,丁念.开放政府数据的发展及其对政府信息活动的影响[J].情报理论与实践,2015,38（12）:1-6+19.
⑨ 夏义堃.开放政府数据战略的国际比较与中国的对策选择[J].电子政务,2017（07）:45-56.
⑩ 朱峥.政府数据开放的权利基础及其制度构建[J].电子政务,2020（10）:117-128.
⑪ 任弢.政府信息可得性、治理能力与政治信任[J].人文杂志,2018（03）:104-111.

息不对称引发的公职人员的腐败问题①，有助于维护政府清正廉洁的形象，提升政府的公信力。在公共服务供给方面，开放政府数据本质上是政府向公众提供的一项公共服务，隐含着数据开放和有效利用双重价值目标②，关注公共资源高效利用和公共服务有效供给③，提升政府治理效能和公共服务能力④，在面临突发事件时能够及时有效应对、科学精准决策⑤。在促进社会发展方面，政府数据开放具有显著的技术创新促进作用⑥，开放丰富的信息资源能够激发创新思维，促进社会增值开发和创新应用⑦，助力中国的众创空间⑧，形成促进中国经济社会的转型升级的新动力。

（二）公众支持

政府数据开放价值创造的结果取决于社会因素与技术因素在互动过程中是否能够吸收更多利益相关者加入这一网络中⑨。政府数据开放涉及多方利益，只有争取到利益相关者的支持，才能保障我国开放政府数据工作顺利开展，建设服务型政府。

学界对于利益相关者的界定不一，但基本源于弗里曼提出的利益相关者的概念："所有影响或影响于组织目标的个体和群体"⑩。郝文强基于这一概念，将政府数据开放的利益相关者定义为能够影响政府数据开放目标实现或受其影响的所有组织和个体⑪。

对于利益相关者的界定，米切尔提出以合法性、权力性、紧急性三个属性为评分标准，根据分值确定企业的利益相关者及其所属类型的动态模型⑫；王卫认为政府数据开放

---

① 郑燕，廖晓明. 开放政府数据与地区腐败：来自省级面板数据的实证检验[J]. 统计与决策，2019，35（17）：104-107.

② 郑磊. 开放不等于公开、共享和交易：政府数据开放与相近概念的界定与辨析[J]. 南京社会科学，2018（09）：83-91.

③ 谭海波，张楠. 政府数据开放：历史、价值与路径[J]. 学术论坛，2016，39（06）：31-34+53.

④ 杜振华. 政府数据开放与创新驱动经济增长的关系[J]. 首都师范大学学报（社会科学版），2020（02）：63-71.

⑤ 宋迎法，嵇江夏. 政府应急管理中开放数据的价值生成模型研究——基于31个省级卫生健康部门网站的定性比较分析[J]. 北京行政学院学报，2021（03）：15-24.

⑥ 张双志，吴珂旭，张睿，等. 数据赋能：政府数据开放的技术创新效应研究[J]. 情报杂志，2021，40（07）：127-133.

⑦ 郑磊. 开放政府数据的价值创造机理：生态系统的视角[J]. 电子政务，2015（07）：2-7.

⑧ 陈珊珊，陈玉梅. 政务数据开放生态系统构建众创空间研究[J]. 图书馆，2018（07）：30-36.

⑨ 韩啸，陈亮. 政府数据开放价值创造缘何失败？——基于价值共同破坏视角的新解释[J/OL]. 公共管理评论，2021，3（03）：92-112.

⑩ 沈晶，胡广伟. 利益相关者视角下政府数据开放价值生成机制研究[J]. 情报杂志，2016，35（12）：92-97.

⑪ 郝文强. 政府数据开放中的利益相关者：界定、分类及管理策略[J]. 现代情报，2021，41（07）：137-145.

⑫ 贾生华，陈宏辉. 利益相关者的界定方法述评[J]. 外国经济与管理，2002（05）：13-18.

中的利益相关者主要包括数据提供者、数据利用者、数据受益者[①]；沈晶等从政府数据开放的概念和外延出发确定了3类12个利益相关者，即政府组织类、非政府组织类、个人类[②]；郝文强认为政府数据开放的利益相关者可以分为领导型、受益型、支持型、边缘型4类共11个[③]；唐长乐等则认为，政府开放数据价值共创的利益相关者包括数据拥有者、数据汇集者、数据加工者、数据分析者、数据再利用者、数据运维者、资金供给者、终端用户等8种角色类别[④]。本文主要采用王卫的界定，从数据提供者、数据利用者和数据受益者三个方面分析政府数据开放的利益相关者。

政府数据开放中的数据提供者主要是政府部门，政府部门数据开放水平受上级政府的政治压力和政策规划[⑤]、开放政府数据的价值与风险、政府部门自身的理性等因素影响。上级政府开放政府数据、完善相关政策会对下级政府形成压力，下级政府迫于政治压力会进行加大数据开放力度，增强政府工作的透明度。从政府部门自身的理性出发，开放政府数据具备公共价值，能够增加部门预算、增强本部门存在的必要性和重要性、实现领导者个人效用的最大化。但是，在目前政府数据开放的实践中，同时也存在数据安全、开放质量不高、开放数量不足、平台建设滞后等问题，影响政府对于数据开放的态度。

开放政府数据，数据的利用者主要包括民众、企业、第三部门、科研机构、媒体等。从权利角度来看，政府数据具备公共资源的属性，公共数据权应被纳入数据权利体系并作为政府数据开放的权利基础，即公众有权向行政主体申请开放政府数据资源、平等获取和使用政府数据[⑥]。从需求角度来看，个体对于政府信息的需求源自个体与政府信息的社会距离、对政府信息需求清晰度、自我归类等自身状态与解决问题、促进决策、了解事实、积累知识等外部情境的相互作用产生的断带[⑦]。政府数据开放能够通过数据流动和增值改善营商环境，促进经济发展，提升科学研究的质量和效率，回应民众热点，构建服务型政府，促进社会创新和数据产业发展，提供多元的数据产品和公共价值。由于个体的数据获取和分析能力具有差异性，所以应当关注弱势群体对于政府数据的获取。

---

① 王卫，王晶，张梦君．生态系统视角下开放政府数据价值实现影响因素分析[J]．图书馆理论与实践，2020（01）：1-7．
② 沈晶，胡广伟．利益相关者视角下政府数据开放价值生成机制研究[J]．情报杂志，2016，35(12)：92-97．
③ 郝文强．政府数据开放中的利益相关者：界定分割及管理策略[J]．现代情报，2021，41（07）：137-145．
④ 唐长乐，裘丽．政府开放数据价值共创的利益相关者及实现模式研究[J]．秘书，2021（03）：69-81．
⑤ 曹慧琴，张廷君．城市政府数据开放平台发展的影响因素及提升建议[J]．城市问题，2020(12)：100-109．
⑥ 朱峥．政府数据开放的权利基础及其制度构建[J]．电子政务，2020（10）：117-128．
⑦ 张鑫，王芳．个体的政府信息需求调查及成因分析——基于意义建构理论[J]．图书情报工作，2017，61（03）：53-60．

政府数据是公共资源，政府数据开放的核心目的是实现公共价值，数据开放受益者应当是全体公民。政府为公民提供全生命周期的服务，公民是政府数据开放的直接使用者和受益者。通过政府数据开放和数字政府建设，能提高政府办事效率和工作透明度，推动民主监督和公民诉求表达，同时公民以社会治理协同者的身份参与各类社会活动，能推动社会主义民主进一步发展。在法律法规的规范下，各类社会组织以维护和发展公共价值为前提，利用政府数据进行自身的活动，直接或者间接实现公共价值的增值，福利最终惠及全体人民。

（三）组织能力

云南省政府数据开放具备公共价值和公众的支持，也具备一定的政务服务发展能力，但政府数据开放工作相对滞后于其他省份。在现有的资源和环境下，通过对云南省数据开放现状的分析，认为云南省数据开放工作存在以下问题：

1. 思想观念滞后

在部门本位意识影响下，政府部门工作人员缺乏数据公开的意识，认为数据开放和目前数据开放存在的风险会损害本部门的利益和地位[1]。目前，民众、政府工作人员、数据开发者的数字素养也有待提高。

2. 基础设施建设落后

在平台建设方面，根据复旦大学数字与移动治理实验室发布的 2021 年上半年《中国地方政府数据开放报告（指标体系与省域标杆）》，目前已有 18 个省级（不含直辖市）政府上线了政府数据开放平台，共占比 64.29%[2]。2020 年，山东和广东两省所有地市均已上线数据开放平台[3]。云南省目前尚未上线省本级、地级数据开放平台或者相应栏目。

3. 配套政策不完备

在政策制度方面，截至 2020 年底，上海、浙江等省份以及部分副省级和地级市已出台专门针对数据开放的地方政府规章或规范性文件，上海、广东等省份制定了专门针对政府数据开放的标准规范，海南以及宁波、南京等地在公共数据管理办法中设置专门的数据开放章节[4]。例如：《贵州省政府数据共享开放条例》和《浙江省公共数据开放与安全管理暂行办法》分别从政府数据管理、数据共享、数据开放、监督管理以及法律责任[5]等方面和数据开放、数据利用、数据安全、监督管理、法律责任等[6]方面对公共数据开放与管理进行了规定。2021 年 4 月发布的《广东省首席数据官制度试点工作方案》提出开展首

---

[1] 谭海波，张楠. 政府数据开放：历史、价值与路径[J]. 学术论坛，2016，39（06）：31-34+53.

[2] 复旦大学数字与移动治理实验室. 中国地方政府数据开放报告（指标体系与省域标杆）[R/OL].（2021-07-22）[2021-10-15]. http://ifopendata.fudan.edu.cn/report.

[3] 复旦大学数字与移动治理实验室. 中国地方政府数据开放报告[R/OL].（2021-01-20）[2021-10-15]. http://ifopendata.fudan.edu.cn/report.

[4] 同[3].

[5] 贵州省政府数据共享开放条例[N]. 贵州日报，2020-10-21（006）.

[6] 浙江省公共数据开放与安全管理暂行办法[R]. 浙江省人民政府公报，2020（11）：3-12.

席信息官制度试点,并明确了首席信息官的职责范围以及相应的保障措施①。

以"数据开放""政府数据开放"为关键词在北大法宝中检索云南省政府出台的相关文件,目前云南省政府尚未出台政府数据开放的专门性文件,政府数据开放更多以关键词的形式出现在 12 篇地方规范性文件和 27 篇地方工作文件中。例如,云南省委、省政府提出,"着力培育数据要素市场,推动政府数据开放共享,加快推进全省政务服务数据资源中心建设"②。

四、提升路径

政务数据资源是影响政府电子政务能力的最重要因素,但相比于资源占有的优势,政府资源组合与配置能力更重要③;谭军通过 TOE 框架基础上的实证分析,认为组织因素对政府数据开放影响最为显著,以法律法规和政策为代表的环境因素其次,最后是技术因素④。因此,在当前云南省经济发展状况和资源条件一定的情况下,可以通过提升省政府的各项组织能力,实现资源利用以及效益的最大化。

(一)组织与领导能力

省域统筹程度对于地方政府数据开放建设具有显著正向影响⑤,要加强云南省政府的组织与领导能力,统筹省域政府数据开放工作。通过"促进型立法","鼓励""推动""引导"政府数据开放工作规范发展⑥;学习和借鉴东部地区在政府数据开放方面的先进做法和经验,通过政策文件进一步对政府数据开放的管理模式、开放平台与体制机制建设等进行阶段性、临时性探索⑦,为下级政府开展工作提供指导。

地方政府的重视程度影响政府数据开放平台建设⑧。"平台"是影响政府数据开放共享的首要因素,也是跨越组织边界实现政府数据共享的基础条件⑨。因此,要继续发挥云

---

① 广东省人民政府.广东省人民政府办公厅关于印发广东省首席数据官制度试点工作方案的通知[EB/OL].http://www.gd.gov.cn/zwgk/wjk/qbwj/ybh/content/post_3281723.html.

② 中共云南省委云南省人民政府关于构建更加完善的要素市场化配置体制机制的实施意见[EB/OL].http://www.yn.gov.cn/zwgk/zfgb/2021/2021d5q/lfwj/202104/t20210409_220025.html.

③ 丁依霞,徐倪妮,郭俊华.资源优势能带来更高的电子政务服务能力吗?——基于 31 个省级政府的定性比较分析[J].甘肃行政学院学报,2020(01):25-35+125-126.

④ 谭军.基于 TOE 理论架构的开放政府数据阻碍因素分析[J].情报杂志,2016,35(08):175-178+150.

⑤ 门理想,王丛虎.中国地方政府数据开放建设成效的影响因素探究——基于生态系统理论框架[J].现代情报,2021,41(02):152-161.

⑥ 邢会强.政府数据开放的法律责任与救济机制[J].行政法学研究,2021(04):41-54.

⑦ 赵树宽,孙彦明,张福俊,等.基于跨界融合的政府数据开放共享模型研究[J].图书情报工作,2018,62(12):21-29.

⑧ 张廷君,曹慧琴.地方政府数据开放平台发展模式及影响因素分析[J].电子政务,2019(04):109-121.

⑨ 同⑦.

南省政府的领导驱动优势，自上而下建设政府数据开放平台，扩大政府数据开放共享范围，打破不同部门、层级之间的数字壁垒。

（二）宣传与动员能力

政府数据开放不仅需要政府的推动，还需要整个社会的支持。发挥政府在意识形态方面的引领作用，改变数据意识淡薄的现状，充分利用官方媒体表达政府的鲜明立场[1]，引导社会形成透明公开、开放共赢的数据文化[2]。与此同时，要增强政府数据相关利益主体的数字素养[3]，组织政府工作人员的职业道德培训和专业技能培训，提升数据开放意识和数字化服务能力，建设专业队伍、构建专门机构持续保障开放政府数据工作的可持续发展[4]；开发者的数据开发和利用能力影响数据产品和服务的供给，进而影响整个数据开放系统的良性运转[5]。2020年，全国已有12个省级和47个地级（含副省级）政府举办了不同形式的开放数据利用活动[6]。以云南省政府为主导，通过"以赛促用"、建立大数据联合创新实验室和公共数据开放创新基地等方式[7]鼓励数据开发者对政府数据进行开发和利用，形成良好的数据利用生态。在政府数据开放的价值创造过程中，公民若无法反馈政府数据开放的有效信息会导致价值共毁[8]，所以，要加强宣传和教育，提升公民的数字素养和数据获取能力。

（三）数据分析和利用能力

构建多元主体的合作模式[9]，加强政府、科研院所、企业的交流合作，构建政府数据开放的产学研体系，对政府与企业合作的数据利用项目给予政策支持，通过成功项目的示

---

[1] 邓崧，刘开孝.互联网使用对政府清廉感知的影响研究——基于CGSS数据的实证分析[J].电子政务，2020（09）：107-120.

[2] 谭海波，张楠.政府数据开放：历史、价值与路径[J].学术论坛，2016，39（06）：31-34+53.

[3] 黄如花，赖彤.数据生命周期视角下我国政府数据开放的障碍研究[J].情报理论与实践，2018，41（02）：7-13.

[4] 徐慧娜，郑磊.面向用户利用的开放政府数据平台：纽约与上海比较研究[J].电子政务，2015（07）：37-45.

[5] 门理想，王丛虎.中国地方政府数据开放建设成效的影响因素探究——基于生态系统理论框架[J].现代情报，2021，41（02）：152-161.

[6] 复旦大学数字与移动治理实验室.中国地方政府数据开放报告[R/OL].（2021-1-20）[2021-10-15].http://ifopendata.fudan.edu.cn/report.

[7] 宋卿清，曲婉，冯海红.国内外政府数据开发利用的进展及对我国的政策建议[J].中国科学院院刊，2020，35（06）：742-750.

[8] 韩啸，陈亮.政府数据开放价值创造缘何失败？——基于价值共同破坏视角的新解释[J].公共管理评论，2021，3（03）：92-112.

[9] 毛子骏，郑方，黄鹰旭.政策协同视阈下的政府数据开放研究[J].电子政务，2018（09）：14-23.

范效应①扩大政府数据开放与利用的广度与深度;通过构建市场化机制、政府购买服务②等方式提供多种形式的数据产品。

五、结论

政府数据开放利国利民,是政府信息公开在数据层面的深入。目前,我国处于数据开放的初级阶段,政府数据开放发展水平不均衡③。云南省由于经济发展水平和资源占有方面的劣势,政府数据开放处于较低水平,面临着开放观念滞后、基础设施建设落后、配套政策不完备的问题。政府领导依据三圈理论从战略管理角度统筹规划政府数据开放,在价值层面,充分认识政府数据开放所具备的实现公共数据利益、维护政府形象、优化公共服务供给、有效应对突发事件、促进创新和社会发展的公共价值;在支持层面,识别和界定政府数据开放全过程的利益相关者,调和利益冲突并寻求最大化的共同利益;在能力层面,通过提升组织和领导能力、宣传与动员能力、数据分析和利用能力,提升政府组织能力和资源组合与配置能力,统筹省域政府数据开放工作,实现在经济发展和资源占有劣势情况下的"逆袭"。

参考文献:

[1] 国务院关于印发促进大数据发展行动纲要的通知[R].中华人民共和国国务院公报,2015(26):26-35.

[2] 中华人民共和国国民经济和社会发展第十三个五年规划纲要[N].人民日报,2016-03-18(001).

[3] 中共中央 国务院关于构建更加完善的要素市场化配置体制机制的意见[R].中华人民共和国国务院公报,2020(11):5-8.

[4] 中华人民共和国国民经济和社会发展第十四个五年规划和2035年远景目标纲要[N].人民日报,2021-03-13(001).

[5] 中华人民共和国数据安全法[N].人民日报,2021-06-19(007).

[6] 复旦大学数字与移动治理实验室.中国地方政府数据开放报告(指标体系与城市标杆)[R/OL].(2021-07-26)[2021-10-15].http://ifopendata.fudan.edu.cn/.

[7] 贵州省政府数据共享开放条例[N].贵州日报,2020-10-21(006).

[8] 邓崧,葛百潞.中外政府数据开放比较研究[J].情报杂志,2017,36(12):138-144.

---

① 王法硕,王翔.我国政府数据开放利用的影响因素与实现路径——一项基于扎根理论的质性研究[J].情报杂志,2016,35(07):151-157.
② 黄如花,温芳芳.我国政府数据开放共享的政策框架与内容:国家层面政策文本的内容分析[J].图书情报工作,2017,61(20):12-25.
③ 邓崧,葛百潞.中外政府数据开放比较研究[J].情报杂志,2017,36(12):138-144.

[9] 陈玲,段尧清.我国政府开放数据政策的实施现状和特点研究:基于政府公报文本的量化分析[J].情报学报,2020,39(07):698-709.

[10] 刘新萍,孙文平,郑磊.政府数据开放的潜在风险与对策研究——以上海市为例[J].电子政务,2017(09):22-29.

[11] 汤志伟,罗意.资源基础视角下省级政府数据开放绩效生成逻辑及模式——基于16省数据的模糊集定性比较分析[J].情报杂志,2021,40(01):157-164.

[12] 邓崧,姚承慧.基于DEA模型的省级政府数据开放效率评价研究[J].云南行政学院学报,2020,22(04):116-125+2.

[13] 郝文强,孟雪.应急情境下政府开放数据质量的影响因素与组态分析——基于新冠疫情期间省级数据的实证研究[J].情报杂志,2021,40(11):121-128.

[14] 谭海波,张楠.政府数据开放:历史、价值与路径[J].学术论坛,2016,39(06):31-34+53.

[15] 丁依霞,徐倪妮,郭俊华.资源优势带来更高电子政务服务能力吗?——基于31个省级政府的定性比较分析[J].甘肃行政学院报,2021(01):21-35+125-126.

[16] 曹俊德."三圈理论"的核心思想及决策方法论意义[J].国家行政学院学报,2010(01):37-41.

[17] 李先忠."三圈"理论视野下北京志愿服务项目运行分析[J].中国行政管理,2021(11):41-45.

[18] 门理想,王丛虎,门钰璐.公共价值视角下的政府数据开放——文献述评与研究展望[J].情报杂志,2021,40(08):104-110.

[19] 陈美.开放政府数据价值:内涵、评价与实践[J].图书馆,2018(09):27-32.

[20] 付熙雯,郑磊.开放政府数据的价值:研究进展与展望[J].图书情报工作,2020,64(09):122-132.

[21] 黄如花,何乃东,李白杨.我国开放政府数据的价值体系构建[J].图书情报工作,2017,61(20):6-11.

[22] 夏义堃,丁念.开放政府数据的发展及其对政府信息活动的影响[J].情报理论与实践,2015,38(12):1-6+19.

[23] 夏义堃.开放政府数据战略的国际比较与中国的对策选择[J].电子政务,2017(07):45-56.

[24] 朱峥.政府数据开放的权利基础及其制度构建[J].电子政务,2020(10):117-128.

[25] 任弢.政府信息可得性、治理能力与政治信任[J].人文杂志,2018(03):104-111.

[26] 郑燕,廖晓明.开放政府数据与地区腐败:来自省级面板数据的实证检验[J].

统计与决策，2019，35（17）：104-107.

[27] 郑磊. 开放不等于公开、共享和交易：政府数据开放与相近概念的界定与辨析[J]. 南京社会科学，2018（09）：83-91.

[28] 杜振华. 政府数据开放与创新驱动经济增长的关系[J]. 首都师范大学学报（社会科学版），2020（02）：63-71.

[29] 宋迎法，嵇江夏. 政府应急管理中开放数据的价值生成模型研究——基于31个省级卫生健康部门网站的定性比较分析[J]. 北京行政学院学报，2021（03）：15-24.

[30] 张双志，吴珂旭，张睿，等. 数据赋能：政府数据开放的技术创新效应研究[J]. 情报杂志，2021，40（07）：127-133.

[31] 郑磊. 开放政府数据的价值创造机理：生态系统的视角[J]. 电子政务，2015（07）：2-7.

[32] 陈珊珊，陈玉梅. 政务数据开放生态系统构建众创空间研究[J]. 图书馆，2018（07）：30-36.

[33] 韩啸，陈亮. 政府数据开放价值创造缘何失败？——基于价值共同破坏视角的新解释[J]. 公共管理评论，2021，3（03）：92-91.

[34] 沈晶，胡广伟. 利益相关者视角下政府数据开放价值生成机制研究[J]. 情报杂志，2016，35（12）：92-97.

[35] 郝文强. 政府数据开放中的利益相关者：界定、分类及管理策略[J]. 现代情报，2021，41（07）：137-145.

[36] 贾生华，陈宏辉. 利益相关者的界定方法述评[J]. 外国经济与管理，2002（05）：13-18.

[37] 王卫，王晶，张梦君. 生态系统视角下开放政府数据价值实现影响因素分析[J]. 图书馆理论与实践，2020（01）：1-7.

[38] 唐长乐，裘丽. 政府开放数据价值共创的利益相关者及实现模式研究[J]. 秘书，2021（03）：69-81.

[39] 曹慧琴，张廷君. 城市政府数据开放平台发展的影响因素及提升建议[J]. 城市问题，2020（12）：100-109.

[40] 张鑫，王芳. 个体的政府信息需求调查及成因分析——基于意义建构理论[J]. 图书情报工作，2017，61（03）：53-60.

[41] 复旦大学数字与移动治理实验室. 中国地方政府数据开放报告（指标体系与省域标杆）[R/OL]. （2021-07-22）[2021-10-15]. http://ifopendata.fudan.edu.cn/report/.

[42] 复旦大学数字与移动治理实验室. 中国地方政府数据开放报告[R/OL]. （2021-1-20）[2021-10-15]. http://ifopendata.fudan.edu.cn/report.

[43] 浙江省公共数据开放与安全管理暂行办法[R]. 浙江省人民政府公报，2020

(11): 3-12.

[44] 广东省人民政府. 广东省人民政府办公厅关于印发广东省首席数据官制度试点工作方案的通知[EB/OL]. http://www.gd.gov.cn/zwgk/wjk/qbwj/ybh/content/post_3281723.html.

[45] 中共云南省委云南省人民政府关于构建更加完善的要素市场化配置体制机制的实施意见[EB/OL]. http://www.yn.gov.cn/zwgk/zfgb/2021/2021d5q/1fwj/202104/t20210409_220025.html.

[46] 谭军. 基于TOE理论架构的开放政府数据阻碍因素分析[J]. 情报杂志, 2016, 35 (08): 175-178+150.

[47] 门理想, 王丛虎. 中国地方政府数据开放建设成效的影响因素探究——基于生态系统理论框架[J]. 现代情报, 2021, 41 (02): 152-161.

[48] 邢会强. 政府数据开放的法律责任与救济机制[J]. 行政法学研究, 2021 (04): 41-54.

[49] 张廷君, 曹慧琴. 地方政府数据开放平台发展模式及影响因素分析[J]. 电子政务, 2019 (04): 109-121.

[50] 赵树宽, 孙彦明, 张福俊, 等. 基于跨界融合的政府数据开放共享模型研究[J]. 图书情报工作, 2018, 62 (12): 21-29.

[51] 邓崧, 刘开孝. 互联网使用对政府清廉感知的影响研究——基于CGSS数据的实证分析[J]. 电子政务, 2020 (09): 107-120.

[52] 黄如花, 赖彤. 数据生命周期视角下我国政府数据开放的障碍研究[J]. 情报理论与实践, 2018, 41 (02): 7-13.

[53] 徐慧娜, 郑磊. 面向用户利用的开放政府数据平台: 纽约与上海比较研究[J]. 电子政务, 2015 (07): 37-45.

[54] 宋卿清, 曲婉, 冯海红. 国内外政府数据开发利用的进展及对我国的政策建议[J]. 中国科学院院刊, 2020, 35 (06): 742-750.

[55] 毛子骏, 郑方, 黄膺旭. 政策协同视阈下的政府数据开放研究[J]. 电子政务, 2018 (09): 14-23.

[56] 王法硕, 王翔. 我国政府数据开放利用的影响因素与实现路径——一项基于扎根理论的质性研究[J]. 情报杂志, 2016, 35 (07): 151-157.

[57] 黄如花, 温芳芳. 我国政府数据开放共享的政策框架与内容: 国家层面政策文本的内容分析[J]. 图书情报工作, 2017, 61 (20): 12-25.

作者简介: 刘毅, 云南大学政府管理学院2018级本科生。

中国"互联网+政府"在"无缘社会"危机中的治理与服务

傅旖晨 李荣萍 陈 柳 黄秋维
指导教师：邓 崧 樊 博

一、研究背景

随着城市化进程的加快和社会分化的加剧，"无缘社会"危机日益凸显，并严重影响社会良性运行。"无缘社会"是指随着人类社会进步，在经济、政治、文化等综合因素的影响下，人际关系出现严重疏离的现象。这一概念源自日本，它主要表现在血缘、地缘、职缘、社缘等各种社会关系的弱化和解体。根据马斯洛需求层次理论，人的需求层次由低到高分别是生理需求、安全需求、社交需求、尊重需求和自我实现的需求。"无缘社会"则可以简要概括为远离亲人、背井离乡、缺乏社交需求的状态。

"无缘社会"危机不仅促使传统社会的解体，还加速了家族文化与地域共同体文化的消失、老龄化问题的加剧、贫富差距的扩大、孤独死等社会问题的出现。这种现象并不是国外独有的，基于人口基数大、老龄化与少子化的迅速发展的状况，近年来，中国的"无缘者"数量逐渐增多，中国社会"无缘化"的趋势也相应地增强，这对于中国社会而言无疑是一种潜在的风险。

二、研究目的

"无缘社会"现象在中国正逐渐显现，以"独居老人"和"空巢青年"为主体的社会无缘群体不断壮大，这对政府的治理与服务、社会生产和劳动、就业形势和社会保障来说是一个更加巨大的挑战，呼唤着中国社会政策的不断完善和社会工作的进一步发展。在"无缘社会"危机中，个人的社会支持网络在不断弱化和断裂，引发出一系列社会问题，阻碍着社会的良性运行。

目前，中国关于"无缘社会"的学术成果，主要集中于对其概念的总括性介绍和对其成因及对策的综合性和社会性探讨或评价，加之政府是社会治理和提供公共服务的主体，因而从"互联网+政府"的视角出发对"无缘社会"进行研究是很有必要的。

三、日本"无缘社会"的现状分析

(一) 独居老人

在日本，无缘个体在活着的时候，没有人与他们产生联系；死去之后，甚至都无法知晓他们的身份。各种类型的"无缘死"一年最多可达3万多例，其中高龄、独居老人占比最大。

对此，日本政府出台了许多宏观政策来改善和调控这一现状。例如：转变公共服务主体，对"无缘社会"进行控制；开展一系列支援性事业，实现沟通交往；建设合作式住宅，将个体和基础设施进行整合；出台相应政策保障独居老人的生活，进行利益整合；提供灵活性的公共服务，有针对地进行交换整合；为仍有工作能力的老人创建良好的就业环境；等等。其中，跨代同居的合作式住宅与社区嵌入型治理模式最为流行。

跨代同居的合作式住宅是指将有同居意愿的独居老人和空巢青年进行整合，彼此入住同一屋檐下共同生活的一种方式。住宅内在设计大量公共区域的同时也保留着个人的隐私空间。但由于入住费用高昂，使得收入不高的群体望而却步，因此还未得到普及。

2005年，日本对《介护保险法》的修改首次将这一模式引入了社区养老中。社区嵌入型治理模式是指以社区为单位，将医疗、生活等所需的资源整合后形成统一的调配网络，将小规模、多元化的服务融入社区中，包括提供上门服务、日间照料、入住型设施三大服务体系。其主要注重小而专的发展形式，对开设门槛、运营能力、服务内容和水准都有着较高的要求，因此很难实现大规模的经济效益。

(二) 空巢青年

根据对现有文献的检索，日本对"空巢青年"进行专项治理的政策和机构是缺乏的，但是从某些社会保障措施中仍可看出日本政府对空巢青年的关怀。2011年1月，日本政府制定了"社会包容战略"，成立了一个"包容每一个人的社会"的特别任命行动组。与此同时，它还出台了《关于社会包容力的紧急政策建议》。其具体的任务之一就是由政府机构设立相关的组织或部门并给予一定的财政支持，比如其实行的"社会包容支援中心"，这个平台是专门帮助那些想要结婚但是无固定收入的年轻男女获取就业信息和面试指导，通过给他们提供就业机会，让他们获得经济收入，支持他们在社会上立足；同时，针对具有社交欲望但又惧于高昂的社交成本的青年人群，为他们提供面谈的场所、平台和热线电话援助等[1]。

在促进青年就业方面，日本政府也推出各项政策，如地方青年支持站的建设，在这里可以免费为无业青年提供多样的就业服务，包括职业顾问咨询、集中训练、迈向就业方案、就业稳定和职业技能提升咨询等服务[2]；日本政府和工商会还建立了专门的网络平台，免费为小企业和就业困难的青年搭建桥梁，在该平台登录的青年，可以在短时间内收到企业的通知[3]。针对青年的心理困境，日本政府设立了茧居者（基本上不从自己的房间出去的人）地方支援中心，该中心通过县村镇（市町村）向茧居者本人或其家庭派遣支持者，支持者通常为医生、保健师或者精神卫生人员。通过支持者的疏导，帮助茧居者建立信心，更好地走进社会、融入社会[4]。

四、"无缘社会"危机中"互联网＋政府"的信息系统

在"无缘社会"危机中，"互联网＋政府"可基于内部信息系统的联动更新，为决策提供客观科学的分析预测。而当大量个人数据经综合分析后，个体服务与公共服务之间的差异就逐渐凸显。差异化表现在个性化服务需要精准定位细分市场，而公共服务却要体现人民群众统一的公共权利。如何平衡两者之间的关系，是考验政府决策的关键点。传统的决策过程中，政府扮演了政策制定者和执行者的角色。而如今政策的决策主体和行为主体逐渐由单一化转向多元化。随着大数据技术的应用，政府决策将更接近于准确预测，其与事实数据的差别逐渐缩小。政府为了达到最优决策效益的目的，开始调整和优化决策系统，将决策系统中的决策结构、决策过程和决策方式进行最优的组合，从而减少决策的费用成本，走一条解决管理问题的最佳路径[5]。

大量实证研究结果表明，数据的管理也呈现出一定的空间性特点。地理信息系统（GIS）可以对空间数据进行有效的存储和管理，进行初步的空间分析和信息查询[6]。而决策支持系统（DSS）通过对模型的分析和知识分析帮助决策者提高决策质量和水平，并在此基础上做出发展预测，与外部信息系统的在线事务处理阶段相对应。二者功能的结合形成了面向政务决策的空间决策支持系统（SDSS）（见图1），基于过程模型对发现社会问题、问题的确认、议程的建立、政策的商讨规划以及政策采纳、政策执行、效果评估、政策调整、政策终结这9个环节所需的内外部数据进行清洗、转换、关联、加载等进入数据仓库，由模型库进行深度量化分析、知识库进行置信分析和知识分析、空间OLAP进行多维统计分析，最终反映到综合交互系统，促使决策者科学制定针对"无缘社会"危机的政策，并在纵向和横向上整合政策信息，保证政策的前瞻性、系统性、规范性、连续性和可操作性，防止理论与现实脱节等问题的发生，集成跨部门的整合型政策，清晰界定各主体之间的关系和角色[7]。

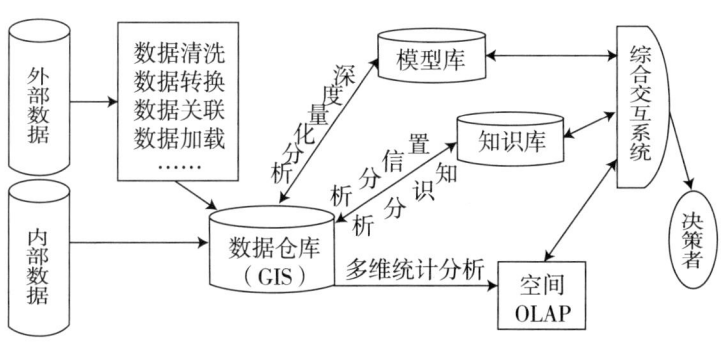

图1 空间决策支持系统

随着数据挖掘技术的提升,从个人行为痕迹所推算出的个体差异,甚至可能比入户访谈所获得的数据还要精准。在公共服务中,随着信息技术的进步、痕迹数据的挖掘,许多信息处理行业已经采取针对性的投送服务。基于大数据的数据挖掘分析技术可能收集整理出比传统调研更客观、真实的数据[8]。例如,在保障隐私安全的情况下,根据"无缘个体"的居住位置来衡量评估周边基础设施建设的完备性;根据"无缘个体"的消费记录和浏览频率来判断甚至预测其所需个别化服务类型等。通过 SDSS 进行可视化、多视角的分析,将"无缘个体"的意愿纳入顶层政策设计中,成立协调机构,统筹评价决策工作,进而整合各类资源精准对点服务,完善社会保障制度。

五、"无缘社会"危机下"互联网+政府"的互动模式

(一)G2B——政府与企业

目前,有的"独居老人"尽管有子女(血缘关系),但长期两地分离也使他们成了实质上的"独居老人"。对他们来说,"互联网+"时代是非常陌生的,智能化产品和服务应用更是非常遥远,而"互联网+政府"与企业之间的互动有利于缩短这一鸿沟。

在政府与企业之间构建良好的沟通渠道,企业进行数据的搜集和填写,共享至基础数据库,而政府可以对数据进行监管和反馈,形成政府与企业双向互动的模式,以此构建政企一体化服务平台(见图2),以便能够实时掌握"独居老人"的信息,对他们提供更加优质的服务。政府还要将高新技术企业群体纳入其中,推进不同企业部门之间的数据沟通,创设便于获取权威信息的端口,增强企业的社会责任感,协调有技术、有能力的企业提供智能终端服务;协同各大科技企业在"互联网+政府"各部门的引导下进行技术革新,扩大适老化智能终端产品市场供给,创设数字化供应链,推进互联网应用适老化改造,提供更适合"独居老人"的电信服务。同时,积极培养培训各类康养服务人员。"互联网+政府"对企业反馈的市场数据进行监督和管理,及时完善政府顶层设计,支持企业合作参与信息化建设与服务递送、搭建信息服务平台、推动服务信息技术研发,为企业营造良好的发展环境[9]。

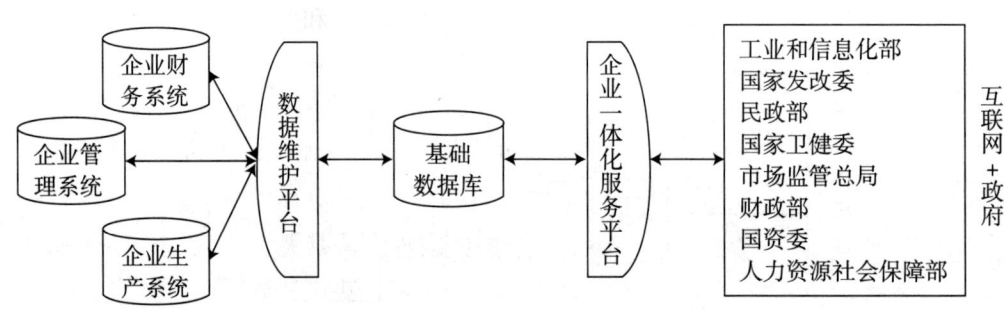

图2 政企一体化服务平台

想要实现上述目的,还需政府为企业提供便捷高效且有针对性的政务服务,缩短企业办理业务的时间,减少资金和人力耗费,激发企业在市场上发展适老化产品的动力,促进发展新业态的实现。在此基础上,设立咨询和反馈平台,对企业在办理业务过程中遇到的多种问题,政府可以结合线上和线下两种途径及时出台更有针对性的调整措施,及时满足企业的需求。创新是企业竞争优势的重要来源,但适老化产品往往具有周期长、风险大、外部性等特点,其研发会占用企业的大量资金。在这种情况下,如果只依靠市场这只"看不见的手"进行调节,"市场失灵"现象的出现在所难免,不利于市场秩序的良好运行。因此,为了提高企业的创新精神和创新水平,政府可以通过扩大财政支出为企业提供资金补贴,为企业的发展提供保障[10]。

对于"空巢青年"来说,远离家乡独自打拼的原因中很大一部分是中小城市经济较为落后,工资水平低,无法满足生活所需。所以,他们只能远走他乡,去到大城市打拼。因此,促进中小城市经济发展,留住当地劳动力也成了缓解"无缘危机"的一个关键步骤。近年来,随着城市经济的发展,小微企业在市场经济发展中发挥着越来越重要的作用。小微企业具有无比强大的创新活力,它创造了大量的社会财富,提供了大量的就业岗位,促进了我国经济的持续健康发展。"互联网+政府"通过数据库技术手段和一体化服务平台,对企业和社会有序开放其掌握的海量原始数据。不管是在大城市的企业,还是在中小城市的企业,都可以平等地通过深入挖掘政府提供的各种信息资源,来获取发展的信息和机会,因地制宜找到更多的商机,促进本地的经济发展,缩小东西部、城乡之间的差距。"空巢青年"也可以通过相关数据及时了解到适合自己的岗位信息,不用再盲目地东奔西走。"互联网+政府"为各地区、各企业的经济发展营造公平竞争环境的同时,也为"空巢青年"就业提供相对公平的机会。公共就业服务部门要主动引领和支持市场创新,把市场能够独立完成的放松管制,发挥市场的自我调节作用。坚持大数据与小数据相结合,大众服务与个体服务相结合,线上和线下相结合,注重服务的交叉性,让技术治理与就业服务相结合,提升服务水平,从而从根本上减少"空巢青年"背井离乡、舍家弃业现象的发生[11]。

(二) G2C——政府与公民

社区一体化服务平台(见图 3)的构建,让居民的信息得以存储在一个统一的平台上,这个平台与基础数据库相互连接,共同实现数据的共享和融合,并且,这个数据库可以将基础信息反馈到社区居民手中,让居民能够实时掌握信息,实现网格化管理,充分享受到全方位的、主动式的服务。例如,在新冠肺炎疫情影响下,政府完善对健康码的管理,推进健康码与身份证等相互关联,逐步实现一卡通行、刷脸通行。加之交通运输部门对出行服务提供支持,从而减少了因无法提供健康码而影响办事的现象。

对"独居老人"来说,医疗保障服务是首要的,也是避免"无缘死"的重要环节。"互联网+政府"与医疗事业单位基于居民终端数据库,获取相应个人信息,可以进行自助挂号、缴费、查看检验结果、取药等服务,实现线上线下联通,必要时可构建社区医疗卫生管理系统和健康电子档案,基于科学精算技术对"独居老人"动态分布、失能状况、照护需求等进行监测和预测;构建全国统一的信用信息管理平台和统一支付结算平台,运用追踪技术等减少不必要的风险,保障整体服务系统的安全性和便捷性,兼顾"独居老人"的身心健康。据报道,上海市有的街道已经为"独居老人"安装了智能水表,这个水表如果在 12 小时内读数低于 0.01 立方米会自动报警,相关基层服务人员会立即赶到地点查看相关情况。除此之外,一种新的智能门磁也被运用到治理与服务中来,在老人家中安装这种门磁,如果在规定时间内,房间内还没有反应,预警声就会响起,提醒后台工作人员进行及时救助[12]。这些都是基于精准数据与"互联网+技术"下的关怀。

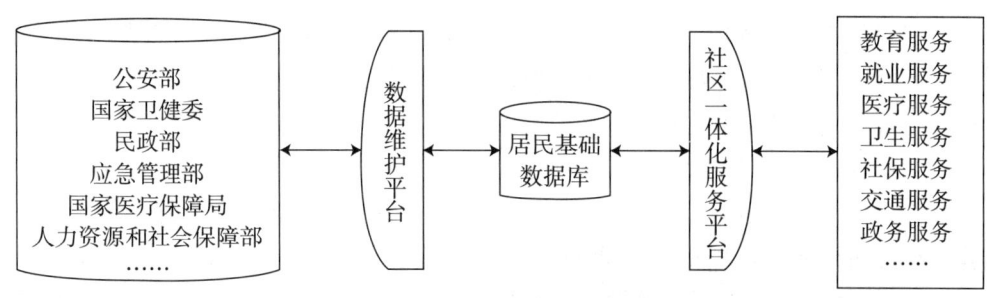

图 3 社区一体化服务平台

互联网的发展使人们的生活变得轻松便捷、更加独立,但似乎使老年人群体"掉队"了,特别是"独居老人"。近年来,因老年人使用智能技术时面临的困难引发了社会各界的关注。因此,"互联网+政府"更加有义务将他们拉上信息化的快车。人工服务虽然能够解决老年人的燃眉之急,但并非长久之计。教会老年人使用适老化智能产品,才是数字帮扶的最佳方式。近年来,老年大学的爆满说明他们并不抗拒了解新事物,而是求学无门,相关需求十分巨大。满足这一需求不能仅靠老年大学,各地基层政府部门、社会公益组织等应通过社区教育信息系统积极开展相关智能技术教育,组织相关机构和专家开展培训,尽可能让愿意接受科技事务的老年人消除触网障碍,在体验学习的同时融入"有缘"的智能社会,缓解"无缘"带来的孤独感。

由于地域的变动,"空巢青年"工作环境相对闭塞、社交范围较狭窄且成本高,使得他们很难找到合适的朋友和伴侣,无法从亲密关系中获得积极的情感支持[13]。对此,"互联网+政府"设立的针对"空巢青年"的智慧社区一体化平台将发挥极其重要的作用。首先,目前市场上虽有各种社交平台和软件,但受众大多都比较分散,不具有针对性。而该平台的建设能够通过智能云计算等技术手段获得和掌握大量"空巢青年"的数据,并将其整合为统一的信息库或数据库,经过深度的数据挖掘和科学的安全处理,将其开放于平台上,庞大的数据量、有序的分类是其最大的优势。其中可包含多元化的板块,例如就业板块、婚恋板块、娱乐版块、住房板块等。其次,线上线下相互结合的模式也是平台的一大亮点。由平台负责人或"空巢青年"个人发起社交活动,将其发布于平台上,用户可以通过浏览和了解相关信息，挑选自己感兴趣的部分到线下参与。再次，"空巢青年"可依据平台上发布的不同类别的青年社区或住宅区挑选满意的居所，让拥有不同爱好或处于不同行业的青年们更加融合。总之，智慧社区一体化平台的建立给予"空巢青年"在工作之外有释压、放松、娱乐、交际的放心选择，以较小的成本建立起社交圈。

（三）多元互动

"无缘群体"所需的服务既包括观念引导、心态调整，又包括物资配给等，有时还需要更多元化的服务模式介入。在当前的都市生活中，冰冷的建筑和高科技产品封闭了传统社会邻里间互帮互助的质朴情感，取而代之的是理性、陌生、孤独等烙上现代化印记的城市社会交往规则，更甚者还患上社交恐惧症，抗拒与社会的有效沟通。

当前，社会对老人参与社会建设的价值仍持有消极或否定的看法，对老人的激励有限。部分老年群体对自身的认知也还抱有固有观念，认为自己不可能具备融入信息时代的能力。尽管"独居老人"在健康状况、应用能力等方面有差异，但越是现实处境困难，越是需要社会各界以各种力量予以赋能，健全"独居老人"权益保护措施[14]。相关研究表明，在美国广为施行的持续照料退休社区（CCRC）服务中，社区中的老人们通过参加志愿活动，能够增加他们的存在感，进而发掘其意义，减缓可能面临的抑郁症状[15]。这说明组织"独居老人"参与各类社会活动是非常有必要的。2003年，我国老龄委启动了"银龄行动"，其目的就是帮助老龄志愿者们老有所为，各地积极响应，对老年人和社会都产生了非常积极的影响。甚至通过合作式住宅、互助式服务、网格化管理的方式，在缓解人员短缺的同时促使"空巢青年"与"独居老人"之间交往互动。

对"空巢青年"来说，一个人的生活在某些时候确有困扰和不便，但在大多数时候却是更加自在与放松的，虽然他们急切希望从传统关系模式，如家庭、宗族、集体关系中脱离出来，但并不意味着他们就隔离和漠视自身与外界关系，实际上，"空巢青年"对发展良好的社会关系充满着渴望[16]。例如，他们中的大多数乐于在社交媒体平台上记录并分享自己的独居生活。大部分"空巢青年"还持着大城市总是比小城市发展要好的观念，然而事实并未必如此，往往会让他们陷入被动的环境中。现实生活困难，精神生活空虚，长此以往还容易诱发社会犯罪心理。社会保障制度不仅是当地居民的保护伞，也应该为外来"空巢青年"的生活提供便利和保障。一方面可以缓解城市化进程加快带来的压力；另一方面也可以让他们在繁忙的工作压力中解放出来，有时间、有精力去参与更多的社会公益活动、实践活动等，主动与这个社会产生多种多样的联系，进而慢慢消除恐惧与孤独感[17]。

想要消除彼此间的陌生感，转变"无缘个体"的固有观念，恢复社会应有的情感纽带与共享价值，社会力量的参与也必不可少[18]。社会力量不但能够从多重角度关注到不同群体的生产、生活等问题，补救政府在非基本公共服务领域的缺位和不足，又可以为群众提供多样化的需求，同时有利于促进社会公平、减轻社会矛盾。因此，我们要大力发展各种社会组织并推进它们更多地参与到社会治理与公共服务当中，这不仅可以帮助"无缘个体"重新构建与社会之间的信任关系,还能够作为一种必不可少的社会资本来促进民主政治的发展[19]。

1. 以重塑公共空间为例

公共空间作为正在消失的社会关系中重要的纽带,是改善"无缘社会"问题、促进交往的重要载体,主要包括街道、绿地、广场、公园等空间系统,这也对当代公共空间和城市基础设施建设的重塑提出一系列新的要求[20]。传统的公共空间大多是"自上而下"政府主导型或单一主体型,类似这样的规范化、体系化的工程建设易降低使用者的认同感和归属感,公共服务的民营化与多元共治"自下而上"的参与方式才是"无缘社会"下的更优选择(见图4)。

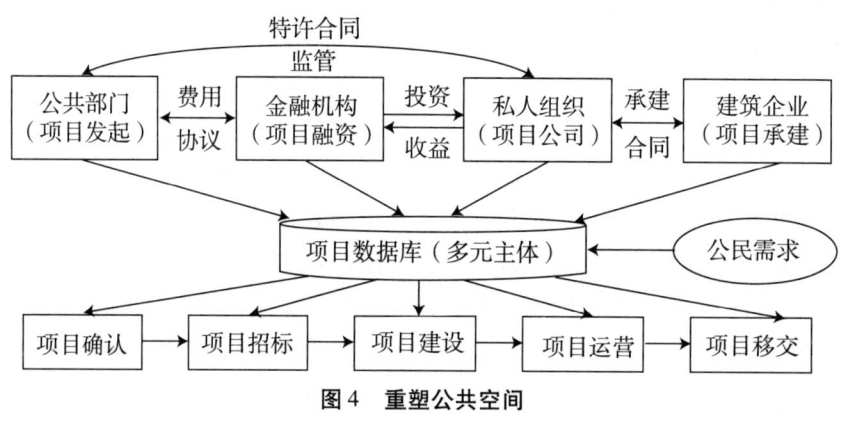

图 4 重塑公共空间

随着信息技术的发展,公共服务也会像民营服务一样越来越个性化,逐步变被动为主动。公共服务的民营化有着多重优势:服务质量水平较高;生产成本较低;选择机会更多;资源整合更有效;等等[21]。PPP模式便是民营化的一种,是指政府与社会组织之间通过签订特许权协议,在基础设施建设上或者特殊公共物品和服务的提供方面,通过签订合同的方式明确双方的权利和义务,建立合作的关系,弥补了BOT模式的不足[22]。对于公共空间建设方面,可在PPP模式基础上增设项目数据库,并使公民参与度提升。在进行公共空间规划布局时,应当以人为本,充分满足人性化的合理需求,将"互联网+政府"、私营部门与公民的优势相结合,实现多方效益的最大化,促进政府、企业、社会"三驾马车"协同治理。通过共同建造的过程,促进基础设施建设和完善的同时,也加强了人际联系,促使"无缘个体"进入公共空间。

2. 以就业服务为例

"空巢青年"和"独居老人"作为"无缘社会"危机下的两大主体,前者属于劳动年龄人口范围,而后者大多虽已退休,但通常情况下他们仍然具有一定劳动能力,并且某些独居老人也很愿意去做一些自己力所能及的事情。多年来,我国经济发展的不平衡性导致了城乡之间、东西部之间的就业形势存在很大的差别。"互联网+政府"可分别设立工作职位缺口数据库和求职者信息数据库，通过与企业或社会组织的互动及时掌握岗位信息，并交由培养的第三方专业服务机构安排最适合的工作，为求职者提供一条龙的就业辅导、相关技能培训等服务，因人而异、因地制宜实现"社缘"的重塑。与此同时，制定相应政策对就业环境进行标准化治理，规范"无缘个体"的行为。

六、"互联网+政府"应对"无缘社会"危机的建议

（一）建立沟通互助平台

"互联网+"时代的发展衍生出的各种职能部门及其功能取代了人们对传统人际关系的依赖，成为独立的个体，受社会结构变迁的影响主动或被迫"无缘化"，久而久之形成相对封闭的回声室。加之受健康状况、收入水平等因素的影响，逐渐对现状产生抵触情绪。无缝隙服务固然能够提供新式的服务渠道，监测和及时发现问题，但是更多社区事务的执行需要社区工作人员与居民进行线下的沟通与协调[23]。因此，建立良好的沟通互助机制可使抵触情绪得到一定程度的缓解，引导他们对自我和社会重新认知，转变固有观念的影响，减少因负面情绪导致的信息失真现象，提高互动质量和效率。但根源还是要实现"无缘个体"的再社会化，重新接受"有缘社会"。对个体来说，首先要完善相应的社会保障体系，必要时在此基础上成立互助小组，在物质和精神生活上互相理解扶持，通过个体之间的共同点建立起联系网。还可以通过"互联网+大数据"平台构建智慧虚拟社区，将一些爱好、生活习性、性格和命运相似的人群的信息进行整合，以此建立起"有缘"平台，改善"无缘个体"的社缘关系。

（二）保障隐私安全与利益

网络诈骗是"无缘个体"数字化的最大杀手，"互联网+政府"着眼于宏观层面数据开放与提供服务的同时，也应注重个人微观角度的隐私安全问题。公民的数据在日常生活中会被政府、营销机构和社交媒体公司等各种组织不断收集。这些组织在收集数据时会确保匿名性和机密性，但现有的数据隐私法律并不能保证不会发生数据泄露事件[24]。部分"无缘个体"本身对接触外界社会的需求已经淡化，他们的隐私信息如果被不法分子获得，权益受到进一步侵害，则更会产生抵触情绪，进而加大帮助其再次融入"有缘社会"的难度。因此，政府应出台相应法律法规来规范数据的使用，必要时采用物理隔离甚至是逻辑隔离的方式以达到降低数据信息泄露风险的效果。2020年6月28日，第十三届全国人大常委会第二十次会议对《中华人民共和国数据安全法（草案）》（以下简称《草案》）进行了审议，并于7月初对外公布，面向社会公众征求意见。为保护数据活动中的主体利益，《草案》首次就数据活动进行了界定，包括了数据的收集、存储、加工、使用、提供、交易、公开等行为[25]。

（三）设置个性化服务与标准

无缘社会中，一方面，不同主体和不同地域有着不同的公共服务需求；另一方面，

"互联网+政府"对不同主体和不同地域的治理也需要相应的政策标准。

对"空巢青年"来说：在住房保障方面，应加快公共服务体系建设，保障住房供给和改善居住环境，并相应控制价格浮动，例如修建青年公寓、廉租房等；在工作与就业方面，应完善就业创业顶层政策设计，运用智能云计算、大数据、"互联网+技术"等依据"空巢青年"的特性打造有特色的就业服务模式，加强就业形态的灵活性和可塑性；在法律法规方面，应消除制度性障碍造成的不公平环境；在政务服务方面，应简化不必要的业务流程，形成辐射状、流程式的服务模式，打破时间、空间以及条块分割的制约。

对"独居老人"来说：在医疗卫生方面，重点满足医疗保健、疾病防治、心理服务等现实需求，推进医养结合，让"独居老人"老有所医；在生活服务方面，加大对老龄产业的扶持力度，发掘针对老年人所开发的衣、食、住、行等养老产业的价值，让"独居老人"老有所乐；在法律法规方面，应强化"独居老人"的法律意识，完善相关保险、福利、救助的法条，积极进行法律援助，用较小的成本依法保障其既得权益不受侵害；在社会保障方面，应平衡社会养老保障服务体系，培养第三方专业化养老服务团队，鼓励社区"独居老人"之间团结互助，让他们能够高效利用各种社会保障资源。

(四) 建设社区支持网络

"互联网+政府"除了在宏观层面制定相应的政策标准与提供公共服务之外，在微观层面也对社区的专业服务能力提出了更高的要求。首先，发掘社区内原有的或潜藏的服务网络体系，如村委会、居委会、社会组织等，巩固它们的基本职责。其次，建立新的服务网络体系，在"互联网+政府"的引导下充分连接各种公益组织、志愿者、专业团队等，鼓励它们加入社区网络，积极承担社会责任。由于"独居老人"和"空巢青年"正面临着社会关系断裂或者疏远，这就要求社区工作者在开展个案、小组甚至社区活动时应该提供个性化的服务。社区工作者还应该及时与相关政府部门、所在机构人员以及其他行业专业人士保持联系、督导，建立专门的信息数据交流平台，方便对无法解决的问题或突发事件进行及时转介和全程跟踪[26]。

(五) 租赁式跨代同居

日本的跨代同居合作式住宅取得了一定的成效，但由于价格高昂而导致利用率较低。基于中国国情，"互联网+政府"可以通过引导社区一体化服务平台发展租赁式的跨代同居。将已有固定住宅且愿意合租的"独居老人"与还在打拼却没有固定住所的"空巢青年"进行信息和意愿的整合后发布于平台上，平台也会利用大数据等技术根据两方的信息进行适住匹配，并将其推送给双方。"独居老人"和"空巢青年"可以根据自身的特点和需求在平台上进行双向的选择，对于无法掌握信息技术的"独居老人"，还可以安排线下见面，尽可能确保双方都能找到比较合适的"同居"人选。这样的租赁式的跨代同居解决了双方的诉求，老人收取较低的租房费用能有效解决"空巢青年"的住房问题，而"空巢青年"则为老人做一些力所能及的家务事，在老人身体出现状况时，年轻人也能及时发现并照顾。总之，通过这种合住的方式不仅可以减缓双方的孤独感，还可以通过减免房租、修缮配套设施等环节来保障居住环境。彼此之间相互照应，共同走出"无缘危机"。

七、总结

在"无缘社会"危机下，"互联网+政府"引导企业、公民等多元社会主体，共商社会治理的顶层建设，提高协同共治的服务能力；共建信息基础数据库、合作互助开放平台、虚拟社区等线上线下联动机制，实现数据的开放共享，提升治理水平；共享重塑血缘、地缘、社缘带来的公共服务成果。多元协同共治在减轻政府负担的同时，也促进了社会良性运行，有利于合理科学地应对"无缘社会"危机带来的一系列问题，发展中国特色的"互联网+政府"社会治理与公共服务模式，实现共赢。

参考文献：

[1] 高明. 日本"无缘社会"的成因与解决策略[J]. 开封教育学院学报, 2016, 36(1): 289-290.

[2] 日本内阁府. 2015青少年白皮书[EB/OL]. http://www8.cao.go.jp/youth/whitepaper/h27honpen/pdf_ index.html.

[3] 夏媛, 张佳华. 日本青年就业问题及其政策对应措施[J]. 当代青年研究, 2017(01): 123-128.

[4] 陈书孟, 钟永超. 地理信息系统技术在我国的应用与存在的问题[J]. 中国标准化, 2018(14): 238-239.

[5] 谢明. 公共政策导论（第五版）[M]. 北京：中国人民大学出版社, 2020: 111-113.

[6] 李秋蓉, 潘昌健. 整合照料视角下中国养老服务体系的构建研究[J]. 中国管理信息化, 2020, 23(14): 203-204.

[7] 张雪帆. 大数据时代行政责任的挑战与机遇[J]. 行政论坛, 2020, 27(03): 56-62.

[8] 李长远. "互联网+"在社区居家养老服务中应用的问题及对策[J]. 北京邮电大学学报（社会科学版）, 2016, 18(05): 67-73.

[9] 赵文, 李月娇, 赵会会. 政府研发补贴有助于企业创新效率提升吗？——基于模糊集定性比较分析（fsQCA）的研究[J]. 研究与发展管理, 2020, 32(02): 37-47.

[10] 冯洁. "互联网+"公共就业服务的新发展[J]. 中国市场, 2016(38): 79-80+89.

[11] 龙之朱. "水表不走自动预警"彰显技术的情怀与温度[N]. 光明日报, 2020-12-14(002).

[12] 张怡然. 个体化视角下我国城市"空巢青年"困境探究[J]. 法制与社会,

2020（29）：115-116.

[13] 陆诗雨. 如何为老年人提供数字服务和支持[J]. 检察风云，2020（19）：7.

[14] N. Jennifer Klinedinst, Barbara Resnick. Volunteering and Depressive SymptomsamongResidentsinaContinuingCareRetirement Community[J]. Journal of Gerontological Social Work，2014（1）.

[15] 尹泽轩. "空巢青年"心态特点与生存发展状况调查报告[J]. 国家治理，2020（24）：2-6.

[16] 冯少雅. 社会转型背景下"空巢青年"的问题审视与引导[J]. 广西青年干部学院学报，2019，29（06）：10-13.

[17] 张军，刘雨. 新冠肺炎疫情防控中的"志愿者+社区社会组织"模式服务效力及其反思[J]. 天津行政学院学报，2020，22（03）：79-86.

[18] 陈家刚. 疫情危机治理与风险社会反思[J]. 学习与探索，2020（4）：35-42.

[19] 连炜婷. 无缘社会背景下的城市公园再生研究[J]. 城市建筑，2020，17（21）：141-143.

[20] 张成福，党秀云. 公共管理学（修订版）[M]. 北京：中国人民大学出版社，2007：326-328.

[21] 陈晓华，李从政. 国际智慧城市建设PPP模式实践与启示[J]. 商业经济，2020（11）：16-19.

[22] 宗成峰. 中国"互联网+"城市社区治理：挑战、趋势与模式[J]. 城市发展研究，2020，27（10）：23-27+46.

[23] 宋华琳. 中国政府数据开放法制的发展与建构[J]. 行政法学研究，2018（02）：35-46.

[24] 彭诚信. 数据安全与利用双翼驱动[J]. 检察风云，2020（19）：11-13.

[25] 唐阿楠，马玲. 社会工作在"无缘社会"中的作用研究[J]. 青年时代，2019（14）：114-115.

作者简介：傅旖晨、李荣萍、陈柳、黄秋维，云南大学政府管理学院2018级本科生。